ИНСТИТУТ ЯЗЫКОЗНАНИЯ РОССИЙСКОЙ АКАДЕМИИ НАУК
МОСКОВСКИЙ ГОСУДАРСТВЕННЫЙ
МЕДИКО-СТОМАТОЛОГИЧЕСКИЙ УНИВЕРСИТЕТ

В. Ф. НОВОДРАНОВА

ИМЕННОЕ СЛОВООБРАЗОВАНИЕ В ЛАТИНСКОМ ЯЗЫКЕ И ЕГО ОТРАЖЕНИЕ В ТЕРМИНОЛОГИИ

LATERCULI VOCUM LATINARUM ET TERMINORUM

ЯЗЫКИ СЛАВЯНСКИХ КУЛЬТУР
МОСКВА 2008

ББК 81.2
Н 74

Издание осуществлено при финансовой поддержке
Российского гуманитарного научного фонда
(РГНФ),
грант № 06-04-16272

Новодранова В. Ф.

Н 74 Именное словообразование в латинском языке и его отражение в терминологии. Laterculi vocum Latinarum et terminorum / Рос. академия наук; Ин-т языкознания. МГМСУ. М.: Языки славянских культур, 2008. — 328 с. — (Studia philologica).

ISSN 1726-135X
ISBN 978-5-9551-0282-5

Монография охватывает широкий круг вопросов, связанных как с описанием именной системы латинского словообразования, ставшей основанием для словообразовательных систем европейских языков, так и с установлением той части этой системы, которая была использована для построения и организации медицинской терминологии. В монографии впервые решены задачи многоаспектного и разноуровневого анализа связей двух систем: естественной (именное словообразование) и искусственной (терминообразование в языке науки). Впервые дается подробная характеристика словообразовательных моделей и той, и другой системы, показаны процессы, происходящие при переходе от литературного языка к определенной терминосистеме. Такое исследование открывает собой новую страницу не только в латинистике, но и в общем языкознании и терминоведении.

Монография рассчитана на аспирантов и специалистов в области классических языков, общего языкознания, сопоставительной лингвистики и терминоведения.

ББК 81.2

Электронная версия данного издания является собственностью издательства,
и ее распространение без согласия издательства запрещается.

ISBN 978-5-9551-0282-5

© В. Ф. Новодранова, 2008
© Языки славянских культур, оригинал-макет, 2008

Содержание

От автора 5
Предисловие 7
Введение. Теоретические предпосылки исследования 10
§ 1. Именное словообразование в латинском языке (состояние вопроса и основные принципы анализа материала) 10
§ 2. Становление фонда словообразовательных средств в медицинской терминологии 15

Раздел I. Именное словообразование в литературном латинском языке

Глава I. Префиксация в латинском именном словообразовании 19
§ 1. Общая характеристика латинских префиксов 19
§ 2. Фонологические характеристики префиксальных моделей ... 24
§ 3. Отличие именных префиксальных производных от глагольных 27
§ 4. Структурно-семантическая характеристика префиксов латинского языка 30
§ 5. Деривационно-морфологическая характеристика префиксальных моделей 42
§ 6. Общие выводы 45

Глава II. Суффиксация в литературном латинском языке 49
§ 1. Общая характеристика латинских суффиксов 49
Анкета описания отдельного суффикса 52
Имя существительное 53
§ 2. Образование девербальных существительных 53
§ 3. Образование деадъективных существительных 76
§ 4. Роль исходных прилагательных в синтаксической и лексической деривации 101
§ 5. Образование десубстантивных существительных 113
Имя прилагательное 130
§ 6. Образование девербальных прилагательных 130
§ 7. Образование десубстантивных прилагательных 137
§ 8. Образование деадъективных прилагательных 148
§ 9. Общие выводы 150

Глава III. Именное словосложение в латинском языке 158
§ 1. Общая характеристика латинского словосложения 158
§ 2. Морфологическая характеристика словосложения в латинском языке 161

§ 3. Структурно-семантическая характеристика вторых
       компонентов сложения 166
§ 4. Именные композиты греческого происхождения 180
§ 5. Общие выводы 184

Раздел II. Система терминообразования в современной латинской медицинской терминологии

Глава I. Преобразования системы префиксации литературного
латинского языка в медицинской терминологии 188
  § 1. Инвентарь префиксов 188
  § 2. Терминообразовательная активность префиксов в системе₂
       (статус префиксов) 194
  § 3. Семантическая структура префиксов 206

Глава II. Модификация системы суффиксации в медицинской
терминологии 220
  § 1. Инвентарь суффиксов существительных и прилагательных 220
  § 2. Терминообразовательная активность суффиксов
       существительных и прилагательных 228
  § 3. Структурно-семантическая характеристика суффиксов 239

Глава III. Рефлексы латинского именного словосложения
в медицинской терминологии 251
  § 1. Общие замечания 251
  § 2. Термины-композиты с девербальным ономасиологическим
       базисом 252
  § 3. Термины-композиты с десубстантивным ономасиологическим
       базисом 261
  § 4. Термины-композиты с деадъективным ономасиологическим
       базисом 266
  § 5. Формирование терминоообразовательных рядов, цепочек
       и парадигм с греко-латинскими терминоэлементами 268
  § 6. Классификация терминоэлементов в соответствии
       с обозначаемыми ими ономасиологическими категориями 270
  § 7. Роль греко-латинских словообразовательных элементов в форми-
       ровании национальных терминологий в европейских языках 273
  § 8. Лексикографическое представление интернациональных
       (греко-латинских) терминоэлементов 276

Заключение 283
Литература 288

Моему дорогому другу и учителю — Елене Самойловне Кубряковой

От автора

Данная монография является развитием идей, заложенных в моей докторской диссертации «Латинские основы медицинской терминологии», защищенной в 1990 году. За последние почти два десятилетия в лингвистике произошли огромные изменения: становление когнитивно-дискурсивной парадигмы знания, антрополингвистики как разновидности антропоцентрического подхода к явлениям языка, разработка проблем научной и языковой картин мира, идей концептуализации и категоризации мира и т. п.; терминоведение вступило в свой когнитивный период развития и пересматривает свои традиционные вопросы о сущности термина, об особенностях научных текстов и ставит новые проблемы о языке для специальных целей, структурах знания, которые стоят за термином, о профессиональной коммуникации, о когнитивных картах науки и т. п. Между тем классический латинский язык не изменялся, по-прежнему латинский лексический и словообразовательный фонд используется в современных терминологических системах, а обобщающей работы, системного исследования именного словообразования латинского языка и его использования в терминологии до сих пор нет. Нам представляется, что издание настоящей монографии может послужить восполнением этого пробела.

Считаю приятным долгом поблагодарить всех, без кого книга не могла бы состояться. Прежде всего это сотрудники отдела теоретического языкознания Института языкознания РАН — Н. Д. Арутюнова, В. З. Демьянков, В. И. Постовалова, Ю. С. Степанов, В. Н. Телия и др. В сущности всё мое исследование базируется на теоретических работах ученых этого отдела.

Особую благодарность и мою искреннюю признательность я хочу выразить Е. С. Кубряковой, чей блестящий талант ученого, требовательность и ответственность, щедрость и доброта служат для меня недосягаемым образцом. Я благодарю всё Кубряковское братство за постоянную поддержку на всех этапах подготовки монографии.

Научная атмосфера в Институте языкознания РАН, членом коллектива которого я себя считаю, способствовала моему становлению как лингвиста. Поэтому я приношу глубокую благодарность всем моим коллегам и друзьям — сотрудникам Института языкознания РАН во главе с его директором В. А. Виноградовым.

Не могу с благодарностью не отметить и ту доброжелательную атмосферу, которой меня окружают кафедра латинского языка и основ терминологии Московского медико-стоматологического университета и всё его руководство во главе с президентом Н. Д. Ющуком и ректором О. О. Янушевичем. Поэтому я выражаю искреннюю благодарность всему руководству университета, в котором я работаю, и коллективу кафедры, мной возглавляемой более 35 лет.

Предисловие

Настоящая монография ставит своей целью осветить не только особенности именного словообразования классического латинского языка как основной части его словообразовательной системы, но и определить роль этой части словообразовательной системы в формировании современной медицинской терминологии. Иначе говоря, анализ именного словообразования рассматривается здесь как предпосылка анализа медицинской терминологии в ее латино-греческой части. По сути это значит, что автор проследил судьбы латинского языка на протяжении многих веков, начиная с III в. до н. э. Как сказал В. Г. Гак на защите докторской диссертации В. Ф. Новодрановой о латинских основах медицинской терминологии: «Не менее интересна и существенна теоретическая сторона диссертации. Латынь представляет собой уникальный факт продолжения существования языка в специализированной функции после его отмирания как обычного средства общения. В. Ф. Новодранова прослеживает путь от словообразовательной системы литературной латыни к латыни языка современной медицины».

Конечно, такая задача могла быть поставлена, а отчасти и ставилась, вне рамок когнитивной науки. С появлением когнитивной науки указанные проблемы, однако, были увидены в новом ракурсе, а при их решении стали использоваться новые подходы и методы, т. к. было осознано, что сам познавательный процесс проходит разные ступени, которые и в языке — меняющемся и динамично развивающемся — находят разное отражение. Не меняя сложившуюся в течение нескольких веков традицию, автор все же использует в книге новый подход и демонстрирует нам другой уровень рассмотрения не только в своих новых статьях по когнитивному терминоведению, но и подготавливает его настоящей монографией.

Не случайно поэтому, что многое из представленного на страницах этой работы освещено впервые, что, кстати говоря, в заглавии книги и не отражено. Если, действительно, здесь впервые находит достаточно полное описание именное словообразование латинского языка, а оно, как известно, и составляет главную часть всей словообразовательной системы латыни (глагольное словообразование во много раз уступает по своему объему именному), и, действительно, впервые охарактеризована роль именной словообразовательной системы общелитературного языка (ее автор называет «системой$_1$») в формировании терминологической лексики медицины (она именуется «системой$_2$»), это значит, что перед нами развертывается первое описание того, как происходит реально становление одной системы на базе другой, исходной. Более того. Поскольку происходящему дается не только формальная интерпретация (рождение аффиксальных формантов на базе конкретных сочетаний разного рода префиксов, суффиксов, интерфиксов и т. п.), но и семантическое истолкование, впервые демонстрируется и то, как категориальные смыслы, заложенные в категориях общелитературного языка, субкатегоризуются, т. е. развивают по мере потребности новые смыслы (ср. названия болезней, опухолей, новых наук и т. п. и т. д.).

Но ведь тем самым в книге продемонстрирован впервые не только так называемый процесс extension of the category («расширения» границ категории), на который позднее обратил внимание такой выдающийся когнитолог, как Джон Лакофф. А это, в свою очередь, закладывает основания для организации той субсистемы языка, которая сегодня получает название LSP-языка для специальных (т. е. профессиональных) целей, без обучения которому/которым не мыслится современное образование и даже методика межкультурного общения.

Итак, фактически монография открывает гораздо более широкие горизонты как для описания процессов эволюции словообразования в разных языках, так и для понимания разных этапов становления языков для специальных целей в когнитивном аспекте, поскольку она показывает разные ступени обобщения человеческого опыта.

Книга В. Ф. Новодрановой, несомненно, найдет самого широкого читателя, ведь она представляет интерес для любого культуролога и филолога, которого интересуют истоки науки и их отражение в современной научной картине мира.

Перед читателем, который внимательно ознакомится с этой книгой, неожиданно откроются также самые разные проблемы, среди которых можно было бы назвать, с одной стороны, вопросы, касающиеся теоретического языкознания и теории словообразования, а с другой стороны — вопросы, относящиеся к статусу латыни в современном мире. Прокомментируем это более подробно.

Во-первых, интереснейшие проблемы теоретического языкознания:
1. разработка понятия языка для специальных целей и терминологической лексики как его основы. Определение понятия терминоэлемента как важной структурной единицы терминологической системы;
2. идея становления категориального аппарата отдельных наук и общая проблема категоризации мира;
3. идея ингерентной связи морфологии и словообразования как типологической характеристики целого ряда индоевропейских языков;
4. проблемы морфонологии, явлений на стыке морфем.

Во-вторых, в книге содержится:
1. интереснейший материал и его интерпретация по вопросам вариативности, валентности, типологии и других структурно-семантических особенностей словообразовательных единиц;
2. идея ядра и периферии в словообразовательной системе, показывающая, что их перестройка идет не только за счет изменения значений, но и за счет изменения позиций внутри системы (это в книге хорошо описано путем сопоставления системы$_1$ и системы$_2$);
3. механизм перехода аффиксов из системы$_1$ в систему$_2$;
4. категориальный принцип классификации производных терминов в системе$_2$;
5. проблемы имплицитности словообразования.

Наконец, *в-третьих*, поднимаются вопросы о значимости латинского языка для формирования европейских языков и о его статусе для современного мира. Эти вопросы особенно важны, т. к. до сих пор отсутствует обобщающая монография, которая показывала бы всю значимость латыни и особенностей ее функционирования сегодня. Статус латинского языка определяется в современности участием классической латыни в дискурсивных практиках разного рода, например, в озвучивании религиозных и других текстов, а также постоянным влиянием латыни (совместно с древнегреческим) на новые сферы терминологии фундаментальных и новых наук.

Я бы подчеркнула еще то, что книга открывает массу вопросов для дальнейшего исследования природы терминов и терминологии. Достаточно сказать, как много сделал и сам автор в развитии идей, заложенных в монографии, в опубликованных им статьях о новых подходах к определению основных понятий терминоведения, о терминообразовании в когнитивно-дискурсивной парадигме, о взаимодействии категориальных признаков в концептуальной структуре термина, о редукции и интеграции как способах материализации концептов, о композиционной семантике как отражении концептуальной интеграции, о типах знания и их репрезентации в языке для специальных целей (LSP) и др.

Книга дает почву для разработки проблемы: латынь как порождающая среда для современной неологии — вся новая лексика связана с латинским и латинизированным греческим лексическим и словообразовательным фондом (ср. супер-, гипер-, мега-; -ика, -истика и др.).

Интересными по-прежнему являются темы: истоки становления специальных категорий и их семантическое развитие от общих абстрактных категорий к специальным малым категориям; жизненность категорий, релевантно выделенных в медицине и составивших костяк современного категориального аппарата медицины.

Категории, будучи правильно установленными на каком-то этапе познавательной деятельности, сами развиваются дальше, т. к. новый опыт вписывается в категориальную сетку того времени: категории предметных имен исчислимы, а развивающиеся категории дробятся по-новому. Интересны пути пополнения объема категории (расширения его и распространения). Джон Лакофф, говоря о классификаторах в языке, писал: вначале рыбы, потом удочки и сети.

Хорошо известно, что когнитивная семантика открывает путь для изучения структур знания, которые, формируясь в сознании, реализуются в языковых единицах.

Хотелось бы, в заключение, сказать, что достоинство и успех научных публикаций определяются тем, на наш взгляд, что они удовлетворяют двум главным требованиям:

адекватному раскрытию темы, сформулированной в заглавии работы, и достаточно ясному решению поставленных задач;

открытию новых горизонтов будущих научных исследований.

И то, и другое связано с тем, как много нового может почерпнуть для себя вдумчивый читатель, знакомясь с монографией, но, что еще важнее, извлекая из прочитанного не только новые знания (систематизированные, упорядоченные и хорошо изложенные и объясненные) и строя на этих знаниях новое, в частности, благодаря тому, какие новые идеи возникают у него в связи с полученной информацией.

На мой взгляд, книга В. Ф. Новодрановой отвечает полностью этим двум требованиям.

Главный научный сотрудник отдела теоретического языкознания
Института языкознания РАН, доктор филологических наук, профессор

Е. С. Кубрякова

ВВЕДЕНИЕ

ТЕОРЕТИЧЕСКИЕ ПРЕДПОСЫЛКИ ИССЛЕДОВАНИЯ

§ 1. Именное словообразование в латинском языке (состояние вопроса и основные принципы анализа материала)

Изучение системы словообразования в латинском языке представляет большой интерес для общего языкознания, во-первых, потому, что латинский язык, принадлежа к индоевропейской семье языков, послужил основой для развития многих из них, во-вторых, он имеет богатую словообразовательную систему с множеством разнообразных моделей и, в-третьих, латинский язык как язык мертвый, уже не развивающийся, предоставляет богатый материал для выявления сущностных характеристик словообразовательных процессов в силу закрытости его словообразовательных рядов по сравнению с современными языками, в которых словообразование представляет собой открытую систему.

Существует множество монографий, диссертаций и статей, в которых рассматриваются отдельные виды, типы и модели словообразования, представленные в латинском языке, но не существует специальной работы, предметом которой была бы система именного словообразования латинского языка в целом. Несмотря на то, что составителями латинских грамматик понималась особая роль словообразования, в связи с чем в классических и наиболее авторитетных работах по латинской грамматике оно выделялось в самостоятельный раздел, сами эти разделы были весьма краткими и мало информативными. Можно считать поэтому, что в работах по латинской грамматике словообразование до сих пор не получило полного освещения. Отдельные авторы ограничиваются описанием некоторых видов и типов словообразования. Однако взаимодействие этих видов не рассматривается. В работах, где словообразованию уделяется относительно большое внимание, рассматривается только один его вид — аффиксация, под которым к тому же понимается только суффиксация.

С такой же картиной столкнулись и авторы «Формальной модели латинской морфологии» — И. А. Большаков и А. А. Дурново. «Приступив к работе, — пишут они, — мы были удивлены тем, что, несмотря на многократные обращения к латыни в трудах по компаративистике и общему языкознанию, работ, <...> строго описывающих морфемно-морфную структуру этого языка, встретить не удалось. В учебной литературе нет единства относительно того, где проходят морфные швы внутри цепочки суффиксов. Не выяснено даже общее количество суффиксов в отдельных цепочках, не говоря уже о попытках оптимизации описания морфной репрезентации морфем в тех или иных конкретных случаях» [43, ч. I, с. 9].

Адекватному описанию словообразования в латинском языке препятствовало немало факторов. Одним из них являлось явное отсутствие сведений по словообразованию. С другой стороны, еще более важным было то, что в момент создания лучших описаний латинского языка не была еще разработана методика словообразовательного анализа. В частности, не проводилось еще четкого разграничения понятий морфемного состава слова и его словообразовательной структуры, словоизменительных и словообразовательных морфем и т. п.

Хотя в настоящее время в работах, осуществленных на материале германских языков (А. И. Смирницкий, Е. С. Кубрякова, М. Д. Степанова и др.), романских (Н. Д. Арутюнова, Ю. С. Степанов, В. Г. Гак, Е. А. Вольф и др.), славянских (В. В. Виноградов, Г. О. Винокур, И. С. Улуханов, Е. А. Земская, П. А. Соболева, Н. А. Тихонов, В. В. Лопатин и др.) и других языков, разработаны теоретические основы словообразования, принципы морфологического и словообразовательного анализа, определены понятия словообразовательного значения, словообразовательной модели, парадигмы, словообразовательного гнезда и др., в области латинского языка отсутствует полное описание словообразовательной системы, которое учитывало бы достижения в данной области. Отсутствует и теоретическая разработка этого вопроса. Поэтому для исследования словообразования латинского языка на современном уровне в монографии мы используем не столько работы о латинском языке, сколько, с одной стороны, данные других индоевропейских языков (германских, романских и славянских), с другой стороны, что еще более важно, теоретические построения и методы описания словообразования и морфологии этих языков.

Определение понятий, уже разработанных в теоретическом словообразовании, не входит в задачи нашего исследования. Мы принимаем ту их трактовку, которая в каждом отдельном случае будет указана специально.

Свою задачу мы видим в изучении и описании закономерных типизированных способов словообразования на базе существующих в латинском языке словообразовательных единиц и структурно-семантических отношений между ними, а также прежде всего в изучении системы именного словообразования в целом, а следовательно, общих закономерностей этой системы. К ним мы относим: установление главных способов словообразования, выявление существующих в латинском языке словообразовательных единиц и моделей, описание структурно-семантических отношений внутри словообразовательной системы, определение взаимодействия словообразовательных и словоизменительных единиц и т. д.

Материалом исследования послужили существительные и прилагательные, отобранные из «Латинско-русского словаря» И. Х. Дворецкого [580], из частотного словаря латинского языка М. Мати [642], словаря латинского языка О. Граденвитца [633].

Словарь И. Х. Дворецкого составлен на обширном материале латинского языка периода III в. до н. э. — VII в. н. э. Это позволяет судить о латинском языке на всем протяжении его развития как живого языка — от архаической латыни, зафиксированной в первых дошедших до нас документах и фрагментах из произведений первых латинских писателей, до языка поздних писателей, уже утратившего во многом нормы классической латыни. Словарь включает лексику произведений римской литературы и важнейших исторических, юридических и естественнонаучных памятников того времени — всего 112 источников (латинских авторов или литературных памятников), вошедших в словарь. Все слова и значения снабжены указанием на автора или на источник, где они встречаются, что помогает получить представление о периодизации языковых явлений.

Частотный словарь М. Мати составлен на материале латинских текстов Цезаря, Цицерона, Корнелия Непота, Овидия, Плиния Младшего, Саллюстия, Тацита, Сенеки, Вергилия, Тита Ливия и др. В словаре три списка слов — первый список (281 слово) составляют служебные слова без указания на их частотность. Второй список — частотный — содержит 2213 полнозначных слов, встретившихся в текстах не менее четырех раз. Третий список — алфавитный — включает 2915 полнозначных слов, снабженных показателем частотности. Алфавитный список больше за счет того, что к однокорневым словам второго списка здесь добавлены производные с меньшей частотностью (3 или 2), не включенные во второй список. В словаре М. Мати нами подсчитывались производные (полнозначные слова) третьего списка. Всего словарных единиц 2915, из них производных — 1882, т. е. 64,56 %.

Результаты количественного анализа подтвердили высокий удельный вес производных слов в словарном составе латинского языка.

О значительной роли производных слов в лексике латинского языка свидетельствуют также данные словаря И. Х. Дворецкого, в котором мы обследовали словник на букву А с целью подсчета производных слов. Всего словарных единиц (полнозначных и служебных) 3955, из них производных — 2656, т. е. 67,15 %.

Словарь О. Граденвитца «Laterculi vocum Latinarum» (букв. «Кирпичики латинских слов») составлен на базе Тезауруса латинского языка [651] и включает два списка (в каждом по 53170 слов), прямой (a fronte) и обратный (a tergo). Словарь О. Граденвитца использовался нами при анализе конкретных префиксальных и суффиксальных морфем, в том числе и для определения их количественной характеристики.

Морфологический анализ производных и определение состава модели

Чтобы лингвистическое исследование привело к четким и систематизированным выводам, необходимо подвергнуть языковой материал тщательному и точному анализу, основанному на определенных принципах. При исследовании своего материала мы руководствовались принципами морфологического и словообразовательного анализа, разработанными Е. С. Кубряковой, Н. Д. Арутюновой, М. Д. Степановой, П. А. Соболевой и другими лингвистами.

Для нас служило основополагающим мнение о том, что *морфологический* анализ «направлен на выделение значащих частей слова и определение их иерархии, на обнаружение зависимостей между этими частями и вхождением слова в определенный парадигматический ряд, на обнаружение корреляций между строением слова и передаваемыми им грамматическими значениями» [153, с. 8].

Основной единицей морфологического анализа является морфема. В результате этого анализа слово представляется в виде цепочки морфем, которые Л. Блумфилд называл конечными составляющими комплексных форм.

Словообразовательный анализ направлен на определение непосредственно составляющих элементов слова — производящей основы и словообразовательного аффикса — и на установление словообразовательной модели как стабильной типовой структуры слова, обладающей обобщенным лексико-категориальным значением и реализующейся при ее наполнении лексическим материалом [356].

Как показали исследования последних десятилетий, задачи, объект и методы морфологического и словообразовательного анализа различны. Результаты членения слова на морфемы как на его конечные составляющие и на те компоненты, из которых складывается словообразовательная структура слова, т. е. непосредственно составляющие, могут существенно расходиться, а понятие морфемного состава слова не тождественно понятию его словообразовательной структуры [23, с. 10—30; 153; 415, с. 5—74]. Так, латинское производное *incredibilitas* «невероятность» по морфологическому составу равно совокупности морфем: *in-cred-i-bil-i-tas*. По способу образования перед нами не префиксально-суффиксальная конструкция, а только суффиксальная, образованная от прилагательного *incredibililis* «невероятный» с помощью суффикса -(*i*)*tas*, которую нужно представить как *incredibil-itas*. В свою очередь *incredibilis* — префиксальное образование, которое имеет словообразовательную структуру: *incred-i-bil-is*. Производное *credibilis* «вероятный, заслуживающий доверия» образовано с помощью суффикса -(*i*)*bil*- от глагола *credere* «верить»; его структура может быть представлена как *cred-i-bil-is*.

При морфологическом анализе важна только идентификация морфем, важно определить, из чего сделано слово, но не как оно сделано, т. е. как морфемы, на которые распадается слово, соединились между собой в одном слове. При словообразовательном анализе важно установление конкретного содержания морфем и сопоставление содержания разных морфем. Например, в однокоренных словах *clavis* «ключ», *claudere* «запирать», *clausum* «закрытое место», *clausura* = *clusura* «запор, замок», *includere* «заключать, окружать, включать» морфологически важно отождествить *clav-*, *clau-*, *clu*, т. е. установить, что это варианты одной и той же морфемы. Со словообразовательной точки зрения важно установить, что *clausura* в значении «запор, замок» содержит ту же морфему, что и глагол *claudere* в форме супина (*clausum*), что у них есть общая часть -*claus*-, которая является производящей основой, и различающая их часть — деривационный аффикс, в данном случае это суффикс -*ūr*- со значением орудия действия (то, чем запирают). Для вычленения основы и деривационного аффикса мы проводим двойное сопоставление: внутри словообразовательного ряда, объединенного одним префиксом или суффиксом (морфологический анализ), и сопоставление с исходными производящими единицами, отделенными от производных единиц только одним деривационным шагом. Таким образом, главными единицами словообразовательного анализа оказываются словообразовательные основы и деривационные аффиксы, а главным результатом словообразовательного анализа является выявление того способа, с помощью которого образовано слово, вскрытие его словообразовательной структуры, установление деривационной модели. «Выделение основных моделей в соответствии с их конструкцией производится, следовательно, путем анализа конкретных связей внутри структурно однотипных рядов и противопоставлений, характерных для соотношения исходных и производных единиц» [147, с. 54].

Сопоставляя два ряда слов: 1) *altitudo* «высота», *longitudo* «длина», *magnitudo* «величина», *laetitudo* «радость», *aegritudo* «болезнь, недуг», *similitudo* «сходство», *beatitudo* «счастье, блаженство», *latitudo* «ширина», *amplitudo* «величина, значительность, обширность» и 2) *altus* «высокий», *longus* «длинный», *magnus* «большой», *laetus* «радующийся, веселый», *aeger* «больной», *similis* «похожий», *beatus* «счастливый», *latus* «широкий», *amplus* «обширный, крупный», — мы можем установить:

1) словообразовательный способ, с помощью которого образованы слова первой группы, — суффиксацию; 2) словообразовательный тип — «основа прилагательного + суффикс существительного -(*i*)*tudin*-», обозначающий абстрактное качество, отвлеченный признак как постоянное свойство; 3) словообразовательную модель — суффиксальную модель отвлеченных существительных, образованных от прилагательных; 4) абстрактную суффиксальную модель — схему Radj + Suf.

Именное словообразование в латинском языке

Именное словообразование в латинском языке до настоящего времени остается одной из наименее разработанных областей. До сих пор не предпринята попытка анализа латинской системы словообразования в целом, в том числе и системы именного словообразования. Неполно отражены способы словообразования, нет описания характера и типов изменений в морфологической структуре слова, происходящих в результате словообразовательных процессов, определения структуры словообразовательных моделей и их продуктивности, специфики словообразовательных морфем, не освещены такие понятия, как словообразовательные функции словоизменительных морфем, понятие форманта, мены парадигмы, понятие парасинтеза, не определено место префиксации в словообразовании, отграничение ее от словосложения и т. д. Не нашел отражения и такой важный для латинского словообразования вопрос, как его связь с морфологией. Словообразование и словоизменение тесно взаимодействуют, не составляют сепаратных систем: суффикс «тянет» за собой определенную флексию. Понятие правильно/оформленности слова предусматривает оформление по определенному типу склонения. Нежесткость границ между формообразующими и словообразовательными морфемами приводит часто к их соединению в одном форманте, а в случаях парасинтеза — к созданию сложных формантов типа ambi-R-ium и т. п.

Задачей настоящей работы является попытка представить именное словообразование в латинском языке как систему. Под системой словообразования мы вслед за Е. С. Кубряковой [147, с. 39—40] понимаем «взаимосвязь и взаимодействие основных способов словопроизводства и словосложения, что находит отражение в распределении и функционировании главных словообразовательных моделей». Такое определение системы ставит перед исследователем на первом этапе задачу описания словообразовательных моделей.

Словообразовательные модели называются главными или системными, если они регулярно воспроизводятся в языке по аналогии и строятся с учетом фонетических законов, действующих в языке [507, с. 95].

Классификация словообразовательных моделей строится в нашей работе соответственно способу словообразования, который является организующим началом в формировании отдельных подсистем словообразования: префиксации, суффиксации и словосложения.

Таким образом, анализ материала латинского именного словообразования основан на принципах морфологического и словообразовательного анализа (Н. Д. Арутюнова, Е. С. Кубрякова, П. А. Соболева, М. Д. Степанова, Л. Блумфилд и др.), на принципах деривационной ономасиологии (Е. С. Кубрякова и др.), а также на принципах учета взаимодействия словообразования с другими уровнями языковой системы: фонологией (Е. С. Кубрякова, Ю. Г. Панкрац, В. Н. Топоров и др.), морфологией (Е. С. Кубрякова, Э. А. Макаев и др.), синтаксисом (Н. Д. Арутюнова, Е. С. Кубрякова, Г. Маршан и др.).

§ 2. Становление фонда словообразовательных средств в медицинской терминологии

Словообразовательная система языка предназначается для обозначения мира без всяких ограничений, она несет в себе большие потенциальные возможности. Человек не знает наперед, как будет развиваться человеческая мысль в познании материи и что ему надо будет обозначать отдельным словом.

В становлении терминологии любой науки можно выделить два этапа: 1) начальный, естественный этап ее формирования и 2) сознательный, регулируемый. Первый из них связан с начальным этапом развития науки, с осознанием какой-то сферы познания как науки. В этот период создается множество вариантов для обозначения одного и того же терминируемого объекта, так как в основу обозначения одними кладется один признак, другими — другой. Наряду с синонимией наблюдается функциональная полисемия, перегруженность отдельных терминов и терминологических элементов различными значениями. Нельзя еще говорить ни о системе научных понятий, которые возникают не одновременно, а в связи с развитием научной мысли, дифференциацией наук и пр., ни о системе языковых средств для выражения этих понятий. Отбор лучших языковых средств идет естественным путем.

В латинской медицинской терминологии, многовековая история которой дает широкое поле для изучения вопросов становления терминосистемы, первый этап — естественное формирование терминологии — продолжался со времен Гиппократа (V в. до н. э.) вплоть до XVIII в., когда были созданы первые международные номенклатуры на латинском языке.

Медицинская терминология в европейской науке создавалась первоначально на древнегреческом языке. Уже в «Илиаде» Гомера (IX—VIII вв. до н. э.) встречается много данных о состоянии анатомических знаний, хирургического искусства и фармации. К VI—V вв. до н. э. в Греции сформировалось несколько медицинских школ, о которых мы знаем из дошедших до нас источников. Наибольшей известностью пользовалась косская школа, главным представителем которой был знаменитый врач Гиппократ, живший во второй половине V в. до н. э. С его именем связан самый обширный из дошедших до нас источников, восходящих к раннему этапу становления медицинской науки и терминологии — Corpus Hippocraticum, который содержит свыше 70 медицинских текстов, некоторые из которых написаны самим Гиппократом, остальные же — его учениками и последователями, а также представителями других медицинских школ. Гиппократов Корпус дает ясное представление о способах формирования медицинского словаря, о терминотворчестве врачей и ученых того периода. Терминология Гиппократова Корпуса была унаследована дальнейшими поколениями медиков вплоть до нашего времени.

В античное терминологическое наследие вписали свою страницу знаменитые греческие врачи и ученые — крупный ученый, философ Аристотель (IV в. до н. э.), основатель Александрийской школы врачей Герофил и его последователь Эразистрат (III в. до н. э.), выдающийся врач древности Клавдий Гален (II в. н. э.) и другие, разрабатывавшие теоретические проблемы медицины и оттачивавшие медицинский язык до той стройности и научной точности, которая требовалась для терминологии. Этому в полной мере способствовал древнегреческий язык, обладавший большой гибкостью и легкостью соединения основ и словообразовательных элементов для обозначения новых научных понятий и уточнения уже существующих.

Формирование медицинского словаря античности проходило за счет рождающегося литературного языка и живой разговорной речи путем переосмысления и терминологизации слов, уже бывших в употреблении. Одним из широко используемых способов терминотворчества была метафоризация, отражающая наблюдательность и мироощущение врачей античной эпохи. Например, в Гиппократовом Корпусе: *córē* «зрачок» (букв. «девушка»); *stephánē* «радужная оболочка глаза» (букв. «венок, диадема») и др. Терминологические обозначения в античной медицине сохраняют черты конкретного образного мышления, основанного часто на чисто внешнем сходстве предметов. Так, например, для обозначения отростка второго шейного позвонка греками было предложено, по свидетельству Везалия, несколько наименований: *odontoeidēs* — по сходству с зубом, *pyrinoeidēs* — по сходству с наконечником стрелы, *cōnoeidēs* — по сходству с формой сосновой шишки и др. Выбор разных признаков для наименования одного и того же терминируемого объекта порождал множество вариантов обозначений, иногда целые ряды синонимов, отражающих терминологические поиски более точных наименований. Например, синонимические обозначения груди как части тела человека: *stérnon*, *stēthos*, *thorax*, *kitharos*, *chélys*. Ряд синонимических наименований пополнялся за счет описательных терминов, часто не совсем устоявшихся.

Латинская научная медицинская терминология возникает на рубеже I в. до н. э. и I в. н. э., о чем свидетельствуют сохранившиеся до нашего времени сочинения римского поэта-философа Лукреция Кара (I в. до н. э.), известного врача Корнелия Цельса (I в. н. э.), римского естествоиспытателя и писателя Плиния Старшего (I в. н. э.) и др. Римские писатели и врачи занимались, в основном, компиляциями и переводами греческих научных трудов. Их компиляции иногда имели характер популярных энциклопедий. Таков был энциклопедический труд Корнелия Цельса в 8 томах, из которых до нас дошел один — под названием «De Medicina». Энциклопедический характер носят и поэма Лукреция «De rerum natura» и многотомная «Naturalis historia» Плиния Старшего.

Дальнейшее развитие латинской медицинской лексики нашло свое отражение в сочинениях Серена Саммоника, Гаргилия Марциала, Марцелла Эмпирика, Теодора Присциана, Целия Аврелиана и др.

Процесс создания собственно латинской медицинской терминологии проходил за счет освоения греческой терминологии путем поисков в литературном латинском языке эквивалентов греческих терминов и путем заимствований из греческого. Обогащению латинского словаря медицины способствовало структурно-семантическое калькирование греческих медицинских терминов. Часто латинские наименования (например, у Цельса) сопровождались латинизированными греческими: лат. *lien* — греч. *splen* «селезенка»; лат. *ren* — греч. *nephros* «почка»; лат. *cor* — греч. *cardia* «сердце»; лат. *ventriculus* — греч. *gaster* «желудок»; лат. *os* — греч. *osteon* «кость» и т. д. За счет параллельного употребления латинских и греческих терминов расширялась синонимия в терминологии. Создавалось своеобразное «латино-греческое двуязычие» — характерная черта античной медицинской терминологии, сохранившаяся до сих пор и ставшая традиционной в развитии современной терминологии.

Среди разных способов пополнения терминологической лексики особенно продуктивным был морфологический способ, при котором образование терминов шло посредством словосложения и аффиксации. Использование различных комбинаций основ и аффиксов и существующих в языке словообразовательных моделей — как чистых (греческих или латинских), так и смешанных (греко-латинских и латино-греческих), давало возможность не только обозначать отличительные признаки нового понятия, но и отражать его место в системе существующих понятий. Словообразовательные средства, определяя границы содержания данных понятий, получали, в свою очередь, более строгую семантическую специализацию.

По мере развития науки четче вырисовывается система ее понятий. Это вызывает необходимость в мотивированных обозначениях, внутренняя форма которых строго соответствовала бы их содержанию. Эти обозначения создаются из имеющихся в языке средств и главным образом в сфере словообразования. При формировании терминологии именно словообразовательные возможности языка помогают свертыванию описательных терминологических оборотов в более короткие производные наименования. Словообразующие морфемы выполняют в терминологии классифицирующую функцию. Это достигается тем, что термины, обозначающие понятия одного классифицирующего ряда, образуются по одной словообразовательной модели. В процессе дифференциации разделов медицины происходит размежевание аффиксов, специализация их в пределах одного раздела терминологии — в каждом преобладают характерные для него средства, отражая его собственную упорядоченность и систему. Специализация словообразовательных аффиксов обусловливается увеличением регулярности словообразовательных моделей, ростом продуктивности моделей, обслуживающих основные категории наименований. Таким образом, терминообразовательный процесс постепенно становится все более управляемым и регулируемым, и можно говорить о становлении своей словообразовательной подсистемы в медицинской терминологии со своим собственным фондом терминообразовательных средств.

При описании терминообразования мы руководствовались основными положениями как отечественной терминологической школы (Г. О. Винокур, В. Г. Гак, А. С. Герд, В. П. Даниленко, Т. Л. Канделаки, Л. Л. Кутина, В. М. Лейчик, Д. С. Лотте, А. В. Суперанская, В. А. Татаринов, В. Н. Шевчук, С. Д. Шелов и др.), так и зарубежной (Р. Браун, Л. Гильберт, Ж. Люркен, О. Нибаккен, Т. Сейвори, Х. Фелбер и др.), разработавшими теоретические основы построения, развития и упорядочения терминологии, методику ее унификации и стандартизации, теорию и практику лексикографической работы.

В настоящее время разрабатываются как общие вопросы использования греко-латинских словообразовательных средств в терминологических системах: интернационализации терминологического фонда (Е. Вюстер, В. В. Акуленко); статуса морфем греко-латинского происхождения (Т. Л. Канделаки, Н. В. Васильева), их роли в создании терминологий в европейских языках и способов их лексикографического представления (Н. В. Юшманов, Т. Л. Канделаки, Ф. Вернер, В. Флад, Б. Вальгрен, А. Котте и др.), так и частные вопросы становления и развития отдельных разделов медицинской терминологии. Однако в целом ряде последних работ, как отечественных (Л. М.-Р. Аллафи, Е. В. Бекишева, Р. Е. Березникова, Л. В. Дубровина, В. Н. Катеринич, Г. А. Краковецкая, Т. В. Куркина, М. Н. Лазарева, О. Н. Полухина, З. А. Сергеева, Л. А. Татаринова, Н. П. Ульянова и др.), так и зарубежных (И. Бехер, Ф. Вольфф, В. Рихтер, Е. Робл, У. Фрайдгоф, М. А. К. Фринэй, К. Шульц и др.), отсутствуют теоретические исследования общего характера, построенные на материале именно латинской медицинской терминологии и, в частности, терминообразования.

Раздел I. ИМЕННОЕ СЛОВООБРАЗОВАНИЕ В ЛИТЕРАТУРНОМ ЛАТИНСКОМ ЯЗЫКЕ

Глава I. ПРЕФИКСАЦИЯ В ЛАТИНСКОМ ИМЕННОМ СЛОВООБРАЗОВАНИИ

§ 1. Общая характеристика латинских префиксов

В нашей работе мы сочли целесообразным вести описание, руководствуясь принадлежностью производных слов к определенному способу словообразования; иными словами, до определения общих закономерностей системы мы считаем необходимым представить описание каждого из способов словообразования по отдельности.

Вопрос о месте префиксации в именном словообразовании латинского языка решается неоднозначно. Все зарубежные работы относят префиксальные производные к словосложению. В монографии Е. А. Жюре, казалось бы специально посвященной именному и глагольному словообразованию, префиксация не выделяется в отдельный раздел, но и сложению с предлогами в работе отводится весьма скудное место. Препозитивные частицы, не соотносящиеся с предлогами и не употребляющиеся самостоятельно, рассматриваются здесь как результат примыкания (juxtaposition) в отличие от собственно словосложения (composition). К словопроизводству же здесь относится только суффиксация [494].

В немногочисленных затрагивающих этот вопрос работах отечественные ученые-классики тоже не проявляют единства. Одни (С. И. Соболевский, И. М. Тронский, Я. М. Боровский) принимают традиционную точку зрения, считая префиксальные производные результатом словосложения. К тому же Я. М. Боровским [44] префиксация рассматривается только в системе глагольного словообразования, а также в тех случаях, которые связаны с препозитивными частицами, не соотносимыми с предлогами (*ambi-*, *dis-*, *re-* и др.). С другой стороны, частицы, соотносимые с предлогами, рассматриваются им в словосложении, причем характеризуются они в самом общем виде. Другие авторы грамматик и учебников по латинскому языку (В. Н. Ярхо, Н. А. Федоров и др.) выделяют префиксацию как один из видов аффиксации в отдельный раздел, но описывают ее в сжатой форме. Специальных новых работ, посвященных префиксации в латинском языке, до сих пор не существует.

Разногласие во мнениях относительно природы префиксации не случайно и характерно для понимания и описания всей системы словообразования в индоевропейских языках [147, с. 46—50]. Выбор того или иного пути описания префиксального словообразования диктуется разным пониманием сущности префиксации и словосложения, сложившимися традициями в описании соответствующего материала и т. д.

Не вызывает сомнения, что истоки префиксации восходят к словосложению, когда одним (первым) из складывающихся компонентов композита выступали предлоги, предлогообразующие наречия или другие частицы. В латинском языке обнаруживаются черты именно такого состояния.

Таким образом, в настоящей работе мы полагаем, что наличие у препозитивной частицы коррелята в виде свободно употребляемого наречия и/или предлога не может рассматриваться в качестве довода против признания за ней префиксального статуса. Под префиксальным образованием, входящим в систему словообразования, соответственно, мы понимаем всякую членимую комплексную единицу, включающую в свой состав либо подлинный префикс (т. е. частицу с отсутствующим у нее свободно стоящим элементом), либо так называемые относительные префиксы. Естественно, что критерием отнесения комплексной единицы к числу префиксальных считается также: а) достаточная повторяемость слов аналогичного строения, что создает предпосылки организации словообразовательного ряда, насчитывающего обычно достаточно большое количество однотипных единиц; б) явно служебный характер семантической модификации корня, что отличает префиксальные образования от сложений и позволяет представить словообразовательные значения этих единиц конечным списком; в) что очень важно, изменённая сочетаемость самого первого компонента словообразовательной модели (так, наречия возможны перед глаголами, но при становлении префикса последний присоединяется и к именным основам; точно так же предлоги относятся к именам, но при превращении их в префиксы они, напротив, характеризуются способностью соединения с основами глагольного типа и т. д.); г) алломорфия препозитивных элементов и корневых морфем, связанная со взаимовлиянием складывающихся элементов одной структуры.

Характеризуя эту часть латинской системы словообразования, следует, однако, отделять ее от области чистого словосложения, ибо только так удается выявить отличительные черты складывающейся префиксальной системы с разветвленной системой представленных здесь словообразовательных моделей, первый член которых по целому ряду свойств и признаков уже отходит от своего самостоятельного коррелята — наречия и/или предлога.

Можно подчеркнуть, что классическая латынь отражает тот этап в становлении системы префиксации, когда она представляет собой область, тесно связанную с предложными и наречными оборотами и в то же время явно от них обособляющуюся по целому ряду признаков — функциональных, структурных и семантических. Такое обособление, впервые получившее описание под именем морфологической изоляции, было известно и для других европейских языков (145), но в латинском языке его формы и проявления особенно очевидны и многообразны. С одной стороны, несомненны семантические связи между употреблением такой, например, единицы, как *ante-*, и в самостоятельном виде, и внутри составной единицы, ср. *ante lucem* — «перед рассветом» и *antelucanus* — «предрассветный». С другой стороны, *ante-* выступает в таких производных, как *antecenium* от *cena-* «обед» — «закуска (угощение, предшествующее главной трапезе)», *antecedentia* от *antecedere* — «предшествовать» — «причина (предшествующее обстоятельство, то, что предшествует — причина)», уже с некоторыми чертами семантической дифференциации.

Употребляясь в связанном виде, предлоги развивали на базе собственных значений новые — обобщенные: значение отрицания (*absurdus* — «неблагозвучный; нелепый»; *demens* — «безумный, неразумный»; *expers* — «не принимающий участия, непричастный»); значение ослабления или усиления качества (*exalbidus* — «беловатый», но *exartus* — «очень узкий»; *subobscurus* — «темноватый», но *peraltus* — «очень высокий»; *praeclarus* — «очень яркий; прекрасный»); значение оценки (*posthabēre* — «считать менее важным», *postponĕre* — «ставить на второй план»); обозначение родственных связей поколений (*proavus* — «прадед; предок»; *abavus* — «прапрадед»; *proauctor* — «родоначальник»; *abnepos* — «праправнук») и др.

Интересно, что уже на этом этапе развития префиксации наблюдаются явно членимые лексикализованные производные, например, *interire* — «губить», значение которого не выводимо из значений составляющих его частей (*inter* — «между», *ire* — «идти»).

Вместе с функциональным и семантическим переосмыслением осуществлялась и морфологическая изоляция препозитивных предложно-наречных частиц путем фонетического обособления разных вариантов морфемы в свободном и связанном употреблении. Семантическая слитность предлога с последующей основой создает предпосылки и для взаимовлияния этих единиц в чисто фонологическом отношении: до тех пор, пока частица воспринимается как отдельный предлог (ср. написания типа *conlega*), она не создает морфемного шва в подлинном смысле этого термина. Напротив, как только частица сливается с последующей основой благодаря цельнооформленности слова, граница между бывшим предлогом и основой начинает восприниматься как морфемная граница. На морфемных же границах и происходят мощные фонологические процессы подгонки одной морфемы под другую: разного рода ассимиляции, редукции, устранение зияний и т. п. В результате возникают условия для чисто фонологического разграничения разных морфов одной морфемы: форма, закрепленная за предлогом, — неизменна; напротив, в ряду алломорфов одного префикса — целый ряд фонологически сходных, но нетождественных алломорфов (ср. *sub-*, *suc-*, *suf-*, *sug-*, *sum-*, *sup-*, *sus-*, *su-*). Ясно, что *suf-* уже не может рассматриваться как предлог, он приобретает материально обособленный от предлога облик. Алломорфия префиксов, которую мы охарактеризуем подробно несколько ниже, становится сама по себе важной приметой префиксального словообразования. Но латинская префиксальная система развивает не только алломорфию префиксов. Параллельно чередованию морфов одной препозитивной морфемы возникает альтернирование морфов корневых морфем, обязанное тоже взаимовлиянию складывающихся элементов одной структуры (ср. *medius → dimidius, teneo → sustineo, caput → praeceps, pars → expers, facio → efficio, cado → occido* и др.). Изменяется и место ударения в структуре слова, если второй от конца слог был кратким (ср. *cáput → ócciput, légo → cólligo, páro → ímpero* и др.). Подробнее об этом см. в § 2 «Фонологические характеристики префиксальных моделей».

Таким образом, функциональные, семантические и структурные изменения предлогов и наречий в препозитивном употреблении привели к становлению префиксальной системы.

В настоящей работе под префиксом вслед за Е. С. Кубряковой [147] мы понимаем такую деривационную морфему, которая имеет коррелят в виде служебного слова (предлога и/или наречия) и характеризуется обобщенным содержанием.

Поэтому в состав префиксов были, естественно, включены все препозитивные частицы служебного назначения, даже в том случае, если они имели корреляты не только в виде предлога, но и в виде предлога и наречия.

Это позволило представить префиксальную систему латинского языка в полном виде, отделить сложения со служебными и неслужебными элементами (последние описаны в разделе «Словосложение»), а главное, — определить семантические (ноэтические) пространства, покрываемые всей системой префиксации.

Процесс обособления префиксальных элементов от предлогов и/или наречий сказывается и в семантике этих единиц, каждая из которых отличается своим путем семантического развития. Однако, чтобы охарактеризовать этот процесс, недостаточно сравнить семантические структуры одних единиц в свободном употреблении с семантическими структурами других в связанном. Прежде чем произвести такое сопоставление, надо убедиться в том, что препозитивная частица действительно способна выстроить словообразовательный ряд и приобрести определенные сочетаемостные и статистические характеристики. Сочетаемостные характеристики подлинного префикса в латинском языке можно считать установленными тогда, когда он начинает соединяться с несколькими типами основ, т. е. выходит за пределы своего прежнего (исконного) употребления. Так, префиксальный статус такого элемента, как *ante-*, может быть доказан, в частности, тем, что он встречается не только перед субстантивной и глагольной основами, но и перед адъективной основой, что предлогу или наречию *ante* было несвойственно (ср. *ante-genitalis* — «предшествующий рождению», *ante-meridianus* — «предполуденный»; *ante-muranus* — «находящийся перед крепостной стеной» и др.) [564].

Статистические характеристики тоже служат подтверждению словообразовательного статуса препозитивных элементов, так как свидетельствуют о типичной для аффиксов серийности, об их воспроизводимости в протяженных рядах, способности моделировать однотипные структуры с повторяющимися значениями.

Количественная характеристика префиксов определяется длиной словообразовательного ряда, количеством основ, соединенных с данным префиксом, в конечном счете — количеством производных слов, включающих данный префикс.

Для определения инвентаря префиксов и их количественной характеристики мы обратились к словарю О. Граденвитца «Laterculi vocum Latinarum» [633]. Он составлен на базе Тезауруса латинского языка и включает два списка, в каждом по 53 170 слов — прямой (a fronte) и обратный (a tergo).

Количественные данные показывают, что ядро префиксальной системы и ближайший к нему пласт образуют наиболее частотные префиксы — *con-*, *in*[1]- (в, на), *ex-*, *in²-* (отрицание), *de-*, *re-*, *per-*, *sub-*, *prae-*, *pro-*, *ob-*, *dis-*, *ad-*, *inter-*, *super-*, *ab-*, *circum-*, *-trans-*, *ante-*, *se-*, *ne-*, большинство из которых соотносятся с предлогами. (См. таблицу «Частотный список латинских префиксов».)

Частотный список латинских префиксов

№ пп	Префиксы и их варианты	Количество производных слов с данным префиксом
1	con- (co-, col-, com-, cor)	2337
2	in¹- (il-, im, ir-)	2061
3	ex-(e-, ef-)	1719
4	in²- (il-, im-, ir-)	1377
5	de-	1207
6	re- (red-)	1091
7	per- (pel-)	1072
8	sub- (su-, suc-, suf, sug-, sum-, sup-, sus-)	1024
9	prae-	890
10	pro- (prod-)	726
11	ob- (oc-, of-, og-, op-)	683
12	dis- (di-, dif-, dir-)	607
13	ad- (ac-, af-, ag-, an-, ap-, ar-, as-, at)	548
14	inter- (intel-)	378
15	super-	369
16	ab- (a-, abs-, au-)	340
17	*circum-/incircum-/circa-	313
18	trans- (tra-, tran-)	217
19	ante-/anti-	110 (ante-86, anti-24)
20	se- (so-)	82
21	ne-/nec- (neg-)	53
22	*intra-/intro	35 (intra-5, intro-30)
23	*infra-	34
24	ambi- (am-, amb-, an-)	33
25	*subter-	33
26	*praeter-	31
27	*post-	30
28	*contra-/contro-	27 (contra-21, contro-6)
29	*retro-	23
30	*supra-	13
31	ve- (vae-)	8
32	*cis-	7
33	*extra-	6
34	*ultra-/ultro-	5 (ultra-1, ultro-4)

Из 34 префиксов, рассматриваемых нами как префиксальные морфемы, 12 префиксов не зафиксированы словарем И. Х. Дворецкого в качестве таковых. Они даются в таблице под звездочкой: *circum-, cis-, contra-, extra-, infra-, intra-, post-, praeter-, retro-, subter-, supra-, ultra-*. Они представлены в словаре только как наречия и предлоги. Однако такой «предлог», как *circum-*, образующий словообразовательный ряд в 313 производных слов, уже приобретает статус префикса. То же самое можно сказать и о менее активных префиксальных морфемах *intra-* (35), *subter-* (33), *praeter-* (31), *post-* (30), *contra-* (27), *retro-* (23), *supra-* (13) и др., в них заложены потенциальные возможности к сочетаемости с различными основами и к расширению словообразовательных рядов. Можно было бы их назвать относительными префиксами, образующими периферию префиксальной системы.

Нужно заметить, что наиболее продуктивными являются словообразовательные типы с односложными префиксами — *con-, de-, ex-, in-* (в, на), *in-* (отрицание), *per-, re-, sub-* и т. п. Большинство относительных префиксов двусложны (*contra-, intra-, retro-, supra-* и др.).

Мы рассматриваем все морфемы как префиксальные, учитывая дальнейшее их сопоставление с терминологическими префиксальными элементами, где соотношение ядра (центра) системы и ее периферии претерпевает изменения.

О высокой частотности префиксальных морфем латинского языка свидетельствуют не только протяженные словообразовательные ряды, построенные с участием одного и того же префикса, но и объемные словообразовательные гнезда, образуемые с помощью разных аффиксальных морфем. Так, в словообразовательном гнезде «*lux, lucis, f*» — 68 однокорневых производных слов, из них 40 префиксальных (например, *col-luceo, il-luceo, perluceo, sub-lucidis, di-luculum* и др.). В словообразовательном гнезде «*facĕre*» — 38 однокорневых производных слов, из них 28 имеют в своем составе префиксы, причем 8 — первичной деривации и 20 — вторичной (*efficio → effectus, effector, effectrix, effectio, effectives, effectorius* и т. п.).

Объемные словообразовательные ряды и гнезда не свойственны словосложению, к которому многие авторы по традиции относят префиксацию. Составными частями сложного слова являются компоненты, соотносимые с полнозначными основами, а префиксы коррелируют со служебными словами. Также не характерно для словосложения и соединение более чем двух полнозначных основ, в префиксальных же конструкциях нередко выделяется несколько префиксальных морфем (ср. *per-in-con-sequens, super-ab-negatio, sub-dif-ficilis, per-ab-surdus, in-pro-tectus* и др.).

§ 2. Фонологические характеристики префиксальных моделей

Вместе с функциональным и семантическим переосмыслением осуществлялась и морфологическая изоляция препозитивных предложно-наречных частиц путем фонетического разделения разных вариантов морфемы в свободном и связанном употреблении. Как писал Д. П. Попов, переведший «Латинскую грамматику»

Д. Цумпта, «древние и новые грамматики столько не противоречат друг другу, как во мнении касательно изменений предлогов в случае сложения. Одни, принимая во внимание легкость произношения, считают необходимой ассимиляцию стекающихся звуков предлога и корня, другие, напротив, видя, что много здесь зависит от произвола, хотят, чтобы предлог всегда оставался неизменным, по крайней мере, на письме. В самых рукописях и других древних письменных памятниках нет касательно этого ничего постоянного: в одной и той же книге встречается, например, *existere* и *exsistere*, *collega* и *conlega*, *inperium* и *imperium*» [176, с. 412].

С развитием именных образований, включением в круг присоединяемых основ помимо глагольных основ существительных и прилагательных статус препозитивных частиц как префиксов все более укреплялся. Они стали характеризоваться большей слитностью и цельнооформленностью за счет распространения на них общих фонетических законов, действующих в пределах слова: ассимиляции, редукции гласного и др. Действовали также процессы усечения, возникновения прокладок и др. (См. таблицу «Алломорфы префиксальных морфем»).

Алломорфия основ

Фонетические изменения происходили не только в препозитивной частице (префиксе), но и в основе. Здесь действовал закон редукции гласного (от лат. *reducĕre* — «отводить, ослаблять»).

В открытом слоге:

1) краткий гласный первого слога основы при присоединении префикса редуцировался в *ĭ*: *ămicus* «друг» → *inĭmicus* «враг»; *lĕgo* «собирать» → *collĭgo* «собирать, скоплять»; *făcilis* «легкий» → *diffĭcilis* «трудный, не легкий»;

2) дифтонг *ae* переходил в *ī*: caedo «бить, разрезать» → *incīdo* «надрезать, вырезать, врезать»;

3) дифтонг *au* переходил в *ū*, иногда в *ō*: claudo «запирать» → *inclūdo* «заключать, окружать, включать»; *lautus* «мытый» → *illōtus* «немытый, нечистый»;

4) -*ŏ*- в открытом слоге переходил в -*ŭ*- в закрытом: *sŏlum* «земля, страна» — *exsŭl* (*exŭl*) «эмигрант».

В закрытом слоге:

1) краткий гласный первого слога основы при префигировании редуцировался в -*ĕ*-: *anceps* (*ambi-* + *căput*) «двуглавый»;

2) долгий гласный *ā* первого слога редуцировался в *ē*: *peremnis* (*per-* + *amnis*) «относящийся к переправе»; *perennis* (*per-* + *annus*) «длящийся круглый год»; *expers* (*ex-* + *pars*) «непричастный» и др.

Изменялось и место ударения при присоединении префиксов. Если второй от конца слог был кратким, ударение переходило на префикс: *cŏlo* — *íncŏlo*, *ăgo* — *pródĭgo*, *ĕmo* — *éxĭmo*, *brĕvis* — *súbbrĕvis* и др.

Алломорфы префиксальных морфем

Префикс / Предлог	Фонетический вариант
ab / ab-	a- (перед m), abs- (перед c, t) a-mens, abs-cedo, abs-temius, abs-terreo, abs-traho
ad / ad-	ac-, af-, ag-, an-, ap-, ar-, as-, at- (перед соответствующим согласным) ac-cola, af-finis, ag-ger, an-notatio, ap-probatio, ar-rogans, as-societas, at-testatio
ambi-	amb- (перед гласным), am- (перед p), an- (перед c, f, qu) amb-igo, amb-edo, amb-urbium, am-plector, an-ceps, an-fractus, an-quiro
cum / con-	co- (перед гласным или h, а также перед начальным n), col- (перед l), com- (перед b, m, p), cor- (перед r) co-agulatio, col-lega, com-positio, cor-rector
dis-	di- (перед d, g, l, m, n, r, st, v), dif- (перед f) di-do, di-duco, di-luvium, di-midius, di-verbium, di-numeratio, director, dif-ficilis
ex / ex-	e- (перед c, p, q, s, t), ef- (перед f) e-normis, e-gregius, e-validus, ef-fectus, ef-frons, ef-fugium
in / in¹-	il- (перед l), im- (перед b, m, p), ir- (перед r) il-lustratus, im-pressio, ir-rigatio
in² -	il- (перед l), im- (перед b, m, p), ir- (перед r) il-locabilis, im-mobilis, ir-rationalis
ne, neque, nec / ne-/nec-	neg- (перед гласным и l) neg-otium, neg-lego
ob / ob-	oc- (перед c), of- (перед f), og- (перед g), op- (перед p) oc-casio, of-fero, og-ganio, op-positio
per / per-	pel- — в слове pel-licio; pe- — в слове pe-jurus
post / post-	po- (перед m) po-moerium, po-meridianus
sub / sub-	su- (перед начальным s с последующим согласным, кроме st), suc- (перед c), suf- (перед f), sug- (перед g), sum- (перед m), sup- (перед p), sus- (перед c, p, t) su-spicax, suc-custos, suf-frigidus, sug-gestio, sum-mano, suppositio, sus-pendo, sus-tineo, sus-cipio
trans / trans-	tra- (перед d, j, n), tran- (перед s, qu) tra-duco, tra-jicio, tra-no, tran-scribo, tran-quillus (*trans- + quies)

Возникновение прокладок во избежание хиатуса:

Префиксы	Примеры с прокладками
pro-, re-, se-	prod-, red-, sed- (перед гласным) prod-eo, prod-igo, red-igo, sed-eo

§ 3. Отличие именных префиксальных производных от глагольных

Префиксальный способ словообразования широко использовался в латинском языке для образования производных глаголов. Это не случайно, так как первоначально препозитивные частицы — наречия участвуют именно в построении производных глаголов, т. е. являются превербами. Наречия, имеющие значение места, направления, совместности действия и др., употреблялись в препозиции для уточнения характера протекания действия. В функциональном отношении они были близки самостоятельным словам. Определяя глагол, наречия постепенно переходили в статус префиксов.

Присоединение префикса не вызывает перехода глагола в другой лексико-грамматический разряд слов, и большинство производных глаголов образуются по типичной единой модели «префикс + мотивирующий глагол», ср. *pono* → *expono, do* → *addo, cedo* → *procedo, luceo* → *reluceo, loco* → *praeloco* и т. д. Прямое примыкание префиксов к глаголам, однако, часто связано с морфонологическими изменениями на стыке морфем и в производящей основе, с изменениями в акцентном оформлении, что в свою очередь определяет степень спаянности составных частей префиксальной модели и ее устойчивость. Например, *cedo* → *accedo, rapio* → *corripio, facio* → *sufficio, lego* → *colligo, ago* → *prodigo, arceo* → *exerceo, scando* → *descendo, emo* → *eximo* и др.

Иногда наблюдаются случаи слияния префикса с основой, ср. *cogo* (*con-* + *ago*), *sumo* (*sub-* + *emo*), *promo* (*pro-* + *emo*); выпадения части основы, ср. *pergo* (*per-* + *rego*), *praeco* (*prae-* + *dico*), *praebeo* (*prae-* + *habeo*), *debeo* (*de-* + *habeo*); исчезновения инфикса при присоединении префикса, ср. *propago* (*pro-* + *pango*), и другие фонетические явления.

Производящий глагол может быть простым (См. приведенные выше примеры) и производным — префиксальным, суффиксальным или префиксально-суффиксальным, тогда производный глагол имеет сложную морфологическую структуру. Например, *adalligo* «привязывать» из *ad-* + [*ad-* + *ligo* = *alligo*]; *adaggero* «накоплять, нагромождать» из *ad-* + [*ad-* + *gero* = *aggero*]; *appromitto* «поручиться» из *ad-* + [*pro-* + *mitto*]; *disconduco* «противодействовать» из *dis-* + [*con-* + *duco*]; *ambadedo* «объесть кругом, проесть полностью» из *ambi-* + [*ad-* + *edo*]; *disconvenio* «не согласовываться» из *dis-* + [*con-* + *venio*]; *anteoccupo* «предупреждать» из *ante-* + [*ob-* + *capio*]; *circumaufero* «совершенно прекращать, запрещать» из *circum-* + [*ab-* + *fero* = *aufero*] или *lucesco* (из *luceo*) → *illucesco, elucesco, dilucesco*; *agito* (из *ago*) → *cogito* (из *con-* + *agito*) и др.

Однако образование префиксальных глаголов может принимать иной характер. Здесь выделяются деноминативные глаголы (десубстантивные и деадъективные). Первые образуются включением субстантивной основы в определенный тип спряжения (транспозиция) и одновременным присоединением префикса, ср. *colluco* (*con-* + *lux*), *incorporo* (*in-* + *corpus*), *recuso* (*re-* + *causa*), *obretio* (*ob-* + *rete*), *recordor* (*re-* + *cor*) и др. Рядом с такими глаголами наблюдаются структурно сходные с ними, но отличные по способу образования конвертированные глаголы от субстантивной основы с префиксом, ср. *coagulo* (от *coagulum*), *discrimino* (от *discrimen*), *examino* (от *examen*) и др.

Большую группу представляют собой также деадъективные глаголы, ср. *dealbo* (из *de-* + *albus*), *accelero* (из *ad-* + *celer*), *controversor* (из *contro-* + *versus*). Здесь также различаются глаголы, образованные путем конверсии от префиксальных адъективных основ, ср. *discordo* (от *discors*), *profano* (от *profanus*) и др.

В количественном отношении удельный вес префиксации в производстве глаголов по сравнению с именными конструкциями огромен. Это хорошо видно при анализе словообразовательных гнезд:

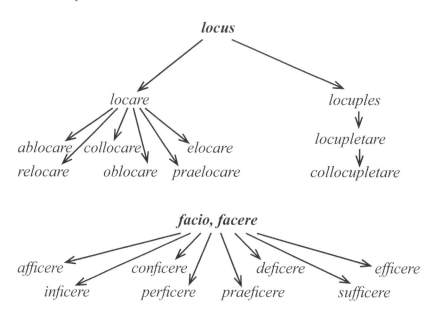

В словообразовательном гнезде *lux* «свет» из 39 префиксальных производных 23 отглагольных и 16 отыменных (См. схему в конце главы).

Указанный факт дает основание некоторым лингвистам рассматривать префиксацию как способ словообразования только в системе глаголов [44, с. 130—131].

Однако недостаток в первичных префиксальных именных образованиях восполняется огромным количеством вторичных производных существительных и прилагательных, образованных от префиксальных глаголов с помощью суффиксации. Ср., в словообразовательном гнезде с *facio, facere* — *affectus, confectio, defectus, perfectum, imperfectus, praefectus, effectus, effector, effectivus, effectorius, infectus, infectio, infectivus, inficiens, sufficientia* и др. В случае с *imperfectus* мы имеем дело с присоединением префикса — *in-* (отрицание) к адъективированному причастию, образованному от префиксального глагола — *perficere*.

Поскольку реальным способом словообразования для вторичных префиксальных производных существительных и прилагательных является суффиксация, они будут рассматриваться позднее, в главе «Суффиксация». Здесь же мы рассматриваем первичные префиксальные производные, образованные по собственно префиксальной модели.

Если большинство префиксальных глаголов образуются чаще по единой типовой модели, то именные префиксальные образования отличаются большим разнообразием, что связано с разными типами мотивирующих основ. Ср.: *caput* — голова → *praeceps* — падающий стремглав; стремительный, быстрый — отсубстантивное прилагательное 3-го склонения одного окончания; *adjuvāre* — помогать → *subadjuva, ae,* m — младший помощник — префиксальное отглагольное существительное 1-го склонения муж. р., образованное от префиксального глагола (*adjuvare* < *juvāre*); *sedēre* — сидеть; садиться; оставаться, глубоко сидеть, засесть → *subsidium* — тыловой эшелон, резерв; помощь, поддержка; средство помощи; укрытие, убежище — отглагольное префиксальное существительное 2-го склонения ср. р.; *sperāre* — надеяться → *prosper* = *prosperus* — благоприятный, удачный, счастливый — отглагольное префиксальное прилагательное 1—2-го склонения; *ager* — земля, область; поле; деревня → *peregrinus* — иностранный, чужеземный, перелетный; дорожный, путевой — префиксально-суффиксальное отсубстантивное прилагательное 1—2-го склонения.

Но транспозиционный характер префиксальных моделей не обязателен, ср.: *avus* — дед → *proavus* — прадед, предок — отсубстантивное префиксальное существительное; *altus* — высокий → *peraltus* — очень высокий — отадъективное префиксальное прилагательное; *lacrimabilis* — достойный слез, плачевный → *illacrimabilis* — бесслезный, безжалостный — префиксальное отадъективное прилагательное 3-го склонения, образованное от суффиксального отглагольного прилагательного 3-го склонения.

Приведенные примеры показывают разнообразие префиксальных именных моделей. Префиксальные именные образования могут быть девербальными, десубстантивными и деадъективными. Для них более характерны модели с префиксами групп Р$_1$ и Р$_2$ (См. ниже). Префиксы могут присоединяться к простой основе и к основе, осложненной суффиксом. Именное образование может быть результатом парасинтетического, т. е. префиксально-суффиксального способа словообразования. В десубстантивных и деадъективных образованиях отмечаются модели как транспозиционного, так и нетранспозиционного характера. Подробно о собственно префиксальных именных моделях см. ниже.

Таким образом, как показал анализ, функционирование префиксов в системе глагола и имени нетождественно и связано прежде всего с различной словообразовательной активностью глаголов и с участием префиксов в процессах первичной или вторичной деривации.

§ 4. Структурно-семантическая характеристика префиксов латинского языка

Выше мы уже указали на тот факт, что префиксальная система латинского языка складывается постепенно за счет определенных функционально-семантических изменений, претерпеваемых главным образом служебными элементами этого языка, — предлогами и предлогообразными или первообразными наречиями. Интересно в этой связи сопоставить обнаруженные нами префиксы с их коррелятами, определить статус этих последних и проанализировать более конкретно, в чем заключается сходство префиксов с их коррелятами и в чем все-таки ощутимо их несомненное отличие друг от друга. Для того чтобы получить полную картину таких сходных и дифференциальных черт, мы первоначально на первом этапе анализа распределили все выделенные нами префиксы по следующему принципу:

При наличии коррелята в виде самостоятельно существующего слова мы установили его характер и обнаружили, что им может быть:

В итоге такого анализа выделились три неоднородные группы префиксов: P_1 — группа префиксов, соотносимых и с наречиями, и с предлогами; P_2 — группа префиксов, коррелятивных только предлогам; P_3 — группа префиксов, не имеющих коррелята в виде самостоятельного слова. (См. таблицу 1 «Основные группы префиксов» и таблицу 2 «Статистическая характеристика префиксов в группах P_1, P_2 и P_3».) Таблицы показывают неоднородность префиксов и их взаимосвязь со своими прототипами.

Рассмотрим теперь выделенные группы с точки зрения семантики. Такое рассмотрение, как нам кажется, позволит определить: 1) наличие семантических сдвигов в префиксах по сравнению с семантикой их коррелятов; 2) характер подобных сдвигов.

Таблица 1. Основные группы префиксов

№ пп	Препозитивные частицы	Группы P_1	P_2	P_3
1.	ab-		+	
2.	ad-		+	
3.	ambi-			+
4.	ante-	+		
5.	*circum-	+		
6.	cis-		+	
7.	con-		+	
8.	contra-	+		
9.	de-		+	
10.	dis-			+
11.	ex-		+	
12.	* extra-	+		
13.	in^1-		+	
14.	in^2-			+
15.	* infra-	+		
16.	inter-	+		
17.	intra-	+		
18.	ne-/nec-			+
19.	ob-		+	
20.	per-		+	
21.	*post-	+		
22.	prae-	+		
23.	*praeter-	+		
24.	pro-		+	
25.	re-			+
26.	*retro-	+		
27.	se-			+
28.	sub-		+	
29.	*subter-	+		
30.	super-	+		
31.	*supra-	+		
32.	trans-		+	
33.	*ultra-	+		
34.	ve-			+

Звездочкой отмечены префиксы, не зафиксированные в этом статусе в словаре И. Х. Дворецкого.

Таблица 2. Статистическая характеристика префиксов в группах P_1, P_2 и P_3

Группа	Префикс	Значение	Продуктивность
P_1	1. ante-	перед	110
	2. circum-	вокруг	313
	3. contra-	против	27
	4. extra-	вне	6
	5. infra-	под	34
	6. inter-	между	378
	7. intra-	внутри	35
	8. post-	позади; после	30
	9. prae-	перед	890
	10. praeter-	мимо	31
	11. retro-	за, позади	23
	12. subter-	внизу	33
	13. super-	над; сверх	369
	14. supra-	выше; сверх	13
	15. ultra-	дальше; сверх	5
Всего			2297
P_2	1. ab-	от, из	340
	2. ad-	на, при, близ	548
	3. cis-	по эту сторону	7
	4. con-	с, вместе	2337
	5. de-	нис-, от-, без-, не-	1207
	6. ex-	из-, вы-, без-, не-	1719
	7. in^1-	в, на	2061
	8. ob-	напротив, навстречу	683
	9. per-	через, сквозь	1072
	10. pro-	перед; для; вместо	726
	11. sub-	под	1024
	12. trans-	через; за пределами	217
Всего			11.941
P_3	1. ambi-	вокруг, с двух сторон	33
	2. dis-	раз-, не-	607
	3. in^2-	не-, без-	1377
	4. ne-	не-	53
	5. re-	назад; обратно, снова	1091
	6. se-	от-, не-	82
	7. ve-	без-, не-	8
Всего			3251

Ясно, что и то и другое, вместе взятое, позволит судить о становлении словообразовательной системы в семантическом отношении и говорить о появлении новых словообразовательных значений.

(См. таблицы 3, 4 и 5.) В каждой таблице указываются сопоставляемые единицы и их лексические варианты, если они имеются. Для предлогов указывается падеж. Далее дается русское слово — идентификатор семантики, указывается встречаемость в словообразовательных рядах, затем перечисляются значения в порядке их представленности. Под звездочкой даются префиксы, представленные в словаре И. Х. Дворецкого лишь как самостоятельные единицы (без указания на их префиксальный статус в соответствующей рубрике словаря).

При исследовании **первой** группы префиксов (P_1), соотнесенных одновременно и с предлогами, и с наречиями, обращает на себя внимание промежуточное положение этих препозитивных элементов, которые, с одной стороны, еще не отошли полностью от полнозначных единиц и потому проявляют в своей сочетаемости внутри слова явные черты словосложения, но которые, с другой стороны, уже в силу особенностей своей семантики тяготеют по выражаемым им значениям к префиксам.

Первое сказывается в том, что наречия (и предлоги) рассматриваемого типа *двусложны*, а потому при сочетании с основами разных частей речи развивают нередко нечто вроде соединительного гласного (отсюда примеры типа *ante ~ anti, contra ~ contro, ultra ~ ultro, intra ~ intro*). Алломорфия этого типа резко отличается от той, которая характеризует подлинные префиксы. Кроме того, присоединение их к основе редко вызывает алломорфию основ. Интересно отметить в связи с этим, что выпадающие из этой системы два примера *post-* и *prae-* ведут себя скорее как истинные префиксы, доказательством чего является развитие у них четких типизированных уже в этот период оценочных и прочих значений. В структурном плане *prae-* представляет более тесное слияние с основами, развивая их алломорфию. Ср. *praemium* (из *prae-* + *emĕre* «покупать, приобретать») «награда; добыча; преимущество»; *praeco* (из *prae-* + *dicĕre* «говорить») «глашатай, вестник»; *praesul* (из *prae-* + *salīre* «прыгать») «передний танцор» и др.

Двусложность воспринимается, таким образом, еще как примета полнозначного корня. Не случайно поэтому семантика префиксальных элементов в этой группе достаточно близка своим «выразительным» коррелятам и мало чем отличается от этих единиц.

Вместе с тем тенденция к выражению вполне определенного круга значений — пространственных (локативных) и временных (темпоральных) — здесь вполне отчетлива, так же, как и тенденция к появлению нового, деривационного типа значения — оценочности. Можно понять логику появления значений этого типа, представив все локативно-темпоральные значения в виде определенной схемы: точка отсчета (срединная), по отношению к которой строятся все пространственные значения, переосмысляются в виде указания на норму; противопоставления на шкале «ближе—дальше», или «впереди—позади», или «выше—ниже» тоже переосмысляются либо в количественном отношении «более—менее», либо

Таблица 3. Соотношение семантики наречий и предлогов с коррелятивными префиксами (группа Р₁)

№ пп	Значение наречия	Значение предлога	Значение префикса (его продуктивность)
1	2	3	4
1.	*ante* впереди, вперед, до; прежде 1. пространственное 2. временное 3. очередность	*ante* перед, до 1. пространственное 2. временное	*ante-* (110) перед-, до 1. пространственное 2. временное
2.	*circum/circa* вокруг, кругом 1. пространственное	*circum/incircum* (арх.) вокруг, кругом, около 1. пространственное 2. временное 3. мера (количества) 4. связь, отношение	**circum-* (300), *incircum-* (10) / *circa-* (3) вокруг, об- 1. пространственное
3.	*contra* напротив; наоборот 1. пространственное 2. противодействие 3. противопоставление	*contra* против, напротив 1. пространственное 2. противодействие 3. отношение	**contra-* (27) противо-, против 1. пространственное 2. противодействие
4.	*extra* вне, снаружи; кроме, помимо 1. пространственное 2. эксклюзивное	*extra* вне 1. пространственное 2. эксклюзивное	**extra-* (6) вне- 1. пространственное
5.	*infra* низко, ниже; менее; позднее 1. пространственное 2. временное 3. мера интенсивности (ослабление)	*infra* под; менее; позднее 1. пространственное 2. временное 3. мера интенсивности (ослабление)	**infra-* (1) под; ниже 1. пространственное
6.	*inter* (редко) между, посреди 1. пространственное	*inter* между, среди 1. пространственное 2. временное	*inter-* (378) меж-, между 1. пространственное 2. временное
7.	*intra, intro* внутри, внутрь 1. пространственное	*intra* внутри; в пределах (времени) 1. пространственное 2. временное 3. оценочное (менее, до)	**intra-* (5), *intro-* (30) внутри 1. пространственное
8.	*post* сзади, позади; после 1. пространственное 2. временное	*post* позади, после 1. пространственное 2. временное	**post-* (30) позади; после 1. пространственное 2. временное 3. оценочное

Таблица 3 (Окончание). Соотношение семантики наречий и предлогов с коррелятивными префиксами (группа Р$_1$)

1	2	3	4
9.	*prae* впереди; в сравнении 1. пространственное 2. сравнение	*prae* впереди, перед; по сравнению; из-за 1. пространственное 2. сравнение 3. причинное (в отрицательных предложениях)	*prae-* (890) перед, пред-; прежде 1. пространственное 2. временное 3. мера интенсивности (высокая степень)
10.	*praeter* мимо; кроме 1. пространственное 2. эксклюзивное	*praeter* мимо; кроме 1. пространственное 2. эксклюзивное 3. оценочное (превышение нормы)	**praeter-* (31) мимо 1. пространственное
11.	*retro* назад; прежде; наоборот 1. пространственное 2. временное 3. противопоставление	*retro* (очень редко) за, позади 1. пространственное	**retro-* (23) за, позади 1. пространственное
12.	*subter* внизу 1. пространственное	*subter* вниз, под 1. пространственное	**subter-* (33) внизу, под 1. пространственное
13.	*super* наверху, наверх; сверх 1. пространственное 2. оценочное (превышение нормы)	*super* вверху; сверх; во время 1. пространственное 2. оценочное (превышение нормы) 3. временное 4. отношение	*super-* (369) над; сверх 1. пространственное 2. оценочное (превышение нормы) 3. дополнительность
14.	*supra* сверху, выше; сверх 1. пространственное 2. оценочное (превышение нормы)	*supra* над, сверх; раньше 1. пространственное 2. временное 3. оценочное (превышение нормы) 4. отношение иерархии (главенство)	**supra-* (13) над, выше; сверх 1. пространственное 2. оценочное (сверх нормы)
15.	*ultra, ultro* дальше; дольше 1. пространственное 2. временное 3. оценочное (более, сверх)	*ultra* дальше; дольше 1. пространственное 2. временное 3. эксклюзивное (помимо)	**ultra-* (1), *ultro-* (4) дальше; сверх 1. пространственное 2. оценочное (сверх нормы)

Таблица 4. Соотношение семантики предлогов и префиксов (группа Р₂)

№ пп	Значение предлога	Значение префикса
1	2	3
1.	*ab* от, из 1. пространственное (удаление) 2. временное 3. причинное 4. родственные отношения 5. партитивное	*ab-* (340) от, из 1. пространственное (удаление, отделение) 2. недостаток, отсутствие 3. отрицание (негация) 4. родственные отношения
2.	*ad* к, на, до, при, около 1. пространственное 2. временное 3. количество (приблизительность) 4. целевое 5. образ действия 6. отношение 7. причинное	*ad-* (548) на, при, близ 1. пространственное 2. родственные отношения (степень сродства)
3.	*cis* по эту сторону; в течение 1. пространственое 2. временное	**cis-* (7) по эту сторону 1. пространственное
4.	*cum* с, вместе с 1. пространственное 2. временное 3. совместность (комитативность) 4. орудийное 5. сопроводительное	*con-* (2337) с-, со- 1. пространственное 2. временное 3. совместность (комитативность) 4. соотношение 5. оценочное 6. родственные отношения
5.	*de* сверху вниз, за пределы 1. пространственное 2. временное 3. реляционное	*de-* (1207) нис-, от-, о-; без-; не 1. пространственное 2. отделение, устранение, лишение, недостаток, отсутствие 3. отрицание (негация)
6.	*ex* из, из-за, вслед за 1. пространственное 2. временное 3. причинное 4. трансформация (превращение, преобразование)	*ex-* (1719) из, вы-; без-; не 1. пространственное 2. временное 3. отделение, выделение 4. лишение 5. отрицание (негация) 6. оценочное (мера интенсивности — ослабление или усиление)

Таблица 4 (Окончание). Соотношение семантики предлогов и префиксов (группа P₂)

1	2	3
7.	*in* в, на 1. пространственное 2. временное 3. отношение, реляционное 4. целевое 5. сравнение 6. сопроводительное 7. причинное	*in-* (2061) в, на-, воз- 1. пространственное
8.	*ob* против, из-за 1. пространственное 2. причинное	*ob-* (683) против, напротив, навстречу 1. пространственное 2. противодействие
9.	*per* через, сквозь; вдоль; в течение 1. пространственное 2. временное 3. образ действия, способ 4. причинное	*per-* (1072) через, сквозь 1. пространственное 2. временное 3. оценочное (мера интенсивности — усиление)
10.	*pro* перед, впереди 1. пространственное 2. целевое 3. отношение иерархии (заместитель) 4. отношение	*pro-* (726) перед, вперед; для; вместо 1. пространственное 2. родственные отношения 3. отношение иерархии (заместитель) 4. целевое 5. отношение (соотношение)
11.	*sub* под; близ 1. пространственное 2. временное 3. отношение иерархии (подчинение)	*sub-* (1024) под; близ 1. пространственное 2. оценочное (мера интенсивности — ослабление) 3. отношение иерархии (подчинение)
12.	*trans* через; за пределами 1. пространственное	*trans-* (217) через; за пределами 1. пространственное 2. трансформация (превращение)

как указатели на меру интенсивности «сильнее—слабее», «лучше—хуже» и т. д. Ср. *posthabere* «считать менее важным», *postferre* «ставить ниже, на второй план», *praeclarus* «очень светлый; блистательный, прекрасный», *praedifficilis* «крайне трудный» и др.

Итак, в данной группе (P₁) все префиксальные элементы сохраняют исконные для соответствующих наречий и предлогов пространственные значения; на них основываются там, где это возможно, и значения темпоральные. Таких префик-

Таблица 5. Значение чистых префиксов (группа P₃)

№ пп	Значение префиксов	Этимологические данные
1.	*ambi-* (33) кругом, вокруг; с двух сторон 1. пространственное	Из греч. префикса *amphi-* кругом, вокруг; с двух сторон, соотносящегося с однокоренным предлогом и наречием
2.	*dis-* (607) раз-; не- 1. пространственное 2. разделение, разъединение, распределение 3. отрицание 4. противодействие	Возможно, сближается с греч. префиксом *dia-* со значением «разделения, распределения», соотносящимся с предлогом
3.	*in²-* (1377) не-, без- 1. отрицание	Одна из форм того же самого слова, что и *nē*, *ne*: нулевая ступень чередования (43, с. 130)
4.	*ne-/nec-* (53) не- 1. отрицание	*ne-* из архаической частицы *ne* со значением «отрицания, запрещения, допущения»; *nec-* из частицы *neque*, *nec* со значением «отрицания»
5.	*re-* (1091) назад, обратно; снова 1. пространственность 2. повторность 3. возобновление 4. противодействие 5. противоположность	Возможно, сближается с наречием и предлогом *retro-* назад, позади
6.	*se-* (82) от-; не- 1. отделение, устранение 2. отрицание	Из архаического предлога *se* (*sed*), соответствующего предлогу *sine* «без» со значением отсутствия
7.	*ve-* (*vae-*) (8) без-; не- 1. мера интенсивности — усиление или ослабление 2. отрицание	Этимология неизвестна

сальных элементов оказывается четыре — *ante-*, *inter-*, *post-* и *prae-*. Оценочные же значения характеризуют треть случаев и развиваются в соединении с именными основами. Важно также отметить, что сами пространственные значения, фиксируемые префиксами данной группы и, как мы уже указали, естественно соотнесенные именно со значениями наречий, носят здесь вполне определенный характер (не падежный, а ориентационный!). Они маркируют не столько точки пространства на шкале, сколько определенные области или сферы пространства (внутри, за пределами, наверху, внизу и т. д.). (См. схему 1.)

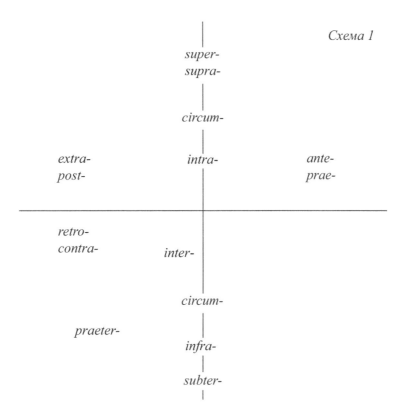

При исследовании **второй** группы префиксов (P_2), соотнесенных с предлогами, обращают на себя внимание огромные словообразовательные ряды, образуемые данными префиксами, — от 217 (*trans-*) до 2337 (*con-*) префиксальных производных в одном ряду. Исключение здесь представляет префикс *cis-*, образующий словообразовательный ряд в 7 единиц.

В структурном плане большинство префиксов этой группы тесно сливаются с основой за счет фонологических изменений на стыке морфем и развития алломорфии основ. (См. примеры в § 2, с. 25—26.)

В семантическом плане все префиксы этой группы многозначны, что также отличает их от предыдущей группы. Все значения префиксов формируются из значений предлогов. Явная многозначность предлога формирует и многозначность префикса. Общим для всех префиксов этой группы является сохранение исконных для предлогов пространственных значений, так же, как и в первой группе. Однако префиксы второй группы более точны для ориентации в пространстве: если префиксы первой группы фиксируют только определенные области, то префиксы второй группы указывают векторы, линии и могут быть уложены на шкале. Ср. *ab- ad-* «от—до», *in- — ex* «вовнутрь—изнутри», *de-* «сверху вниз», *per-* «через» и др. (См. схему 2.)

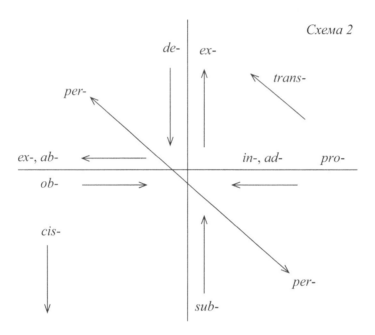

Схема 2

На основе пространственного значения развиваются временные и оценочные значения, как и в первой группе, но со своей спецификой, накладываемой значениями предлогов. Оценочное значение выражает, в основном, меру интенсивности, усиление — *con-*, *ex-*, *per-* или ослабление — *ex-*, *sub-*. Ср. *consimilis* «совершенно похожий», *complex* «тесно связанный», *exaltus* «очень высокий», *perabsurdus* «крайне нелепый» и др.; *exalbidus* «беловатый», *sublucidus* «слабо освещенный» и др.

Наряду с описанными значениями в данной группе развиваются добавочные, новые значения, не отмеченные в первой группе префиксов: значение негации (*ab-*, *de-*, *ex-*), которое развивается из значения удаления, отделения, недостатка, лишения; значения, маркирующие отношения между людьми, с одной стороны, иерархию, субординацию в этих отношениях (*pro-*, *sub-*), с другой стороны — родственные связи (*ab-*, *ad-*, *con-*, *pro-*); реляционное значение, выражающее отношение, соотношение между предметами (*con-*, *pro*). Ср. негация — *absurdus* «неблагозвучный, нелепый»; *deformis* «не имеющий формы, безобразный»; *exsomnis* «бессонный»; отношения иерархии — *proconsul* «заместитель консула, проконсул, наместник в провинции»; *subcurator* «помощник управляющего»; родственные отношения — *abnepos* «праправнук»; *admatertera* «племянница прабабки»; *consocer* «отец зятя или невестки»; *proavus* «прадед»; соотношение — *comparatio* «сравнение, сопоставление»; *proportio* «соотношение, соразмерность» и др.

Таким образом, статистическая, структурная и семантическая характеристики префиксов второй группы дают основание отнести эти префиксы к разряду подлинных.

Способность строить длинные словообразовательные ряды, соединяться с несколькими типами основ (с глагольными и именными), вызывать фонетические изменения на стыках морфем и в корневых морфемах, развивать самостоятельные значения — все это подтверждает обособленность препозитивных единиц рассматриваемой группы от предлогов и переводит их в статус префиксальных. Не случайно, что все эти префиксы, кроме *cis-*, имеют в словаре И. Х. Дворецкого лексикографическую помету — «приставка».

К анализу **третьей** группы, группы чистых префиксов (P_3), мы привлекли этимологические данные, которые показали, что из 7 префиксов 4 (*ambi-*, *dis-*, *re-*, *se-*) соотносятся с предлогами — с греческими или латинскими. Это подтверждает генетические связи префиксов с предлогами. Что касается префикса *ambi-*, этимологически соотносящегося и с наречием, и с предлогом, то отнесение его к этой группе не бесспорно. Два префикса имеют своими прототипами отрицательные частицы и поэтому выражают только отрицательное значение (in^2, *ne-/nec-*). Этимология префикса *ve-* неизвестна, он имеет более архаичный вариант *vae-*. Префикс *ve-* имеет самую низкую частотность в этой группе. Объемные ряды производных образуют префиксы: in^2- (1377), *re-* (1091), *dis-* (607).

В структурном плане префиксы этой группы образуют как именные, так и глагольные конструкции, тесно сливаясь с основой благодаря фонетическим изменениям. Алломорфия префиксов наиболее выражена у *ambi-* (*amb-*, *am-*, *an-*), *dis-* (*di-*, *dif-*, *dir-*) и in^2- (*il-*, *im-*, *ir-*). Все остальные имеют по одному алломорфу: *ne-/nec-* (*neg-*), *re-* (*red-*), *se-* (*sed-*, *so-*), *ve-* (*vae-*). Конструкциям с этими префиксами так же, как и в других группах, свойственна алломорфия основ, связанная с фонетическими изменениями внутри основы: *ambigo* (от *ambi-* + *ago* «делаю, поступаю») «колебаться, сомневаться»; *socors* (из *secors от *se-* + *cor* «сердце») «бесчувственный»; *solvo* (от *se-* + *luo* «очищать, освобождать») «развязывать; распускать, растворять»; *difficilis* (от *dis-* + *facilis* «легкий») «трудный»; *discutio* (от *dis-* + *quatio* «трясти») «разбивать, разрушать»; *illotus* (от *in-* + *lautus* «мытый») «немытый, нечистый»; *impos* (от *in-* + *potis* «могущественный») «не владеющий чем-либо».

В семантическом плане префиксы этой группы неоднородны. Многозначны всего два префикса *dis-* и *re-*, остальные имеют одно-два значения. Наиболее обобщенное пространственное значение имеют 3 префикса — *ambi-*, *dis-* и *re-*. Ср. *ambitio* «хождение вокруг; окружение»; *distantia* «расстояние»; *refugus* «бегущий назад, отступающий» и др. Значение отрицания, кроме *in-* и *ne-*, развивают также *dis-*, *se-* и *ve-* на базе основных своих значений: *dis-* — из значения разделения, *se-* — из значения отделения, устранения, а *ve-* — из значения недостатка, ослабления качества. Ср. *dissimilis* «непохожий, несходный»; *illex* «не признающий законов»; *impar* «неравный, непарный»; *negotium* (от *nec-* + *otium* «отдых») «не отдых, т. е. дело»; *sobrius* (из **sebrius*) «не пьяный, т. е. трезвый»; *vecordia* «неразумие, безрассудство» и др. Таким образом, значение отрицания имеют 5 префиксов из 7; значит, негация — характерная черта семантики префиксов этой группы.

Помимо названных значений пространственности и отрицания выделяется индивидуальное значение в префиксах *dis-* (разделение, распределение) и *re-* (повторность, возобновление; обратное действие, противодействие). Ср. *dispositio* «расположение, размещение»; *discolor* «разноцветный»; *rebellio* «возобновление войны; восстание»; *remissio* «обратная отправка; освобождение»; *resistentia* «сопротивление, противодействие» и др.

В целом в этой группе наиболее типичными являются значения негации и пространственное. Эти значения наряду с временными и оценочными в других группах можно, видимо, считать наиболее типичными для всей системы префиксов. Не случайно поэтому в этой системе мы наблюдаем синонимию словообразовательных моделей, а также антонимию. Более подробное представление об этих явлениях могут дать сравниваемые между собой не столько префиксы, сколько формируемые с их помощью модели.

§ 5. Деривационно-морфологическая характеристика префиксальных моделей

Развитие префиксальных моделей проходило за счет включения именных основ в конструкции с препозитивными элементами.

Появление именных префиксальных образований сыграло большую роль в морфологическом обособлении префиксов и их формировании как деривационных морфем в связи с изменением синтаксических функций предлогов и наречий в положении перед существительным или прилагательным, а также в связи с большей слитностью с производящей основой и большей цельнооформленностью префиксальных именных образований.

Именные префиксальные образования реализуют разные модели, прежде всего за счет разных типов основ, связанных с тем, что присоединение префикса связано с одновременным переходом основы в другой лексико-грамматический разряд, т. е. с транспозицией.

Рассмотрим некоторые морфологические структуры моделей префиксальных существительных и префиксальных прилагательных.

Модели префиксальных существительных

1. «префикс + вербальная основа»

accola (*colĕre* «обрабатывать землю»)	— живущий поблизости, житель окрестностей
collega (*legĕre* «выбирать»)	— сослуживец, коллега
ambago (*agĕre* «гнать; делать»)	— загадочность, туманность
ambages (pl.) (*agĕre* «гнать; делать»)	— окольные пути; околичности, обиняки; двусмысленная речь
contraversia (*vertĕre, versum* «повернуть, направить»)	— обратное движение; спор, прения
circumluvio (*luĕre* «мыть»)	— размывание берегов водой
subadjuva (*juvāre* «помогать»)	— младший помощник
antecantamentum (*cantāre* «петь»)	— запев

2. «префикс + адъективная основа»

coaequales (pl.) (*aequalis* «равный»)	— ровесники, сверстники
compauper (*pauper* «бедный»)	— товарищ по бедности
circummurale (*muralis* «стенной»)	— кольцевая стена
commaritus (*maritus* «брачный»)	— соперник в браке или сватовстве
adversus (*versus* «повернутый, направленый»)	— противодействие

3. «префикс + субстантивная основа»

а)
commembrum (*membrum* «член»)	— сочлен
abnepos (*nepos* «внук»)	— праправнук
conservus (*servus* «раб»)	— товарищ по рабству
consocius (*socius* «товарищ»)	— сотоварищ
ambivium (*via* «дорога, путь»)	— развилина дороги, распутье
associetas (*societas* «общность»)	— ассоциация, товарищество, общество

б)
commercium (*merx* «товар»)	— торговля
commilito (*miles, militis* «воин, солдат»)	— соратник по военной службе
collimitium (*limes, limitis* «межа, граница»)	— общая граница
ambiurbium (*urbs* «город»)	— обход вдоль городской черты
diluculum (*lux, lucis* «свет»)	— рассвет

Модели префиксальных прилагательных

1. «префикс + вербальная основа»

а) *interpolis* (*polīre* «делать гладким») — разглаженный
pronubus (*nubĕre* «выходить замуж») — брачный, свадебный
prosper = prosperus (*sperāre* «надеяться») — благоприятный, удачный

б) *circumsutus* (*suĕre, sutum* «шить») — обшитый кругом
perfletus (*flere, fletum* «плакать») — заплаканный
praeditus (*dare, datum* «давать; дарить») — одаренный, наделенный
supergestus (*gerĕre, gestum* «нести, таскать») — нагроможденный, насыпанный

в) *impetibilis* (*pati* «терпеть») — нестерпимый
imperturbabilis (*perturbāre* «приводить в замешательство») — невозмутимый, безмятежный
praecidaneus (*caedĕre* «убить; заколоть») — предварительно закалываемый, служащий вступительной жертвой
perpetuus (*petĕre* «стремиться; направляться») — непрерывный, сплошной

2. «префикс + субстантивная основа»

а) *abnormis* (*norma* «норма, правило») — не подчиняющийся правилам
affinis (*finis* «предел, граница») — смежный, соседний
compos, compotis (*potis* «сила, власть») — владеющий, сопричастный
consonus (*sonus* «звук») — созвучный
deformis (*forma* «вид, образ») — искаженный, безобразный

б) *antelucanus* (*lux, lucis* «свет») — предрассветный
circumforaneus (*forum* «рынок») — находящийся на рыночной площади, рыночный
peregrinus (*ager, agri* «земля; область») — иностранный, чужеземный
promercalis (*merx, mercis* «товар») — продающийся, продажный

3. «префикс + адъективная основа»

а) *commobilis* (*mobilis* «подвижной, легкий») — легко движущий
illiberalis (*liberalis* «свободный; благородный») — неблагородный
peraltus (*altus* «высокий») — очень высокий
sublucidus (*lucidus* «светлый, яркий») — слабо освещенный

б) *collatatus* (*latus* «широкий») — расширенный
supervacaneus (*vacuus* «пустой, незанятый») — излишний, ненужный

§ 6. Общие выводы

Подводя итоги исследованию подсистемы префиксации в литературном латинском языке, следует отметить, что префиксальные модели 1) представлены во всех кардинальных частях речи — существительном, прилагательном и глаголе, что и означает, собственно, что они могут создавать слова разных частей речи. Важно также, что 2) в каждой из частей речи представлены префиксальные модели, основами в которых тоже способны выступать глагол, существительное и прилагательное (т. е. вербальные, субстантивные и адъективные основы). Это свидетельствует о том, что сочетаемость префиксов всех групп с разными типами основ достигает своего предела. Еще одной примечательной чертой префиксации становится то, что она 3) вступает в определенные связи с системой суффиксации и что существуют не только модели чистой префиксации, но и парасинтетические модели разных типов, ср. *subaquaneus* (от *aqua* «вода») «подводный»; *promercalis* (от *merx, mercis* «товар») «продающийся, продажный»; *discolorius* (от *color* «цвет») «разноцветный»; *diluculum* (от *lux* «свет») «рассвет»; *excervicatio* (от *cervix, cervicis* «шея; столб») «упрямство, упорство»; *perfugium* (от *fugĕre* «искать убежища») «убежище» и др. 4) Префиксация коррелирует не только с прибавлением суффиксов, но и с меной парадигматических характеристик слова, т. е. типом склонения и спряжения исходного слова, ср. *capĕre* (гл. III спр.) → *anticipāre* (гл. I спр.); *via* (сущ. 1-го скл.) → *ambivium* (сущ. 2-го скл.); *bellum* (сущ. 2-го скл.) → *imbellis* (прил. 3-го скл.); *lac* (сущ. 3-го скл.) → *delicus* (прил. 1—2-го скл.) и др.

В итоге указанное обстоятельство, т. е. включение префиксации в парасинтез, а также подключение к системе префиксации основ производного типа, приводит к значительному усложнению морфологических структур, в частности, к 5) созданию морфологических последовательностей с несколькими префиксами в их препозитивной части. Ср. *in-ob-serv-a-bil-is*; *in-ex-spect-at-us*; *per-ac-com-mod-at-us*; *sub-al-lig-a-t-ur-a*; *super-ab-neg-a-t-io*; *per-in-con-sequ-e-ns* др. 6) Исконный облик вступающих в комбинаторику единиц претерпевает в этих условиях значительные преобразования: действующие на морфемных швах фонологические приспособительные явления затемняют этимологию слова, как бы разводят разные морфы одной морфемы, закрепляя каждый из морфов за своей собственной структурной единицей. Ср. *succidia* (из *sub* + *caedĕre*), *anceps* (из *ambi-* + *caput*), *tranquillis* (из *trans-* + *quies*), *pejurus* (из *per-* + *jus, juris*), *illotus* (из *in-* + *lautus*) и др.

7) Активное участие префиксов в словообразовательном и словоизменительном парасинтезе означает также, что префиксы вместе с флексией и/или суффиксами становятся средством транспозиции и осуществления процессов конверсии (как перехода слов из одной части речи в другую). Например, 1. из сферы глагола в существительное — *sedēre* → *subsidium*, *agĕre* → *ambages*, *legĕre* → *collega*, *colĕre* → *accola*, *luĕre* → *circumluvio* и др.; 2. из сферы существительного в прилагательное — *annus* → *perennis*, *cor* → *discors*, *pars* → *expers*, *caput* → *anceps* и др.; 3. из сферы прилагательного в существительное — *aequalis* → *coaeguales*, *muralis* → *circummurale*, *pauper* → *compauper* и др.

8) Роль префиксальных элементов в словообразовательной системе латинского языка определяется не только их словообразовательной активностью, т. е. непосредственным участием самого префикса в актах словообразования. Оценивая эту роль, следует учесть и то, что префиксальные образования, особенно глагольного типа, сами становятся базами деривации в последующих словообразовательных процессах, например, при создании разнообразных отглагольных имен: *colligere* (*collectum*) «собирать» → *colliga*, *colligentia*, *collectus*, *collectio*, *collectivus*, *collecta*, *collectarius*, *collectaneus*, *collectibilis*, *collecticius*.

9) С семантической точки зрения префиксация в сфере глагола и имени связана со спецификой категориальной семантики. Если для глагольной префиксации характерны, в основном, значения пространственно-временной локализации, то именные префиксальные образования помимо пространственно-временных значений развивают оценочные значения, характеризующие меру интенсивности признака, значения, выражающие родственные и должностные отношения, значения негации и др. Префиксы вступают между собой в синонимические отношения, образуя семантические группы:

1. локальности — а) впереди, перед, вперед: *ante-*, *prae-*, *pro-*; б) сзади, позади: *post-*, *retro-*; в) вверх, вверху: *ex-*, *super-*, *supra-*; г) вниз, внизу: *de-*, *sub-*, *subter-*, *infra-*; д) напротив: *contra-*, *ob-*; е) кругом, вокруг: *ambi-*, *circum-*; ж) через, (на)сквозь: *trans-*, *per-*; з) за пределами: *trans-*, *ultra-*;
2. темпоральности (во время, на протяжении): *cis-*, *in*[1]*-*, *intra-*, *per-*;
3. негации: *in*[2]*-*, *ne-*, *ab-*, *de-*, *dis-*, *ex-*, *se-*, *ve-*;
4. усиления признака: *con-*, *per-*, *prae-*, *super-*, *supra-*, *ultra-*;
5. ослабления признака: *ex-*, *sub-*;
6. родственной связи: *ab-*, *ad-*, *con-*, *pro-*.

Между семантическими группами пространственных префиксов складываются отношения антонимии. Ср.:

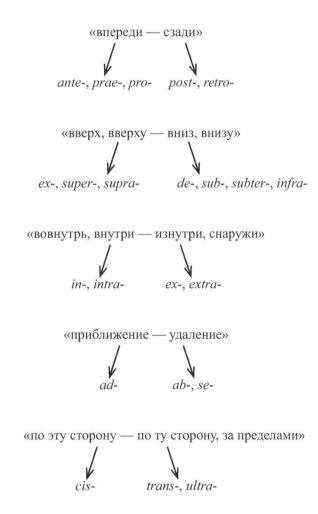

10) Префиксальные производные образуют не только объемные словообразовательные ряды, но и разветвленные парадигмы и гнезда. Ср. префиксальные образования в словообразовательном гнезде с вершиной *lux* (См. схему «Словообразовательное гнездо с вершиной LUX»). «Сочетание гнезд и рядов, дополняющих и взаимообуславливающих друг друга, представляет собой систему où tout se tient» [305, с. 2].

Словообразовательное гнездо с вершиной LUX
(отражены только префиксальные производные)

lux, lucis →	lucere →	circum-lucens
		col-lucere
		di-lucere
		e-lucere → elucens
		il-lucere
		inter-lucere
		per(pel-)-lucere → perlucens
		prae-lucere
		re-lucere
		sub-lucere
		trans-lucere
	lucescere →	di-lucescere
		e-lucescere
		il-lucescere
		re-lucescere
	lucidus →	lucidare → e-lucidare
		di-lucidare
		di-lucidus → di-licide (adv.)
		di-luciditas
		per-lucidus → per-luciditas
		per-lucidulus
		prae-lucidus
		sub-lucidus
		trans-lucidus
	*lucanus	ante-lucanus → ante-lucanum
		sub-lucanus
	*lucare	col-lucare
		inter-lucare → inter-lucatio
	*luculum	ante-luculō (adv.)
		di-luculum → di-luculat (безл.)
	*lucius	ante-luciō (adv.)

Под звездочкой даны производные, не зафиксированные в словаре И. Х. Дворецкого, но послужившие производящей основой для следующего деривационного шага.

Глава II. СУФФИКСАЦИЯ В ЛИТЕРАТУРНОМ
ЛАТИНСКОМ ЯЗЫКЕ

§ 1. Общая характеристика латинских суффиксов

Для того чтобы выстроить систему именного словообразования в целом, необходимо дать детальное описание производных существительных и прилагательных с точки зрения способов словообразования и моделей, по которым они образованы. В сфере имени наиболее важным и продуктивным способом словообразования в латинском языке является суффиксация. В системе образования глагола суффиксация представлена слабо — всего пятью суффиксами -sc-, -t(a)-, -s(a)-, -it(a)-, -ur(i)-, причем малопродуктивными.

Значительное разнообразие именных суффиксов и частота их использования в чистой суффиксации и в сочетании с другими словообразовательными способами требуют, с одной стороны, подробного описания всех суффиксальных моделей, а с другой — определения принципов их классификации и распределения суффиксальных рядов по суффиксальным (семантическим) полям.

По своим функциям суффиксы выступают не только как модификаторы, когда они действительно модифицируют значение мотивирующего слова в пределах той же части речи (ср. *vas* → *vasculum*, *liber* → *librarium*, *piscis* → *piscina*), но и как осуществляющие транспозицию, когда они переводят производное слово в другой лексико-грамматический разряд. Эту функцию выполняют и латинские префиксы, ср. *dies* → *perdius*, *color* → *discolorius*, *signum* → *subsignanus*. Но, в отличие от префиксов, характеризуя морфологическую структуру слова, оформляя ее, суффиксы выступают и как категоризаторы. Ср. *justus* → *justitia*, *facilis* → *facultas*, *magnus* → *magnitudo*. Кроме того, суффиксы используются и в качестве лексического индикатора, определяя место производного слова в соответствующем лексическом поле: суффикс подводит производное под определенную категорию предметов, действий, признаков и различных их разновидностей. Это позволяет суффиксам формировать, с одной стороны, суффиксальные ряды по наличию одного и того же суффикса, а с другой — группировки, которые Ж. Дюбуа трактует как суффиксальные поля и которые объединяются по семантическому признаку [471].

В суффиксальные ряды включаются слова с лексически разной, но морфологически одинаковой словообразовательной основой; поля объединяются общностью категориального значения суффиксов (например, «действие или состояние», «свойство, качество» и др.), а также принадлежностью к одной части речи. На этом основании могут быть выделены суффиксальные поля, характеризующие такие лексические разряды слов, как nomina agentis, nomina actionis, nomina instrumenti, nomina qualitatis, nomina deminutiva, nomina concreta и др.

Однако, как мы уже указывали при описании префиксов, основой для классификации материала служит в нашем исследовании принадлежность мотивирующего слова к той или иной части речи. Это позволяет выделить в латинском языке именные образования, мотивированные глаголами (первая группа имен), именные образования, мотивированные другим признаковым классом — прилагательными (вторая группа производных), и, наконец, имена прилагательные и существительные, мотивированные существительными (третья группа производных). Для каждой из этих групп существуют свои собственные суффиксы и форманты, каждая из них отличается собственными семантическими характеристиками (диапазоном значений) и, наконец, некоторыми особенностями результативных структур в формальном плане.

Важным структурным свойством суффиксов в рассматриваемом материале является богатая алломорфия, которая затрудняет определение основного или исходного варианта суффикса, затемняет условия использования того или иного алломорфа после конкретного типа основы и, следовательно, делает сложным выведение стройной системы правил, которая предусмотрела бы все реально наблюдающиеся случаи (подробнее см. ниже).

Исторически подобное положение дел связано с существованием значительных фонетических преобразований на морфемных швах (на стыках морфем-суффиксов и морфем-флексий или же особенно на стыках основообразующего и словообразовательного элементов). Многие из этих фонетических явлений предсказуемы и происходят в соответствии с правилами. (Так, стык двух гласных неизменно приводит к исчезновению одного из них, ср. *aureus* из **auro-* + *-eus*.) Не все эти правила, однако, обнаружены и описаны в достаточно строгом виде. Так, материал позволяет предположить правило устранения одного из двух гоморганных слогов (ср. уменьш. от *oculus* — *ocellus* из **ocul-* + *-ul-* + *-us*) и правило подгонки смежных слогов (их диссимиляции, расподобления, ср. *bonitas* из **bono-* + *-tas*, или, наоборот, уподобления, ср. *hortulus* из **horto-* + *-lus*), но в существующих пособиях по латинскому языку правила такого рода еще не получили подробного описания. Более отчетливо выявляются рефлексы процессов ассимиляции двух рядом стоящих согласных: ср. *libellus* из **liber-* + *-lus* или *lapillus* из **lapid-* + *-lus*.

Нередко исконное положение дел «искажено» в силу действия законов аналогии, т. е. из-за аналогического выравнивания однотипных примеров. Так, по образцу отглагольных образований, содержащих основообразующий *-a-*, типа *ornamentum* от *ornare*, *medicamentum* от *medicari* строятся слова *atramentum* (от *ater* «черный») или *calceamentum* (из *calceus* «башмак, обувь»). В первом из них можно было бы предположить также влияние основы жен. р. (*atra-*), но это не объяснило бы случая *calceamentum*.

Свои результаты имеет и присоединение конкретной флексии к суффиксу, вызывающее тоже целый ряд преобразований на шве: ср. возникновение суффикса в словах типа *index*, *judex*, *cortex*, где *-ex* из **-ic-* + *-s* (род. п. *indic-is*, дат. п. *indic-i* и т. п.). Ср. преобразования того же типа в случаях *-tas* из **-tats*, трудности идентификации суффикса *-agin-*, имеющего в им. п. форму *-ago*, ср. *similago* (из *similis*) при род. п. *similaginis*, дат. п. *similagini* и т. п.

Следствием таких преобразований является перерасположение морфемных границ, в свою очередь приводящее к становлению новых суффиксов или к возможности их вытеснения, не совпадающее с деривационной историей создания слова. Так, суффикс -*or* при его соединении с основами супина приобретает поверхностную структуру -*tor* (ср. *victor* от *victum*, *lector* от *lectum* и т. п.), что при существовании форм типа *vinco*, *vici* и пр. позволяет членить *victor* на *vic-t-or*, но частота его соединения с глагольными основами, большинство которых имеют в форме супина -*t*- (таково более полутора тысяч примеров), дает основание для выделения самого суффикса в его оппозиции к чистому корню, а следовательно, приводит к постепенному появлению суффикса -*tor*. Именно это мы встречаем далее в соединении с именными основами, ср. *alea* «шашки» и *aleator* «игрок в шашки»; *janua* «дверь» и *janitor* «привратник»; *via* «путь» и *viator* «путник» (надо обратить внимание на происходящую и здесь элиминацию гласных и даже их перестройку, ср. *janitor*, но не *januator*). То же самое — *territorium* (от *terra* «земля») членится как *terr-* + -*itori-* + -*um*, где -*itori-* — результат перераспределения суффикса -*ori-* и основы супина по аналогии с *auditorium*, *dormitorium* и т. п.

Как мы продемонстрируем ниже, сочетание одного и того же суффикса с разными флексиями приводит к созданию разных по своему значению формантов, этих комплексных с морфемной точки зрения, но единых с точки зрения происходящего деривационного процесса единиц. Не случайна в этом отношении обычная практика латинских грамматик использовать при перечислении суффиксов их запись вместе с флексиями, т. е. по существу представление их с помощью формантов (в формах им. п.). Это нередко затрудняет правильное понимание суффикса: ср., например, записи типа -*tio* (-*sio*) для передачи суффикса -*iōn-* (род. п. -*iōnis*), например, *lectio*, *lectionis*, или представление суффикса -*tāt-* в виде -*tas*, что тоже не вполне корректно (ср. *vanitas*, *vanitātis*), и пр. Роль флексии в словообразовании латинского языка, действительно, настолько велика, что в случаях чистой транспозиции, осуществляемой при смене одной парадигмы на другую, проявление этого процесса принимают за причину (т. е. результат процесса, завершенный оформлением транспонированной основы новой флексией, выдается за способ словообразования). В силу этого флексию ошибочно именуют суффиксом, в то время как она фактически отражает уже осуществленный момент перераспределения, перекатегоризации основы. Ср., например, *scriba* от *scribĕre*, в котором усматривают участие суффикса -*a*, или *motus* «движение» от *movēre*, *motum* «двигать», в котором выделяют суффикс (*t*)*us*.

В итоге перечисленных структурных процессов описание, а главное, выделение суффиксов требует каждый раз тщательного учета всего словообразовательного ряда с данным суффиксом и анализа его сочетаемостных свойств с разными типами основ.

В результате анкета описания суффиксального образования (См. ниже) включает довольно большое количество сведений о классах спряжения глаголов, выступающих в роли мотивирующих единиц (от этого, в частности, зависят гласные, предшествующие суффиксу и нередко образующие вместе с ним единый, хотя и сложный формант), о типах основ, а главное, о включении образуемой с данным суффиксом единицы в определенный тип склонения. Теснейшая связь деривации с морфологией, таким образом, заставляет учитывать при описании суффиксов многие особенности складывающихся морфологических структур и отмечать в том числе морфонологические преобразования в основах и/или аффиксах в соответствующих словообразовательных моделях. Следует заметить, что такое описание представляет собой новую страницу в анализе латинского словообразования, ибо ни проблемы адекватного вычленения «чистых» суффиксов, ни проблемы их продуктивности применительно ко всей массе суффиксов, ни сложнейшие проблемы их варьирования под влиянием тех или иных условий, т. е. их алломорфирования, ставящие вопросы о выделении основного варианта суффикса и т. п., в латинистике на современном этапе ее развития практически не ставились и тем более не получили освещения с позиций новых парадигм знания в лингвистике. Уже это потребовало: а) тщательного выбора материала, подлежащего анализу, из существующих источников; б) исследования этого материала не только в словообразовательном, но и в чисто морфологическом отношении, для чего, собственно, и потребовалось создание специальной анкеты описания каждого отдельного суффикса и, наконец, в) описания семантических и ономасиологических свойств словообразовательных моделей. Без такого описания, предваряющего рассмотрение роли отдельных суффиксов в терминологической системе, была бы невозможной характеристика их поведения в самой системе медицинской терминологии.

Анкета описания отдельного суффикса

Анкета описания отдельного суффикса включает следующие параметры:

1. Морфологическая характеристика (связь с флексией).
2. Морфонологическая характеристика (явления на стыках с предыдущими и последующими морфемами, прокладки и их роль в формировании суффикса).
3. Варианты суффиксов (этимологические отсылки). Расширенные варианты.
4. Продуктивность.
5. Словообразовательная характеристика. Сочетаемость суффикса с типами основ: а) зависимость от фонологического типа основы; б) от морфологического класса основы; в) от семантики основы (семантический разряд).
6. Категориальная характеристика мотивирующих слов (глаголов, существительных, прилагательных); транспонирующая или нетранспонирующая роль.
7. Значения.

ИМЯ СУЩЕСТВИТЕЛЬНОЕ

§ 2. Образование девербальных существительных

В системе образования существительных отглагольные существительные занимают особое место в силу целого ряда обстоятельств. Во-первых, в этой сфере представлено наибольшее количество отдельных суффиксов. Во-вторых, словообразовательные ряды производных этого типа обращают на себя внимание своей протяженностью: здесь треть суффиксов образуют по несколько сот производных одного типа. Наконец, в-третьих, система отглагольных имен осложнена тем, что в ее организации участвует не просто глагол, но глагол, представленный либо чистым корнем, либо основой супина. Все суффиксы в этой связи можно распределить по трем группам: 1) суффиксы, присоединяющиеся только к глагольному корню; 2) суффиксы, присоединяющиеся только к основе супина; 3) суффиксы, известные в сочетаниях и с основой супина, и с глагольным корнем.

Целесообразно поэтому начать описание с группы тех весьма продуктивных суффиксов, которые способны сочетаться как с глагольным корнем, так и с основой супина. С одной стороны, это поможет нам выявить те особенности семантики производных, которые явно связаны не с расхождением суффикса, а с расхождением типа основы. С другой стороны, это поможет получить представление о том, как могла срабатывать аналогия (например, при перенесении суффикса с отглагольных производных на отыменные или наоборот) и как она способствовала расширению круга основ, способных сочетаться с данным суффиксом. Наконец, выделив эту группу суффиксов, как бы безразличных к типу предшествующих им основ, мы сможем подойти и к описанию менее продуктивных, но более четких по своим валентностным характеристикам суффиксов (См. таблицу «Продуктивность суффиксов девербальных существительных»).

Суффикс -$i\bar{o}n$[1]-

Описание начинается характеристикой суффикса, образующего самый протяженный из всех словообразовательных рядов: он насчитывает более 3000 единиц. Тем более удивительна семантическая четкость этого суффикса, в подавляющем большинстве служащего созданию имен действия (nomina actionis), т. е. обозначений производимого глаголом действия, процесса или вызванного этим действием состояния. Продуктивность этого суффикса сказывается, однако, не только в длине образуемого с его помощью ряда. Она ведет, например, и к тому, что рядом с другими отглагольными именами (т. е. образованными другим путем, например, с помощью конверсии или же другого суффикса) почти всегда можно обнаружить и имя на -*io*, причем именно оно становится наиболее принятым обозначением

Продуктивность суффиксов девербальных существительных

№ п/п	Суффикс	Формант	Количество производных
1. От основы супина			
1.	-iōn[1]-	-tio (-atio, -itio), -sio, -xio (gen. sing. -ionis-)	3247
2.	-ōr[1]-	-tor (-ator, -itor), -sor, -xor (gen. sing. -oris)	1845
3.	-ĭc[1]-	-rix, -trix (-atrix) (gen. sing. -icis)	490
4.	-ūr-	-ura (-tura), -sura, -xura	290
5.	-ōri-	-orium (-torium, -itorium, -atorium), -sorium	130
2. От глагольного корня			
1.	-i-	-ium	1025
2.	-mĭn-	-men (gen. sing. -minis)	368
3.	-ment-	-mentum	365
4.	-ōr[2]-	-or (gen. sing. -oris)	106
5.	-ōn-/-iōn[2]-	-o, -io (gen. sing. -onis/-ionis)	105
6.	-bŭl-	-bulum (-abulum, -ibulum)	54
7.	-ul-/-cul-	-ulum, -culum	52
8.	-br-/-cr-/-tr-	- brum, -crum, - trum	50
9.	-mon-i-	-monium, -imonium, -monia	43
10.	-iōn[3]-	-io (gen. sing. -ionis)	32
11.	-ēl-	-ela	30
12.	-ĭc[2]-	-ex, -ix (gen. sing. -icis)	27
	Всего		8261

соответствующего действия. Ср., например, по два имени от одного глагола — *motio* и *motus* (от *movēre*, *motum*), *concursio* и *concursus* (от *concurrĕre*, *concursum*); ср. также *conflictio* и *conflictus*, *conquestio* и *conquestus* и т. п., из которых в ряду интернациональной лексики закрепляются именно первые (ср. также *actio*, *lectio*, *declamatio* и т. п.). Нередко такая конкуренция имен приводит к размежеванию их значений: ср. *censio*, *censura* и *census* или *positio*, *positus* и *positura*.

Поскольку основа супина оканчивается на -*t*-, -*s*- или -*x*-, противопоставление корневой и формантной частей производного быстро преобразует конкретный облик суффикса; не случайно в целом ряде учебных пособий его называют именно вместе с конечным элементом супина, т. е. -*tio*, -*sio* и -*xio*. Большинство производных слов имеет форму на -*tio* (2835), меньше на -*sio* (382 слова) и, наконец, совсем немногочисленная группа слов на -*xio* (30). Но потенциальные возможности аналогического словообразования здесь, несомненно, заложены; скорее всего истоки распространения суффикса -*tiōn*- — в его продуктивности. Ср. такие отыменные образования, как *tabulatio* «тесовая обшивка» (от *tabula* «доска»); *capitatio* «поголовное обложение» (от *caput* «голова»); *cellatio* «жилое помещение» (от *cella* «комнатка»); *filiatio* «родовая преемственность» (от *filius* «сын», pl. — «потомство») и др.

С другой стороны, выделимость корня в основах супина и четкость самого суффикса супина, присоединяемого к основе инфекта, приводит к сложной морфологической структуре относящихся сюда имен. Ср. от глагола *servire* — основа инфекта *serv-i-*, основа супина *serv-i-t-*, отглагольное имя *serv-i-t-io*, *serv-i-t-ion-is*. В глагольной парадигме это создавало предпосылки для более редкого, но возможного присоединения суффикса -*iōn*- непосредственно к корню.

Таким образом, сочетательные возможности суффикса менялись не только в сторону усложнения самого суффикса за счет образования сложного форманта типа -*tio*, но и в сторону его использования, так сказать, в чистом виде, притом в процессе примыкания его к корню. Ср. *regĕre* → *regio*, *condicĕre* → *condicio*, *conspicĕre* → *conspicio*, *obsidēre* → *obsidio*, *religare* → *religio* и др.

Интересно, однако, что такие отглагольные имена на -*io* обособляются и по своей семантике, что не удивительно, если полагать, что в именах отсупинного типа показатель супина тоже должен был внести свой вклад в семантику формирующегося на супинной основе деривата. Здесь же его отсутствие лишает имя «пассивного» значения, свойственного супину (откуда, напротив, значения состояний как вызванных определенным действием). Здесь преобладает значение действия (*capĕre* → *capio*), но возможно и значение результата, предела действия, ср. *legio* «то, что собрано» = «легион» (от *legĕre* «собирать»).

Оформляются они так же, как и стандартные на -*tio*, -*sio*, -*xio*, т. е. морфологические показатели рода и типа склонения у них совпадают.

Поскольку в им. п. суффикс выступает в редуцированной форме (-*io*), а в косвенных падежах — в полной -*iōn*-, его следует записывать в этой последней (ср. им. п. *actio* — косв. п. *actionis*, *actioni* и т. д.). В форме -*iōn*- он проникает и во все европейские языки, кроме русского.

Таким образом, можно разделить суффикс -(*t*)*iōn*- и чистый -*iōn*-: один, обозначающий действие — nomina actionis, другой — результат действия — nomina acti. Один присоединяется к основе супина, другой — к глагольному корню. Отсюда — различие в их семантике. Если вести «отсчет» форманта от корня, то получается, что в одном случае мы имеем дело с формантами -*tio*, -*atio*, *itio*, а в другом — -*io*, однако все они связаны с суффиксом -*iōn*-, который можно рассматривать и как единый суффикс, и как отдельный суффикс -*ion*[3]-. (См. далее, с. 68, 72).

Суффикс -*ōr*-[1, 2]

Среди суффиксов, принадлежащих к рассматриваемой группе, следует назвать и суффикс -*ōr*-, присоединяющийся к основам супина (*amator*, *bellator*) и образующий nomina agentis, а также, по аналогии, и к именным основам. Подобно предыдущему суффиксу -*iōn*-, он обрастает супинными прокладками, образуя форманты -*tor* (1645 единиц), -*sor* (199 единиц) и -*xor* (1 единица). Часто перед показателем супина и после корня помещается словообразующий элемент I или IV спряжения глаголов, т. е. -*a*- (-*ator*) или -*i*- (-*itor*). Попытка представить его в виде падежных форм существительных в производных отыменного типа явно несостоятельна: здесь случай расширения границ действия суффикса и переключения его на именные основы. Это можно считать следствием процессов словообразования, в которых первоначальная мотивация глаголом (типа *amāre* — *amator*) могла переосмысляться; nomen agentis связывался сперва с отглагольным именем, позднее — просто с существительным (ср. рус. *грузчик* от *грузить* и от *груз*). Ср., например, *mediator* «посредник», который можно с равным на то основанием считать мотивированным глаголом *mediāre* «быть в середине», «делить пополам» или же прилагательным *medius* «средний»; ср. также *fornicare* «развратничать» — *fonicator* «развратник» при наличии существительного, связанного семантически и с *fornicāre*, и с *fornicator* — *fornix* «дом разврата». Через эту ступень возникают и чисто отыменные производные типа *senator* (от *senatus*), *aleator* (от *alea*), *viator* (от *via*) и т. п.

Интересный пример дифференциации значения суффикса (и даже возможной омонимии суффиксов) являет собой поведение суффикса -*or*-, который, в зависимости от того, к какому типу основ он присоединяется, развивает совершенно различные значения. Можно для него вывести следующее правило: при присоединении суффикса -*or*- к основе супина он образует названия производителя действия, nomina agentis (-*or*[1]-); при присоединении к чистому корню этого не происходит и обычное значение для него — состояние или действие (-*or*[2]-). Поскольку мотивирующей единицей может явиться один и тот же глагол, дериваты создают оппозиции, противопоставленные по своему значению, ср. *amāre* → *amor* «любовь» и *amator* «любовник». Флективное оформление у них одинаковое, различие же в значении следует приписать либо показателю супина (который имеет целевое значение), либо особенностям исходных глаголов. Так, названия действий или состояний образуются, как правило, от verba sentiendi (страшиться, бояться, любить, почитать, заблуждаться и т. п.); названия производителей действия чаще восходят к глаголам, обозначающим физические действия (бежать, идти, делать, пахать), а также интеллектуальные или социальные занятия (писать, воевать, защищать и т. д.).

Возможно, что происхождение этого суффикса связано с переосмыслением обозначения действия: действие → тот, кто является его носителем (ср. рус. *любовь* и *моя любовь* — в обращении к человеку); можно, однако, предположить и другие типы переноса. Но то, что и -*or*[2]- мог обозначать непосредственно носителя действия, доказывается немногочисленными, но показательными примерами типа *censor* от *censēre* «оценивать», которое имеет значение «цензор» и рядом с которым впоследствии появляется *censitor* «податный оценщик, налоговый таксатор». Ср. также *defensor* от *defendĕre*, рядом с которым возникает *defensator*. Не исключено, однако, что два этих суффикса -*or*[1]- и -*or*[2]- так сильно расходятся по значению, что для синхронной системы латинского языка можно было бы говорить об их омонимии [466, 538].

Суффикс -ĭc-/-īc-

Еще одним суффиксом, соединяющимся с разными типами основ, оказывается -ĭc-/-īc-, известный в составе форм с разными значениями. В тех случаях, когда он имеет отглагольное происхождение, он может обозначать как исполнителя действия, так и инструмент или средство действия, т. е. развивать обычные отглагольные значения. Интересно, что образуемые им существительные включаются как в мужской, так и в женский род 3-го склонения, ср. *mordex, mordicis*, m; *imbrex, imbricis*, f и др., а для многих исполнителей действия словари отмечают и мужской, и женский род, ср. *vindex, icis*, m, f от *vindicāre* или же *illex, icis*, m, f от *illicĕre* и т. п. Суффикс записывается, как обычно, в форме -ĭc-, присущей ему в косвенных падежах; -*ex* же в им. п. получается из *-ics.

Если для отглагольных имен более типичны значения производителя действия (*vindex* «тот, кто охраняет», *illex* «тот, кто соблазняет», *judex* «тот, кто судит»), хотя возможны и инструментальные (*obex* «засов» от *objicĕre* «ставить или использовать в качестве преграды») и некоторые другие, прежде всего результативные значения (ср. *vertex* «водоворот, вихрь» от *vertĕre* «поворачивать», т. е. «то, что поворачивается, вращается»), то для отсубстантивных существительных на -*ex* (довольно, впрочем, редких) обычны значения «средства для...», т. е. функциональные значения, ср. *imbrex* «желобчатая черепица для стока дождевой воды» (от *imber* «дождь, ливень»), т. е. буквально «нечто для дождя». Можно констатировать, следовательно, что -*ex* присоединяется либо к чистому глагольному корню, либо к субстантивной (примарной) основе.

Рядом с -*ex* существует и близкий ему формант -*ix*, образовавшийся из -īc- + -*s* и тоже включающий свои производные в жен. р. 3-го склонения. Подобно форманту -*ex*, он образует значения: nomina agentis — *nutrix* «кормилица» от *nutrīre* «кормить»; nomina acti — *struix* «куча» от *struĕre* «накладывать», *cicatrix* «рубец» от *cicatricāri* «зарубцовываться» — при соединении с глагольными основами, но значение «похожий на...» — при соединении с субстантивными основами, ср. *dentrix* «род морской рыбы, зубатка» от *dens* «зуб», *sentix* — бот. «шиповник» от *sentis* «терновник», т. е. буквально «похожий на терновник, с шипами» и т. п. Слова этого типа легко выстраиваются в один структурный ряд с греческими примарными образованиями типа *hellix* «завиток, плющ». Ср. также *matrix* «матка; ствол, от которого растут ветви, первопричина» от *mater*, т. е. со значением «подобный матери».

Суффикс -ĭc- образует самый небольшой словообразовательный ряд (27 единиц), который может быть увеличен за счет варианта -īc-, который легко вступает в соединение с предшествующими ему суффиксами, образуя сложные форманты

-rix и -trix и начиная передавать такое же сложное значение, соответствующее его морфологическому составу — значение действующего лица (из -or, -tor) вместе со значением жен. р. (из самого -ix). Большинство таких форм образует четкую словообразовательную пару с коррелятивными существительными муж. р. на -tor, -ator, ср. *bellator — bellatrix, imperator — imperatrix, litterator — litteratrix* (отыменные), *populator — populatrix, separator — separatrix*.

Для образования **имен действующего лица от глаголов** в латинском языке используется небольшая группа суффиксов, наиболее продуктивным среди которых оказался суффикс -(t)or-, а менее продуктивным — -ĭc-/-īc-. Небольшое количество этих суффиксов может быть объяснено, с одной стороны, существованием отыменных суффиксов для создания слов той же группы. С другой стороны — частым использованием причастий в роли nomina agentis. И, наконец, что особенно интересно, транспонированием глагольной основы в имя без специальных суффиксов, т. е. за счет наличия безаффиксальной транспозиции, тоже приводящей к созданию nomina agentis (ср. *scriba* «писец» от *scribĕre*, *collega* «сослуживец» от *colligĕre*, *transfuga* «перебежчик» от *transfugĕre*). Последние примеры показывают, что выбор этого способа словообразования мог быть связанным с морфологической сложностью исходного глагола, уже содержащего префикс (его структура была бы перегружена). Таким образом, созданию обозначений исполнителя действия служило не такое малое количество словообразовательных средств.

Другой важной особенностью словообразовательных агентивных отглагольных суффиксов была их регулярная омонимия с суффиксами, служащими обозначению **действий и состояний**. Так, наряду с отглагольным суффиксом -or- в именах действия типа *amor, error, fulgor* и др., мы встречаем -or- в nomina agentis — *victor* (от *vincĕre, victum*); *conditor* (от *condĕre, conditum*); *lector* (от *legĕre, lectum*), которые связаны не столько с глагольным корнем, сколько с основой супина. Точно так же, наряду с именами действия на -io типа *actio, motio, lectio, protectio* и др., мы встречаем nomina agentis на -io/-o, ср. *curio* (от *curāre*), *mirio* (от *mirāri*), *polio* (от *polīre*), *amasio* (от *amare*), *sublingio* (от *sublingĕre*).

Наличие в одной и той же семантической структуре слова значений действия, с одной стороны, и исполнителя действия — с другой, ср. *rebellio* (от *rebellāre*), *optio* (от *optāre*), дает основание предполагать, что некогда в латинском языке указанные значения передавались недифференцированно одним и тем же суффиксом и что их дифференциация (вплоть до омонимии) сравнительно позднее явление.

Свидетельством такой же недифференцированности значений является и безаффиксальная транспозиция, которая в одних случаях приводит к появлению, как мы указывали выше, названий производителя действия (*scriba*), но которая в других случаях закрепляет обозначение действий, ср. *fuga* «бегство» (от *fugĕre* «бежать»), *lucta* «борьба» (от *luctāri* «бороться»), *proba* «испытание, проба» (от *probāre* «испытывать, пробовать») и др.

Глава II

Такие парные образования возможны и от основы супина, и от корня. Ср. *destina* «крепление, подпора» (от *destināre* «укреплять»), *defensa* «защита» (от *defendĕre, defensum* «защищать»); *fuga* 1) «бегство», 2) pl. «беглецы» (от *fugĕre* «бежать»), причем все префигированные образования от *fugĕre* обозначают действующее лицо, ср. *defuga, refuga, transfuga* и др.

Таким образом, обозначение действия, результата действия и производителя действия были некогда нерасчлененными.

В настоящей работе мы их рассматриваем как своеобразные омонимы с тем, чтобы подробнее описать их по отдельности.

Суффикс -*īc*- в форманте -*trix*

С морфологической точки зрения мы имеем дело со сложными морфологическими последовательностями из совокупности следующих морфем, например, *viol-a-t-r-ix*, где *viol-* — корень (глагол *violāre*), -*a*- — показатель основы инфекта, -*t*- — показатель основы супина, -*r*- — показатель (суффикс) действующего лица (*violator*) и, наконец, -*ix*- — суффикс-флексия (из -**ic-* + -*s*) со значением жен. р.

Такие же оппозиции образуются у действующих лиц муж. р., образованных от основы супина на -*t*-, но с предшествующим показателем основы инфекта других типов спряжения, ср.:

gen-i-t-or	— *gen-i-t-r-ix* от *gignĕre, genitum*	«рожать»
larg-i-t-or	— *larg-i-t-r-ix* от *largīri, largitum*	«дарить»
dom-i-t-or	— *dom-i-t-r-ix* от *domāre, domitum*	«укрощать»

и т. п. Можно предположить, что образование названий исполнителя действия муж. р. могло происходить и при присоединении суффикса -*tor* к чистому корню (с незначительными его преобразованиями), коррелятивные им женские имена при этом сохраняют те же особенности, ср.:

far-t-or-	— *fartrix*	от *farcīre, fartum* «начинять»
pis-t-or-	— *pistrix*	от *pinsĕre, pistum* «молоть»

и т. п. Если же супин оканчивается не на -*t*-, как во всех предыдущих случаях, а на -*s*-, коррелятивность имен муж. р. и жен. р. нарушается: имя муж. р. сохраняет основу супина, т. е. образуется по правилу (ср. *impulsor* от *impellĕre, impulsum* или *defensor* от *defendĕre, defensum*), но при образовании имени жен. р. к основе супина присоединяется расширенная форма суффикса -*tric*- (ср. *impuls-trix, defens-trix, spons-trix, tons-trix* и т. п.). Ясно, что здесь срабатывала аналогия, свидетельствующая о том, что ко времени создания указанных производных формант -*trix* воспринимался как отдельный четкий показатель деятеля женского рода. Естественно, что членение такого форманта на его морфологические составляющие уже бессмысленно (в противном случае мы должны были бы признать в этих производных два показателя супина -*s*- и -*t*-, что нелепо).

Такую же картину мы наблюдаем в противопоставлениях отыменных производных типа *aleator — aleatrix, gladiator — gladiatrix, litterator — litteratrix, mediator — mediatrix, officinator — officinatrix, janitor — janitrix* и т. п.

Отыменной характер данных производных муж. р. и их членение на корень и суффикс *-ator-* сохраняется и для имен жен. р., у которых формируется последовательность *ator-* + *ix* — *-atrix*. Из этого ясно следует, что образование наименований жен. р. являлось мутацией, т. е. было связано с меной родовых показателей у готового существительного муж. р. Впоследствии вычлененный из такого словообразовательного ряда суффикс — в форме *-tric*[1]- или *-atric-* — мог служить образованию имен лиц жен. р. в актах чресступенчатого словообразования, т. е. минуя ступень образования названий муж. рода. Интересно, что с морфологической точки зрения проведение морфологических границ в производных указанного типа представляет известные трудности, ср., например, *indicatrix* от *indicare*, где равно возможно вычленение суффикса *-tric-* (по аналогии с приведенными выше производными), но и суффикса *-ric-*, ибо такова форма супина *indicat-*. Ср. также *laudatrix, simulatrix, mercatrix, actrix, piscatrix, dominatrix, genitrix, sutrix, adjutrix* и т. п.

Суффикс *-ūr-*

Описывая именные суффиксы латинского языка, нельзя обойти вопрос о так называемых сложных или составных суффиксах, т. е. суффиксальных последовательностях, выполняющих единую словообразовательную функцию, но формально разложимых на некие составляющие. Эта особенность, уже отмечавшаяся М. М. Покровским и именуемая им «сложением родственных суффиксов», вообще говоря, требует более подробного этимологического объяснения и описания, но при подходе к латинскому словообразованию как к синхронной системе сложные форманты требуют лишь известных пояснений. Одним из таких сложных формантов является и демонстрируемый последовательностью *-tu-r-a* [567, 568].

По свидетельству М. М. Покровского, он произошел из суффикса *-tū-*, выделявшегося в отглагольных конвертированных именах на *-tus*, образованных транспонированием несклоняемой формы супина в существительные муж. р. 4-го склонения: *movēre, motum* «двигать» → *motus* «движение», *sentīre, sensum* «чувствовать» → *sensus* «чувство» и т. д. «Абстрактные имена на *-tū-* как раз в историческую эпоху не были продуктивными. Следовательно, осложнение их другим суффиксом вызывалось тенденцией восстановить в именах на *-tū-* вымирающее абстрактное значение» [290, с. 292]. Путем распространения имен на *-tu-* с помощью *-r-*а образовались существительные на *-tūra*, которые уже с ранних пор

---

[1] О существовании такого суффикса свидетельствует, например, пара *silvicola—silvicultrix* (от *silva* «лес» + *colere* «обитать», «жить»).

вытесняют собой имена на -tŭ-: у Плавта *cubitura* вместо *cubitus*, *venatura* вместо *venatus*, *insultura* вместо *insultus* и т. д.

Существительные на -*ūra* составляют в нашем исследовании словообразовательный ряд в 290 слов, все они связаны с основой супина на -*t*-, -*s*-, -*x*-. Если рассматривать суффикс -*ū-r*- вместе с суффиксом супина и флексией -*a*, то можно представить все эти производные как слова на -*tūra* (229), -*sūra* (55), -*xŭra* (6). Все они в своем основном значении являются nomina actionis, выражая абстрактное действие, процесс. Но, кроме того, могут развивать значение результата действия, выступая тогда как nomina acti. Например, *cultura* (от *colĕre*, *cultum* «обрабатывать; почитать») «возделывание; почитание»; *censura* (от *censēre*, *censum* «оценивать») «строгое суждение, оценка, критика»; *pictura* (от *pingĕre*, *pictum* «рисовать») «живопись, картина»; *caesura* (от *caedĕre*, *caesum* «резать, рубить») «рубка; срубленный лес»; *salitura* (от *salīre*, *salitum* «солить») «засолка, соление».

Суффикс -*ūr*- может присоединяться к основам существительных, обозначая занятие: praetura (от *praetor* «претор») «преторство (исполнение должности претора)»; *praefectura* (от *praefectus* «префект, начальник») «должность начальника; начальствование; управление провинцией» и др.

Суффикс -*ō r i*-

Суффикс -*ōri*- по происхождению представляет собой сложение неродственных суффиксов -*ōr*-(-*tōr*-, -*sōr*-) и -*i*- (*-*io*-). Он оформляется в соответствии со вторым компонентом флексиями среднего рода 2-го склонения, в им. п. он представлен формантом -*orium*. Словообразовательный ряд с суффиксом -*ōri*- состоит в нашем исследовании из 130 производных единиц.

По своей семантике производные с суффиксом -*ōri*- — инструментально-локальные. Так как они были первоначально произведены от nomina agentis на *ōr*- (*tōr*-, -*sōr*-), можно предположить, что их первым значением было инструментальное. Ср. *cisorium* (от *caedĕre*, *caesum* «бить, сечь, рубить») «режущее орудие, резак»; *calcatorium* (от *calcāre*, *calcatum* «наступать ногой, топтать») «виноградная давильня или точило»; *cogitatorium* (от *cogitare*, *cogitātum* «мыслить») «орган мышления»; *fossorium* (от *fodĕre*, *fossum* «копать, рыть») «заступ, лопата»; *fusorium* (от *fundĕre*, *fusum* «течь, лить») «сточный желоб»; *generatorium* (от *generāre*, *generatum* «производить, порождать») «средство размножения»; *gustatorium* (от *gustāre*, *gustatum* «отведывать, пробовать») «столовая посуда, чаша»; *repulsorium* (от *repellĕre*, *repulsum* «отталкивать, отражать») «средство (само)защиты»; *opertorium* (от *operīre*, *opertum* «покрывать») «покрывало, покров».

Локальное значение развивалось позднее путем семасиологического перехода nomina instrumenti в nomina loci, а также в результате процессов ассоциации и аналогии, причем локальное значение связано с производящими глагольными основами с определенным значением («сидеть», «лежать», «спать», «видеть», «слышать» и т. п.). Например: *sessorium* (от *sedēre, session* «сидеть; оставаться, находиться») 1) «седалище, стул»; 2) «жилище, обиталище»; *visorium* (от *vidēre, visum* «видеть, смотреть») «театр»; *dormitorium* (от *dormīre, dormītum* «спать») «спальня»; *auditorium* (от *audīre, auditum* «слушать») «аудитория; коллектив слушателей»; *stratorium* (от *sternēre, stratum* «стлать, расстилать») «ложе, постель».

В некоторых случаях инструментальное значение суффикса переходит в значение результата действия, образуя nomina acti, ср.: *adjutorium* (от *adjuvare, adjutum* «помогать») «помощь, содействие, поддержка»; *commemoratorium* (от *commemorāre, commemoratum* «припоминать, напоминать») «памятная запись, перечень»; *conditorium* (от *condēre, conditum* «сооружать, строить») «хранилище, склад». В последнем случае сочетаются два значения: «то, что построено» (nomen acti) и «предназначенный для...». То же самое можно сказать и о производных на *orium*, обозначающих некоторые виды одежды: *amictorium* (от *amicīre, amictum* «набрасывать, накидывать») «накидка, плащ»; *cinctorium* (от *cingēre, cinctum* «опоясывать») «пояс»; *praecinctorium* (от *praecingēre, praecinctum* «подпоясывать») «поясная повязка, передник» и т. п. Все они могут быть поняты как инструментальные, так как соответствующие им глаголы употребляются с твор. п. названия одежды. С другой стороны, все они имеют оттенок «предназначенный для чего-либо», т. е. развивают страдательное, по М. М. Покровскому [290, с. 135], значение.

Суффикс *-ōri-* в результате перераложения с основой супина мог распространяться за счет наиболее частого конечного согласного основы супина, приобретая вариант *-t-ori-*, который реализуется в формантах *-itorium, -atorium*, ср. *territorium* от *terra* «земля»; *liciatorium* от *licium* «нить; ткань» — «навой (у ткацкого станка)» и др.

Суффикс *-i-* (формант *-ium*)

Формант *-ium* объединяет собирательный суффикс *-i-* вместе с флексией *um* II склонения ср. р., ср. *aedificium* (от *aedificāre* «строить») «строение, здание»; *gaudium* (от *gaudēre* «радоваться») «радость»; *colloquium* (от *colloqui* «разговаривать, беседовать») «разговор, беседа»; *praesidium* (от *praesidēre* «председательствовать») «защита, опора» и т. п. Помимо отглагольных, он представлен также в отыменных образованиях типа *collegium, consilium, hospitium*, где он соединяется иногда с флексией *-a* 1-го склонения жен. р., результатом чего являются некоторые дублеты типа *haruspicia = haruspicium* [290, с. 161].

В нашем материале формант *-ium* представлен длинным словообразовательным рядом в 1025 единиц за счет его активного участия в парасинтезе, ср. *verbum → adverbium, vox → convicium, finis → interfinium, jus, juris → perjurium, scaena → postscaenium, rupes → praerupium, mederi → remedium, sella → subsellium* и др. — префиксально-суффиксальные производные; *lavāre → capitilavium, caedēre → fratricidium, frangēre → naufragium, facēre → panificium* и др. — сложные существительные.

С семантической точки зрения отглагольные производные на -ium объединяются значением действия и его результата, а отыменные производные отличаются собирательным значением. И те и другие, однако, характеризуются наличием значения множества, повторности, собирательности, т. е. элементы квантификации присутствуют в каком-либо виде и в тех и в других образованиях.

Суффикс -*mĭn*- (формант -*men*)

Суффикс -*mĭn*- участвует в образовании более 360 производных существительных ср. р. 3-го склонения, в им. п. представлен формантом -*men*, в род. п. — *mĭn-is* (с аблаутом внутри суффикса). Ср. *examen, examinis*, n; *solamen, solaminis*, n; *luctamen, luctaminis*, n и др.

Суффикс -*mĭn*- выступает с соединительной прокладкой -*ā*- при соединении с основной глаголов I спряжения (*placamen, velamen, temptamen* и др.), за счет чего формируется самый распространенный его вариант -*amĭn*-; реже с прокладкой -*ī*- — от глаголов IV спряжения (*amicimen, fulcimen, lenimen*) и от некоторых глаголов III спряжения (*regimen, specimen, tegimen*), но выступает без прокладки при соединении с основами неправильных глаголов и чаще глаголов III спряжения (*agmen, flumen, fulmen, nomen* и др.).

В некоторых случаях суффикс -*mĭn*- имеет двойную мотивацию глаголом и прилагательным, ср. *gravis* и *gravāre* → *gravamen*, *durus* и *durāre* → *duramen*, *curvus* и *curvāre* → *curvamen*. В результате суффикс приобретает способность строить непосредственно деадъективные существительные со свойственными им конкретными значениями. Так, *albumen* «белок» семантически больше связан с *albus*, нежели с *albēre*, а *pinguamen* «жир, сало», *salsamen* «рассол», *putramen* «гниль» могут быть связаны только с прилагательными *pinguis, salsus, puter* (*putris*). В отыменных существительных суффикс выступает в своем варианте *amĭn*- (формант -*āmen*).

Благодаря контаминации и смешению с -*ment*- производные на -*men* часто выступают в виде дублета к суффиксальному образованию на -*mentum* и демонстрируют значения этого последнего.

Ср. *regimen = regimentum, tegmen = tegmentum, velamen = velamentum, medicamen = medicamentum* и др. Засвидетельствованы, однако, и немногочисленные случаи расхождения их значений: от глагола *testāri* → *testamen* «свидетельство, доказательство», а *testamentum* «завещание, завет».

По своей семантике суффикс -*mĭn*- многозначен, он образует наименования действия (*regěre* «управлять» → *regimen* «управление»; *luctāri* «бороться» → *luctamen* «борьба»; *dolare* «обтесывать» → *dolamen* «обтесывание» и др.), результата действия (*forāre* «продырявливать» → *foramen* «дыра, отверстие»; *cogitāre* «мыслить» → *cogitamen* «мысль»; *secāre* «срезать; отрезать» → *segmen* «отрезок, кусочек»), средств действия (*fulcīre* «подпирать» → *fulcimen* «подпора»; *tegěre* «покрывать» → *tegimen* «покрывало, покров»; *medicāre* «приготовлять; лечить»

→ *medicamen* «целительное средство, лекарство», последний пример показывает переход значения от результата действия к орудию действия). На базе перечисленных значений развиваются многочисленные nomina concreta, обозначающие предметы быта и одежды (*linteamen, putamen, liquamen, amicimen*), явления природы (*flamen, flumen, fulmen*), средства и орудия труда (*placamen, lustramen, volamen*) и т. п. [528].

Суффикс -*ment*-

Суффикс -*ment*-, включающий производные существительные в разряд имен ср. р. 2-го склонения на -*um*, образует словообразовательный ряд в 365 единиц. Он соединяется с глагольным корнем либо непосредственно, либо с помощью прокладок, ср. *arāre → armentum, augēre → augmentum, arguĕre → argumentum*, но *temperāre → temperamentum, alĕre → alimentum, vestīre → vestimentum*. Присоединение суффикса непосредственно к корню иногда вызывает изменения в корне: его усечение, ср. *torquēre → tormentum, adjuvāre → adjumentum*; выпадение инфикса, ср. *frangĕre → fragmentum, pingĕre → pigmentum, jungĕre → *jugmentum → jumentum*; изменение исходной согласной корня, ср. *secāre → segmentum*. Прокладки -*a*- и -*i*- восходят к основообразующим гласным I и IV спряжений глаголов, ср. основы инфекта глаголов I спряжения: *sacr-ā-re → sacr-a-mentum, spect-ā-re → spect-a-mentum, orn-ā-re → orn-a-mentum*, и глаголов IV спряжения: *cond-ī-re → cond-i-mentum, pav-ī-re → pav-i-mentum, host-ī-re → host-i-mentum*. Однако прокладка -*i*- распространяется и на другие спряжения: ср. I спряжение — *lav-ā-re → *lov-i-mentum → lomentum*; II спряжение — *mov-ē-re → *mov-i-mentum → momentum, fov-ē-re → *fov-i-mentum → fomentum*; III спряжение — *reg-ĕ-re → reg-i-mentum, teg-ĕ-re → teg-i-mentum* и т. п. При соединении суффикса с корнями некоторых глаголов II спряжения появляется прокладка -*u*-, связанная, по-видимому, с перфектными основами этих глаголов, ср. *docēre, docui → documentum, monēre, monui → monumentum, nocēre, nocui → nocumentum*. Связь с перфектной основой прослеживается и в *stramentum* от *sternĕre, stravi*. Зафиксирован и вариант *tegimentum*, наряду с *tegumentum*.

Суффикс -*ment*- отличается широкими сочетательными способностями, он соединяется с основами существительных (*capillus → capillamentum, calceus → calceamentum, ferrum → ferramentum*), прилагательных (*crassus → crassamentum, salsus → salsamentum, vafer → vaframentum, rudis → rudimentum*) и даже с наречием (*magis → magmentum*) и с предлогом (*inter → interamenta*, pl.). В большинстве отыменных производных суффикс выступает в своем наиболее распространенном варианте *ament*.

Как мы уже показывали выше, в латинском языке часто представлены дублеты с производными на -*men*, а также на -*atio*, ср. *velamentum = velamen, medicamentum = medicamen, placamentum = placamen, spectamentum = spectamen; liberamentum = liberatio, temptamentum = temptatio* и др. Это не случайно и связано с семантикой суффикса *-ment*, которая, с одной стороны, совпадает с результативными и орудийными значениями суффикса *-mĭn-*, а с другой — близка процессуальным значениям суффикса *-iōn-* (*-atiōn-*). Ср. обозначения действия: *temptāre* «испытывать» → *temptamentum* «испытание», *avocāre* «отвлекать» → *avocamentum* «отвлечение», *liberāre* «освобождать» → *liberamentum* «освобождение»; обозначения результата действия: *pavīre* «утрамбовывать» → *pavimentum* «утрамбованная земля», *ornāre* «украшать» → *ornamentum* «украшение», *temperāre* «умерять» → *temperamentum* «умеренность»; обозначения средств действия: *alĕre* «кормить, питать» → *alimentum* «пища», *monēre* «напоминать» → *monumentum* «памятник», *pingĕre* «писать красками» → *pigmentum* «краска». Среди существительных с суффиксом *-ment-* большое количество nomina concreta, ср. *condimentum* «приправа», *potamentum* «напиток», *frumentum* «хлеб», *stramentum* «подстилка», *scitamenta* (pl.) «лакомства», *capillamentum* «парик» и т. п. [528].

Суффикс -ōr²-

Суффикс *-ōr²-* образует словообразовательный ряд в 106 производных существительных. Все они включены в парадигму мужского рода 3-го склонения. В им. п. ед. ч. они не имеют флексии, и суффикс представлен в чистом виде, в род. п. ед. ч. к нему присоединяется окончание *-is* (*-ōr-* + *-is*).

Суффикс *-ōr²-* соединяется преимущественно с глагольными корнями, причем чаще всего с корнями глаголов II спряжения (на *-ēre*, ср. *timēre — timor, nitēre — nitor, pavēre — pavor, dolēre — dolor* и др.), которые являются непереходными и выражают физическое или психическое состояние, но может соединяться и с корнями глаголов III спряжения (ср. *plangĕre — plangor, clangĕre — clangor, rudĕre — rudor, angĕre — angor* и др.), реже с глаголами I спряжения (*amāre — amor, errāre — error, sudāre — sudor*), и всего два случая с глаголами IV спряжения (*sopīre — sopor* и *vagīre — vagor*). Так как определенное число глаголов на *-ēre* являются отыменными, то наблюдаются случаи двойной мотивации производных на *-ōr²* прилагательным и глаголом (ср. *clarus* и *clarēre — claror, aeger* и *aegrēre — aegror, lentus* и *lentēre — lentor* и др.) или существительным и глаголом (*turba* и *turbāre — turbor, mucus* и *mucēre — mucor*, арх. *ninguis* и *ningĕre — ningor, sonus* и *sonāre — sonor, tonus* и *tonāre — tonor*). В некоторых случаях производные на *-ōr²-* мотивированы только прилагательным (ср. *dulcis — dulcor, amarus — amaror, caldus — caldor, acer — acror* и др.).

Суффикс *-ōr²* — по традиции считается отглагольным, и с формальной точки зрения это, безусловно, так: из словообразовательного ряда более чем в 100 единиц 70 можно связать с глаголами. Вместе с тем связанность его с образованием деадъективных существительных (типа *albus — albor*) и в особенности семантика таких существительных (ср. *белый — белизна*) заставляют, с одной стороны, говорить о промежуточном положении *-ōr²* в системе латинского словообразования (См. «Сравнительную таблицу продуктивности суффиксов», составленную А. Кейе [538, с. 156]), покрывающего гамму значений от обозначения действий и состояний до обозначения качеств и свойств, а с другой — поставить под сомнение общеизвестное положение о направлении деривации в парах типа *pallēre* → *pallor*.

Сравнительная таблица продуктивности суффиксов А. Кейе

Суффикс	Число производных	% от всех производных
-tio, -sio, -xio	3600	42,66
-tus, -sus, -xus	1200	14,22
-tas	1100	13,04
-antia, -entia	500	5,93
- mentum	450	5,33
-tura, -sura, -xura	400	4,74
-men	380	4,50
-āgo, -īgo, -ūgo	200	2,37
-tudo	180	2,13
-or	120	1,42
-ēdo, -īdo, -ūdo	100	1,18
-itia	60	0,71
-ities	50	0,59
-ēla	50	0,59
-monia, -monium	50	0,59
Всего	8440	100,00

То, что -$ōr^2$- образует подлинные названия действий, несомненно. Достаточно привести в этой связи такие примеры, как *amāre* «любить» → *amor* «любовь», *errāre* «ошибаться» → *error* «ошибка», *nitēre* «сверкать» → *nitor* «блеск, сверкание». Однако таких четких примеров не так много, и наряду с ними мы уже встречаем словообразовательные пары, направление производности в которых с семантической точки зрения не совпадает с трактовкой глагола как первичного источника мотивации. Интересно отметить, что возникающие здесь проблемы релевантны типологически: подобно тому как в русском языке встает вопрос о том, что первично в паре *крик — кричать*, *пот — потеть* и т. п., в латинском равно вероятно истолкование имени через глагол, как и глагола — через имя, в таких случаях, как *clamāre* «кричать» — *clamor* «крик», *sudāre* «потеть» — *sudor* «пот», *timēre* «испытывать страх» — *timor* «страх», *terrēre* «внушать ужас» —

terror «ужас» и т. п. Особенно показательны в этом отношении названия явлений природы в протяженном ряду случаев типа *pluor* «дождь», *ningor* «снег», *fulgor* «молния», *umor* «влага» и т. п., которые, с одной стороны, могут рассматриваться как названия результата действия по мотивирующему глаголу (типа *дождить — дождь*), но которые, с другой стороны, вполне допускают обратную интерпретацию. Ничто, как кажется, не препятствует рассматривать *ningĕre* как результат транспозиции имени в глагол, и следовательно, как деноминативное образование (ср. *corona — coronāre*).

Четким случаям отглагольного словообразования могут быть также противопоставлены и требующие особого пояснения случаи словообразования на базе прилагательных, демонстрирующие к тому же их включенность в своеобразную микропарадигму, ср.

Ясно, что существование таких парадигм заставляет предположить равновероятность образования *albor* как от производного глагола, так и непосредственно от прилагательного. Очевидно также, что сам факт наличия таких цепочек (а их в нашем материале достаточно много, ср. *macor* от *macer* или *macēre*, *lentor* от *lentus* или *lentāre*, *rubor* от *ruber* или *rubēre* и т. п.) мог вызвать действие по аналогии в двух разных направлениях:

1) подкрепляя и усиливая влияние прилагательного при образовании деноминативного глагола;
2) делая возможным образование синтаксического деривата непосредственно от прилагательного. Примером последнего, когда стадия образования деноминативного глагола пропущена, не засвидетельствована, являются случаи типа *tardus* «медлительный» → *tardor*, *dulcis* «сладкий» → *dulcor*, *amarus* «горький» → *amaror*, *caldus* «горячий» → *caldor* и т. п.

В свете вышесказанного становится также ясным, почему могут быть поставлены под сомнение и случаи трактовки существительных как отглагольных типа *viror* «зелень» от *virēre* «быть зеленым» при наличии *viridus* «зеленый» или *candor* «белизна» от *candēre* «быть белым» при наличии *candidus* «белый», *livor* «синева» от *livēre* «быть синеватым» при наличии *lividus* «синеватый» и т. п.

Естественнее было бы связать их, конечно, с исходными прилагательными (по аналогии с *albus — albor*). Однако примарных прилагательных такого рода не зафиксировано, и формально перед нами регулярные дериваты на *-idus*. Вместе с тем само соотношение пар: прилагательное на *-idus* и существительное на *-ōr²* при явной зависимости семантики второго от прилагательного — помещает суффикс -ōr²-в группу суффиксов деадъективных. Со словообразовательной же точки зрения гнездо строится здесь скорее от связанной вершины, ср.

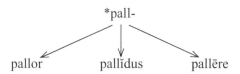

Можно предположить также адъективный, признаковый характер самой вершины гнезда.

С такой трактовкой полностью согласуется достаточно четкая семантика глаголов. Показательна с этой точки зрения семантическая классификация производных на -ōr²-, данная А. Кейе [538, с. 185—188], в которой на самом деле все приводимые имена означают результат действия или состояние, т. е. отражают семантику глаголов «бытие в передаче признака».

См. также о суффиксе -ōr-[1,2] с. 55-56.

Суффикс -ōn-/-iōn-²

Суффикс -ōn-/-iōn²- представлен в существительных муж. р. 3-го склонения на -o (gen. sing. -ōnis) и -io (gen. sing. -iōnis). Например, *bibo, bibōnis*, m; *leno, lenōnis*, m; *rapo, rapōnis*, m; *rebellio, rebelliōnis*, m; *ludio, ludiōnis*, m; *polio, poliōnis*, m и др.

Суффикс имеет два варианта -ōn- и -iōn-, из которых -ōn- — более продуктивен (из 105 производных на -o/-io 59 образованы с помощью суффикса ōn-, т. е. 56 %). Оба варианта суффикса соединяются как с глагольными корнями, так и с именными основами, однако вариант -ōn- в 80 % случаев выбирает глагольные корни, а -iōn-, наоборот, чаще (в 60 % случаев) соединяется с именными основами (существительных и числительных). Ср. «глаг. корень + суффикс»: *errāre → erro, errōnis*; *reposcĕre → reposco, reposcōnis*; *gluttīre → glutto, gluttōnis*; *velle → volo, volōnis*; *optāre → optio, optiōnis*; *pungĕre → pugio, pugiōnis*; «основа сущ. + суффикс»: *pellis → pellio, pelliōnis*; *mulus → mulio, muliōnis*; *sanna → sannio, sanniōnis*; *vulpes → vulpio, vulpiōnis*; «основа числит. + суффикс»: *unus → unio, uniōnis*; *bini → binio, biniōnis*; *terni → ternio, terniōnis*; *quaterni → quaternio, quaterniōnis* и др.

Некоторые производные на -o/-io имеют двойную мотивацию, ср. *fabulo, fabulōnis* «сплетник» от *fabula* «молва» и *fabulāri* «разговаривать, болтать»; *popino, popinōnis* «кутила» от *popina* «трактир» и *popināri* «кутить»; *trico, tricōnis* «интриган» от *tricae* (pl.) «пустяки, вздор» и *tricāre* «чинить трудности» и др.

С точки зрения исходов мотивирующих основ варианты -ōn- и -iōn- различаются незначительно (См. таблицу «Исходы мотивирующих основ»).

Глава II

Исходы мотивирующих основ

Исходы основ и кол-во производных Суффиксы	b	c	d	e	g	i	l	n	p	r	s	t
-ōn- [59]	5	12	2	4	1	1	12	4	3	10	2	3
-iōn- [46]		2	1		2		16	10	4	8	1	2

Как видно из таблицы, вариант суффикса *-iōn-* выбирает меньшее количество исходов и более отчетливо тяготеет к основам на *-l-* (34,8 %). Вариант *-ōn-* проявляет бóльшую свободу в выборе исходов основ, но чаще соединяется с основами на *-c-* (20,3 %) и на *-l-* (20,3 %).

Оба варианта суффикса служат для обозначения nomina agentis. Большинство из них стилистически окрашены, ср. *bibo, bibonis* (от *bibĕre* «пить») «пьяница»; *erro, errōnis* (от *errāre* «блуждать») «бродяга»; *leno, lenōnis* (от *lenīre* «склонять») «сводник»; *manduco, manducōnis* (от *manducāre* «жевать, есть») «обжора»; *suco, sucōnis* (от *sugĕre* «сосать») «кровосос, пиявка»; *catillo, catillōnis* (от *catillāre* «вылизывать блюда») «кутила»; *vulpio, vulpionis* (от *vulpes* «лиса») «хитрая лиса, хитрец» и т. п. Многие из них встречаются в комедиях Плавта.

Десубстантивные производные, особенно на *-io*, часто обозначают действующее лицо определенной профессии или звания, ср. *pellio* «скорняк, меховщик» от *pellis* «шкура, мех»; *restio* «веревочник, канатчик» от *restis* «веревка, канат»; *mulio* «гонщик мулов» от *mulus* «мул»; *curio* «старшина курии» от *curia* «курия»; *tabellio* «нотариус» от *tabella* «дощечка; документ» и др.

В некоторых случаях имена на *-(t)or*[1] «производителя действия» и на *o (ōnis)*, связанные с одним и тем же мотивирующим глаголом, дублируют друг друга, ср. *calculo = calculator* «преподаватель арифметики; счетовод», *palpo = palpator* «льстец», *susurro = susurrator* «сплетник», *rapo = rapinator* «вор, грабитель», *vitupero = vituperator* «порицатель, хулитель».

Суффикс *-bŭl-*

Производные на *-bŭl-* включены в парадигму 2-го склонения ср. р., так как оформлены флексией *-um*, ср. *vocabulum* (от *vocāre* «именовать») «наименование, слово»; *infundibulum* (от *infundĕre* «вливать») «воронка»; *latibulum* (от *latēre* «скрываться») «убежище» и др. Суффикс *-bŭl-* соединяется с глагольным корнем, но может присоединяться и к основе супина, ср. *sedēre, sessum → sessibulum*, *ruĕre, rutum → rutabulum*. Иногда может соединяться и с именными основами, ср. *digitus* «палец» → *digitabulum* «перчатка», *ignitus* «огненный» → *ignitabulum* «огниво», *tus, turis* «фимиам» → *turibulum* «курильница, кадильница».

Варианты суффикса -*ābul*- и -*ībul*- связаны со спряжением мотивирующего глагола: если глагол I спряжения, в производном выделяется вариант -*ābul*-, если II или III — -*ībul*-, ср. *incitare* → *incitabulum*, *stare* → *stabulum*, *venāri* → *venabulum*; *patēre* → *patibulum*, *vertĕre* → *vertibulum*. Однако, встречаются случаи нарушения правила выбора вариантов суффикса, ср. *dicĕre* → *dicabula* (pl.), *prostāre* → *prostibulum*, *insuĕre* → *insubulum*, *desidēre* → *desidiabulum*.

По своей семантике существительные с суффиксом -*bul*- относятся к инструментально-локальным именам, обозначая или орудие действия, или место действия, ср. *tintinnāre* «звенеть» → *tintinnabulum* «колокольчик», *vectāri* «передвигаться» → *vectabulum* «повозка»; *medicāri* «лечить» → *medicabulum* «здравница», *natare* «плавать» → *natabulum* «место для плавания», *conciliare* «соединять, сближать» → *conciliabulum* «сборное место; площадка для собраний» и т. п.

Суффикс -*ŭl*-/-*cŭl*-

Это — суффикс из разряда уменьшительных. Он служит больше обозначению предметного мира и потому характеризуется более всего предметными значениями. Но в сочетании с глагольными основами он обозначает средство или место для выполнения действия, указанного основой, ср. *coculum* (от *coquĕre* «варить») «посуда для варки», *ferculum* (от *ferre* «носить») «носилки», *vehiculum* (от *vehĕre* «носить, везти») «повозка», *cubiculum* (от *cubāre* «лежать, покоиться») «комната, покой, спальня», *signaculum* (от *signāre* «обозначать, отличать, снабжать печатью») «отличительный знак, печать, печатка», *excipula* (от *excipĕre* «вынимать, извлекать») «сосуд; бассейн, водоем» и др. (См. об этом также с. 117).

Х. Остхофф рассматривает суффиксы -*cul*-, -*cr*- как образующие nomina instrumenti [525]. Г. Серба объединяет суффиксы -*bul*- и -*br*-, -*cul*- и -*cr*-, а также -*tr*- в одну группу медиативных суффиксов с широким диапазоном значений от nomina agentis до nomina acti [549].

Суффиксы -*br*-, -*cr*-, -*tr*- (-*str*-)

Суффиксы -*br*-, -*cr*-, -*tr*- (-*str*-) оформляются, в основном, флексией -*um* и включают производные в парадигму 2-го склонения ср. р. Суффикс -*br*-, однако, чаще соединяется с флексией -*a* и тем самым включает свои производные в парадигму 1-го склонения жен. р. Ср. *delubrum*, *flabrum*, *volutabrum* и *dolabra*, *latebra*, *vertebra* и др.

Данные суффиксы присоединяются к глагольному корню, иногда вступая во взаимодействие с основами или инфекта, или супина, ср. *flare* → *flabrum*, *latēre* → *latebra*, *vertĕre* → *vertebra*, *fulcīre* → *fulcrum*, *luĕre* → *lustrum*, *monēre* → *monstrum* и *claudĕre*, *clausum* → *claustrum*, *sepelīre*, *sepultum* → *sepulcrum*, *haurīre*, *haustum* → *haustrum*.

Однако они могут соединяться и с отыменными основами, ср. *candela* → *candelabrum*, *lux* → *lucubrum*, *rapa* → *rapistrum* и др.

С помощью этих суффиксов образуются как названия результата действия (*flare* «дуть, веять» → *flabrum* «дуновение, веяние», *fulgēre* «сверкать» → *fulgetrum* «сверкание молнии», *monēre* «напоминать, обращать внимание» → *monstrum* «знамение; чудо, чудовище»), так и названия средств действия (*mulgere* «доить» → *mulctrum* «подойник», *arāre* «пахать» → *aratrum* «плуг», *claudĕre* «запирать» → *claustrum* «запор, засов») и места действия (*latēre* «скрываться» → *latebra* «тайник», *lavāre* «мыть» → *lavacrum* «купальня, баня», *sepelīre* «хоронить» → *sepulcrum* «могила»). Отыменные производные обозначают конкретные предметы, ср. *candelabrum* «подсвечник», *lucubrum* «огонек», *rapistrum* «дикая репа» и др. [525].

Суффикс -*moni*-

Завершая описание отглагольных суффиксов, нельзя не упомянуть и менее продуктивные, т. е. представленные в меньших словообразовательных рядах суффиксы.

Составной суффикс -*mon-i*- может оформляться как флексией -*а* (1-е склонение), так и флексией -*um* (2-е склонение), в связи с чем создает дублеты типа *querimonia* = *querimonium*, *alimonia* = *alimonium*, *aegrimonia* = *aegrimonium* и т. п.

Он присоединяется к глагольному корню, ср. *gaudēre* → *gaudimonium*, *regĕre* → *regimonium*, *alĕre* → *alimonium*, *queri* → *querimonium*, но может соединяться и с основой супина, ср. *sedēre, sessum* → *sessimonium*, *fallĕre, falsum* → *falsimonium*, *sancīre, sanctum* → *sanctimonium*. И в том и в другом случае суффикс присоединяется к глагольной основе с помощью прокладки -*i*-, расширяясь таким образом в -*imoni*-.

Суффикс -*moni*- может выбирать и именные основы, ср. основы существительных: *pater* → *patrimonium*, *testis* → *testimonium*, *merx, mercis* → *mercimonium* или основы прилагательных: *acer* → *acrimonia*, *aeger* → *aegrimonium*, *castus* → *castimonia*, *tristis* → *tristimonium*. Производные с суффиксом -*moni*- могут иметь двойную мотивацию, ср. *mendicimonium* «нищета» от *mendicare* «нищенствовать» и *mendicus* «нищий»; *sanctimonium* «святость, благочестие» от *sancīre* «освящать» и *sanctus* «освященный; святой; благочестивый».

Отглагольные производные имеют значение действия или результата действия, отыменные характеризуются предметными значениями или же обозначают качество, свойство. Ср. *gaudēre* «радоваться» → *gaudimonium* «радость», *regĕre* «править» → *regimonium* «управление», *fallĕre* «обманывать» → *falsimonia* «обман», но *testis* «свидетель» → *testimonium* «свидетельство», *tristis* «печальный, грустный» → *tristimonia* «печаль, грусть», *castus* «непорочный» → *castimonia* «непорочность».

Суффикс -*moni*- вступает в синонимичные отношения как с отглагольными суффиксами, так и с отыменными, ср. дублеты: *regimonium* = *regimentum* = *regi-*

men, *miserimonium* = *miseramen* = *miseratio* и *sanctimonium* = *sanctitas* = *sanctitudo*, *tristimonium* = *tristitia*.

Суффикс -*iōn*-[3]

Суффикс -*iōn*[3]- образует небольшой словообразовательный ряд в 32 производных единицы. Все они относятся к жен. р. 3-го склонения и имеют в им. п. ед. ч. формант -*io*, а в род. п. ед. ч. — -*iōnis*. Например, *opinio*, *opiniōnis*, f «взгляд, мнение», *contagio*, *contagiōnis*, f «(со)прикосновение», *suspicio*, *suspiciōnis*, f «подозрение» и др.

Суффикс -*iōn*[3]- присоединяется к глагольному корню, образуя производные со значением действия или его результата. Ср. *rebellio* «возобновление войны; мятеж» от *rebellāre* «опять начинать войну; возобновлять сражение»; *oblivio* «забвение» от *oblivisci* «забывать»; *corregio* «размежевание» от *regĕre* «направлять»; *optio* «свободный выбор» от *optāre* «выбирать; желать» и др.

См. также о суффиксе -*iōn*[1]- с. 53—55.

Суффикс -*ēl*-

Суффикс -*ēl*- оформляется флексией -*a*, включая тем самым производные существительные в парадигму 1-го склонения жен. р., ср. *fugela*, ae, f; *candela*, ae, f; *querela*, ae, f и др.

По своему происхождению суффикс -*ēl*- восходит к глаголам II спряжения [554, с. 216], от которых он заимствовал основообразующий гласный -*ē*-, и к уменьшительному суффиксу -**l*- (ср. употребление уменьшительного суффикса -*ul*-/-*cul*- с глагольными основами).

Суффикс соединяется, в основном, с глагольным корнем, ср. *nitēre* → *nitela*, *loqui* → *loquela*, *vehĕre* → *vehela* и др., но может присоединяться и к основе супина, ср. *suĕre*, *sutum* → *sutela*, *corrumpĕre*, *corruptum* → *corruptela*, *captāre*, *captatum* → *captatela* и др., а также к основе причастия настоящего времени, ср. *parens*, *parentis* → *parentela*.

В некоторых случаях производные с суффиксом -*ēl*- имеют второй вариант на -*ella*, который в словарях дается в скобках, ср. *monela* (*monella*), *medela* (*medella*), *sequela* (*sequella*), *fovela* (*fovella*). Это можно интерпретировать как соотношение суффикса -*ēl*- с уменьшительным -*ell*-, который здесь используется в процессуальном или инструментальном значениях.

Производные на -*ēla* разнообразны по своей семантике, среди них представлены обозначения как действия (*fovela*, *fugela*, *sequela*), так и результата действия (*sutela*, *loquela*, *parentela*), средств действия (*vehela*, *tutela*, *medela*) и даже носителей действия (*custodela*, *clientela*, *corruptela*). Часто в одном и том же производном осуществляются переходы от одного значения к другому, например, от «действия» к «носителю действия» или «месту действия» и т. п. Ср.

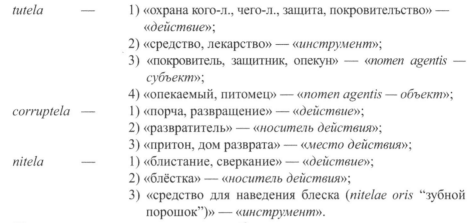

tutela — 1) «охрана кого-л., чего-л., защита, покровительство» — «*действие*»;

2) «средство, лекарство» — «*инструмент*»;

3) «покровитель, защитник, опекун» — «*nomen agentis — субъект*»;

4) «опекаемый, питомец» — «*nomen agentis — объект*»;

corruptela — 1) «порча, развращение» — «*действие*»;

2) «развратитель» — «*носитель действия*»;

3) «притон, дом разврата» — «*место действия*»;

nitela — 1) «блистание, сверкание» — «*действие*»;

2) «блёстка» — «*носитель действия*»;

3) «средство для наведения блеска (*nitelae oris* "зубной порошок")» — «*инструмент*».

По своим значениям производные на *-ēla* соотносятся с другими отглагольными производными, создавая дублеты, ср. *vehela* = *vectabulum*, *conductela* = *conductio*, *mandatela* = *mandatum*, *peccatela* = *peccatum* и т. п.

ВЫВОДЫ

1. Со структурной точки зрения большинство суффиксов девербальных существительных имеют варианты. Вариативность суффиксов связана не столько с морфонологическими явлениями на стыках словообразовательных и словоизменительных морфем (ср. *vertex* из *vertic + s*) или в корне (ср. *segmentum* от *secāre*), сколько с переразложением и перераспределением морфемных границ. (См. таблицу «Суффиксы девербальных существительных и их варианты».)

2. Перераспределение морфемных границ привело к переориентации словообразовательных процессов с основы на глагольный корень. Основообразующие гласные начинают играть роль прокладок перед суффиксами, сливаются с ними, и расширенные таким образом варианты суффиксов присоединяются в дальнейшем к глагольным корням и именным основам.

3. Функционирование девербальных существительных связано не только с их частеречным происхождением, но и с типом основ, к которым присоединяются определенные суффиксы, с одной стороны, и с типом флексий, взаимодействуя с которыми суффиксы включают свои производные в ту или иную парадигму склонения, с другой стороны.

4. Сочетаемостные свойства суффиксов почти не ограничены. Большинство из них могут соединяться как с глагольными, так и с именными основами. Ряд суффиксов сочетается и с основой супина, и с глагольным корнем, причем в одних случаях это отражается на семантической структуре суффикса и ведет к омонимии (*-iōn-*, *-ōr-*, *-ĭc-/-īc-*), в других — не отражается (*-moni-*, *-bŭl-*, *-br-/cr-/-tr-*). (См. схемы 1, 2, 3 на стр. 74, показывающие расхождение семантики суффикса в зависимости от типа основы.)

Суффиксы девербальных существительных и их варианты

Мотивирующая основа	Основные варианты суффиксов	Варианты, расширенные за счет перераспределения морфемных границ
Основа супина	-iōn^1- -ōr^1- -īc^1- -ūr- -ōri-	-tion-, -ation-, -ition-, -sion-, -xion- -tor-, -ator-, -itor-, -sor-, -xor- -ric-, -tric-, atric- -tur-, -sur-, -xur- -tori-, -atori-, -itori-, -sori-
Глагольный корень	-i- -mĭn- -ment- -ōr^2- -ōn-/-iōn^2- -bŭl- -ŭl-/-cŭl- -br-/-cr-/-tr- -moni- -iōn^3- -ēl- -ĭc^2-/-īc^2-	-amin-, -imin- -ament-, -iment- -abul-, -ibul- -icul- -str- -imoni- -ell-

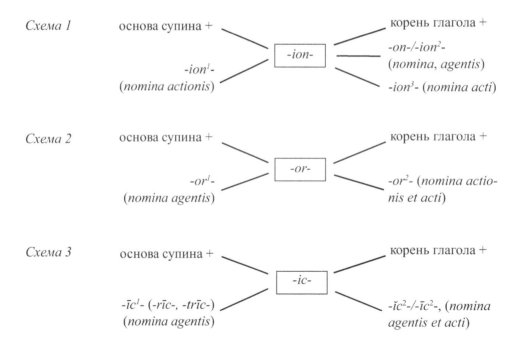

Схема 1 основа супина + -ion^1- (nomina actionis) → -ion- ← корень глагола + -on-/-ion^2- (nomina, agentis), -ion^3- (nomina acti)

Схема 2 основа супина + -or^1- (nomina agentis) → -or- ← корень глагола + -or^2- (nomina actionis et acti)

Схема 3 основа супина + -īc^1- (-rīc-, -trīc-) (nomina agentis) → -ic- ← корень глагола + -ĭc^2-/-īc^2-, (nomina agentis et acti)

5. С семантической точки зрения в девербальных существительных ярче всего представлены подлинные *nomina actionis*, т. е. абстрактные и общие обозначения действий, процессов и состояний, а также названия производителя действия (*nomina agentis*). Кроме того, представлены обозначения результата действия (*nomina acti*), средства действия (*nomina instrumenti*) и места действия (*nomina loci*).

Исследование материала показало, что здесь выделяются:

— суффиксы, имеющие достаточно простую семантическую структуру и потому характеризующиеся одним-двумя значениями, притом со вторичными значениями явно выводимого (мотивированного) типа, и, напротив,

— суффиксы с более сложной семантической структурой, которые либо:

а) многозначны и содержат значения, легко выводимые одно из другого, б) многозначны, но содержат значения, смысл связи которых становится понятным только после применения к их объяснению понятий метонимии или метафоры. См. таблицу «Суффиксы девербальных существительных и формируемые ими значения».

Суффиксы девербальных существительных и формируемые ими значения

Мотивирующая основа	Суффикс	Значения производных
Основа супина	-iōn¹-	Действие
	-ōr¹-	Действующее лицо
	-īc¹-	Действующее лицо жен. пола
	-ūr-	Действие, результат действия, исполнение должности
	-ōri-	Средство, место действия
Глагольный корень	-i-	Действие, результат действия
	-mĭn-	Действие, результат действия, средство действия
	-ment-	Действие, результат действия, средство действия
	-ōr²-	Действие, состояние
	-ōn-/-iōn²-	Действующее лицо
	-bŭl-	Средство, место действия
	-ŭl-/-cŭl-	Средство, место действия
	-br-/-cr-/-tr-	Действие, результат действия, средство, место действия
	-moni-	Действие, результат действия
	-iōn³-	Действие, результат действия
	-ēl-	Действие, результат действия, действующее лицо, средство, место действия
	-ĭc²-/-īc²-	Действующее лицо, результат действия, средство действия

§ 3. Образование деадъективных существительных

Образованию деадъективных существительных в латинском языке служат пять суффиксов разной продуктивности (См. таблицу «Продуктивность суффиксов деадъективных существительных»). Суффиксы выступают в виде нескольких вариантов (См. таблицу «Суффиксы и форманты деадъективных существительных») и потому в составе более десятка сложных формантов. О распределении этих вариантов мы скажем ниже. Как показывают таблицы, суффиксы, заканчивающиеся на -*i*- (это -*i*- и -*iti*-), соединяются с флексиями 1-го или 5-го склонения, суффиксы же, завершающиеся согласными, включаются только в 3-е склонение. Это соответствует общему правилу морфологического деления существительных: к 3-му склонению относятся существительные, в большинстве своем, с основой на согласный.

Продуктивность суффиксов деадъективных существительных

№ п/п	Суффиксы	Форманты	Количество производных
1.	-i-	1. -ia, -ntia	380 + 398 =833 (-ia) (-ntia)
		2. -ies	55
2.	-iti-	1. -itia	61
		2. -ities	39 =100
3.	-tāt-	-tas, -etas, -itas; Gen. sing. -tātis	850
4.	-dĭn-	-ēdo, -īdo ; Gen. sing. -dĭnis	38
5.	-tudĭn-	-etūdo, -itūdo; Gen. sing. -tudinis	140
Всего:			1961

Таким образом, исход суффикса оказывается и здесь не безразличным для морфологического поведения включающего его имени.

Суффиксы рассматриваемого типа в подавляющем большинстве случаев создают синтаксические дериваты, что само по себе помогает понять «безразличие» использованного суффикса для выражения им не столько нового значения, сколько осуществления функции транспозиции из одного класса в другой.

С семантической точки зрения суффиксы не дифференцируются или расходятся незначительно. Это приводит прежде всего к удивительному факту существования дублетов, т. е. производных от одного и того же прилагательного, образованных путем присоединения к адъективному корню разных суффиксов. Это создает

Суффиксы и форманты деадъективных существительных*

Основные формы суффиксов и их варианты в формантах / Типы склонений производных существительных	-i- -ia -ies	-iti- -itia -ities	-din- -ēdo -īdo
1-ое (основа на -ā-)	grat-i-a, grat-i-ae от ↓ grat-us	stult-iti-a, stult-iti-ae от ↓ stult-us	
5-ое (основа на -ē-)	pauc-i-es, pauc-i-ei от ↓ pauc-us	plan-iti-es, plan-iti-ei от ↓ plan-us	
3-е (основа на согласный звук или i-)			dulc-ēdo, grav-īdo dulc-edĭn-is grav-idĭn-is от от ↓ ↓ dulc-is grav-is

Основные формы суффиксов и их варианты в формантах / Типы склонений производных существительных	-tāt- -tas -etas -itas			-tudĭn- -etūdo -itūdo	
3-е (основа на согласный звук или -i-)	liber-tas, liber-tāt-is от ↓ liber	varietas, vari-etā-is от ↓ vari-us	felic-itas, felic-itāt-is от ↓ felix, felic-is	val-etūdo, val-etudin-is от ↓ val-ē-re	mult-itūdo, mult-itudĭn-is от ↓ mult-us

* В таблице даются примеры существительных в им. п. и род. п. ед. ч.

картину так называемой словообразовательной синонимии, которая отражается лексикографически в том, что производные из одного синонимического ряда подаются в словаре путем перекрестных отсылок друг к другу, а также с помощью знака равенства между именами, исключающего необходимость повторной дефиниции слова. Если учесть, что в образовании производных рассматриваемого типа используются пять суффиксов, то производные от одного корня могут иметь по пять дублетов, ср. *tristis* → *tristitia* = *tristities* = *tristitas* = *tristitudo* = *tristimonium* (= *tristimonia*); по четыре дублета, ср. *niger* → *nigritia* = *nigritudo* = *nigredo* = *nigror*; по три дублета, ср. *magnus* → *magnities* = *magnitas* = *magnitudo*; и по два дублета, ср. *paucus* → *paucies* = *paucitas*.

Подобная «дублетность» ведет к необходимости поставить вопрос о ее причинах и разобраться в том, чем было вызвано существование в языке нескольких слов, казалось бы, выражающих одно и то же значение. С другой стороны, сравнение семантических структур однокоренных образований позволяет высказать некоторые соображения о дифференциации значений, связанных либо а) с отдельными суффиксами, либо б) с попытками выделить путем соединения с разными суффиксами особо важные (разные) значения из семантической структуры мотивирующего слова. Исследование фактического материала показывает, что обе указанных тенденции имели место, но пересекались сложным и прихотливым образом, что видно из описания отдельных суффиксов.

Суффиксы -*i*- и -*iti*-

Описываемые суффиксы выступают в составе нескольких вариантов, зависящих от а) морфологического оформления включающей его основы и соединения суффикса либо с флексией 1-го склонения (в форманте -*ia*) или же с флексией 5-го склонения (в форманте -*ies*) и б) от отсутствия/наличия прокладки перед суффиксом — между корнем и самим суффиксом -*i*-; в качестве такой прокладки выступает -*it*-, что создает такие варианты, как -*itia* и -*ities*. Распределение «чистого» -*i*- и «осложненного» -*iti*- может быть связано с исходом основы, ибо -*iti*- появляется, как правило, после -*t*-, -*st*-, *c*-, -*nd*-.

а) Суффикс -*i*- в форманте -*ia*

Формант -*ia* представлен протяженным словообразовательным рядом (около 800 производных). Он присоединяется к основам разных типов склонения прилагательных, образуя существительные, обозначающие качества, свойства и т. п. Ср. *gratia* от *gratus*, *insania* от *insanus* и т. п.

Формант -*ia* выбирает чаще основы с исходом на согласные — -*c*-, -*r*-, -*d*-, *t*- и на сочетания согласных — -*nt*-, -*nd*-, -*rd*-. Из 90 проанализированных нами примеров производных на -*ia* исходы мотивирующих основ распределились следующим образом (См. таблицу «Исходы мотивирующих основ производных на -*ia*»):

Исходы мотивирующих основ производных на -ia

Исходы основ	Один согласный								Сочетания согласных					
	c	d	g	l	n	p	r	t	v	rb	nd	rd	mn	nt	rt	st
Количество производных	17	8	4	1	2	2	10	5	2	1	6	6	1	21	1	3

Исходы основ на согласный имеют 51 производное, на сочетание согласных — 39, причем наиболее частотный исход на -*c*- характеризует мотивирующие прилагательные 3-го склонения на -*ax* (род. п. -*acis*), -*ex* (род. п. -*icis*) и -*ox* (род. п. -*ocis*), ср. *audax, audacis → audac-i-a, vindex, vindicis → vindicia, ferox, ferocis → ferocia* и др.

Наиболее частотный исход на сочетание согласных -*nt*- характеризует мотивирующие прилагательные 3-го склонения на -*ns* (род. п. -*ntis*), ср. *clemens, clementis → clement-i-a, frequens, frequentis → frequentia, elegans, elegantis → elegantia*.

Обобщая исходы на один согласный и на сочетания согласных, можно сделать вывод, что формант -*ia* легче соединяется с исходами на -*t*- (-*t*-, -*nt*-, -*st*-, *rt*-) — 30 производных, -*d*- (-*d*-, -*nd*-, -*rd*-) — 20 производных и -*c*- — 17 производных.

Хотя суффикс соединяется с основами прилагательных 1-го и 2-го склонения, наиболее показательна для него структура с основами 3-го склонения, среди которых немало отглагольных прилагательных на -*ax*. Таким образом, суффикс легко присоединяется как к примарным, так и ко вторичным производным адъективным основам (напр., на -*lentus*, -*cundus*, -*stus*). Особенно характерно для него сочетание с основами на -*nt*-, имеющими самое разное происхождение: -*nt*- может выступать в качестве финали основы простого прилагательного (*clemens, freguens*), может составлять исход суффикса -*lent*- (ср. *turbulentus*) и, наконец, может быть суффиксом причастия настоящего времени действительного залога. Это послужило поводом для выделения в грамматиках латинского языка отдельного суффикса -*entia* и -*antia*, для чего, как мы видим, нет достаточных оснований.

Существительные на -*antia*, -*entia* образуются путем присоединения форманта -*ia* к основе причастия настоящего времени. Большинство причастных основ оканчивается на -*ent*- (от глаголов II, III и IV спряжений), от глаголов I спряжения — на -*ant*-. Соответственно и словообразовательный ряд на -*entia* значительно протяженнее: его составляют 303 производных существительных, а на -*antia* — 95. Например, *scientia* «знание, осведомленность; наука» из *sciens, ntis* от *scire* «знать; узнавать»; *competentia* «соразмерность, согласованность; сочетание, связь» из *competens* от *competĕre* «добиваться, стремиться; соответствовать, согласовываться»; *observantia* «наблюдение; соблюдение, исполнение» из *observans* от *observāre* «наблюдать; соблюдать, выполнять»; *ignorantia* «незнание, неведение» из *ignorans* от *ignorāre* «не знать, быть в неведении».

Суффикс -*i*- соединяется не только с адъективными основами, но также и с основами существительных (ср. *custodia* «охрана; надзор; стража» из *custos, custodis* «страж, сторож, надзиратель»; *militia* «поход, война; военное дело; войско» из *miles, militis* «воин, солдат»; *cuppedia* «страсть к лакомствам; pl. лакомства, деликатесы» из *cuppes, cuppedis* «лакомка, гурман» и др.) и числительных (ср. *decuria* «десяток; группа из десяти; сословие, класс» из *decem* «десять»; *centuria* «центурия, отряд солдат первоначально из 100 человек; центурия цензовая; центурия земельная» из *centum* «сто»). Соединяясь с этими именными основами, суффикс -*i*- может обозначать не только абстрактное качество (*cuppedia, venia, luxuria*), но и действие (*militia, custodia*), предмет (*fascia, acia*), развивает также собирательное значение (*militia, cuppedia, decuria, centuria*), причем для усиления собирательности используется также отглагольный суффикс -*ur*- (*decuria, centuria*), который в форманте -*ūra*, соединенном с основой супина, также мог иметь значение собирательности, совокупности (*praetura, praefectura* и др.). Это еще раз доказывает, с одной стороны, многообразие суффиксальной комбинаторики, характерной для именной словообразовательной системы латинского языка, а с другой — многозначность суффиксов.

Суффикс -*i*-, как и многие другие, поливалентен, он соединяется не только с именными основами, но и с глагольными, за счет чего его семантика усложняется: отглагольные производные на -*ia* обозначают не только абстрактное качество (ср. *deliciae* (pl.) «веселье, радость, наслаждение» одного корня с *delicĕre* «сманивать, соблазнять»; *fiducia* «уверенность; надежность» от *fidĕre* «верить, полагаться»; *intemperiae* (pl.) «буря, непогода; беспокойство» от *temperāre* «умерять; увлажнять; воздерживаться»), но и действие или его результат (ср. *desidia* «продолжительное сидение; бездеятельность» от *desidēre* «сидеть сложа руки»; *dividia* «раздор, разлад» от *dividĕre* «делить, сеять раздор»); но чаще суффикс -*i*- с отглагольными основами образует nomina concreta (ср. *effigia* «портрет, изображение» от *effingĕre* «представлять, изображать»; *succidia* «часть свиной туши, окорок» от *sus + caedĕre* «свинья + убить, разрезать»; *induviae* (pl.) «одежда» из *induĕre* «надевать, одевать» и др.).

б) Суффикс -*i*- в форманте -*ies*

Формант -*ies* представлен незначительным словообразовательным рядом — 55 производных, из которых истинными образованиями на -ies являются не более 30, остальные даются в словаре со ссылками на производные с формантом *ia* или *etas/itas*, при которых дается дефиниция. Например, *barbaries = barbaria, luxuries = luxuria, saties = satietas* и др. Это связано не только с синонимией словообразовательных средств, но и со смешением формантов, которое отмечалось уже в индоевропейском периоде [451, с. 134]. «В латинском языке имена на -ies так часто смешиваются с формами на -*ia*, что зачастую нелегко установить, какая же из обеих форм была первоначальной... В некоторых случаях совершенно ясно, что одна из форм развилась дальше за счет другой. Так, например, *milities* рядом с обычным *militia*, *minuties* — новообразование вместо *minutia*» [290, с. 160].

Смешение форм доказывает, что мы имеем дело с одним и тем же суффиксом *-i-*, включенным в разные словоизменительные парадигмы: 1-го склонения (*-i-a*) и 5-го склонения (*-i-es*).

С точки зрения исходов мотивирующих основ также отмечается отличие от форманта *-ia*. Формант *-ies* выбирает в основном исходы на один согласный звук (См. таблицу «Исходы мотивирующих основ производных на *-ies*»):

Исходы мотивирующих основ производных на *-ies*

Исходы основ	b	c	g	l	n	p	r/br	t/nt	v
Количество производных	2	12	1	1	2	2	20/1	1/5	9

Из 55 проанализированных нами примеров 50 имеют основы на один согласный, причем наиболее частотными исходами являются *-r-*, *-c-* и *-v-* (а для форманта *-ia* — *-t-*, *-d-*, *-c-*).

Формант *-ies* соединяется в большинстве случаев с основами прилагательных 1—2-го склонений, причем чаще на *-er*, ср. *scabies* «шероховатость, шершавость» от *scaber* «шероховатый»; *macies* «худоба, худощавость» от *macer* «худощавый, худой» и т. п. В отличие от форманта *-ia*, который соединяется чаще с основами прилагательных 3-го склонения одного окончания, а также образует большой словообразовательный ряд с основами причастий настоящего времени, формант *-ies* с основами прилагательных 3го склонения соединяется реже, ср. *acies* «острие; проницательность, острота» от *acer* «острый»; *pauperies* «бедность» от *pauper* «бедный». Модели на *-ies*, включающие причастные основы, видимо, нужно рассматривать как образованные в результате смешения с формами на *-ia*, ср. *observanties = observantia*, *benevolenties = benevolentia*, *intemperanties = intemperantia*.

Формант *-ies* так же, как и *-ia*, является поливалентным, соединяясь не только с адъективными основами, но и с субстантивными, и глагольными, причем субстантивные основы вносят в семантику производного значение предметности, ср. *caesaries* «пышные кудри, длинные волосы»; *pernicies* «уничтожение; чума, порча»; *suberies* «пробковое дерево»; *muries = muria* «рассол», а глагольные основы — значение действия и его результата, ср. *digeries* «расположение; пищеварение» от *digerĕre* «располагать; переваривать»; *temperies* «соразмерность» от *temperāre* «умерять, сочетать в правильной пропорции»; *proluvies* «разлив; истечение» от *proluĕre* «промывать, смывать» или значение nomina concreta, ср. *interluvies* «пролив» от *interluĕre* «течь между, протекать»; *congeries* «куча, груда» от *congerĕre* «сваливать в кучу»; *egeries* «помет, навоз» от *egerĕre* «выносить, убирать».

При рассмотрении вариантов суффикса *-i-*, реализующихся в формантах *-ia* и *-ies*, обращает на себя внимание словообразовательная синонимия. Помимо отмеченных нами дублетов, связанных со смешением формантов -*ia* и -*ies*, встречаются случаи, когда в синонимический ряд втягиваются производные с другими деадъективными суффиксами.

Протяженность синонимического ряда связана с многозначностью исходного прилагательного и ее дифференцированным выражением производными с разными суффиксами (См. таблицу «Дифференциация значений мотивирующего прилагательного производными существительными»).

Дифференциация значений мотивирующего прилагательного производными существительными

Исходное прилагательное и его значения	Производные существительные				
acer, acris, acre	*acies*	*acritas*	*acritudo*	*acredo*	*acrimonia*
1. Острый	+		+		
2. Острый, зоркий	+				
3. Острый, пряный (вкус)				+	
4. Острый, резкий (запах)					+
5. Резкий, пронзительный					+
6. Режущий, ослепительный, яркий	+				
7. Пылкий, горячий, страстный, энергичный, решительный	+		+		
8. Строгий, суровый			+		
9. Проницательный, остроумный	+	+			
10. Жаркий, ожесточенный (бой)	+				
и др. — всего 25 значений					
Новые значения	1) зрачок, глаз 2) ряд (зубов) 3) войско, армия 4) сражение, бой 5) поле сражения				

Глава II 83

Дифференциация значений мотивирующего
прилагательного производными существительными
(Окончание)

Исходное прилагательное и его значения	Производные существительные		
scaber, scabra, scabrum	*scabies*	*scabitudo*	*scabritia* = *scabrities* = *scabredo*
1. Шероховатый, негладкий, *перен.* грубый, нескладный	+		+
2. Неопрятный, грязный	+		
3. Покрытый паршой, сыпью или чесоточный		+	+
Новые значения	зуд, сильное влечение, похоть		

Как видно из таблицы, чем больше значений у исходного прилагательного, тем больше производных, наследующих наиболее важные значения мотивирующего прилагательного и даже развивающих на их базе новые значения. Члены синонимического ряда, различающиеся объемом значения, не являются дублетами. Дублетные образования представлены двумя членами, ср. *paucies* = *paucitas*, *saturies* = *saturitas*, *saties* = *satietas*, *luxuria* и *luxuries*, *deliciae* = *delicies*, *copia* = *copies*, *prosapia* = *prosapies*, *barbaria* = *barberies*, *fallacia* = *fallacies*, *materia* и *materies*, *efficacia* = *efficacitas*, *induviae* = *induvies*, *intemperiae* = *intemperies* и др.

Суффикс -*iti*-

а) Суффикс -*iti*- в форманте -*itia*

(*-iti-a*, где -*a*- — основообразующий гласный имен женского рода 1-го склонения, слившийся с флексией).

Формант -*itia* представлен в нашем материале словообразовательным рядом, включающим 61 производное. Он присоединяется в большинстве случаев к основам прилагательных 1—2-го склонения на -*us*, -*a*, -*um* или -*er*, -(*e*)*ra*, -(*e*)*rum*. Например, *planus, a, um* «плоский, ровный» → *planitia* «плоскость, равнина»; *blandus* «ласковый, вкрадчивый, льстивый» → *blanditia* «лесть, ласка, вкрадчивость»; *piger, pigra, pigrum* «медленный, вялый, ленивый» → *pigritia* «вялость, лень»; *niger, nigra, nigrum* «черный» → *nigritia* «чернота, черный цвет».

В единичных случаях в словопроизводстве с этим формантом участвуют основы прилагательных 3-го склонения на *-is, -e*. Причем, как и у производящих прилагательных 1—2-го склонения, здесь основа совпадает с корнем прилагательного: *tristis, e* «печальный, грустный, скорбный» → *tristitia* «печаль, скорбь, грусть»; *mollis, e* «мягкий; нежный; гибкий» → *mollitia* «гибкость, мягкость, нежность».

Формант *-itia* присоединяется чаще (в 60 % случаев) к основам с исходами на сочетания согласных (См. таблицу «Исходы мотивирующих основ производных на *-itia*»):

Исходы мотивирующих основ производных на *-itia*

Исходы основ	c/rc	nd	l/ll	n/gn	r/br, fr, gr	t/lt, nt, st	v	qu	ngu
Количество производных	2/1	3	1/1	2/1	3/4	3/6	1	1	1

Из 30 проанализированных нами производных существительных на *-itia* 12 — с основами на один согласный (причем чаще других выступают исходы на *r-* и *-t-*) и 18 — с основами на сочетания согласных, причем опять же на сочетания с конечным *-r-* (*-br-, -fr-, -gr-*) или *-t-* (*-lt-, -nt-, -st-*).

В семантическом плане суффикс *-iti-* однозначен, выражая абстрактное качество или свойство (физическое или духовное). Например, *lentus* «гибкий; вязкий, липкий» → *lentitia* «вязкость, липкость, тягучесть; гибкость»; *laetus* «радующийся, веселый» → *laetitia* «радость, веселость; веселье, ликование».

Часто абстрактные значения физического и духовного качества передаются одним и тем же производным, стремящимся полнее отразить круг значений производящей основы: ср. *durus* «жесткий, твердый, крепкий (о предмете); суровый, строгий (о человеке), закаленный, выносливый» → *duritia* «1) жесткость, твердость (предмета); 2) закаленность, выдержка; строгость, суровость (о человеке)».

Объем значения производящей основы почти всегда шире значения производного существительного, которое закрепляет то или иное значение производящей основы. Например, *lentus* «гибкий; вязкий, липкий (о предмете)» и «спокойный, равнодушный, флегматичный (о человеке)» → *lentitia* «вязкость, липкость, тягучесть; гибкость»; *niger* «черный; темный; мрачный; злой, злобный и др.» → *nigritia* «чернота, черный цвет».

Таким образом, в семантическом плане здесь налицо асимметрия исходной и результативной единиц деривации. Эту асимметрию именная словообразовательная система пытается исправить в пределах деадъективных существительных разными словообразовательными средствами. Так, если *lentitia* (от *lentus*) выражает только абстрактные физические свойства, то *lentitudo* — это не только «гибкость», но и «вялость, равнодушие, флегматичность» и другие качества, связанные с душевными, психическими свойствами человека.

Значение производящего прилагательного распределяется по нескольким типам производных, которые соотносятся между собой в одной словообразовательной цепочке. Например, *duritia*, *durities*, *duritas* и *duritudo* от основы прилагательного *durus* (См. таблицу «Дифференциация значений мотивирующего прилагательного производными существительными»).

Дифференциация значений мотивирующего
прилагательного производными существительными

Исходное прилагательное и его значения	Производные существительные			
durus, a, um	*duritia*	*durities*	*duritas*	*duritudo*
1. Жесткий, твердый, крепкий	+	+		
2. Крутой, обрывистый				
3. Терпкий, острый	+			
4. Неотесанный, некультурный, грубый	+	+	+	+
5. Суровый, строгий	+	+	+	
6. Закаленный, выносливый	+			
и др. — всего 15 значений				
pinguis, e	*Pinguitia = pinguities*		*pinguitudo*	*pinguedo*
1. Жирный, толстый, тучный	+		+	+
2. Плотный, массивный				
3. Насыщенный, яркий			+	
4. Вялый, грубый, неповоротливый			+	
и др. — всего 15 значений				

Производные существительные на *-itia* семантически сближаются с существительными на *-ities*, часто полностью совпадающими с ними по значению и в словарях представленными вместе: или под одной дефиницией, или со ссылкой друг на друга путем знака равенства. Ср. *pinguitia* и *pinguities* «жирность» или *lentities = lentitia*, *planitia = planities*. Причем в большинстве таких пар ведущим является производное на *-itia*. Например, *tristitia = tristities*, *avaritia = avarities*, *stultitia = stulties*, *mollitia = mollities*, *pueritia = puerities*, *pigritia = pigrities* и др.

Встречается неполное совпадение значений у словообразовательных типов на *itia* и *-ities*. Например, *duritia* шире по своему значению, чем *durities* (См. таблицу выше); в паре *nigritia ~ nigrities* дериват на *-ities* шире по значению за счет развития нового значения, отсутствующего в производящей основе (См. таблицу «Дифференциация значений мотивирующего прилагательного производными существительными»).

Дифференциация значений мотивирующего прилагательного производными существительными

Исходное прилагательное и его значения	Производные существительные				
niger, gra, grum	*nigritia*	*nigrities*	*nigritudo*	*nigror*	*nigredo*
1. Черный	+	+	+	+	+
2. Темный, густой, смуглый					
3. Мрачный, зловещий					
4. Скорбный					
5. Злой, злобный					
6. Острый, едкий; язвительный					
Новые значения		(мед.) омертвение тканей, некроз			

Производные на *-itia* могут соотноситься с двумя и более производными других типов в деадъективной группе именного словообразования. Например:

1. tristitia = tristities = tristitas = tristitudo = tristimonium (= tristimonia);
2. mollitia = mollities = mollitudo;
3. pueritia = puerities = pueritas;
4. nigritia = nigritudo = nigror = nigredo ~* nigrities;
5. pigritia = pigrities = pigror ~ pigredo;
6. canitia = canities = canitudo;
7. planitia = planities = planitudo ~ planitas;
8. scabritia = scabrities = scabredo;
9. lentitia = lentities ~ lentitudo ~ lentor;
10. duritia ~ durities ~ duritas ~ duritudo;
11. saevitia = saevities = saevitas = saevitudo;
12. segnitia = segnities = segnitas;
13. pinguitia = pinguities ~ pinguitudo ~ pinguedo.

* Знак ~ обозначает неполное совпадение значений.

Форманты -itia и -itudo

1. tristitia = tristitudo;
2. mollitia = mollitudo;
3. nigritia = nigritudo;
4. lentitia ~ lentitudo;
5. planitia = planitudo;
6. duritia ~ duritudo;
7. saevitia = saevitudo;
8. pinguitia ~ pinguitudo;
9. laetitia = laetitudo;
10. maestitia = maestitudo.

Неполное совпадение значений связано с различием объема значения производящей основы прилагательных, передаваемого производными существительными с соответствующими формантами.

Форманты -itia и -itas

1. tristitia = tristitas;
2. pueritia = pueritas;
3. planitia ~ planitas;
4. duritia ~ duritas;
5. saevitia = saevitas;
6. segnitia = segnitas.

В двух парах значения не совпадают: *duritia* шире по значению, чем *duritas*, а *planitia* и *planitas* различаются различным выбором значения производящей основы (См. таблицу «Дифференциация значений мотивирующего прилагательного производными существительными»).

Дифференциация значений мотивирующего прилагательного производными существительными

Исходное прилагательное и его значения	Производные существительные			
planus, a, um	*planitia*	*planities*	*planitas*	*planitudo*
1. Плоский, ровный	+	+		+
2. Ясный, понятный			+	
3. Легко произносимый				

Форманты -itia и -edo

1. nigritia = nigredo;
2. pigritia ~ pigredo;
3. scabritia = scabredo;
4. pinguitia ~ pinguedo.

Формант -itia в некоторых случаях оказывается в одной цепочке с отглагольными формантами -or, -(a)men, -(a)mentum. Например:

nigritia = nigror;
pigritia = pigror;
lentitia ~ lentor;
pinguitia = pinguamen;
vafritia ~ vaframentum.

Несовпадение значений *vafritia* и *vaframentum* связано с тем, что отглагольный формант -(*a*)*mentum*, хотя и соединяется с основой прилагательного (*vafer, vafra, vafrum* «хитрый, ловкий, лукавый»), вносит в значение производного существительного признаки действия — «хитрость, ловкая проделка, уловка», тогда как деадъективный формант -*itia* обозначает абстрактное качество — «хитрость, ловкость, лукавство».

Из проанализированных нами 30 производных существительных на -*itia* всего два не соотносятся с другими типами деадъективных производных — это *justitia* и *pudicitia*. Первое образовано от основы вторичного прилагательного *justus* (из *jus* «право, справедливость, совокупность законов») «справедливый, честный, законный», которое совмещает в себе признаки качественного и относительного прилагательного. Поэтому *justitia* выражает не только абстрактное качество — «справедливость; благочестие, почтительность», но и понятие «правосудия, права, совокупности законов».

Производное существительное *pudicitia* образовано также от основы вторичного прилагательного *pudicus* (из *pudēre* «стыдиться») «стыдливый, целомудренный, скромный»; видимо, поэтому другие форманты не избирали эту основу (из-за ее вторичности), так как обычно они соединяются с основой прилагательного, равной корню.

б) Суффикс -*iti*- в форманте -*ities*

(*-*iti-e-*, где -*ē*- — основообразующий гласный имен женского рода 5-го склонения). Суффикс -*iti*- соединяется с флексиями существительных женского рода 5-го склонения: им. п. -*ities*, род. п. -*itiei*.

Формант -*ities* представлен 39 производными существительными, образованными от прилагательных, в основном, 1—2-го склонений на -*us* и на -*er*. Например, *magnus, a, um* «большой, крупный, обширный» → *magnities* «большая величина, крупные размеры, огромность»; *tardus, a, um* «медленный, медлительный» → *tardities* «медленность, медлительность»; *scaber* «шероховатый, негладкий» → *scabrities* «шероховатость».

В отдельных случаях формант -*ities* присоединяется к основе прилагательных 3-го склонения. Например, *lenis, e* «нежный, легкий; кроткий, мягкий» → *lenities* «нежность, легкость; кротость, мягкость».

Как и формант -*itia*, рассматриваемый формант предпочитает основы с исходами на сочетания согласных — 62 % производных (См. таблицу «Исходы мотивирующих основ производных на -*ities*»):

Исходы мотивирующих основ производных на -*ities*

Исходы основ	c/rc	nd, rd	l/ll/lm	n/gn, ln	r/br, fr, gr	ss	t/lt, nt, st	v/bv	ngu	gu
Количество производных	1/1	5	1/2/1	5/3	4/4	1	2/4	2/1	1	1

Глава II

Из 39 рассмотренных нами производных существительных на -*ities* 15 — с основами на один согласный, причём -*r*- так же, как и в производных на -*itia*, является одним из частых исходов, наряду с новым для этого типа производных исходом на -*n*-. Среди исходов на сочетание согласных также есть отличающие этот тип исходы — с конечными -*d*- (-*nd*-,-*rd*-) и -*n*- (-*gn*-, -*in*-), но есть и сходные с типом на -*itia* исходы с конечными -*r*- (-*br*-, -*fr*-, -*gr*-) и -*t*- (-*lt*-, -*nt*-, -*st*-).

Соотношение значений производных на -*itia* и -*ities*

Из 39 примеров в 23 случаях значения полностью совпадают, что обозначается в словаре знаком равенства между производными. Причём в 21 паре ведущим является производное на -*itia*; например, *amicitia* = *amicities*, *avaritia* = *avarities*, *blanditia* = *blandities*, *malitia* = *malities*, *notitia* = *notities*, *stultitia* = *stulties* и др.

В двух соотносительных парах ведущим является производное на -*ities*: *canities* = *canitia* и *planities* = *planitia*. Неполное совпадение значений производных на -*ities* и -*itia* наблюдается в двух случаях: *durities* (1. твёрдость; 2. жёсткость; 3. чёрствость, суровость) и *duritia* (1. твёрдость, жёсткость; 2. терпкость; 3. закалённость, выдержка; 4. строгость; 5. чёрствость, суровость); *nigrities* (1. чернота, чёрный цвет; 2. мед. омертвение тканей, некроз) и *nigritia* (чернота, чёрный цвет).

Причём в паре *durities* ~ *duritia* различие связано с разным объёмом значения производящей основы, нашедшего отражение в производных. В паре же *nigritia* ~ *nigrities* второе развивает новое специальное значение, которого нет в производящей основе.

Соотношение значений производных на -*ities* с другими типами деадъективных существительных

Из 39 проанализированных существительных на -*ities* два соотносятся с пятью типами:

1. tristities = *tristitia** = tristitas = tristitudo = tristimonia (tristimonium);
2. *nigrities* ~ *nigritia* = nigritudo = nigror ~ *nigredo*.

Семь существительных на -*ities* входят в словообразовательные цепочки из четырёх членов:

1. *amarities* = amaritas ~ *amaritudo* = amaror;
2. *planities* = planitia = planitudo ~ planitas;
3. durities ~ duritia ~ duritas ~ duritudo;
4. lentities = *lentitia* ~ lentitudo ~ lentor;
5. pigrities = *pigritia* = pigror ~ pigredo;
6. pinguities = pinguitia ~ pinguitudo ~ pinguedo;
7. saevities = *saevitia* = saevitas = saevitudo.

---
* Ведущие существительные выделены *курсивом*

В словообразовательные цепочки из трех членов входят 12 существительных на *ities*:

1. magnities = *magnitudo* = magnitas;
2. mollities = *mollitia* = mollitudo;
3. *canities* = canitia ~ canitudo,
4. segnities = *segnitia* = segnitas,
5. laetities = *laetitia*, = laetitudo,
6. vanities = *vanitas* ~ vanitudo,
7. *vastities* = vastitas = vastitudo,
8. tardities = *tarditas* = tarditudo,
9. scabrities = *scabritia* = scabredo,
10. puerities = *pueritia* = pueritas,
11. crassities = *crassitudo* = crassitas,
12. lenities = *lenitas* ~ lenitudo.

Из 12 цепочек в девяти случаях отмечается полное совпадение значений, т. е. налицо — словообразовательная синонимия (дублетность).

Форманты -*ities* и -*itudo*

Полное совпадение значений отмечается в 10 парах:

1. magnities = *magnitudo*;
2. *planities* = planitudo;
3. *vastities* = vastitudo;
4. tardities = tarditudo   /ведущее *tarditas*/
5. sordities = *sorditudo*;
6. tristities = tristitudo   /ведущее *tristitia*/
7. crassities = *crassitudo*;
8. saevities = saevitudo   /ведущее *saevitia*/
9. laetities = laetitudo   /ведущее *laetitia*/
10. mollities = mollitudo   /ведущее *mollitia*/

Из них в трех парах ведущим является производное на -*itudo*, в двух — на -*ities* и в пяти — производные других типов.

Неполное совпадение значений производных с суффиксами -*ities* и -*itudo* в восьми случаях:

1. amarities ~ amaritudo;   5. nigrities ~ nigritudo;
2. canities ~ canitudo;   6. pinguities ~ pinguitudo;
3. vanities ~ vanitudo;   7. lenities ~ lenitudo;
4. durities ~ duritudo;   8. lentities ~ lentitudo.

Во всех парах, кроме *nigrities* ~ *nigritudo*, различие связано с разным объемом значения производящей основы, выражаемого производными. В соотносительных парах с основами прилагательных *amarus, canus, lentus, pinguis* производные на -*itudo* больше отражают семантику производящей основы. В парах с основами прилагательных *vanus, durus, lenis*, наоборот, более полновесными по объему значения оказываются производные на -*ities*.

Форманты -*ities* и -*itas*

Во всех случаях, кроме *planities ~ planitas*, объемы значений совпадают:

1. magnities = magnitas;
2. *amarities* = amaritas;
3. segnities = segnitas;
4. vanities = *vanitas*;
5. vastities = vastitas;
6. tardities = *tarditas*;
7. tristities = tristitas;
8. puerities = pueritas;
9. crassities = crassitas;
10. lenities = *lenitas*;
11. saevities = saevitas.

В паре, составляющей исключение, каждое производное передает одно из значений производящей основы, т. е. формант -*ities* выбирает одно значение, а формант -*itas* — другое: *planities* — «плоскость, ровное место, равнина», а *planitas* — «ясность, четкость».

Форманты -*ities* и -*edo*

Формант -*ities* оказывается в четырех случаях в одной цепочке с деадъективным суффиксом -*edo*, но значения производных полностью не совпадают:

1. *nigrities ~ nigredo*;
2. *pigrities ~ pigredo*;
3. *pinguities ~ pinguedo*;
4. *scabrities ~ scrabredo*.

Различие за счет более конкретного значения форманта -*edo*: 1. *nigredo* — конкретный, черный цвет воронов; 2. *pinguedo* — не только «жирность» (*pinguities*), но и «жир, сало»; 3. *pigredo* — не общее «лень, вялость», а конкретное «лень, бездеятельность». Кроме того, в паре *pigrities ~ pigredo* значения не совпадают из-за того, что *pigrities* (= *pigritia* = *pigror*) развивает новые значения, отсутствующие в производящей основе: 1. «слабость»; 2. «досуг».

Формант -*ities* и отглагольные форманты

В некоторых случаях формант -*ities* оказывается в одной цепочке с отглагольными формантами -*or*, -*monium* и -*atio*. Ср.

-*or*: nigrities ~ nigror;   amarities ~ amaror;

pigrities ~ pigror;   lentities ~ lentor.

В трех случаях значения полностью не совпадают; *nigrities* шире по значению за счет развития нового специального значения, а *amarities*, наоборот, уже по значению, чем производное с суффиксом *-or-*: *amaror* (= *amaritudo*), выражающее пять из шести значений производящего прилагательного (*amarus* «горький, острый, резкий, суровый, досадный, злобный»)

-*atio*:   recalvities = recalvatio;
-*monium* (-*monia*):   tristities = tristimonium (-monia).

Здесь отглагольные форманты полностью совпадают по значению с формантом -*ities*.

В словообразовательном ряду на -*ities* из 39 производных всего пять существительных не соотносятся с другими типами деадъективных производных — это *almities* (*almus* «питающий; благодатный») «благодать»; *calvities* (*calvus* «лысый, плешивый») «плешивость, облысение»; *imbalnities* (*balneum* «баня, ванна») «несмытая грязь»; *lanities* (*lana* «шерсть, пряжа») «шерсть, руно; шерстоносные стада»; *pullities* (*pullus* «детеныш, молодое животное») «выводок, молодняк».

Из пяти производных три образованы от основы существительного, что не вписывается в модель деадъективных существительных, почему и другие суффиксы оставили без внимания эти субстантивные основы.

Производные *almities* и *calvities* образованы от основ относительных прилагательных, что также нехарактерно для модели деадъективных производных на *ities*, включающих в основном основы качественных прилагательных.

Суффикс -*tāt*-

Суффикс -*tāt*- представлен самым протяженным среди деадъективных существительных словообразовательным рядом, насчитывающим более 800 производных.

Суффикс оформляется флексиями женского рода 3-го склонения. В им. п. ед. ч. представлен формантом -*tas*, в род. п. ед. ч. — -*tat-is*: *libertas*, *libertatis* (от *liber* «свободный») «свобода».

Суффикс -*tāt*- функционирует в форме трех вариантов разной продуктивности: ĭtat — 792 производных, -ĕtat- — 32 и -tāt- — 26.

Высокая продуктивность варианта -ĭtat- объясняется тем, что на стыке основы мотивирующего прилагательного, оканчивающейся в большинстве случаев на согласный (55%) или сочетания согласных (30%), и суффикса появляется вокалическая прокладка в виде -ĭ- (ср. *veritas* от *verus*, *firmitas* от *firmis*, *felicitas* от *felix*, *felicis* и др.).

Вариант -ĕtat- появляется в тех случаях, когда в конце основы мотивирующего прилагательного есть гласный -*i*- (ср. *societas* от *socius*, *varietas* от *varius*, *proprietas* от *proprius* и др.). Казалось бы, здесь не нужна вокалическая прокладка, но сильное аналогическое влияние производных на -ĭtas требовало и здесь прокладки, которая в результате диссоциации превратилась в -ĕ-.

Вариант суффикса -*tāt*- без прокладок представлен:

а) в существительных от производных деноминативных прилагательных на -(*es*)*tus* (ср. *tempestus* → *tempestas*, *honestus* → *honestas*, *majestus* → *majestas*) или на -(us)tus (ср. *vetustus → vetustas, venustus → venustas*), в связи с чем можно предположить упрощение последовательности гоморганных согласных на их стыке (ср. *vetust + tas- > vetustas* и др.);

б) в существительных *ubertas, libertas, paupertas*, мотивированных также производными прилагательными на -*tus*: *ubertus, libertus, paupertus* — и трактуемых так же, как и имена предыдущей группы. Возможна, однако, связь данных существительных с прилагательными *uber, liber, pauper* и с глаголами *uberare, liberare, pauperare*. Аналогично, вероятно, образованы *pubertas* (от *pubes, puberis* и *pubescĕre*), *viduertas* (от *viduus* и *viduare*);

в) в существительных от некоторых прилагательных на -*ilis* (ср. *facilis → facultas, difficilis → difficultas, similis → simultas*) и от аналогичного с ними прилагательного *famulus* (из *familia*) → *famultas*;

г) в отглагольных существительных *potestas* (от *possum, posse*), *egestas* (от *egēre*), *voluntas* (от *volo, velle*), которые нуждаются в специальном объяснении: глагол *possum, posse* образован в результате сложения прилагательного *pot-is* («могущественный») и глагола *sum, esse* («быть»), его форма 3 л. ед. ч. строится как *potest*, т. е. формальное объяснение *potestas* (из *potest + tas*) «сила, мощь» вполне возможно. Этому, однако, препятствует семантика словообразовательного процесса. Производное существительное *egestas* «бедность, нужда» появилось, по-видимому, по аналогии с *potestas*, а *voluntas* «воля, желание», как можно предположить, образовалось от формы *volunt* 3 л. мн. ч. — глагола *volo, velle* «хотеть, желать». Возможно, мотивация этих существительных была связана с адъективированными причастиями *potens, egens, volens*, от которых образованы *potentia, egentia, volentia*, совпадающие с *potestas, egestas, voluntas* в основных значениях;

д) в единичных производных этого типа, ср. *juventas* от прилагательного *juvenis, luculentas* от прилагательного *luculentus, voluptas* от наречия *volup, aetas* из *aevitas* от *aevum*.

Некоторые основы мотивирующих прилагательных могут соединяться с двумя вариантами суффикса -*tāt*- и -*ĭtat*-, в частности, основы с исходами на -*l*-, *n*-, ср. *facilis → facultas* и *facilitas, similis → simultas* и *similitas, famulus → famultas* и *famulitas; juvenis → juventas* и *juvenitas, luculentus → luculentas* и *luculentitas*.

Выбор вариантов суффикса -*tāt*- и -*ĭtat*- связан с исходами мотивирующих основ (проанализированы 110 производных). (См. таблицы «Исходы мотивирующих основ производных с вариантами -*tat*- и -*itat*-»).

Сравнение исходов мотивирующих основ существительных на -*tas* и -*itas* показывает, что вариант суффикса -*tāt*- предпочитает основы с исходом на -*t*- с предшествующим согласным, особенно с -*s*-, а вариант -*ĭtat*- выбирает чаще основы на сонорные *l, r* и *n*.

Варианты суффикса связаны не только с фонологическим типом основы, но и с морфологическим классом мотивирующих прилагательных. Формант -*etas* (вариант -*ĕtat*-) присоединяется к основам прилагательных 1—2-го склонений на -*us*, -*a*, -*um* (ср. *medius → medietas, dubius → dubietas* и др.). Формант -*tas* (вариант

Исходы мотивирующих основ производных с вариантами -*tat*- и -*itat*-

Вариант **-*tāt*-** (26 производных)

Исходы основ	Сочетания согласных			Один согласный			
	st	rt	nt	l	n	p	r
Количество производных	11	3	3	4	2	1	2

Вариант **-*ĭtat*-** (84 производных)

Исходы основ	rb	c/lc	d/nd, rd	rg	l	rm	n/gn, rn	r/br cr, chr	s/ls ss	t/nt, st	v/rv	qu	u
Количество производных	1	8/1	2/3	1	9	1	10/5	16/6	1/3	1/5	5/2	1	3

-*tāt*-) также чаще соединяется с основами прилагательных 1—2-го склонений на -*us*, -*a*, -*um* (ср. *honestus* → *honestas*, *ubertus* → *ubertas* и др.). Формант -*itas* (вариант *ĭtat*-) легко соединяется с основами прилагательных разных морфологических классов: 1—2-го склонений на -*us* и -*er* (ср. *clarus* → *claritas*, *creber* → *crebritas*), 3-го склонения всех групп — с основами прилагательных трех окончаний, ср. *saluber, salubris, salubre* → *salubritas*; *celer, celeris, celere* → *celeritas*; двух окончаний, ср. *dulcis, dulce* → *dulcitas*; *crudelis, crudele* → *crudelitas*; одного окончания, ср. *par, paris* → *paritas*; *felix, felicis* → *felicitas*; *capax, capacis* → *capacitas*. Причем формант -*itas* выбирает и примарные (непроизводные) основы прилагательных, ср. *gravis* → *gravitas*, *rarus* → *raritas*, и вторичные производные, ср. *familiaris* → *familiaritas*, *longiturnus* → *longiturnitas*, *opulentus* → *opulentitas*.

Формант -*itas* может соединяться также с основами существительных, обозначающих лицо, ср. *civis* «гражданин» → *civitas* «гражданство; государство», *puer* «ребенок» → *pueritas* «детство или отрочество», *mulier* «женщина, замужняя женщина» → *mulieritas* «замужество», или с основами субстантивированных прилагательных, ср. *gentilis* «сородич, земляк» → *gentilitas* «родня, родственники», *humanus* «человеческий» → *humanitas* «человеческий род, человечество». Поливалентность варианта -*ĭtat*- обеспечивает его высокую продуктивность.

Выбор вариантов суффикса связан не только с морфонологическими и морфологическими характеристиками мотивирующих основ, но и с их семантикой. Так, -*etas* тяготеет больше к основам оценочных прилагательных (ср. *eximius* «исключительный, отличный» → *eximietas* «превосходные качества, совершенство», *proprius* «своеобразный, особенный» → *proprietas* «особенность, своеобразие»). Формант -*tas* выбирает чаще основы прилагательных, характеризующих физические и духовные свойства человека и его социальное положение (*juvenis* «молодой» →

juventas «молодость»; *honestus* «достойный уважения, честный, почетный» → *honestas* «уважение, честь, почет»; *libertus* «свободный» → *libertas* «свобода»).

Формант *-itas* соединяется с основами всех семантических разрядов прилагательных, обозначающих цвет (ср. *viridis* «зеленый» → *viriditas* «зеленый цвет, зелень»), вкус (ср. *dulcis* «сладкий» → *dulcitas* «сладкий вкус, сладость»), форму (ср. *rotundus* «круглый» → *rotunditas* «округлость, шарообразность»), параметрические свойства (*brevis* «короткий» → *brevitas* «небольшая длина, короткость»), объем (*parvus* «малый, маленький» → *parvitas* «небольшой объем, незначительность»), физические свойства предметов (*gravis* «тяжелый» → *gravitas* «тяжеловесность, тяжесть»), физические и духовные свойства человека (*surdus* «глухой» → *surditas* «глухота», *bonus* «хороший, добрый» → *bonitas* «доброта, добродушие») и др.

Соединяясь с основами прилагательных, обозначающих вкус, форму, параметрические и физические свойства, формант *-itas* легко вступает в синонимические отношения с другими деадъективными и даже девербальными формантами (ср. от *dulcis* «сладкий» → *dulcitas* = *dulcitudo*, *dulcedo* = *dulcor*; от *amarus* «горький» → *amaritas* = *amarities*, *amaritudo* → *amaror*; от *acer* «острый» → *acritas*, *acritudo*, *acredo*, *acrimonia*; от *tardus* «медленный, медлительный» → *tarditas* = *tarditudo* = *tardities* = *tardor*; от *crassus* «толстый» → *crassitas* = *crassitudo* = *crassities*; от *magnus* «большой» → *magnitas* = *magnitudo* = *magnities* и т. п.). Часто формант *-itas* образует полные дублеты с формантом *-itudo* (ср. *claritas* = *claritudo*, *levitas* = *levitudo*, *pulchritas* = *pulchritudo*), но в то же время образования на *-itas* и *-itudo* часто расходятся объемами значений (ср. *amaritas* «горький вкус, горечь» — *amaritudo* «горький вкус, горечь; горькое вещество; неприятное качество, резкость; раздраженность, злоба»), различием переносных значений (ср. *dulcitas* «нежность, кротость» — *dulcitudo* «мягкость, умеренность», *acritas* «сила, убедительность» — *acritudo* «грубость, неотесанность»), различием общих значений: имена на *-itas* обозначают качество, а на *-itudo-* временное состояние, сближаясь тем самым с отглагольными образованиями на *-or*, *-atio*, *-men* и др. (ср. *gravitas* «тяжеловесность, тяжесть; трудность» — *gravitudo* «недомогание, недуг», *gravamen* «тягостное ощущение», *gravatio* «ощущение тяжести»).

Существительные на *-itas*, образованные от существительных или субстантивированных прилагательных со значением лица, развивают собирательное значение. Ср. *antiquitas* «древность, старина» и «древние, предки»; *captivitas* «плен, пленение» и «пленные»; *mortalitas* «смертность, тленность» и «смертные люди»; *nobilitas* «известность, слава» и «знать, аристократы», ср. также *popularitas*, *rusticitas*, *sodalitas*, *virginitas*, *fraternitas*, *germanitas*, *affinitas* и др. [290, с. 115].

Сопоставление семантики производных, образованных с помощью разных вариантов суффикса (*-tāt-* и *-ĭtat-*), показало, что присоединение к основе варианта *-tāt-* с одновременным изменением гласной основы *-i-* на *-u-* играет смыслоразличительную роль (ср. от *facilis* «легкий, нетрудный» → *facilitas* «легкость, способность; податливость», *facultas* «возможность, повод, удобный случай»; от *similis* «похожий, подобный, сходный» → *similitas* «подобие, сходство», *simultas* «соперничество, вражда»; от *viduus* «овдовевший, вдовый; лишенный» → *viduitas* «недостаток, отсутствие», *viduertas* «бесплодие, неурожайность»).

Суффикс -*dĭn*-

Суффикс -*dĭn*- является самым неактивным и малопродуктивным из всех суффиксов деадъективных существительных. Его словообразовательный ряд едва насчитывает 40 производных единиц.

Его морфологическое оформление связано также с флексиями 3го склонения женского рода, поскольку суффикс имеет исход на согласный звук. В им. п. ед. ч. он реализуется в форманте -*do*, а в род. п. ед. ч. — -*din-is*: *nigredo*, *nigredinis* (от *niger* «черный») «чернота».

Суффикс -*dĭn*- соединяется с исходными основами с помощью вокалической прокладки -*e*- или -*i*-, образуя тем самым два варианта: -*edĭn*- и -*idĭn*-, разных по продуктивности: -*edĭn*- — представлен в 27 производных, -*idĭn*- — в 10.

Очень редко, в единичных случаях, встречается прокладка в виде гласного -*ū*- образуя вариант -*udĭn*- (ср. *testa* «черепица, черепок» → *testudo* «черепаха; панцирь черепахи или изделия из него»). Из-за малочисленности производных этот вариант нами не рассматривается.

Выбор вариантов связан прежде всего с исходами мотивирующих основ. (См. таблицу «Исходы мотивирующих основ производных с вариантами суффикса -*edĭn*- и -*idĭn*-»):

Исходы мотивирующих основ производных с вариантами суффикса -*edĭn*- и -*idĭn*-

Вариант -*edĭn*- (27 производных)

Исходы / Количество	b/lb	c/sc, lc	g	m	p/pp, rp	r/br, cr, gr, spr, tr	ls	ngu	v
27	1/1	2/3	1	1	2/4	2/6	1	2	1

Вариант -*idĭn*- (10 производных)

Исходы / Количество	b/rb	p/rp	m	v
10	2/1	3/1	1	2

Вариант суффикса -*edĭn*- выбирает чаще основы с исходом на -*r*-, -*p*-, -*c*- и преимущественно в сочетании с другими согласными, а вариант -*idĭn*- предпочитает основы на -*p*- (-*rp*-) и -*b*- (-*br*-).

Но главное отличие производных на -ēdo и -īdo связано с различием типов основ, с которыми соединяются варианты суффикса. Вариант -edĭn- присоединяется в большинстве случаев (19 из 27) к отыменным основам, причем чаще к основам прилагательных, ср. *salsus → salsedo, dulcis → dulcedo, acer → acredo*. Вариант -idĭn-, наоборот, чаще соединяется с основами глаголов, ср. *cupĕre → cupido, turbāre → turbido, livēre → livido*.

Дело в том, что исторически имена на -do были первоначально nomina actionis [290, с. 289] и образовывались в сфере отглагольного словообразования. Но анализ исходных основ показал, что базой для образования исходных глаголов служили часто прилагательные, ср. *nigrēre* от *niger, albēre* от *albus, rubēre* от *ruber*. Существительные на -ēdo могли восприниматься и как мотивированные глаголом, и как мотивированные прилагательным:

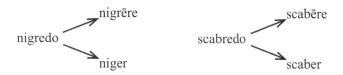

В свою очередь это послужило причиной возможного распространения существительных на -ēdo в сферу неглагольного словообразования, откуда по аналогии с *nigredo, albedo, rubedo* появились деадъективные существительные на -ēdo: *acer → acredo, pinguis → pinguedo, asper → aspredo, raucus → raucedo* и др., наряду с отглагольными образованиями типа *ungĕre → unguedo, mulcēre → mulcedo, absumĕre → absumedo* и др. Формант -īdo остался в сфере отглагольного словообразования, и только два из десяти наших примеров связаны с деадъективной основой — *gravido* и *turpido*, причем оба производных имеют параллельный вариант на -ēdo: *gravedo* и *turpedo*. Таким образом, можно говорить о варианте -edĭn- как едином суффиксе в сфере деадъективного словообразования.

Формант -ēdo выбирает среди адъективных основ примарные (непроизводные) основы прилагательных 1—2-го склонений на -us и -er, ср. *salsus → salsedo, piger → pigredo*, прилагательных 3-го склонения, но не всех групп, а только прилагательных трех окончаний и двух, ср. *puter, putris, putre → putredo, gravis, grave → gravedo*.

Формант -ēdo может соединяться и с основами существительных, ср. *mucus, i m* («слизь, мокрота») → *mucedo* («слизь»).

Семантика производных на -ēdo тесно связана с семантикой исходных прилагательных, это — прилагательные со значением цвета (*niger* «черный» → *nigredo* «чернота, черный цвет», *ruber* «красный» → *rubedo* «краснота»); вкуса (*dulcis* «сладкий» → *dulcedo* «сладкий вкус, сладость», *salsus* «соленый» → *salsedo* «соленость, соленый вкус»); формы (*asper* «шероховатый» → *aspredo* «шероховатость или бугристость», *turpis* «безобразный» → *torpedo* = *turpido* «безобразие, уродливость»); оценки (*piger* «ленивый» → *pigredo* «лень, бездеятельность»).

Некоторые производные на *-ēdo* по своей семантике сближаются с nomina actionis, особенно те, которые мотивированы прилагательными со значением физического состояния (ср. *gravis* «тяжелый» → *gravedo* «ощущение тяжести»; *puter* «гниющий, гнилой» → *putredo* «гниение, нагноение»; *raucus* «хриплый» → *raucedo* «хрипота, охриплость»).

Формант *-ēdo* также включен в словообразовательную синонимию и вместе с другими деадъективными формантами участвует в выражении абстрактного качества: цвета (от *niger* «черный» → *nigredo* = *nigritia, nigrities, nigritudo, nigror*; от *ruber* «красный» → *rubedo, rubor, rubigo*), вкуса (от *salsus* «соленый» → *salsedo, salsitas, salsitudo, salsilago* = *salsugo, salsura, salsamen*), формы (от *scaber* «шероховатый, шершавый» → *scabredo* = *scabritia* = *scabrities, scabritudo*). С некоторыми формантами *ēdo* создает дублетные образования, ср. *raucedo* = *raucitas, turpedo* (= *turpido*) = *turpitudo, scabredo* = *scabritia* = *scabrities*. Но чаще всего производные на *-ēdo* входят в синонимическую цепочку, передавая основное значение исходного прилагательного, т. е. как синтаксический дериват. Лишь некоторые из них развивают дополнительные абстрактные или конкретные значения. Так, *dulcedo* из *dulcis* «сладкий; сочный; прелестный, нежный» дает значения «сладкий вкус, сладость; прелесть, очарование, привлекательность, удовольствие; влечение». Производное *pinguedo* из *pinguis* «жирный, толстый; упитанный; тучный» дает помимо значения абстрактного качества «жирность, тучность» конкретное значение «жир, сало».

В отглагольных производных на *-ēdo* также появляются лексические дериваты с конкретным значением, ср. *uredo* из *urĕre* «жечь» — «ржа, ржавчина на растениях»; *capedo* из *capĕre* «брать, взять» — «жертвенная чаша»; *serpedo* из *serpĕre* «продвигаться, исподволь распространяться» — «(мед.) рожа или краснуха»; *torpedo* из *torpēre* «быть в оцепенении» — «электрический скат или угорь».

Суффикс *-tudĭn-*

Деадъективные существительные с суффиксом *-tudĭn-* составляют словообразовательный ряд в 140 единиц. Как предполагает М. М. Покровский, «имена на -tu-do образовались первоначально из распространения имен на -tu- через d-on» [290, с. 289].

Суффикс *-tudĭn-* представляет собой вариант суффикса *-dĭn-*, распространенный за счет прокладки *-tu-*, вероятнее всего связанной по своему генезису с супином. Широко представлены такие параллельные образования, как *albedo* и *albitudo, nigredo* и *nigritudo, claredo* и *claritudo*. Иногда, как указывает М. М. Покровский, вторые члены этой пары отличаются от первых наличием временных значений, что и может доказывать их отглагольное происхождение. Так, если *sca-*

bredo — это «шероховатость, шершавость» от *scaber* «шероховатый», то *scabitudo* «зуд, раздражение» (как процесс); точно так же, если *gravedo* «ощущение тяжести» (свойство), то *gravitudo* «недомогание» (процесс, состояние).

При некоторых именах на *-tūdo* представлены также параллельные субстантиваты на *-tus*, ср. *habitudo* и *habitus* «внешний вид», *ambitudo* и *ambitus* «хождение вокруг, обход», что свидетельствует не только об известной близости указанных имен, но и о возможностях осуществления тонкой дифференциации их значений. Так, *servitus* характеризуется разветвленной системой значений, тогда как *servitudo* обозначает только «рабство» (состояние). В значении качества суффикс *-tudĭn-* нередко дублирует образования на *-tas*: *claritudo* = *claritas* «ясность», *firmitudo* = *firmitas* «твердость», для которых характерно именно значение качества.

Суффикс *-tudĭn-* с исходом на согласный включается в парадигму женского рода 3-го склонения. В им. п. ед. ч. он представлен формантом *-tūdo*, в род. п. ед. ч. — *-tudĭn-is*: *magnitudo, magnitudinis* f — «величина».

Суффикс *-tudĭn-* реализуется в двух вариантах: *-itudĭn-* и *-etudĭn*, из которых основным является *-itudĭn-*, образующий все отыменные существительные.

В выборе исходов основ суффикс *-itudĭn-* предпочитает основы с исходами на сочетания согласных (57 %). Можно вывести закономерности выбора вариантов суффикса *-itudĭn-* или *-etudĭn-* на основании анализа исходов производящих основ. (См. таблицы «Исходы мотивирующих основ производных с вариантами суффикса *-itudĭn-* и *-etudĭn-*»).

Исходы мотивирующих основ производных с вариантами суффикса *-itudĭn-* и *-etudĭn-*

Вариант *-itudĭn-* (43 производных)

Исходы основ	Один согласный						Сочетание согласных										
	b	l	n	r	t	v	lb, rb	lc	rd	rg	ll	rm	gn	rp	br, chr, cr, gr	ls, ss	lt, nt, rt, st	rv	ngu
Количество производных	2	2	4	7	2	1	2	1	1	1	1	1	1	1	5	2	7	1	1

Вариант *-etudĭn-* (8 производных)

Исходы основ	b	l	su	i
Количество производных	1	1	3	3

Из 43 проанализированных существительных с суффиксом *-itudin-* 17 имеют основы с исходом на сонорные согласные *-n-* и *-r-*, 9 — на *-t-*. Таким образом, *-r-*, *-t-* и *-n-* являются наиболее частыми исходами производящей основы.

Наиболее показательной является основа на *-su-* (*consuetudo, mansuetudo, desuetudo*). Что касается основы на *-i-*, то с ней связаны два однокоренных производных *quietudo* и *inquietudo*, а также существительное *-anxietudo*, которое имеет и другой вариант *-anxitudo*. Из-за малочисленности примеров мы не можем выдавать наши наблюдения за правила, но различие вариантов *-itudĭn-* и *-etudĭn-*, связанное с различием исходов основ, налицо. Это различие выступает более четко при анализе типов производящих основ.

Формант *-tūdo* соединяется, в большинстве случаев, с основами прилагательных, но он образует и отглагольные производные.

Существует и закономерность присоединения суффикса к корню: в случае, когда суффикс начинается согласным, он требует вокалической прокладки между собой и корнем. Такой прокладкой при отглагольном словообразовании чаще всего становятся основообразующие элементы (ср., например, *valetudo* от *valēre*, *hebetudo* от *hebēre*). По аналогии прокладки переносятся и на те отыменные структуры, где суффиксу предшествует согласный (не сонорной группы): ср. *albitudo* от *albus*, *tarditudo* от *tardus* и т. д. Если, таким образом, отглагольные существительные характеризуются вариантом *-etudo*, отыменные маркированы вариантом *-itūdo*, где *-i-* по своему происхождению может быть связан с основообразующим гласным мотивирующих прилагательных 3-го склонения, ср. *fortitudo* от *fortis*, *turpitudo* от *turpis*, откуда по аналогии он переносится и на случаи типа *albitudo*, *tarditudo* и др.

Возможно, однако, что *-i-*, как указывает М. М. Покровский, отглагольного происхождения, т. е. что он связан с супином таких глаголов, как *habēre*, *habĭtum* (откуда отсупинное образование *habitus*, расширенное затем суффиксом *-dĭn-* и зафиксированное в форме *habitudo*, т. е. hab-i-tu-do из *habēre*, *habĭtum*). Ввиду немногочисленности отглагольных производных этого типа и отсутствия супина у таких глаголов, как *tabēre*, *arēre* и пр. (ср., однако, *tabitudo* и *aritudo*), не менее вероятно происхождение варианта суффикса *-itūdo* по аналогии с продуктивными деадъективными именами. Так или иначе, вариант *-itūdo* более типичен для отыменных, а не отглагольных образований.

Следует вместе с тем отметить, что по своей семантике указанные имена сохраняют следы именно отглагольного происхождения, т. е. характеризуются процессуальными значениями: так, *magnitudo-* это не только «величина», но и «увеличение», *salsitudo* — не только «соленость», но и «скопление соли» (чего нет у *salsitas* и *salsedo*, которые обозначают исключительно «соленость»).

Суффикс предпочитает основы непроизводных прилагательных (в отличие, например, от *-tāt-* или *-i-*) и строит производные, в основном, на базе прилагательных 1—2-го склонений; из прилагательных 3-го склонения он выбирает только вторую группу, ср. *gravis* → *gravitudo*, *fortis* → *fortitudo* и др.

§ 4. Роль исходных прилагательных в синтаксической и лексической деривации

Для анализа нами были отобраны прилагательные разных лексико-семантических разрядов, обозначающие цвет, вкус, форму, размеры и объем предметов, их расположение в пространстве, их физические свойства; прилагательные, характеризующие физические и духовные свойства человека и его социальное положение, оценочные прилагательные — всего 11 разрядов, представленных в 81 прилагательном.

Затем были проанализированы мотивированные ими существительные, образованные способом аффиксации и субстантивации, — всего 234 производных существительных и 50 субстантиватов (См. таблицу «Соотношение суффиксальных производных и субстантиватов»). Из 234 производных 143, т. е. 61%, образованы с помощью деадъективных суффиксов; 65, т. е. 26,5%, — с помощью девербальных суффиксов; 23, т. е. 10%, — с помощью десубстантивных суффиксов (См. схему «Парадигмы, объединенные значением ЛСГ»).

Соотношение суффиксальных производных и субстантиватов

Семантические разряды исходных прилагательных	Количество исходных прилагательных	Количество производных существительных	
		суффиксальных	субстантиватов
1. Цвет	7	26	7
2. Вкус	4	20	5
3. Форма	10	36	8
4. Параметрические свойства	10	24	8
5. Квантификация	8	19	5
6. Физические свойства	6	25	2
7. Свет	4	7	2
8. Температура	5	14	4
9. Физиологическое состояние	9	20	1
10. Оценка	14	32	5
11. Социальное положение	4	11	3
Всего:	81	234	50

Характерно, что для обозначения абстрактного качества или состояния выбираются, в основном, деадъективные суффиксы. Но они дополняются десубстантивными и девербальными. Из десубстантивных суффиксов используются чаще уменьшительные *-ŭl/-ŏl-*, *-cŭl-* с флексиями *-us*, *-a*, *-um* и суффикс *-ari-* (*-us*, *-a*, *-um*). Из девербальных суффиксов больше привлекаются *-or-*, *-min-*, *-ment-* и *-(a)tion-*, обозначающие состояние, результат или инструмент действия.

Интересно влияние семантики исходного прилагательного и его принадлежности к определенному лексико-семантическому разряду на семантику производного от него существительного. Так, прилагательные со значением цвета служат основой для образования абстрактных существительных путем синтаксической деривации (nomina abstracta) с этим же значением, но они же мотивируют лексические дериваты (nomina concreta), обозначающие конкретных носителей цвета, ср. *canus* «серый, серебристый, седой» → *canitudo* «серебристо-серый цвет, седина» и *canitia* «седина, седые волосы».

Прилагательные со значением вкуса являются мотивирующими для абстрактных существительных, обозначающих вкус, ср. *dulcis* «сладкий» → *dulcitas* «сладкий вкус, сладость»; *salsus* «соленый» → *salsitudo* «соленость»; и для конкретных существительных, обозначающих опредмеченное качество, носителей данного качества, ср. *amarus* «горький» → *amaritudo* «горькое вещество», *salsus* «соленый» → *salsitudo* «скопление соли (в теле)».

Как показал анализ, из 284 производных существительных 125, т. е. 44 %, развивают конкретные значения, являясь лексическими дериватами (См. таблицу «Соотношение синтаксических и лексических дериватов»).

Соотношение синтаксических и лексических дериватов (абстрактных и конкретных производных существительных)

Классы дериватов / Семантические разряды исходных прилагательных	Деадъективные синт. дериваты	Деадъективные лекс. дериваты	Десубстантивные синт. дериваты	Десубстантивные лекс. дериваты	Девербальные синт. дериваты	Девербальные лекс. дериваты	Субстантиваты синт. дериваты	Субстантиваты лекс. дериваты
Цвет	12	3	4	4	10	5	7	6
Вкус	9	2	4	4	7	5	5	4
Форма	25	9	2	2	9	5	8	6
Параметрические свойства	17	3	2	2	5	3	8	7
Квантификация	13	4	5	5	2	–	5	4
Физические свойства	15	2	–	–	10	6	2	2
Свет	5	1	–	–	2	1	2	2
Температура	3	1	6	6	5	2	4	4
Физиологическое состояние	14	1	1	–	5	1	1	1
Оценка	26	1	–	–	6	2	5	5
Социальное положение	5	2	1	1	4	–	3	3
Всего:	143	29	23	22	65	30	50	44

Глава II

Парадигмы, объединенные значением ЛСГ

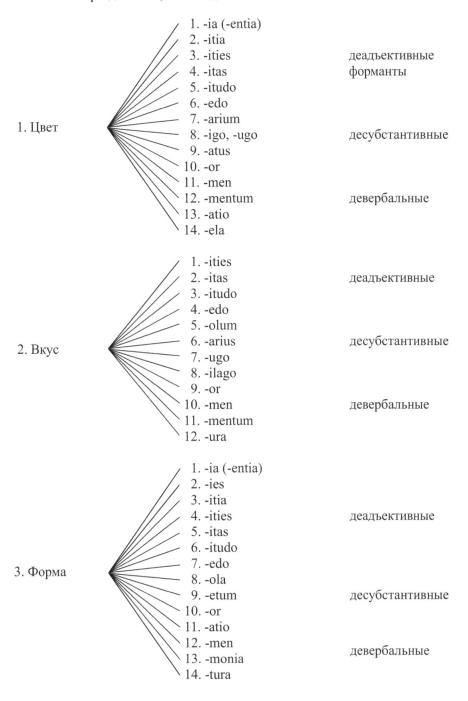

Парадигмы, объединенные значением ЛСГ (Продолжение)

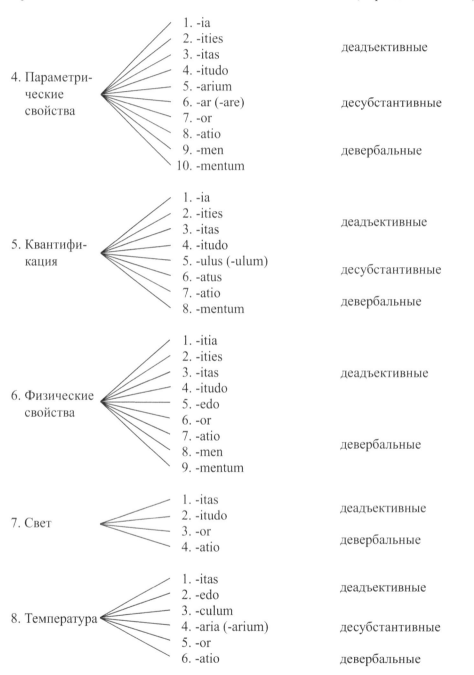

Парадигмы, объединенные значением ЛСГ (Окончание)

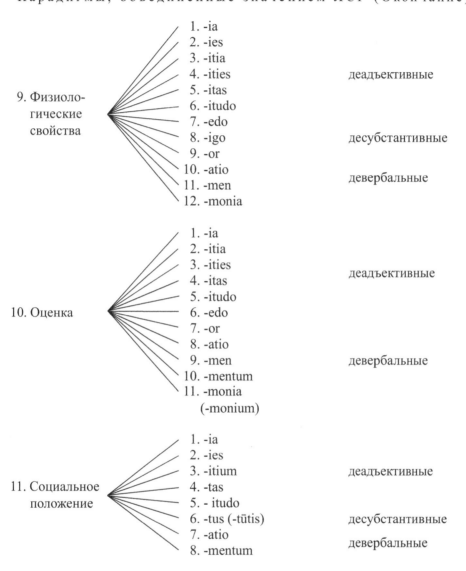

Таким образом, ноэтическое пространство обозначений, мотивированных прилагательными одного лексико-семантического разряда, покрывается абстрактными и конкретными производными существительными и субстантивированными прилагательными.

Производные с деадъективными суффиксами

С помощью деадъективных суффиксов создаются по преимуществу синтаксические дериваты (114 из 143 проанализированных нами производных). Из всех лексико-семантических разрядов прилагательных легко соединяются со всеми деадъективными суффиксами основы прилагательных, обозначающих физические свойства человека, оценку, форму и цвет. Наименее валентны основы со значением света (только -itas и -itudo) и температуры (только -itas и -edo).

Однако эти же суффиксы в соединении с основами прилагательных могут формировать и лексические дериваты (29 из 143, т. е. 20%). В образовании лексических дериватов принимают участие в основном суффиксы -itudĭn- (формант -itūdo) и (-i)tāt- (форманты -itas, -tas). Например, *altus* «высокий» → *altitudo* «возвышенность, гора», *fortis* «смелый» → *fortitudines* (pl.) «смелые дела, доблестные поступки»; *rarus* «редкий» → *raritas* «редкий предмет», *levis* «легкий» → *levitas* «мелочь, шутки». В отдельных случаях производные на -itūdo и -itas развивают собирательное значение (ср. *multus* «многий» → *multitudo* «толпа людей; армия; чернь; простые солдаты», *nobilis* «благородный, знатный» → *nobilitas* «знать, аристократы»). Интересны примеры со значением обобщенного качества, присущего одному лицу, облеченному властью, и приобретающего значение «титул» (ср. *magnus* «большой, великий» → *magnitudo* = *magnitas* «титул: превосходительство или высочество»; *serenus* «ясный, светлый» → *serenitas* «титул: светлость, сиятельство»).

Наиболее часто лексические дериваты образуются на базе прилагательных со значением формы, квалификации и параметрических свойств (ср. *planus* «ровный» → *planitea* = *planities* «ровное место, равнина», *acer* «острый» → *acies* «острие; кончик; лезвие» и др.; *angustus* «узкий, тесный» → *angustia* «теснины, ущелье»). Наиболее редко встречаются лексические дериваты от основ со значением оценки (один из 26 производных) и физических свойств человека (один из 13 производных) (См. таблицу «Развитие конкретных значений с помощью деадъективных суффиксов»).

Производные с десубстантивными суффиксами

В пространство обозначений, мотивируемых анализируемыми прилагательными, вовлекаются производные с десубстантивными суффиксами; чаще всего их выбирают основы со значением цвета, вкуса, квантификации и температуры. Основы со значением физических свойств предмета и человека, света, оценки не соединяются с десубстантивными суффиксами. Всего в анализируемом материале 23 производных с десубстантивными суффиксами. Из них 22 представляют собой лексические дериваты, обозначающие конкретные предметы (одушевленные или неодушевленные), являющиеся носителями признака, указанного прилагательным. Чаще других используются суффиксы -ari- (форманты -aria, -arium, -arius), -ŭl-/-ŏl- (форманты -ulum, -ulus, -ola, -olum) и -cŭl- (-culum). Например, *viridis* «зе-

Развитие конкретных значений с помощью деадъективных суффиксов*

№ пп	Семантические разряды исходных прилагательных	Форманты						
		-ia, -entia	-ies	-itia, -itium	-ities	-itas, -tas	-edo	-itudo
1.	Цвет	+		+	+	+	+	+
2.	Вкус				+	+	+	+
3.	Форма		+	+	+	+	+	+
4.	Параметрические свойства	+			+	+		+
5.	Квантификация	+			+	+		+
6.	Физические свойства			+	+	+		+
7.	Свет					+		+
8.	Температура					+	+	
9.	Физиологические состояния	+	+	+	+	+		+
10.	Оценка	+		+	+	+	+	+
11.	Социальное положение	+	+	+		+		+

* Штриховка показывает развитие конкретных значений производными существительными.

леный» → *viridarium* «зеленые насаждения, сад, парк, роща», *dulcis* «сладкий» → *dulciolae* (pl.) «сладкие пирожки, пирожное», *calidus* (= *caldus*) «теплый, горячий» → *caldaria* «теплая ванная комната или горячая баня», *frigidus* «холодный» → *frigidarium* (= *frigidaria*) «прохладная комната в бане; холодная кладовая для съестных припасов»; *parvus* «маленький» → *parvulum* «мелочь, пустяк».

Интересны разновидности nomina agentis, образованных от основ прилагательных с помощью десубстантивных суффиксов:

-*ari*- (*dulcis* «сладкий» → *dulciarius* «пирожник, кондитер»); -*at*- (*candidus* «белый» → *candidatus* «претендент на пост — в этом случае одевалась белая тога»; *magnus* «большой, великий, могучий» → *magnatus* «вождь, предводитель»), -*ŭl*- (*parvus* «маленький» → *parvulus* «дитя»). Производное на -*tus* (-*tūtis*) развивает собирательное значение (ср. *servus* «рабский» → *servitus* «рабы, невольники»).

Таким образом, десубстантивные суффиксы, главная функция которых в соединении с субстантивными основами образовывать производные, обозначающие предметный мир, продолжают выполнять эту функцию и в соединении с основами прилагательных разных семантических разрядов (См. таблицу «Развитие конкретных значений с помощью десубстантивных суффиксов»).

Развитие конкретных значений с помощью
десубстантивных суффиксов*

№ пп	Семантические разряды исходных прилагательных	Форманты									
		-ar(e)	-aria, -arium	-arius	-atus	-etum	-ulus, -ulum, -culum	-olum, -ola	-igo	-ugo	-lago	-tus (tūtis)
1.	Цвет		+		+				+	+		
2.	Вкус			+				+	+	+		
3.	Форма					+		+				
4.	Параметрические свойства	+	+									
5.	Квантификация				+		+					
6.	Физические свойства											
7.	Свет											
8.	Температура			+			+					
9.	Физиологическое состояние											
10.	Оценка											+
11.	Социальное положение											

* Штриховка показывает развитие конкретных значений производными существительными.

Производные с девербальными суффиксами

Основы прилагательных разных лексико-семантических разрядов являются поливалентными, так как могут соединяться с различными классами суффиксов: деадъективными, десубстантивными и девербальными.

Производные с девербальными суффиксами составляют 26,5 % от общего числа производных, образуемых на базе анализируемых прилагательных. Из них почти половина развивает лексические значения (30 из 65 производных). Основы прилагательных со значением цвета, вкуса, формы, параметрических и физических свойств предмета используют девербальные суффиксы для обозначения конкретного носителя качества или состояния, ср. *albus* «белый» → *albumen* = *albumentum* «белок»; *amarus* «горький» → *amaror* «горькое вещество», *durus* «твердый» → *duramen* «отвердевшая лоза». Прилагательные со значением света, температуры редко служат базой для отглагольных образований, а значения квалификации и социального положения никак не развиваются в конкретные (См. таблицу «Развитие конкретных значений с помощью девербальных суффиксов»).

Из девербальных суффиксов чаще других используются суффиксы *-or*, *-mĭn-* (формант *-men*), *-ment-* (формант *-mentum*) и *-(a)tion-* (формант *-atio*). Например,

Развитие конкретных значений с помощью
девербальных суффиксов*

№ пп	Семантические разряды исходных прилагательных	Форманты						
		-or	-men	-mentum	-monia, monium	-atio	-ela	-ura, -tura
1.	Цвет	+	+	+		+	+	
2.	Вкус	+	+	+				+
3.	Форма	+	+		+	+		+
4.	Параметрические свойства	+	+	+		+		
5.	Квантификация			+		+		
6.	Физические свойства	+	+	+		+		
7.	Свет	+				+		
8.	Температура	+				+		
9.	Физиологические состояния	+	+					
10.	Оценка	+	+	+	+	+		
11.	Социальное положение			+		+		

* Штриховка показывает развитие конкретных значений производными существительными.

albus «белый» → *albor* «белое пятно; белок»; *salsus* «соленый» → *salsamen* = *salsamentum* «рыбный рассол, соленая или маринованная рыба», *rotundus* «круглый» → *rotundatio* «окружность, круг»; *pinguis* «жирный» → *pinguamen* «жир» и др.

Многие отглагольные образования могут иметь двойную мотивацию, т. е. строиться на базе и прилагательного, и глагола, ср. *albus* «белый» и *albēre* «быть белым» → *albor*, *albumen* и *albumentum* «белок»; *brevis* «короткий» и *breviāre* «укорачивать» → *breviatio* «сжатое изложение»; *liquidus* «жидкий» и *liquēre* «быть жидким» → *liquor* «жидкость; море», *levis* «легкий» и *levare* «облегчать» → *levamen* = *levamentum* «облегчающее средство» и др.

Влияние глагольной основы на семантику производного проявляется в значениях результативности и инструментальности, характерных для образований с девербальными суффиксами. Например, *curvus* «кривой, согнутый» и *curvāre* «искривлять, сгибать» → *curvatio* «искривление, сгибание»; *obscurus* «темный» и *obscurāre* «затмевать» → *obscuratio* «затмение солнца или луны» (результат); *mollis* «мягкий; нежный; спокойный» и *mollīre* «успокаивать» → *mollimentum* «болеутоляющее средство» (инструмент); *crassus* «толстый, густой» и *crassare* «сгущать» → *crassamen* и *crassamenturn* «густой осадок» (результат); *miser* «жалкий, несчастный, печальный» и *miserāri* «выражать сочувствие» → *miseramen = miseratio* «трогательный рассказ» (инструмент) и др.

Таким образом, с одной стороны, влияние существующих параллельно с адъективными глагольных основ, а с другой стороны — девербальных суффиксов, обычно соединяющихся с глагольными основами, дало в конкретных деадъективных именах значения результата действия и инструмента. Ср. деадъективное *salsura* «соляной раствор, рассол» от *salsus* «соленый» как результат и одновременно инструмент и девербальное *salitura* «засолка, соление» от *salīre* «солить» как чисто глагольное действие, процесс.

Субстантиваты

Помимо суффиксальных производных для обозначения абстрактного качества и конкретных его носителей используются субстантивированные прилагательные. В анализируемом материале их 50, т. е. 17,6 % из общего числа деадъективных образований. Если суффиксация играет в основном транспонирующую роль и участвует в обозначении абстрактного качества или состояния (из 234 суффиксальных производных 81 развивает конкретные значения, т. е. 34,6 %), то субстантивация служит по преимуществу для обозначения конкретных предметов, обладающих признаком (качеством), названным исходным прилагательным (из 50 субстантиватов 44, т. е. 88 %, относятся к *nomina concreta*).

Больше всего субстантиватов и соответственно конкретных имен образуется от прилагательных со значением цвета и параметрических свойств предмета, ср. *albus* «белый» → *album* «белая краска; белая таблица; "альбум" (покрытая белым гипсом доска, на которой верховный жрец вел летопись)»; *viridis* «зеленый» → *viride* «зеленые растения»; *candidus* «белый, белоснежный» → *candida* «белая тога»; *angustus* «узкий, тесный» → *angusta* (pl.) «теснины, ущелье»; *altus* «высокий, глубокий» → *altum* «открытое море» и др.

На базе прилагательных со значением температуры, света, физических свойств предмета и социального положения образуются только nomina concreta, ср. *gelidus* «холодный, ледяной» → *gelida* «холодная вода»; *calidus* «теплый, горячий» → *calidum* (= *caldum*) «теплый напиток»; *serenus* «ясный, безоблачный» → *serenum* «ясная погода»; *mollis* «мягкий» → *molles* (pl.) «моллюски»; *rotundus* «круглый» → *rotunda* «шарик, катышек».

Nomina abstracta в чистом виде среди субстантиватов встречаются редко, ср. *viridis* «зеленый» → *viridia* (pl.) «зеленый цвет; зеленоватость; свежесть, бодрость»; *amarus* «горький» → *amarum* «горький вкус, горечь»; *rectus* «прямой, правильный» → *rectum* «правильное, разумное, справедливое»; *latus* «широкий» → *latum* «ширина»; *vanus* «пустой» → *vanum* «пустота; тщетная суета, призрачность». Иногда на базе одного и того же субстантивата из абстрактного значения развиваются конкретные, ср. *niger* «черный» → *nigrum* «1) чернота, черный цвет; 2) черное пятно»; *asper* «шероховатый; бугристый; грубый» → *asperum* «1) шероховатость, неровность; 2) нечеканенный металл — в слитках; 3) pl. — волнение, трудности; ухабы»; *profundus* «глубокий, бездонный» → *profundum* «1) глубина, глубь, бездна; 2) море»; *multus* «многочисленный» → *multum* «1) большое количество, множество; 2) большая часть» и т. п.

Абстрактные имена оформляются как существительные среднего рода 2-го или 3-го склонения. Для субстантиватов с конкретным значением характерна оппозиция «лицо — не лицо». Значение лица создается чаще всего на базе прилагательных, характеризующих социальное положение, ср. *servus* «служилый, подвластный, рабский» → *servus* «раб»; *pauper* «бедный, неимущий» → *pauper* «бедняк»; *liber* «свободный, независимый» → *liberi* (pl.) «(свободнорожденные) дети; внуки, правнуки». Субстантиваты со значением лица образуются и на базе прилагательных других лексико-семантических разрядов: квантификации (*parvus* «малый, маленький» → *parva* «девочка», *parvus* «мальчик, ребенок»), физических свойств человека (*infans* «неговорящий, немой» → *infans* «дитя, младенец, ребенок»), оценки (*stultus* «глупый» → *stultus* «глупец, дурак»; *sapiens* «разумный, мудрый» → *sapiens* «мудрец, знаток»). Субстантиваты со значением лица оформляются как существительные мужского или женского рода 1-го, 2-го или 3-го склонения.

Таким образом, субстантивация служит дополнительным способом номинации явлений и предметов окружающего мира.

ВЫВОДЫ

1. Со структурной точки зрения все деадъективные суффиксы имеют варианты, они зависят от фонологической структуры суффикса: если суффикс начинается с гласного звука, он не требует впереди себя вокалической прокладки (ср. *-i-*, *-iti-*), если же с согласного, то перед ним появляется вокалическая прокладка *-e-* или *-i-* (ср. *-etat-, itat-, -edin-, -idin-, -etudin-, -itudin-*). С другой стороны, исход суффикса оказывает влияние на морфологическое оформление его производного: исход на гласный включает производное в 1-е или 5-е склонение, за счет чего создаются варианты формантов (ср. *-ia, -ies, -itia, -ities*), исход на согласный соединяется с флексиями 3-го склонения.

2. Выбор вариантов связан с морфонологической характеристикой не только суффикса, но и мотивирующей основы, главным образом с ее исходом. (См. таблицу «Соотношение исходов мотивирующей основы»).

3. Суффиксы деадъективных существительных не безразличны и к морфологическому классу мотивирующих прилагательных. Почти все варианты сочетаются с основами прилагательных 1—2-го склонений. Меньшее количество вариантов выбирают основы прилагательных второй группы 3-го склонения, еще меньшее — основы прилагательных первой и третьей группы 3-го склонения. Большинство суффиксов полифункциональны и могут сочетаться с основами прилагательных

Соотношение исходов мотивирующей основы
(в процентах)

Исход основы	Форманты						
	-ia	-ies	-itia	-ities-	-etas, -itas	-edo, -ido	-etudo, -itudo
На один согласный	57	91	40	38	55	47	37
На сочетания согласных	43	9	60	62	30	53	57
На гласный					15		6

Сочетаемость суффиксов деадъективных существительных
с основами прилагательных разных типов

Форманты	Морфологические классы прилагательных				
	1—2-е склонение	3-е склонение			
	на -us, -a, -um или -(e)r, -a, -um	а) на -er, -is, -e (трех окончаний)	б) на -is, -e (двух окончаний)	в)* на -s или -Ø (одного окончания)	
				Прил.	Прич.
-ia	+			+	+
-ies	+	+		+	
-itia	+		+		
-ities	+		+		
-tas	+	+	+	+	
-etas	+				
-itas	+	+	+	+	
-edo	+	+	+		
-ido			+		
-itudo	+		+		

* К этому классу относятся также причастия настоящего времени действительного залога.

2—3 и более морфологических классов. (См. таблицу «Сочетаемость суффиксов деадъективных существительных с основами прилагательных разных типов»).

4. Необходимо отметить мощную роль исходных прилагательных в деривационных процессах — все основы прилагательных дают 2—3 и более производных. Складываются целые парадигмы однокорневых образований, вступающих между собой в синонимические отношения.

5. Сфера значений деадъективных существительных формируется прежде всего за счет чистой синтаксической деривации, а следовательно, эта сфера пред-

ставлена как опредмеченные свойства, качества, состояния. Уже это означает существенную зависимость дериватов от семантики исходного прилагательного.

6. Это же единство сферы семантики деадъективных существительных приводит к словообразовательной синонимии (дублетности), в связи с чем появляются тенденции дифференциации:

а) быть синтаксическим дериватом разных лексических значений из семантической структуры многозначного прилагательного (производные с разными суффиксами выражают разные значения мотивирующего прилагательного);

б) создавать лексические дериваты (nomina concreta), которые по-разному представлены в словообразовании от разных лексико-семантических групп прилагательных.

Исследование материала показало, что производные существительные с разными суффиксами выступают не столько как подлинные дублеты, сколько, напротив, как «восстанавливающие» разные исходные значения своего источника мотивации, а значит, как взаимодополняющие друг друга и покрывающие сходный, но не одинаковый круг значений. Они — косвенное свидетельство важности отдельных значений в структуре исходного прилагательного.

§ 5. Образование десубстантивных существительных

Типичной чертой десубстантивного словообразования оказывается расхождение результатов морфологического и словообразовательного анализа, т. е. несовпадение конкретных результатов проводимого членения. Единицы, явно отождествляемые в одну морфему и выступающие как алломорфы единой морфемы, входят, сочетаясь с разными словоизменительными показателями (флексиями), в разные — со словообразовательной точки зрения — сложные форманты. Это создает особые трудности описания, которое на морфологическом уровне диктует сближение единиц, а на словообразовательном, напротив, их разъединение, размежевание. Особенно показательными в этом отношении оказываются две важнейшие морфемы — одна -ari- со значениями действующего лица, места и объектов, другая -l- — со значением уменьшительности, первая из которых дает морфемный ряд -ari- ~ -ar- ~ -al-, а со словообразовательной точки зрения формирует форманты -arius, -aria, -arium, -are, -ar, -ale, -al, а вторая представлена двумя морфемными рядами: -l- ~ -ell- ~ -ill- ~ -cell- и -ŭl- ~ ŏl- ~ (i)cŭl- ~ -uncŭl-, из которых оба восходят к словообразовательной морфеме -l-.

Эта же морфема -l- с этимологической точки зрения, возможно, присутствует и в сложном суффиксе -lagĭn-, появившемся в результате расширения суффикса -gĭn-, самого в свою очередь состоящего из двух морфем g- и -on-.

Десубстантивное словообразование представлено десятью суффиксами разной продуктивности, характеризующейся длиной словообразовательных рядов, насчитывающих от одного десятка производных, с одной стороны (-il-, -tūt), до

Суффиксы десубстантивных существительных
и их продуктивность

№ пп	Суффиксы и их варианты	Форманты* и их варианты	Количество производных	
1.	а) -ŭl-/-ŏl-, -cŭl-/-uncŭl-	а) -ulus (-a, -um), -olus (-a, -um), -culus (-a, -um), -unculus (-a, um)	1776	=2171
	б) -ell-/-ill-, -cell-	б) -ellus (-a, -um), -illus (-a, -um), -cellus (-a, -um)	395	
2.	а) -ari-	а) 1. -arius 2. -aria 3. -arium	131 102 167	=484
	б) -ār-/-āl-	б) 1. -are- -ar (gen. sing. -āris) 2. -ale, -al (gen. sing. -ālis)	42 42	
3.	-īn-	-ina, -inum	119	
4.	а) -gĭn-	а) -ago, -igo, -ugo (gen. sing. -ginis)	66	=79
	б) -lagĭn-	б) -lago (gen. sing. -laginis)	13	
5.	-āt-	-atus (gen. sing. -atūs или -ati)	54	
6.	-ēt-	-etum	49	
7.	-astr-	1. -aster 2. -astra 3. -astrum	9 5 10	=24
8.	-īl-	-ile (gen. sing. -īlis)	18	
9.	-iss-	-issa	12	
10.	-tūt-	-tus (gen. sing. -tūtis)	6	
Всего:			3016	

* Формант в *gen. sing.* дается для существительных 3-го и 4-го скл.

Глава II 115

двух тысяч (уменьшительные суффиксы) — с другой. (См. таблицу «Суффиксы десубстантивных существительных и их продуктивность»).

Суффиксы *-ŭl-/-ŏl-*, *-cŭl-/-icŭl-*, *-uncŭl-*, *-ell-/-ill-*, *-cell-*

Среди существительных, образованных от существительных, обращает на себя внимание группа уменьшительных имен с разнообразными частными значениями, выстраивающимися на шкале от простого обозначения предмета малого размера до обозначения предметных сущностей, уже не связанных с синхронной точки зрения ни с каким «уменьшением». Но наибольшую сложность для анализа представляет не семантика этих образований, а их морфологическая и словообразовательная структурация, для объяснения которой необходимо знание морфонологических правил, притом нередко достаточно сложных. В принципе все деминутивы строятся вокруг морфемы, содержащей фонему *-l-*, но представленной несколькими алломорфами, появление которых и облик которых связаны с целым рядом особенностей: а) с исходом основы и, главное, наличием в конце исхода любого слога, содержащего «гласный + сонорный» и совпадающего или же не совпадающего с отдельной основообразующей морфемой и б) с присоединяемой разновидностью суффикса, встречающегося то в своей «главной» форме *-ŭl-*, то с наращениями (при перераспределениях, происходящих на стыке этого суффикса с другими, перед ним расположенными суффиксами, в частности, основообразующими, о которых мы сказали выше, и словообразовательными, имеющими форму не с сонорными, а чаще всего с *-c-*). Первое вызывает запреты на следование трех гоморганных слогов, которые приводят либо а) к устранению одного из гласных в этимологически «правильной» последовательности (тогда это приводит к тому, что в поверхностной структуре деривата мы встречаем «чистое» *-l-*), либо к б) расподоблению гоморганных слогов. Ясно, что для проведения этих правил требуются особые условия, закладываемые прежде всего фонологическим обликом мотивирующего существительного, который, в свою очередь, связан с содержащимся в структуре корня сонорным и одновременно — с характером алломорфа [484, 555].

Описание указанных правил легче всего начать с наиболее четко выделяющегося алломорфа уменьшительного суффикса *-ŭl-*, который и по своему положению в системе словообразования занимает особое место, характеризуясь самой высокой степенью продуктивности (он образует ряд из более чем восьмисот единиц) и более явной членимостью. Ср. *capsa* «ящик» и *caps-ul-a* «ящичек», *ara* «алтарь» и *ar-ul-a* «алтарик», *anima* «душа» и *anim-ul-a* «душонка» и т. п. Вместе с тем, как только этот суффикс присоединяется к корням/основам, уже содержащим в своем составе слог *-ul-* (вне зависимости от того, является ли он отдельной морфемой или нет), при присоединении «второго» *-ul-*, т. е. однородного слога, происходит расподобление этих двух стоящих рядом слогов, в результате которого мы наблюдаем случаи типа *oculus* «глаз» → уменьшительное не **ocululus*, но *ocellus*, *fabula* «сказка, басня» → *fabella* и т. д. При ориентации на корень и явной его вычленимости это ведет к формированию как бы «новых» суффиксов **-ell-** или **-ill-**, которые в силу действия аналогии получают возможность присоединяться прямо к корню. Ср. *caput* → *capitellum*, *digitus* → *digitellum* = *digitillum*, *punctum* → *punctillum*, *scalprum* → *scalpellum* и др.

При повторном действии словообразовательного правила создания уменьшительного существительного (ср. рус. *дождь — дождик — дождичек*) это приводит опять-таки к морфонологическим преобразованиям в составе самого суффикса, ср. любопытные ряды существительных, с семантической точки зрения противопоставленные по увеличивающейся степени самого уменьшения, типа: *arca* → *arcula* → *arcella* (а не *arc-ul-ul-a*), *anus* → *anulus* → *anellus*, *porcus* → *porculus* → *porcellus* и т. п.

То же самое относится и к некоторым другим типам слогов, ср. *asinus* → не *asinul-us*, но *asellus* или *femina* → не *femin-ul-a*, а *femella*. Ср. также *homo, hominis*, откуда не *hom-in-ul-us*, но *homullus* (-in + ul- → -un-ul- → -ul-ul- → -ull-), *corona* → *corolla* и т. п.

Такие единичные примеры требовали бы, конечно, этимологического анализа, но они тоже укладываются в синхронную картину поведения формантов, составленных из нескольких сходных по своей фонологии морфем. Это позволяет объяснить и случаи типа *ager* → *ager-ul-us*, где первоначально последовательность ... *erul* → *erl-*, а далее по законам ассимиляции *-ell-*, ср. *agellus, libellus, capellus* и т. д. Важно, что именно последнего типа случаи создают видимость присоединения «чистого» *-l-* в качестве самостоятельного суффикса (См. выше). На самом деле такое *-l-* могло присоединяться только по аналогии, после того как процессы ассимиляции и перестройки двух сложных слогов уже были завершены.

Таким образом, в морфемных последовательностях указанного типа происходили как явления уподобления рядом стоящих слогов (ср. -in + -ul- → unul- → ul-ul- → -ull-), так и их расподобления (ul + ul → -ell-/-ill-). Такой процесс расподобления наблюдается особенно ярко в тех случаях, когда в конце производящей основы мы находим гласную, ср. *filius* → *fili-ul-us* → *filiolus*; *nucleus* → *nucle-ul-us* → *nucleolus*; *radius* → *radi-ul-us* → *radiolus*; *balneum* → *balneolum* и т. п. Ср. также *linea* → *line-ul-a* → *lineola*, *bestia* → *bestiola*, где смежные *-eula* → *-eola* и *-iula* → *-iola*. Таким образом, появляется еще один вариант **-ŏl-**, представленный словообразовательным рядом в 256 единиц.

С теми же вариантами суффиксов *-ĭl-/-ŏl-*, *-ell-/-ill-* связаны и еще более сложные алломорфы, «прикрытые» начальным *-ic-* или *-c-*. По-видимому, такое прикрытие вызывалось нежелательностью столкновения рядом идущих гласных (ср. рус. *кино* → *кино-ш-ник* или *буржуа* → *буржуа-з-ный*). Несмотря на неясность этимологии такой прокладки (не исключено, что она восходит к самостоятельному суффиксу *-ic-* со стершимся значением, т. е. к десемантизированной морфеме), она маркирует протяженные ряды производных (526 единиц). Это позволяло латинистам упоминать в учебных пособиях и руководствах суффиксы **-cŭl-** (-icŭl-, -uncŭl-)

или *-cell-*, фактически представляющие собой, таким образом, расширенные прокладкой алломорфы уменьшительных суффиксов. Ср.:

- **-(i)cŭl**: *servus → serviculus; sol, solis → soliculus; avis → avicula; frater → fraterculus; puer → puerculus; surus → surculus; os, oris → osculum; pars, partis → particula; cor, cordis → corculum; munus, muneris → munusculum*;
- **-un-cŭl-**: *homo, hominis → homunculus; portio, portionis → portiuncula; virgo, virginis → virguncula; actio, actionis → actiuncula; annotatio, annotationis → annotatiuncula; aedificatio, aedificationis → aedificatiuncula*.

Интересно, что вариант *-uncul-* (165 единиц), расширенный в результате уподобления и переразложения основы производных существительных 3-го склонения с суффиксом *-(t)ion-*, (*-on + -ul- → -un-ul- → un-c-ul- = -uncul-*), обозначающих действие, также характеризует действие или его небольшие результаты: *actiuncula* — небольшая судебная речь, *accentiuncula* — легкий акцент, легкое ударение, *aedificatiuncula* — строеньице, *ambulatiuncula* — прогулочка, *annotatiuncula* — примечаньице, *auditiuncula* — маленькое сообщение и т. п.

Большое количество вариантов с одним и тем же значением приводит к словообразовательной синонимии, ср. *colliculus = collicellus, ventriculus = ventricellus, avicula = aucella* (из *avicella*), *navicula = navicella* и др.

Присоединение уменьшительных суффиксов к производящей основе не вызывает изменения рода мотивирующего существительного, но может перевести его в другой морфологический класс, другую парадигму склонения. В качестве исключений можно назвать: *ranunculus i, m* «лягушонок» (от *rana* «лягушка»), *aculeus, i, m* «острие, кончик» (от *acus, us,* f «игла»).

Суффиксы *-ŭl-* и *-cŭl-*, соединенные с флексией среднего рода в сочетании с глагольным корнем, из уменьшительного значения могли развивать значения орудия или места действия. Например, *-ŭlum*: *jaculum* — дротик из *jacere* — бросать; *vinculum* — веревка, оковы из *vincire* — связывать; *-(i)cŭlum*: *vehiculum* — повозка из *vehere* — возить; *cubiculum* — спальня из *cubare* — лежать, покоиться; *memoraculum* — памятник из *memorare* — помнить; *oraculum* — оракул из *orare* — просить, молить (см. об этом также с. 70).

Суффикс *-ari-*

Следующую большую группу десубстантивных существительных формируют производные с суффиксом *-ari-*, чрезвычайно интересным, поскольку для определения его словообразовательного значения важно не столько само наличие этого суффикса, сколько конкретный облик включающего его форманта. Связь с флексией здесь настолько существенна, что можно утверждать: словообразовательное значение рождается только при условии его объединения с флексией определенного рода и типа склонения. Такую зависимость можно представить в виде схемы, которая дает представление о связанных с этим суффиксом формантах, с одной стороны, и о дифференциации значений, связанных с сочетаемостью данного суффикса с той или иной флексией — с другой стороны (См. ниже). Более того: сфера деятельности данного суффикса выходит за пределы существительных, он оказывается способным создавать прилагательные, притом с тем же общим значением отношения к тому, что обозначено производящей основой. При соединении с флексией муж. р. *-us* в сфере существительного это дает значение одушевленного существа, поименованного по отношению к определенному объекту (обычно — объекту деятельности), при соединении с флексией жен. р. *-a* возникает иное значение — «то, что относится к объекту как месту деятельности», откуда — метонимически — вполне четкое значение места деятельности «там, где» (nomina loci), которое воспринимается именно как место деятельности или даже место для осуществления деятельности, связанной с обозначенным объектом. Наконец, дифференциация значений осуществляется и внутри среднего рода, где *-ari-*, соединенный с флексией *-um*, рождает одни значения, но соединенный с нулевой флексией — другие. В этом последнем случае претерпевает известные формальные модификации и облик исходного алломорфа *-ari-*, который на конце слова редуцируется и испытывает не только апокопу *-i-*, превращаясь в *-ar-*, но и переход *-r-* в *-l-*, т. е. создается новый вариант суффикса *-ar-/-al-* в формантах — *are/-ar* или *-ale/-al*.

Логика такого семантического развития суффикса при его соединении с родовыми флексиями разных типов склонения достаточно ясна: мужской род ассоциируется с производителем действия, средний — с обозначением вещей, предметов и местом их хранения, а женский — с обозначением места деятельности. Особое развитие получает также использование мн. ч. существительных среднего рода для обозначения множества объектов.

В итоге семантическую дифференциацию суффикса, происходящую вследствие указанной его сочетаемости с флективными морфемами разного рода, можно представить в виде следующей схемы:

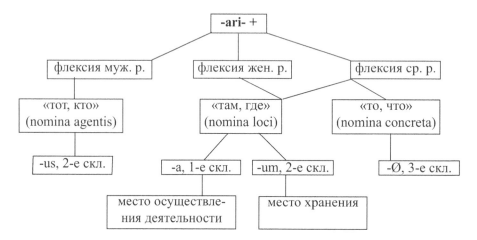

См. примеры:

-arius:

argentarius (от *argentum* «серебро») — меняла, банкир;
ostiarius (от *ostium* «вход, дверь, ворота») — привратник;
tabernarius (от *taberna* «лавочка») — лавочник;
calcarius (от *calx, calcis* «известь») — обжигальщик извести;
sicarius (от *sica* «кинжал») — поножовщик, убийца;
colonarius (от *colonia* «поселение, колония») — житель колонии, колонист.

-aria:

calcaria (от *calx, calcis* «известь») — 1) известняковый карьер,
2) печь для обжигания извести;

argentaria (от *argentum* «серебро») — 1) меняльная лавка,
2) банковское дело; профессия менялы;

calcearia (от *calceus* «башмак») — обувная лавка или сапожная мастерская.

-arium:

librarium (от *liber* «книга») — книжный шкаф;
tabularium (от *tabula* «дощечка») — архив;
granarium (от *granum* «зерно») — житница;
aviarium (от *avis* «птица») — птичник.

Значение «хранилище, вместилище» развивается из значения «множество объектов» → «там, где много» (nomina loci + pl. obj.) → «хранилище, вместилище». Об этом говорят примеры существительных с чистым значением множества, дублирующимся и флексиями только множественного числа. Например, *cibaria* pl. (от *cibus* «пища, корм») — съестные припасы, *acetaria* pl. (от *acetum* «кислое вино, уксус») — винегрет, салат.

У форманта *-arium* зафиксировано еще одно значение «налог, подать, взнос, денежная сумма». Ср. *honorarium* (от *honor* «честь, почесть») — добровольный дар за понесенные труды, вознаграждение за услуги; *salarium* (от *sal* «соль») — 1) соляной паек, 2) оклад, жалованье, суточные деньги и др.

Формант *-arius* способен соединяться не только с латинскими, но и с греческими основами, ср. *chartularius*, *zonarius*, *naumachiarius* и др.

Второй вариант *-are/-ar* и *-ale/-al* представлен в конкретных и абстрактных существительных со значением объекта различных признаков, оформленных по среднему роду 3-го склонения (гласный тип, с основой на *-i-*). Здесь морфема *-ari-* выступает в чистом виде без флексии и часто с отпадением конечного гласного *ar/-al*[2] или его изменением, редукцией *-are/-ale*. Например,

---

[2] Так называемая апокопа: *exemplar* из *exemplari*, *animal* из *animali*.

-ar, -are: *cochlear* (от *cochlea* «улитка») — ложка; *calcar* (от *calx, calcis* «пятка») — шпора; *lacunar* (от *lacuna* «залив, ограниченный берегом») — потолок кессонный (как ограничение пространства); *pulvinar* (от *pulvinus* «подушка») — пуховик; мягкое ложе; *exemplar* (от *exemplum* «пример») — образец; *altare = altarium* (от *altus* «высокий») — алтарь, жертвенник (с алтарем); *alveare = alvearium* (от *alveus* «желоб, дупло») — пчелиный улей; *collare* (от *collum* «шея») — ошейник;

-al, -ale: *animal* (от *anima* «воздух; дыхание; жизненное начало») — живое существо, животное; *cervical* (от *cervix, cervicis* «шея, затылок») — подушка, изголовье; *cubital* (от *cubitus* «локоть») — подушка для локтя, подлокотник; *capital* (от *caput, capitis* «голова») — головная повязка; *minutal* (от *minutus* «мелкий») — блюдо из мелконарубленных овощей; *puteal* (от *puteus* «яма, колодец») — каменная ограда вокруг колодца; *toral* (от *torus* «выпуклость, выпуклое украшение») — покрывало (на ложе); *tribunal* (от *tribunus* «трибун») — возвышенное место магистратов; кресло (судьи, полководца); судилище; *coxale* (от *coxa* «бедро, ляжка») — пояс.

Большинство из них имеют вариант на *-arium*: *exemplar — exemplarium, nubilare — nubilarium, torcular — torcularium, collare — collarium, lupanar — lupanarium* или *aquimanale — aquimanarium, mulctrale — mulctrarium*.

Некоторые существительные на *-al, -ale* представляют собой результат конверсии, субстантивации прилагательных на *-alis*, ср. *vectigalis* «налоговый, платящий налог» *vectigal, alis*, n «налог, подать»; *penetralis* «внутренний» *penetral, alis*, n «внутренность»; *virginalis* «девичий» *virginal, alis*, n «девственность».

Суффикс -*īn*-

К суффиксу *-ari-* по значениям «множество объектов» и «место деятельности» примыкает суффикс *-īn-*, оформленный флексиями жен. р. 1-го склонения или ср. р. 2-го склонения и представленный формантами *-īna* и *-īnum*. Суффикс *-īn-* отличается большой продуктивностью (его словообразовательный ряд включает свыше 130 производных) и поливалентностью (он соединяется не только с основами существительных, но и с основами глаголов и не только с первичными основами, но и со вторичными). Большинство существительных с суффиксом *-īn-* являются результатом второго деривационного шага, ср. *discĕre* «обучать» → *discipulus* «ученик» → *disciplina* «обучение»; *medēri* «лечить» → *medicus* «врач» → *medicina* «лечение» и т. п., т. е. являются производными от производных. Это и объясняет дифференциацию в наблюдаемых значениях и позволяет установить следующее правило. Когда суффикс *-īn-* присоединяется к названиям исполнителя действия, он формирует прежде всего значение «занятие» того, кто обозначен мотивирующей основой, ср. *doctor* «ученый» → *doctrina* «ученье, обученье»; *furator* «вор» → *furatrina* «кража, воровство» и др. Однако, в целом ряде случаев на базе указанного значения может быть легко сформировано и такое вторичное (выводимое из него) значение, как «место данного занятия». В семантических структурах таких слов могут совмещаться оба указанных значения, ср. *sutor* «сапожник» → *sutrina* «сапожное мастерство и мастерская сапожника»; *ustor* «сжигатель (трупов)» → *ustrina* «горение и место сжигания (трупов)»; *coquus* «повар» → *coquina* «поваренное искусство и кухня». Ср. также обозначение места деятельности: *opifex* «мастер» → *officina* (из *opificina*) «мастерская»; *tonsor* = *tonstrinus* «парикмахер» → *tonstrina* «парикмахерская»; *pistor* «пекарь» → *pistrina* «мукомольня-хлебопекарня» и др.

Суффикс *-īn-* в соединении с первичной глагольной основой образует имена действия или его результата, ср. *ruĕre* «рушиться, падать» → *ruina* «обвал, падение, разрушение»; *rapĕre* «хватать» → *rapina* «грабеж, захват»; *facĕre* «делать» → *-ficina* «ремесло» (*vestificina* «портняжное ремесло») и др.

При соединении с первичной субстантивной основой суффикс *-īn-* образует производные со значением места нахождения объектов. Ср. *salina* (от *sal* «соль») — pl. соляные копи, солеварни; *piscina* (от *piscis* «рыба») — пруд для рыбы; *caepina* (от *caepa* «лук») — поле, засаженное луком; *rapina* (от *rapa* «репа») — поле, засаженное репой; *porrina* (от *porrum* «порей») — грядка порея и др.

Флективный вариант *-īnum* представлен в 25 производных. Некоторые из них синонимичны образованиям на *-īna*, ср. *pistrinum* = *pistrina*, *latrinum* = *latrina*, но некоторые служат дифференциации значений, ср. *tonstrina* «цирюльня», а *tonstrinum* «ремесло цирюльника», *pistrina* «пекарня», а *pistrinum* «1. ручная мельница, 2. пекарня». Так же, как и производные на *-ina*, они могут обозначать место, вместилище, ср. *salinum* «солонка»; *tabulinum* «деревянная галерея; архив»; *molendinum* «мельница» и др. В некоторых случаях суффикс *-īn-* в соединении с первичной основой одушевленных существительных муж. р. используется для обозначения лиц женского пола: ср. *rex, regis-* «царь» → *regina* «царица»; *gallus* «петух» → *gallina* «курица»; *nepos, nepotis* «внук, племянник» → *nepotina* «внучка, племянница» и т. п. Эти примеры заставляют предположить существование *-īna²*, омонимичного рассмотренному выше *-īna¹*, иначе бы *medicina* при *medicus* трактовалось бы как «женщина-врач», *disciplina* при *discipulus* как «ученица», а *tonstrina* и *tonstrix* как «парикмахерша» и т. п. Однако дифференциация значений *-īn¹-* и предполагаемого *-īn²-* связана с типами основы: в первом случае — это вторичная основа, во втором — первичная.

Сочетаемость суффикса с именными основами или глагольными, первичными или вторичными играет существенную роль в формировании словообразовательного значения. Зависимость значения от типа основы можно представить в виде схемы:

Суффиксы *-gĭn-* и *-lagĭn-*

а) Суффикс *-gĭn-*

Суффикс *-gĭn-* образует словообразовательный ряд в 66 производных женского рода 3-го склонения. По своему происхождению он, по-видимому, связан с соединением суффикса *-g-* с суффиксом *-on-*, который, попадая в позицию им. п., маркированного нулевой флексией, превращает *-gon-* в *-go*. В то же время во всех остальных падежах мы встречаем его в форме *-gĭn-* (*plantago, plantaginis, plantagini* и т. д.) или, если учесть предшествующие ему вокалические прокладки, в вариантах *-agĭn-*, *-igĭn-*, *-ugĭn-*. Последнее свидетельствует еще и о том, что суффикс не мог присоединяться непосредственно к корню, требуя определенной «соединительной гласной» или определенного вокалического исхода. С синхронной точки зрения качество такой гласной не может быть объяснено ни фонологическим составом предшествующего корня, ни его принадлежностью тому или иному типу склонения. Это создает впечатление непредсказуемого выбора одного из вариантов суффикса: *-agĭn-*, *-igĭn-*, *ugĭn-*, ср. *plumbum* → *plumbago*, *mentum* → *mentigo*, *ferrum* → *ferrugo*. Можно, конечно, предположить влияние основообразующих элементов глагольных основ, по аналогии с которыми соответствующие суффиксы могли появляться за пределами «своего» класса. Ср. *serrāre* «пилить» → *serrago* «опилки»; *vorāre* «пожирать, поглощать» → *vorago* «пропасть, пучина»; *scaturīre* «бить ключом» → *scaturigo* «ключ, родник»; *esurīre* «быть голодным» → *esurigo* «голод». Но именно эти аналогические образования разрушили, возможно, некогда и более стройную систему присоединения суффикса с данной огласовкой к одному типу основ. В латинском языке, однако, мы наблюдаем лишь рефлексы такого состояния, когда можно наметить лишь самые общие тенденции в распределении указанных вариантов. Так, формант *-ago* присоединяется преимущественно к субстантивным основам. Ср. *planta* «стопа, подошва» → *plantago* «подорожник»; *citrus* «цитрусовое дерево» → *citrago* «бот. мелисса»; *corium* греч. «кожа, шкура» → *coriago* «род накожной болезни у крупного рогатого скота» и т. п.

Формант ***-igo*** соединяется в основном с отглагольными основами, ср. *impetĕre* «нападать, поражать» → *impetigo* «хроническая кожная болезнь»; *prurīre* «чесаться, зудеть» → *prurigo* «зуд, кожная болезнь, вызывающая зуд», *vertĕre* «поворачивать, перевертывать» → *vertigo* «круговращение, поворот, переворот» и т. п.

Формант ***-ugo*** присоединяется чаще к субстантивным основам, ср. *vesper* «вечер» → *vesperugo* «вечерняя звезда»; *aes, aeris* «медь» → *aerugo* «медная ржавчина»; *aurum* «золото» → *aurugo* «мед. желтуха» и т. д.

Распределение вариантов суффикса *-gĭn-* по отношению к производящим основам видно из следующей таблицы (цифры обозначают количество производных):

Варианты суффиксов	Производящие основы		
	субстантивная	вербальная	адъективная
-agĭn-	18	8	1
-igĭn-	8	16	5
-ugĭn-	6		4

Как видно из таблицы, вариант *-ugĭn-* менее продуктивен (образует всего 10 производных) и присоединяется только к именным основам. Варианты *-agĭn-* и *-igĭn-* равноценны по продуктивности (*-agĭn-* — 27 производных, *-igĭn-* — 29), но различаются по типу мотивирующей основы.

Таким образом, характерной особенностью этого суффикса является не только сложность его структуры, но и его способность соединяться с разными типами основ — именными и глагольными.

Зависимость суффикса от типа основы проявляется не только в его вариативности, но, главным образом, в его многозначности. С точки зрения семантики производные с суффиксом *-gĭn-* распадаются на три группы — nomina actionis et acti, nomina concreta и nomina qualitatis.

В соединении с глагольными основами суффикс *-gĭn-* образует nomina actionis (имена действия или состояния), но в основном nomina acti (имена результата действия). Например, nomina actionis: *vertĕre* «поворачивать, перевертывать» → *vertigo* «круговращение, кружение; поворот, переворот»; *scalpurrīre* «царапать, скрести» → *scalpurrigo* «почесывание»; *esurīre* «быть голодным» → *esurigo* «голод»; *urīre* «жечь, разжигать, возбуждать» → *urigo* «сластолюбие, похоть» и т. д. Многие из них совмещают в себе и значение действия, и значение результата действия. Но большинство отглагольных производных с суффиксом *-gĭn-* обозначают результат действия, ср. *serrāre* «пилить» → *serrago* «опилки»; *scaturīre* «бить ключом» → *scaturigo* «ключ, родник»; *orīri* «восходить, появляться, начинаться» → *origo* «происхождение, начало»; *terĕre* «тереть, натирать» → *intertrigo* «ссадина»; *imitāri* «подражать, воспроизводить, выражать» → *imago* «изображение, образ, отражение» и т. д.

Нет сомнения, что первоначально суффикс *-gĭn-*[*-gon*] соединялся с глагольными основами, но вследствие того, что в отглагольных производных было достаточно средств для выражений действия и его результата, суффикс *-gĭn-* стал соединяться с именными основами, в большинстве случаев с субстантивными, где приобрел большую продуктивность, чем в отглагольных именах. Но для именных основ он прихватил с собой от глагольных основ их основообразующий гласный *-a-* или *-i-*, последний иногда переходил в *-u-*, отсюда варианты суффикса *-agĭn-*, *-igĭn-*, *-ugĭn-*, которые мы встречаем в отыменных производных.

Десубстантивные производные являются конкретными именами (nomina concreta), обозначающими в большинстве своем растения или различного рода пятна, высыпания, наслоения и болезни — веснушки, сыпь на коже, ржавчину на металле, сажу на предметах. По-видимому, такое значение возникает при мотивации наименования сходством с объектом, указанным мотивирующей основой (сходством в разных отношениях — по цвету, запаху или форме). Поэтому словообразовательное значение может быть выражено как «то, что подобно мотивирующей основе». Например, *lappago* (от *lappa* «репейник») — растение, похожее на репейник; *citrago* (от *citrus* «цитрусовое дерево») — бот. мелисса (имеет запах лимона); *lentigo* (от *lens, lentis* «чечевица») — чечевицеобразная пятнистость, pl. — веснушки; *aerugo* (от *aes, aeris* «медь») — медная ржавчина; *fuligo* (одного корня с *fumus* «дым») — сажа, копоть; *aurugo = aurigo* (от *aurum* «золото») — мед. желтуха (сходство по цвету) и т. п.

Если мотивирующая основа обозначает часть тела, то суффикс указывает на заболевание, связанное с этой частью тела. Например, *lumbago* (от *lumbus* «поясница») — поясничная боль, *mentigo* (от *mentum* «подбородок») — сыпь, лишай на подбородке или лице, *coriago* (от греч. *corium* «кожа, шкура») — род накожной болезни у крупного рогатого скота и др.

Деадъективные производные с суффиксом -*gĭn*- обозначают в основном абстрактное свойство или качество, являясь nomina qualitatis. Например, *claudigo* (от *claudus* «хромой») — хромота, прихрамывание, ковыляние; *salsugo* (от *salsus* «соленый») — соленость; *uligo* из *uviligo* (одного корня с *uvidus* «мокрый, влажный») — мокрота, влажность, сырость и т. п. В ряде случаев они совпадают по значению с десубстантивными производными, обозначая nomina concreta (растение, пятно, цвет, ржавчина), ср. *rubigo* или *robigo* (одного корня с *ruber* «красный») — ржавчина; *albugo* (от *albus* «белый») — белое пятно; *pulligo* (от *pullus* «темно-серый») — темный цвет; *asperugo* (от *asper* «шероховатый») — бот. асперуго (растение из семейства бурачниковых).

б) Суффикс -*lagĭn*-

Еще более сложную структуру имеет суффикс -*lagin* [*-l-a-g-on*], по происхождению, возможно, распространенный за счет уменьшительного суффикса -**l*-. Он также оформлен флексиями жен. р. 3-го склонения и выражен в им. п. формантом -*lago*.

Суффикс -*lagĭn*- соединяется, в основном, с субстантивными основами и обозначает конкретные имена (названия растений). Ср. *tussilago* (от *tussis* «кашель») — мать-и-мачеха (при кашле), *lactilago* (от *lac, lactis* «молоко») — карликовый лавр (маленький, как сосущий молоко ребенок), *cunilago* (от *cunae*, pl. «колыбель», «гнездо») — девясил (цветки в крупных пазушных корзинках, как в гнезде), *ustilago* (от *urĕre, ustum* — жечь, прижигать) — чертополох лесной и т. п.

Суффикс -āt-

С семантической точки зрения большой интерес представляют существительные с суффиксом -āt-, соединенным с флексией мужского рода 2-го или 4-го склонения (им. п. -atus, род. п. -ati — 2-го скл. или -atūs — 4-го скл.). Суффикс образует 54 производных.

Вероятно, суффикс -āt- выделился из nomina agentis, образованных в результате субстантивации адъективированных причастий прошедшего времени страдательного залога (part. perf. pass.), ср. *legatus* «посол» от *legāre, legātum* «возлагать, посылать послом», *advocatus* «судебный защитник, адвокат» от *advocāre, advocatum* «призывать, приглашать».

Выделившись в самостоятельный, суффикс -āt- стал соединяться с основами прилагательных, сохраняя значение действующего лица и развивая новое, связанное с адъективной основой, значение состояния; ср. *magnatus* «вождь, предводитель» от *magnus* «большой, сильный»; *primatus* «старшинство, примат» от *primus* «первый, передний»; *bimatus* «двухлетний возраст» от *bimus* «двухлетний».

Но наиболее продуктивными оказались модели суффикса -āt- в соединении с основой существительных, где суффикс развивает по переносу новые значения: 1) должность, звание, право, связанные с данным исполнителем действия, и 2) объединение, общность, собрание людей, занимающихся одним делом, т. е. значение собирательности. Ср. *tutelatus* «должность смотрителя» от *tutela* «охрана, защита»; *consulatus* «консульское звание, консульство»; *candidatus* «претендент на пост (в этом случае надевалась белая тога)» от *candidus* «белоснежный, одетый в белое»; *patriciatus* «звание патриция, патрициат» от *patricius* «патриций»; *colonatus* «колонатное крестьянство, колонат» от *colonus* «крестьянин, житель колонии»; *curionatus* «должность куриона» и т. п.

Оформление флексиями разных склонений (2-го и 4-го) играло дифференцирующую роль: при соединении суффикса с флексиями 2-го склонения формант -ātus маркировал значение конкретного должностного лица, ср. *advocatus, i,* m; *candidatus, i,* m; *collegiatus, i,* m; *legatus, i,* m и др. В сочетании же с флексиями 4-го склонения формант -ātus выражал значение должности, звания, права или общности, ср. *senatus, us,* m; *consulatus, us,* m; *praesidatus, us,* m; *centuriatus, us,* m и др.

Суффикс -ēt-

Производные с суффиксом -ēt- относятся к ср. р. 2-го склонения. Они образуют словообразовательный ряд в 49 производных и характеризуются четко выраженным значением совокупности, множества (деревьев, растений или продуктов питания). Ср. *arbor* «дерево» → *arboretum* «древесные насаждения, деревья»; *canna* «тростник» → *cannetum* «тростниковые заросли»; *spina* «терновый куст» → *spinetum* «терновник». Ср. также продукты: *cocetum, temetum, moretum, tuccetum* и др.

Из значения множества развивается значение места, характеризуемое наличием однородных объектов: «там, где много объектов». Ср. *sepulcrum* «могила»→ *sepulcretum* «кладбище», *fimum* «навоз» → *fimetum* «навозная куча» [559].

Суффикс *-ēt-* соединяется с ограниченным кругом основ существительных, обозначающих породу деревьев, кустарников или растений. Например, *quercetum* «дубняк, дубовая роща», *olivetum* «оливковая роща», *ficetum* «фиговая роща», *vinetum* «виноградник», *pometum* «фруктовый сад», *arundinetum* «камышовая чаща», *pinetum* «сосновый бор», *vepretum* «терновый кустарник», *buxetum* «самшитовые насаждения», *arbutetum* «земляничник», *lilietum* «грядка лилий» и др.

В соединении с адъективными основами суффикс *-ēt-* обозначает место, характеризуемое признаком, указанным мотивирующей основой: «место — какое». Ср. *glabretum* (от *glaber, bra, brum* «гладкий») — гладкое, ничем не заросшее место; *veteretum* (от *vetus, veteris* «старый, давнишний») — земля, долго лежавшая под паром; *aspretum* (от *asper* «шероховатый, неровный») — неровное каменистое место.

Таким образом, большая или меньшая лексикализация словообразовательного значения «место», выражаемого суффиксом *-ēt-*, зависит от выбора им исходной производящей основы. Главная специфика суффикса, связанная с наибольшей лексикализацией его значения, заключается в выборе им основ существительных из класса растений.

Суффикс *-astr-*

Производные с суффиксом *-astr-* оформляются разными флексиями, что играет существенную роль при формировании словообразовательного значения. Суффикс вместе с флексиями образует форманты муж. р. *-aster* (2-го склонение), жен. р. *-astra* (1-е склонение) и ср. р. *-astrum* (2-е склонение). Например, *catulus → catlaster*, *pullus → pullastra*, *apis → apiastrum*.

Характерной особенностью суффикса *-astr-* является его способность сочетаться как с греческими, так и с латинскими основами, ср. греч. *philosophus → philosophaster* «лжефилософ», греч. *mentha* (= *menta*) *mentastrum* «дикая мята».

При соединении с флексиями муж. и жен. р. суффикс формирует уничижительное значение или указывает на возраст, ср. *parasitus* «прихлебатель» → *parasitaster* «жалкий прихлебатель, подхалим»; *homuncio* «человек» → *homuncionaster* «жалкий человечек»; *catulus* «детеныш» → **catulaster* → *catlaster* «взрослый парень»; *pullus* «цыпленок» → *pullastra* «молодая курица» [558, 559].

При соединении с флексией ср. р. возникает значение сходства с объектом, указанным мотивирующей основой, ср. *falx, falcis* «серп» → *falcastrum* «серповидный садовый нож»; *pirum* «груша» → *pirastrum* «дикая груша», *olea = oliva* «маслина» → *oleastrum* «дикая маслина».

Семантическое развитие суффикса при его соединении с разными родовыми флексиями логически связано с обозначением одушевленных существ (муж. или жен. р.) и неодушевленных предметов (ср. р.).

Суффикс *-īl-*

Одинаковым по значению с *-aria*, *-arium*, *-īna* и *-ētum* является формант *-īle*, обозначающий также место нахождения объектов. Он соединяется с основами существительных, обозначающих домашних животных. Например, *bos, bovis* «бык, корова» → *bovile* «коровье стойло», *equus* «конь» → *equile* «конюшня», *ovis* «овца» → *ovile* «овчарня», *caper, capri* «козел» → *caprile* «козий хлев», *haedus* «козленок» → *haedile* «козлячий хлев» и т. п.

Возможно, по происхождению все эти существительные являются формами среднего рода прилагательных на *-īlis*, но формы других родов этих прилагательных не зафиксированы. В результате исчезновения этих форм *-īle* выделился в самостоятельный формант со значением места. Он мог присоединяться и к глагольной основе, обозначая место или средство действия. Например, *cubile* (от *cubāre* «лежать») — ложе; *sedile* (от *sedēre* «сидеть») — седалище, кресло; *tegile* (от *tegĕre* «покрывать») — покрывало и др.

Суффикс *-iss-*

Суффикс *-iss-* соединяется с флексией жен. рода 1-го склонения *-a*, образуя формант *-issa*. Например, *fratrissa* «жена брата», *decanissa* «деканисса, старшая в группе из 10 монахинь» и др. Суффикс сочетается с основами как латинского, так и греческого происхождения, ср. лат. *sacerdos, sacerdotis* «жрец» → *sacerdotissa* «жрица», греч. *propheta* «прорицатель» → *prophetissa* «прорицательница».

Связь с флексией *-a-* жен. р. существенна при формировании значения лица женского пола. Производные на *-issa* часто используются для обозначения служительниц церкви, ср. *diaconus* → *diaconissa*, *abbas, abbatis* → *abbatissa* и др.

Суффикс *-tūt-*

Суффикс *-tūt-* функционирует в соединении с флексиями женского рода 3-го склонения. В им. п. представлен формантом *-tus* из *-tut-s*, в род. п. *-tūt-is*. Суффикс образует малочисленный словообразовательный ряд производных (всего 6 единиц) с четко выраженным значением свойства или состояния, связанным с наличием признака, указанного мотивирующей основой. Например, *virtus, virtutis* «мужество, храбрость» (от *vir* «муж, мужчина»); *senectus, senectutis* «старость» (от *senex, senis* «старик»); *servitus, servitutis* «рабство» (от *servus* «раб»); *juventus, juventutis* «юность» (от *juvenis, is* «юноша»).

ВЫВОДЫ

1. Анализ материала показал, что большинство десубстантивных суффиксов поливалентны: сочетаясь в основном с субстантивными основами, они могут выбирать и основы прилагательных (-*ari*-, -*āt*-, -*ēt*-, -*gĭn*-) и даже основы глаголов (-*gĭn*-, -*īl*-, -*īn*-).

2. Некоторые десубстантивные суффиксы соединяются с основами разной не только частеречной, но и генетической принадлежности, т. е. с основами латинского или греческого происхождения (-*ari*-, -*astr*-, -*iss*-).

3. Ряд десубстантивных суффиксов являются бифункциональными, т. е. способными создавать как существительные, так и прилагательные (-*ari*-, -*ār*-/-*āl*-, -*īl*-).

4. Суффиксы десубстантивных существительных отличаются большой вариативностью, обусловленной разными причинами:

   а) фонологическими изменениями на морфемных швах с мотивирующей основой (уменьшительные суффиксы);

   б) переразложением морфемных границ (уменьшительные суффиксы и суффикс -*gĭn*-);

   в) разным флективным оформлением (-*ari*-, -*āt*-);

   г) фонологическими изменениями самого суффикса (-*ari*-);

   д) появлением перед суффиксом вокалической прокладки (-*cŭl*-, -*gĭn*-, *lagĭn*-);

   е) способностью суффикса создавать расширенные варианты (-*lagĭn*-).

5. В результате соединения с флексиями разных склонений десубстантивные суффиксы включают свои производные в разные морфологические классы (См. таблицу «Связь десубстантивных суффиксов с морфологическими классами существительных»).

6. С точки зрения семантики большинство десубстантивных суффиксов многозначно. Дифференциация значений связана:

   а) с фонологическим обликом вариантов (-*ari*- и -*ār*-/-*āl*-);

   б) с разным флективным оформлением (-*ari*-, -*astr*-, -*āt*-), когда в формировании словообразовательного значения участвует не столько сам суффикс, сколько весь формант;

   в) с типом мотивирующей основы (-*āt*-, -*ēt*-, -*gĭn*-, -*īn*-);

   г) с лексико-семантической группой исходных существительных (-*ēt*-, *gĭn*-);

   д) со словообразовательной структурой производящей основы: ее первичностью или вторичностью (-*āt*-, -*gĭn*-, -*īn*-).

7. Обращает на себя внимание разнообразие средств для обозначения категорий лица (-*ari*-, -*astr*-, -*īn*-, -*iss*-) и места (-*ari*-, -*ēt*-, -*īl*-, *īn*-).

Значение «место» дифференцируется в зависимости

   а) от мотивирующих основ:

   — от вербальных — «место занятия»,

   — от субстантивных «место нахождения объекта или объектов»,

— от адъективных «место — какое»;

б) от флективного оформления:

— с флексиями ср. р. — «место нахождения объектов» (*aviarium*, *vinetum*, *ovile* и др.);

— с флексиями жен. р. — «место занятия» (*calcaria*, *salina* и др.).

Для локальных суффиксов характерна выборочность исходных существительных из разных лексико-семантических классов:

— из класса вещей выбирают -*aria*, -*arium*, -*īna*;

— из класса животных -*īle*;

— из класса растений –*ētum*.

Значение «место» проходит и в образованиях с большей степенью лексикализации: так, *veteretum* (от *vetus*, *veteris* «старый») — это земля, но только «старая», долго лежавшая под паром.

Связь десубстантивных суффиксов с морфологическими классами существительных

№ пп	Склонение / Род / Флексия им. п. ед. ч. / Суффиксы	1-ое f -a	2-ое m -us, -er	2-ое n -um	3-е m f n -s, -ø	4-ое m -us	4-ое n -u	5-ое f -es
1.	-ŭl-/-ŏl-, -cŭl-, -uncŭl-; -ell-/-ill-, -cell-	+	+	+				
2.	а) -ari- б) -ar/-al-	+	+	+	+			
3.	-īn-	+		+				
4.	-gĭn-, -lagĭn-				+			
5.	-āt-		+			+		
6.	-ēt-							
7.	-astr-	+	+	+				
8.	-īl-				+			
9.	-iss-	+						
10.	-tūt-				+			

ИМЯ ПРИЛАГАТЕЛЬНОЕ

Словообразовательные процессы в сфере имени прилагательного направлены на создание наименований признаков, свойств и качеств. Базой для таких наименований служат либо предметная сущность, выражаемая именем существительным, либо процессуальная, обозначаемая глаголом, либо признаковая, именуемая прилагательным. Эта связь производных прилагательных с категориальными характеристиками производящей базы имеет большое значение в формировании словообразовательных значений производных адъективных слов [158, 402]. В связи с этим все производные прилагательные мы поделили для анализа на девербальные и деноминативные (десубстантивные и деадъективные).

С другой стороны, словообразовательные значения связаны со структурными типами производных, со своими морфологическими показателями, являющимися их средствами выражения в системе производных прилагательных. Наш анализ этой системы мы строим от плана выражения к плану содержания в каждой из выделенных групп.

§ 6. Образование девербальных прилагательных

Суффиксы девербальных прилагательных образуют протяженные ряды производных (См. таблицу «Суффиксы девербальных прилагательных и их продуктивность»).

Суффиксы девербальных прилагательных и их продуктивность

№ пп	Суффиксы и их варианты	Форманты в форме муж. р. ед. ч. и их варианты	Длина словообразовательного ряда (количество производных)	
1.	а) -ĭl-/-bĭl- б) -at-ĭl-	а) -ilis, -bilis, -abilis, -ibilis б) -atilis	1145 19	=1164
2.	-īv-	-ivus	384	
3.	-ōri-	-orius, -atorius, -itorius	350	
4.	-īci-	-icius	287	
5.	-ĭd-	-idus	209	
6.	-bund-	-bundus, -abundus-, -ibundus	145	
7.	-ŭ-	-uus	122	
8.	-āc-	-ax (gen. sing. -ācis)	103	
9.	-cund	-cundus, -icundus	18	
Всего:			2782	

Суффикс *-ĭl-*

а) Суффикс *-ĭl-/-bĭl-*

Одним из самых продуктивных суффиксов в сфере образования девербальных прилагательных является суффикс *-ĭl-/-bĭl-*. Он оформляется родовыми флексиями прилагательных 3-го склонения второй группы, образуя форманты *-ilis*, общий для муж. и жен. р., *-ile* - для ср. р. или *-bilis*, *-bile*. Например, *mobilis*, *mobile* «подвижный».

Суффикс *-ĭl-* встречается в производных прилагательных как в чистом виде (при соединении с чистым корнем глагола по типу *facĕre → facilis*), так и, главное, в составе нескольких формантов *-bilis, -abilis, -ibilis,* связанных по своему происхождению с переразложением глагольных основ будущего времени (futurum I).

Обладая первоначально значением, близким к причастию настоящего времени страдательного залога, суффикс *-ĭl-* выполнял, однако, роль модификатора: он указывал на легкость и возможность осуществляемого действия. Так, восполняя отсутствующие в латинском языке формы причастия настоящего времени страдательного залога, суффикс *-ĭl-* давал производные именно с этими значениями, ср. *facilis* «легко делаемый» от *facĕre* «делать», *agilis* «легко приводимый в движение» от *agĕre* «гнать, вести», *fragilis* «легко ломаемый, ломкий» от *frangĕre* «ломать», *docilis* «легко обучаемый, понятливый» от *docēre* «учить» и др.

С этим же значением суффикс выступает, соединяясь с глагольной основой будущего времени (futurum I), наследуя от нее модальное значение действия возможного или осуществимого в будущем. Так *amabilis* от *amāre* «любить» может быть легко представлено как семантически, так и морфологически в виде последовательности: *am-a-b-il-is*, что значит «могущий быть любимым». Ср. также: *formabilis* от *formāre* «придавать форму» — «могущий, способный принимать новые формы», *credibilis* от *credĕre* «верить» — «могущий вызвать доверие = заслуживающий доверия», *fingibilis* от *fingĕre* «воображать» — «могущий быть воображаемым» и т. д.

Таким образом, значения пассивности и модальности в этих формантах выступают вполне отчетливо, организуя словообразовательное значение: «могущий», «способный», «достойный» и т. д.

С глаголами I спряжения при переориентации на их корень формант *-bilis* легко превращается в *-abilis*. Подобным образом с глаголами III и IV спряжения типа *credĕre—credibilis* происходит формирование *-ibilis*. Форманты *-abilis* и *-ibilis* начинают легко соединяться и с существительными. Ср. *argumentum → argumentabilis* «тот, который может быть доказан = доказуемый», *venia* «прощение» → *veniabilis* «тот, который может быть прощен = простительный» и др. Естественно, что при соединении с существительными модальные значения, типичные именно для отглагольного словообразования, отступают на задний план или не реализуются, а сам суффикс фиксирует типичное для отыменного словообразования значение «характеризуемый». Ср. *ratio* «разум» → *rationabilis* «характеризуемый (одаренный) разумом». Страдательные же значения в отыменных образованиях явно сохраняются. Ср. *favor* «благосклонность, милость» → *favorabilis* «тот, которого любят = любимый, кто пользуется расположением».

Но суффикс *-bĭl-* мог выражать и активное значение. Ср. *movēre* «двигать» → *mobilis* (из *movibilis*) «легко двигающийся, подвижной»; *febris* «лихорадка» → *febribilis* «вызывающий лихорадку» и др.

Подтверждением того, что *-ĭl-* и *-bĭl-* были вариантами одного и того же суффикса с одинаковым значением, служит пример с *utilis* и *utibilis* от *utor, uti* «применять, пользоваться» в значении «тот, который легко применяется = полезный, пригодный».

б) Суффикс *-at-ĭl-*

Суффикс *-ĭl-* может объединяться с десубстантивным суффиксом *-āt-* в сложный формант *-atīlis*, который присоединяется к именным основам, формируя кроме общего значения «отношения», характерного для суффикса *-at-*, словообразовательное значение «снабженный признаком». Ср. *furia* «ярость, бешенство» → *furiatilis* «бешеный»; *fluvius* «река» → *fluviatilis* «речной»; *ferrum* «железо» → *ferratilis* «обитый железом» и др.

Суффикс *-īv-*

Другим продуктивным суффиксом отглагольных прилагательных является суффикс *-īv-*. Он соединяется с родовыми флексиями прилагательных 1—2-го склонений, образуя форманты *-īvus, -īva, -īvum*. Например, *activus, activa, activum* «действенный, деятельный».

Суффикс *-īv-* соединяется с основой супина. Производные с суффиксом *īv-* морфологически абсолютно прозрачны и легко разложимы на основу супина, суффикс и флексию. Ср. *nomināre, nominatum* «называть, именовать» → *nominat-iv-us* «поименованный, грам. именительный»; *gignĕre, genitum* «рождать» → *genit-iv-us* «прирожденный, врожденный, грам. родительный» и др.

С точки зрения семантики суффикс *-īv-* формирует словообразовательное значение «характеризующийся свойством», названным глаголом, сочетающееся со значением страдательного залога, ср. *capĕre, captum* «брать, взять» → *captivus* «взятый в плен; захваченный у неприятеля»; *imperāre, imperatum* — «приказывать» → *imperativus* «устраиваемый по особому приказу, т. е. чрезвычайный»; *nasci, natus sum* «рождаться» → *nativus* «рожденный, родившийся»; *colligĕre, collectum* «собирать, скоплять» → *collectivus* «скопившийся; грам. собирательный» и др.

Однако этот суффикс может маркировать и значение действительного залога. Ср. *temperāre, temperatum* «умерять, смягчать» → *temperativus* «успокаивающий», *promittĕre, promissum* «обещать, сулить» → *promissivus* «сулящий, предвещающий». Активное и пассивное значения могут совмещаться в одном и том же производном. Ср. *genitivus* «1) прирожденный, врожденный и 2) рождающий, творческий».

Суффикс *-īv-* может иметь также общее значение «относящийся, касающийся». Ср. *administrāre, administratum* «заведовать, управлять» → *administrativus* «относящийся к заведованию, управлению»; *probāre, probatum* «доказать» → *probativus* «касающийся доказательства» и др.

Иногда суффикс *-īv-* может соединяться и с именными основами, сохраняя те же значения, что мы видели в отглагольных производных. Ср. *potestas* «власть» → *potestativus* «облеченный властью», *tempestas* «время» → *tempestivus* «своевременный, вовремя наступающий», *festum* «праздник», *festus* «праздничный, радостный» → *festivus* «веселый, проникнутый юмором, приятный».

Суффикс *-ōri-*

Суффикс *-ōri-* — один из продуктивных суффиксов девербальных прилагательных, он образует словообразовательный ряд в 350 производных. Суффикс *-ōri-* соединяется с основами супина и от них получает при переразложении морфологической последовательности свои варианты *-atōri-* и *itōri-*, которые употребляются самостоятельно в случае соединения с именными основами, ср. *balneum* «баня» → *balneatorius* «банный»; *oleus* «зелень, овощи» → *olitorius* «овощной».

Суффикс *-ōri-* и его варианты оформляются родовыми флексиями прилагательных 1—2-го склонений и представлены в формантах: *-orius* (муж. р.), *-oria* (жен. р.), *-orium* (ср. р.). Например, *cubāre, cubitum* «возлежать за столом» → *cubitorius, a, um* «застольный» (одежда); *plācare, placatum* «успокаивать» → *placatorius, a, um* «умилостивительный»; *olfacĕre, olfactum* «обонять, чувствовать запах» → *olfactorius, a, um* «благовонный, душистый».

В семантическом плане суффикс *-ōri-* чаще всего развивает значение «служащий для», ср. *ambulāre* «прогуливаться» → *ambulatorius* «служащий для прогулок»; *serrare* «пилить» → *serratorius* «служащий для распиливания»; *excidĕre, excisum* «высекать» → *excisorius* «служащий для отсечения, хирургический» и др.

Суффикс *-īci-*

Суффикс *-īci-* образует объемный словообразовательный ряд в 244 производных прилагательных, тем самым обеспечивая себе продуктивность. Он оформляется флексиями прилагательных 1—2-го склонений, выступая в сложном форманте *-icius* (муж. р.), *-icia* (жен. р.), *-icium* (ср. р.). Формант *-icius* соединяется с глагольной основой супина и выражает значение «характеризуемый свойством», указанным глаголом, ср. *fingĕre, fictum* «притворяться» → *ficticius, a, um* «искусственный, поддельный»; *advenīre, adventum* «приходить» → *adventicius, a, um* «приходящий извне, внешний»; *colligĕre, collectum* «собирать» → *collecticius, a, um* «наскоро собранный» и др. Значение «характеризуемый свойством» сочетается со значением пассивности, ср. *emĕre, emptum* «покупать» → *empticius, a, um* «купленный»; *conducĕre, conductum* «нанимать» → *conducticius, a, um* «нанятый»; *fodĕre, fossum* «копать» → *fossicius, a, um* «выкопанный» и др.

Суффикс *-īci-* может соединяться и с именными основами, развивая, кроме общего значения отношения, значения «принадлежащий» или «сделанный из чего-либо»; ср. *natalis* «день рождения» → *natalicius* «относящийся к дню рождения»; *tribunus* «трибун» → *tribunicius* «трибунский»; *later* «кирпич» → *latericius* «кирпичный» и др.

В некоторых случаях при сочетании суффикса с основами существительных, обозначающих должностных лиц, происходит сокращение первого гласного суффикса -ī- в -ĭ-, ср. *pater* → *patrĭcius*; *aedilis* → *aedilĭcius*; *praetor* → *praetorĭcius* и др. [554, p. 213].

Суффикс -ĭd-

Производные прилагательные с суффиксом -ĭd- являются регулярными, т. е. образуют длинный словообразовательный ряд, насчитывающий более 200 производных. Суффикс -ĭd- присоединяется к глагольному корню и оформляется флексиями прилагательных 1—2-го склонений, образуя форманты -ĭdus (муж. р.), -ĭda (жен. р.), -ĭdum (ср. р.). Например, *calēre* «быть теплым» → *calidus, a, um* «теплый, горячий»; *valēre* «быть сильным, здоровым» → *validus, a, um* «сильный, крепкий»; *fluĕre* «течь» → *fluidus, a, um* «текучий, струящийся» и др.

Семантика производных прилагательных на -ĭdus связана с мотивирующими глаголами, которые обозначают явления природы, физические свойства, психофизиологические состояния человека. Присоединяясь к основам таких глаголов, суффикс -ĭd- маркирует значение «характеризующийся свойством», указанным глаголом. Ср. *liquēre* «быть жидким» → *liquidus* «жидкий»; *candēre* «быть белым, блестящим» → *candidus* «белоснежный, блестящий»; *pallēre* «быть бледным» → *pallidus* «бледный»; *pavēre* «дрожать, от страха» → *pavidus* «боязливый, испуганный» и др.

Прилагательные на -ĭdus соотносятся с существительными на -or[2] (ср. *liquidus — liquor*, *calidus — calor*, *turgidus — turgor*, *dolidus — dolor* и др.). Вместе с однокорневыми глаголами они образуют словообразовательное гнездо со связанной вершиной (См. подробно выше, с. 66—68).

Суффиксы -bund- и -cund-

Суффикс -bund- является довольно продуктивным в этой группе прилагательных, образуя 145 производных. Он присоединяется к глагольному корню с помощью вокалической прокладки -a- (для глаголов I спряжения) и -i- (для глаголов других спряжений), образуя варианты -abund- или -ibund-. Первый из этих вариантов приобрел статус самостоятельного и способность соединяться с именными и другими основами (ср. *noctu* «ночью» → *noctuabundus* «путешествующий ночью»; *amor* «любовь» → *amorabundus* «влюбленный»).

Суффикс -bund- оформляется флексиями прилагательных 1—2-го склонений и представлен в формантах -bundus (муж. р.), -bunda (жен. р.), -bundum (ср. р.). Например, *moribundus, moribunda, moribundum* «умирающий».

Значение производных с суффиксом -bund- аналогично значению причастий настоящего времени действительного залога, но отличается от последних указанием на «интенсивность признака» (готовность, стремление к действию). Ср. *auxiliāri* «помогать» → *auxiliabundus* «всегда готовый помочь»; *cantāre* «петь» → *cantabundus* «распевающий»; *furĕre* «беситься» → *furibundus* «бешеный, неистовый»; *ludĕre* «играть» → *ludibundus* «веселящийся»; *gratulāri* «поздравлять» → *gratulabundus* «рассыпающийся в поздравлениях».

Суффиксу -*bund*- близок по значению малопродуктивный суффикс -***cund***-, также соединяемый с глагольным корнем и оформляемый флексиями прилагательных 1—2-го склонений. Ср. *fari* «говорить» → *facundus* «умеющий говорить, красноречивый»; *rubēre* «быть красным» → *rubicundus* «ярко красный, румяный»; *irasci* «раздражаться» → *iracundus* «вспыльчивый, раздражительный» и др. (443).

Суффикс -*ŭ*-

Суффикс -*ŭ*- входит в число продуктивных отглагольных суффиксов прилагательных, образуя словообразовательный ряд в 122 производных. Он соединяется с глагольными корнями и оформляется флексиями прилагательных 1—2-го склонений, представлен в формантах -*uus* (муж. р.), -*ua* (жен. р.), -*uum* (ср. р.). Например, *vacāre* «пустовать» → *vacuus, a, um* «пустой»; *nocēre* «вредить» → *nocuus, a, um* «вредный»; *continēre* «содержать, удерживать» → *continuus, a, um* «непрерывный» и др.

Производные с суффиксом -*ŭ*-, как и многие девербальные прилагательные, имеют значение причастий, но причастий страдательного залога. Ср. *dividĕre* «делить» → *dividuus* «делимый»; *conspicĕre* «увидать, заметить» → *conspicuus* «видимый, заметный»; *ambigĕre* «колебаться» → *ambiguus* «склоняющийся то в одну, то в другую сторону, двусмысленный» и др.

Суффикс -*āc*-

Суффикс -*āc*- образует регулярные дериваты, его словообразовательный ряд составляют 100 с лишним производных. Он соединяется с глагольными корнями и оформляется в им. п. ед. ч. одной флексией -*s*-, общей для всех трех родов, которая включает прилагательные с суффиксом -*āc*- в парадигму 3-го склонения. При соединении суффикса с флексией им. п. ед. ч. -*s*- образуется формант -*ax*. Форма суффикса восстанавливается в косвенных падежах: род. п. ед. ч. -*ācis*, дат. п. ед. ч. -*āci* и т. д. Например, *pugnāre* «биться, сражаться» → *pugnax, pugnacis* «жаждущий войны, воинственный»; *vivĕre* «жить» → *vivax, vivacis* «живучий»; *tenēre* «держать» → *tenax, tenacis* «крепко держащий, цепкий» и др.

Производные с суффиксом -*āc*- также имеют значение причастий, но действительного залога и указывают на «интенсивность признака» (склонность, способность к действию). Ср. *bibĕre* «пить» → *bibax* «склонный к пьянству»; *loqui* «говорить» → *loquax* «словоохотливый, говорливый»; *fugĕre* «бежать» → *fugax* «готовый бежать; убегающий»; *capĕre* «брать, взять» → *capax* «способный к восприятию»; *vendĕre* «продавать» → *vendax* «любящий продавать» и др.

ВЫВОДЫ

1. Суффиксы девербальных прилагательных избирательны в своей комбинаторике с производящими основами. Большинство суффиксов выбирает глагольный корень (*-ĭl-/-bĭl-*, *-ĭd-*, *bund-*, *-ū-*, *-āc-*, *-cund-*), и только три суффикса соединяются с основой супина (*īv-*, *-ōri-*, *-īci-*). Кроме того, почти все суффиксы могут сочетаться помимо глагольных и с именными основами, чаще с основами существительных.

2. Ряд суффиксов имеют варианты, связанные с перераспределением морфемных границ и переориентацией на глагольный корень (*-bĭl-*, *-abĭl-*, *-ibĭl-*; *ōri-*, *-atōri-*, *-itōri-*; *-bund-*, *abund-*, *-ibund-*).

Суффикс *-ĭl-* имеет расширенный вариант *-at-ĭl-* за счет соединения с десубстантивным суффиксом *-ăt-*, в результате чего образуется сложный вариант *-atĭl-*, сочетающийся с субстантивными основами.

3. Большинство суффиксов оформляется тремя родовыми флексиями (муж., жен. и ср. р.) прилагательных 1—2-го склонений, ср.

Суффикс *-ĭl-/-bĭl-* (самый продуктивный) соединяется с двумя родовыми окончаниями (общим для муж. и жен. р. и отдельным для ср. р.) прилагательных 3-го склонения, ср.

Морфологический показатель суффикса *-āc-* не маркирует значения рода. Производные с суффиксом *-āc-* включены в парадигму прилагательных одного окончания 3-го склонения.

4. Семантическая структура девербальных прилагательных связана с категориальными значениями производящих глаголов и прежде всего с категориями залога и модальности. В результате сочетания этих двух категорий и их модификации в виде указания на интенсивность признака (на легкость осуществления действия — *-ĭl-*; склонность, способность к действию — *-āc-*; готовность, стремление к действию — *-bund-*, *-cund-*) формируется большинство словообразовательных значений в сфере девербальных прилагательных.

Значения активности и пассивности могут совмещаться друг с другом (производные с суффиксами *-bĭl*, *-īv-*), но в ряде случаев представлены раздельно, ср. значение активного действия — производные с суффиксами *-āc-*, *-bund-*, *cund-* и пассивного действия — производные с суффиксами *-ĭl-*, *-īci-*, *-ŭ-*.

Глава II 137

Значения активности или пассивности могут сочетаться со значением «характеризующийся или характеризуемый свойством», названным глаголом, ср. производные с суффиксами *-ĭl-*, *-īci-*, *-ĭd-*.

Словообразовательное значение цели — «служащий для...» (производные с суффиксом *-ōri-*) дублирует грамматическое значение глагольной формы супина, с основами которого сочетается суффикс *-ōri-*.

Таким образом, словообразовательные значения в сфере девербальных прилагательных развивают и уточняют, а иногда и дублируют категориальные значения производящих глаголов [159, с. 118—119].

§ 7. Образование десубстантивных прилагательных

Суффиксы десубстантивных прилагательных и их продуктивность

№ п/п	Суффиксы и их варианты	Форманты в форме муж. р. ед. ч. и их варианты	Количество производных	
1.	-t- (-āt-, -ōt-, -īt-, -ūt-)	-tus (-atus, -otus, itus, -utus)	1320	
2.	-āl- (-ēl-, -īl-, -ūl-)/-ār-	-alis (-elis, ilis, -ulis)	1039	
		/-aris	232	=1271
3.	-ōs-	-osus	811	
4.	-āri-	-arius	780	
5.	-n-(-īn-, -ān-, -ēn-)	-nus,	25	
		-inus,	448	
		-anus,	195	
		-enus	5	=673
6.	а) -ĭc-	-icus	522	
	б) -āt-ĭc-	-aticus	31	
	в) -est-ĭc-	-esticus	3	=556
7.	а) -e-	-eus	395	
	б) -ăc-e-	-aceus	70	
	в) -ān-e-	-aneus	81	=546
8.	а) -i-	-ius	109	
	б) -ăc-i-	-acius	30	=139
9.	-lent-	-lentus, -ulentus, -olentus, -ilentus	66	
10.	-ens-	-ensis	60	
11.	-ăc-	-acus	44	
12.	-ern-/-tern-	-ernus/-ternus	22	
	-urn-/-turn-	-urnus/-turnus	8	=30
Всего			6230	

Суффикс -*t*- (-*āt*-, -*ōt*-, -*īt*-, -*ūt*-)

Суффикс -*t*- — наиболее продуктивный суффикс прилагательных, представленный в словообразовательном ряду, включающем свыше 1300 производных. Он соединяется с родовыми флексиями прилагательных 1—2-го склонений, образуя форманты: -(*a*)*tus*, -(*a*)*ta*, (*a*)*tum*. Например, *calor* «жар, зной» → *caloratus, a, um* «разогретый, раскаленный»; *deliciae* (pl.) «веселье, радость; изысканность» → *deliciatus, a, um* «приятный; изысканный»; *capitulum* «головка» → *capitulatus, a, um* «снабженный головкой» и др.

Суффикс -*t*- связан по происхождению с формантом -*tus*, зафиксированным в таких ранних образованиях, как *libertus*, *ubertus*, *vetustus*, *modestus* и др. М. М. Покровский [290, с. 185] приводит более десятка таких производных. Позднее суффикс -*t*-, соединяясь с основообразующим элементом 1-го склонения -*a*-, образует формант **-*ātus*** (ср. *aqua* «вода» → *aquatus* «водянистый», *penna* «перо, крыло» → *pennatus* «оперенный, окрыленный, крылатый» и др.). Соединяясь с основообразующим элементом 2-го склонения -*o*-, образует формант **-*ōtus*** (ср. *aeger* «больной» — *aegrotus* «больной, болящий, страждущий»). Суффикс -*t*- соединяется также с основообразующим гласным 3-го (-*i*-) и 4-го (-*u*-) склонений, образуя форманты **-*ītus*, -*ūtus***, ср. *turris* (3-го скл.) «башня» → *turritus* «снабженный башнями, имеющий форму башни; *cornu* (4-го скл.) «рог» → *cornutus* «рогатый; снабженный бивнями». Из этих формантов (-*atus*, -*otus*, -*itus*, -*utus*) наибольшую продуктивность приобретает -*ātus*, который вытесняет зачастую более древние формы на -*tus* (ср. *libertus* — *liberatus*, *vetustus* — *veteratus*, *ubertus* — *uberatus* и др.) [290, с. 185], другие форманты сохраняются в единичных примерах. Из форманта -*ātus* выделился самостоятельный суффикс *āt*-, который стал присоединяться к основам всех склонений, ср. *pes* (3-е скл.) «нога» → *pedatus* «имеющий ноги»; *pilum* (2-е скл.) «дротик» → *pilatus* «вооруженный дротиками»; *arcus* (4-е скл.) «лук; радуга; свод; дуга» → *arcuatus* «изогнутый, дугообразный, радужный» и др.).

Значение форманта -*ātus* и других вариантов — это общее значение относительных прилагательных «относящийся к тому», что указано мотивирующей основой, ср. *curia* «курия, община» → *curiatus* «относящийся к куриям, куриатный»; *testimonium* «свидетельство» → *testimoniatus* «относящийся к свидетельству». Но часто формант -*ātus* развивает и другие значения: значение обладания — «имеющий», «снабженный», ср. *aurum* «золото» → *auratus* «богатый золотом, золотоносный»; *tabula* «доска» → *tabulatus* «покрытый досками; *falx* «серп» → *falcatus* «снабженный серпами» и др.; значение сходства — «похожий на то», что указано мотивирующей основой, ср. *pulvinus* «подушка» → *pulvinatus* «имеющий форму подушки»; *orbiculus* «кружок» → *orbiculatus* «кругообразный, шаровидный» и др.

Характерной чертой суффикса -*āt*- является его способность объединяться с другими суффиксами (-*ĭl*-, -*ĭc*-), выступая в сложных формантах в качестве первого элемента (-*atĭlis*, *atĭcus*).

Суффикс -āl- (-ēl-, -īl-, -ūl-)/-ār-

Второй по продуктивности суффикс -āl-/-ār- в десубстантивных прилагательных образует словообразовательный ряд в 1271 производную единицу. Он выбирает флексии прилагательных 3-го склонения второй группы, образуя форманты -ālis, āle/-āris, -āre. Например, regalis, regale «царский», popularis, populare «народный».

Распределение основных вариантов указанного суффикса **-āl-** и **-ār-** зависит от фонологического облика мотивирующей основы. После основ, включающих -l-, используется вариант -ār- (результат диссимиляции). Ср. consularis, tabularis, vulgaris и др. В остальных случаях суффикс выступает в форманте -alis. Ср. annus «год» → annalis «годичный, годовой»; mors, mortis «смерть» → mortalis «смертный»; socius «товарищ, союзник» → socialis «товарищеский, общественный; союзный» и др.

Дополнительные варианты суффикса **-ēl-**, **-īl-**, **-ūl-** связаны с основообразующей гласной мотивирующей основы. Основы на -ē- 5-го склонения, формировали вариант -ēlis, ср. fides «верность» → fidelis «верный», основы на -u- 4-го склонения — вариант -ūlis, ср. tribus «триба, административный округ» → tribulis «относящийся к трибе». Вариант -īlis первоначально был связан с основами на -i- 3-го склонения, в дальнейшем мог присоединяться и к другим основам, ср. scurra «шут, балагур» → scurrilis «шутовской; развеселый».

Вариант -ūlis распространился и на глагольные основы, наследуя значения глаголов, ср. edĕre «есть, кушать» → edulis «годный в пищу, съедобный»; currĕre «бежать, спешить» → currulis «стремительный».

Вероятно, и основной вариант -āl-, и дополнительные варианты -ēl-, -īl-, -ūl- связаны по происхождению с суффиксом -*l- [502]. Исторически морфологическую структуру производных прилагательных можно представить как: ancor-a-l-is (от ancora — 1-го склонения), trib-u-l-is (от tribus — 4-го склонения), fid-e-l-is (от fides — 5-го склонения). Однако нами не были зафиксированы производные прилагательные этой группы с чистым -l- без огласовок (аналогично суффиксам -t- и -n-), а вариант -āl- стал наиболее продуктивным благодаря своей способности соединяться с основами существительных любых склонений.

В семантическом плане суффикс -āl-/-ār- выражает основное значение относительных прилагательных: «относящийся к тому», что указано мотивирующей основой, ср. fluvius «река» → fluvialis «речной»; locus «место» → localis «местный»; memoria «память» → memorialis «памятный»; navis «судно, корабль» → navalis «судовой, корабельный» и др. Иногда суффиксом развивается дополнительное значение «свойственный, подобающий», ср. rex «царь» → regalis «царский, царственный, подобающий царю», matrona «почтенная, замужняя женщина» → matronalis «подобающий матроне, свойственный матроне».

Суффикс -ōs-

Суффикс -ōs- — это продуктивный суффикс десубстантивных прилагательных (длина словообразовательного ряда — 811 производных). Суффикс -ōs- соединяется с флексиями прилагательных 1—2-го склонений, образуя форманты -ōsus (муж. р.), -ōsa (жен. р.), -ōsum (ср. р.). Например, *odium* «ненависть» → *odiosus, a, um* «ненавистный»; *fama* «молва, слава» → *famosus, a, um* «известный, славный»; *dolor* «боль» → *dolorosus, a, um* «болезненный» и др.

Суффикс -ōs- имеет не только значения «относящийся» или «характеризующийся», но указывает прежде всего на интенсивность признака («изобилующий»), обозначенного мотивирующей основой, ср. *lacrima* «слеза» → *lacrimosus* «полный слёз»; *cinis, cineris* «пепел» → *cinerosus* «полный пепла, осыпанный пеплом»; *lapis, lapidis* «камень» → *lapidosus* «каменистый, усеянный камнями»; *forma* «форма, внешний вид, красота» → *formosus* «красивый» и др. Кроме того, суффикс -ōs- может развивать значение «сходства» (ср. *pumex, pumicis* «пемза» → *pumicosus* «похожий на пемзу, пористый»; *labrum* «губа» → *labrosus* «имеющий форму губы») и реже значение «каузации» (ср. *dolor* «боль» → *dolorosus* «причиняющий боль, болезненный»).

Суффикс -āri-

Суффикс -ari- представлен длинным словообразовательным рядом в 780 производных слов. Он соединяется с родовыми окончаниями прилагательных 1—2-го склонений и реализуется в формантах -arius, -aria, -arium. Например, *sol* «солнце» → *solarius, a, um* «солнечный»; *lapis, lapidis* «камень» → *lapidarius, a, um* «каменный, высеченный на камне; служащий для перевозки камней»; *honor* «честь» → *honorarius, a, um* «почетный» и др.

В семантическом плане суффикс -āri- многозначен. Помимо основного значения относительных прилагательных «относящийся» развивает дополнительные значения: чаще других «предназначенный для, служащий для». Ср. *avis* «птица» → *aviarius* «служащий для ловли птиц»; *calx, calcis* «известь» → *calcarius* «служащий для обжигания извести»; *limus* «ил» → *limarius* «служащий для осаждения ила». Иногда — «предназначенный для хранения, хранимый», ср. *cella* «кладовая» → *cellarius* «хранимый в кладовой»; *mustum* «виноградное сусло» → *mustarius* «служащий для хранения виноградного сусла»; *salsamentum* «соленье» → *salsamentarius* «предназначенный для хранения солений»; реже значение «сходный, подобный», ср. *vitrum* «стекло» → *vitrarius* «стекловидный» и значение «интенсивности признака», ср. *venenum* «яд» → *venenarius* «полный яда, отравленный».

Важной особенностью суффикса -āri- является его бифункциональность — он участвует в образовании как существительных, маркируя лиц по профессии (См. выше с. 118—120), так и прилагательных. Иногда прилагательное и существительное с суффиксом -āri- связаны с одной и той же основой, так что «трудно определить, имеем ли мы дело с конверсией одной части речи в другую или с параллельным образованием существительного и прилагательного» [70, с. 145]. В словаре такие пары даются раздельно и обозначаются римскими цифрами (ср. *cella* «кладовая» → I *cellarius, a, um* «хранимый в кладовой», II *cellarius, i, m* «кладовщик»; *liber* «книга» → I *librarius, a, um* «книжный», II *librarius, i, m* «переписчик; книгопродавец»; *vestis* «одежда; платье» → I *vestiarius, a, um* «платяной», II *vestiarius, i, m* «портной; торговец готовым платьем»).

Суффикс *-n-* (*-īn-, -ān-, -ēn-*)

Суффикс *-n-* выступает в нескольких вариантах. Распределение вариантов суффикса не поддается жесткой регламентации. Однако наиболее распространенными являются варианты **-īn-** (448 производных) и **-ān-** (195 производных). Наличие вариантов связано с основообразующими гласными мотивирующих основ. Суффикс *-n-* и его варианты включены в парадигму прилагательных 1—2-го склонений и в им. п. ед. ч. реализуются в формантах *-nus, na, -num; -īnus, -īna, -īnum; -ānus, -āna, -ānum; -ēnus-, -ēna, -ēnum*. Например, *fraternus, a, um* «братский»; *lupinus, a, um* «волчий»; *meridianus, a, um* «полуденный» и др.

Как и все десубстантивные суффиксы, суффикс *-n-* служит транспозиции имен в класс прилагательных. Ср. *acer* «клен» → *acernus* «кленовый»; *mater* «мать» → *maternus* «материнский»; *ver* «весна» → *vernus* «весенний». Однако суффикс способен развивать новые значения. Ярче всего это свойство суффикса проявляется при его соединении с пространственными наречиями, благодаря чему появляются прилагательные с локальными значениями. Ср. *inter* «посреди» → *internus* «внутренний»; *exter* «снаружи, вне» → *externus* «внешний»; *subter* «внизу» → *subternus* «находящийся в преисподней» и др. Это же пространственное значение выступает и в вариантах суффикса *-īn-* (*mare* «море» → *marinus* «морской»), *-ān-* (*mons* «гора» → *montanus* «горный, нагорный»; *urbs* «город» → *urbanus* «городской, расположенный в городе; пригородный»), *-ēn-* (*terra* «земля» → *terrenus* «земляной, земной (животные)»), при условии, если эти суффиксы присоединяются к мотивирующим основам, обозначающим местонахождение объекта.

В случае присоединения суффиксов к основам, обозначающим живые существа, они развивают значения «принадлежащий». Особенно это характеризует вариант *-īn-*. Ср. *caballus* «лошадь» → *caballinus* «лошадиный»; *crocodilus* → *crocodilinus* «крокодиловый»; *vacca* «корова» → *vaccinus* «коровий» и т. п.

Если мотивирующая основа обозначает материал, суффикс развивает значение «сделанный из». Ср. *ebur* «слоновая кость» → *eburnus* «с отделкой из слоновой кости»; *sucus* «сок» → *sucinus* «из янтаря, янтарный»; *pavo, pavonis* «павлин» → *pavoninus* «сделанный из павлиньих перьев» и др. [455, 545].

Суффиксы *-ĭc-, -at-ĭc-, -est-ĭc-*

Суффикс **-ĭc-** по происхождению греческий, но получил широкое распространение в латинском языке. Он способен соединяться с греческими и латинскими основами (из 522 производных словообразовательного ряда с суффиксом -ĭc- 66 образованы от латинской основы, остальные — от греческой). Суффикс -ĭc- оформляется латинскими флексиями прилагательных 1—2-го склонений и представлен в формантах -ĭcus, -ĭca, -ĭcum. Например, *bellum* «война» → *bellicus, a, um* «военный», *urbs* «город» → *urbicus, a, um* «городской», *imber* «дождь, ливень» → *imbricus, a, um* «дождливый» и др.

Суффикс -ĭc- может присоединяться не только к субстантивным основам, но и к основам прилагательных (*varus* «выгнутый наружу» → *varicus* «с широко расставленными ногами»), числительных (*unus* «один» → *unicus* «единственный»), глаголов (*amāre* «любить» → *amīcus* «дружеский», *pudēre* «стыдиться» → *pudīcus* «стыдливый»), наречий (*post* «позади» → *postīcus* «задний»). Соединяясь с основами некоторых глаголов и наречий, суффикс -ĭc- удлиняет свою гласную.

Значения суффикса -ĭc- колеблются в зависимости от мотивирующей основы от общего значения «относящийся» с субстантивными основами (ср. *civis* «гражданин» → *civĭcus* «гражданский»; *cantus* «пение, песня» → *cantĭcus* «песенный»; *classis* «разряд, класс» → *classĭcus* «относящийся к первому классу римских граждан») до значений «свойственный» или «находящийся» с основами других частей речи (ср. *aperīre* «открывать» → *aprīcus* «находящийся на солнце, согреваемый солнцем; светолюбивый; теплый»; *ante* «спереди» → *antīcus* «передний»; *medēri* «лечить, исцелять» → *medĭcus* «исцеляющий (рука, искусство, сила)»).

Суффикс -ĭc- обладает способностью объединяться с другими суффиксами в единый формант. Например, с суффиксом -āt- в форманте **-atĭcus** (ср. *cena* «обед» → *cenaticus* «относящийся к обеду»; *luna* «луна» → *lunaticus* «обитающий на Луне»; *silva* «лес» → *silvaticus* «лесной»); с суффиксом -(e)st- в форманте **-estĭcus** (ср. *domus* «дом» → *domestĭcus* «принадлежащий дому, домашний»). Возможно, формант -atĭcus имеет отглагольное происхождение и связан с присоединением форманта -ĭcus к супинным основам глаголов I спряжения на -āt- (ср. *errāre, erratum* «блуждать» → *erraticus* «блуждающий»; *volāre, volatum* «летать» → *volaticus* «летающий, летучий»; *donāre, donatum* «дарить» → *donaticus* «преподносимый в виде подарка»). Образовавшийся в результате переразложения сложный формант -atĭcus затем по аналогии распространился и на именные основы. Но в то же время такие производные, как *erraticus, volaticus, donaticus* и др., могут быть объяснены как вторичные — от отглагольных существительных *erratus* «блуждание», *volatus* «полет», *donatio* «приношение в дар».

Суффикс -ĭc- зафиксирован во вторичных деадъективных образованиях (ср. *pater* → *paternus* → *paternĭcus*, *fames* → *famelis* → *famelĭcus*, *familia* → *familiaris* → *familiarĭcus*).

Суффиксы -e-, -ăc-e, -ān-e-

Суффикс **-e-** включается в число продуктивных суффиксов десубстантивных прилагательных, т. к. образует объемный словообразовательный ряд производных в 546 единиц. Он оформляется родовыми окончаниями прилагательных 1—2-го склонений, образуя форманты *-eus* (муж. р.), *-ea* (жен. р.) и *-eum* (ср. р.). Например, *fumeus, fumea, fumeum* «дымный».

В семантическом плане суффикс *-e-* многозначен: на базе основного значения относительных прилагательных развивает дополнительные значения. Самым характерным для него является значение «сделанный из» материала, указанного мотивирующей основой, ср. *vitrum* «стекло» → *vitreus* «стеклянный, из стекла»; *flos, floris* «цветок» → *floreus* «цветочный, из цветов»; *lapis, lapidis* «камень» → *lapideus* «каменный, из камней». Реже развиваются значения «сходный, подобный» и «свойственный»; ср. *cornu* «рог» → *corneus* «1) роговой, из рога, 2) рогообразный»; *arbor* «дерево» → *arboreus* «древесный; древовидный»; *ebur* «слоновая кость» → *eburneus* «с отделкой из слоновой кости; цвета слоновой кости»; *femina* «женщина» → *femineus* «женственный».

Суффикс *-e-* может объединяться с другими суффиксами, образуя сложные форманты **ăc-eus, -ān-eus**, ср. *capillus* «волос» → *capillaceus* «похожий на волосы; волосяной, из волос»; *avena* «овес» → *avenaceus* «овсяный, из овса»; *limes, limitis* «граница» → *limitaneus* «находящийся на границе, пограничный»; *fons, fontis* «ключ, родник» → *fontaneus* «ключевой, родниковый». Как показывают примеры, сложный формант *-ăceus* развивает те же значения, что и простой формант *-eus*, а формант *-āneus* маркирует значения, которые характерны для *-ānus*, ср. *montanus, urbanus* и др.

Суффиксы *-i-, -ăc-i-*

Суффикс *-i-* представлен простым (*-ius*) и сложным (*-acius*) формантами в словообразовательном ряду в 139 производных прилагательных. Например, *colorius, a, um* или *sucinacius, a, um*.

Формант **-ius-** соединяется, главным образом, с основами производных существительных с суффиксами *-ōr-* и *-ōn-/-iōn-*, ср. *mercator* «купец» → *mercatorius* «купеческий, торговый»; *lanio, lanionis* «мясник» → *lanionius* «принадлежащий мяснику»; *praeco, praeconis* «глашатай, вестник» → *praeconius* «относящийся к вестнику».

Суффикс *-i-* иногда выбирает и глагольные основы, ср. *eximĕre* «исключать» → *eximius* «исключительный; особенный»; *consequi* «следовать» → *consequius* «идущий следом»; *concumbĕre* «ложиться» → *concubius* «относящийся к глубокой ночи (когда спят первым, самым крепким сном)».

Помимо основного значения «относящийся» суффикс *-i-* развивает дополнительное значение «принадлежащий», ср. *mulio, mulionis* «погонщик мулов» → *mulionius* «принадлежащий погонщику мулов», *pater* «отец» → *patrius* «отцовский, принадлежащий отцу». Соединяясь с глагольными основами, сохраняет связь с действием, выраженным глаголом, ср. *angĕre, anxit* «беспокоить» → *anxius* «беспокоящийся»; *nocēre* «вредить» → *noxius* «вредный, вредоносный».

Суффикс -*i*- может соединяться с греческим по происхождению суффиксом -*ăc*-, образуя сложный формант **-*acius***, ср. *sucinum* «янтарь» → *sucinacius* «янтарного цвета»; *far, farris* «полба» → *farracius* «полбенный» и др.

В некоторых случаях отмечается полная синонимия, дублетность производных с формантами -*ius* и -*eus* (*colorius* = *coloreus*), -*acius* и -*aceus* (*farracius* = *farraceus*).

Суффикс -*lent*- (-*ulent*-, -*olent*-, -*ilent*-)

Суффикс **-*lent*-** менее продуктивен в ряду суффиксов десубстантивных прилагательных (66 производных). Он выступает в трех вариантах с разными огласовками: -*u*-, -*o*-, -*i*-, распределение которых, связанное первоначально, по-видимому, с основообразующим гласным мотивирующей основы и утратившее эту связь в дальнейшем, не поддается регламентации.

Суффикс включается в парадигму прилагательных 1—2-го склонений, выступая в формантах -*lentus* (муж. р.), -*lenta* (жен. р.), -*lentum* (ср. р.). Например, *virus* «яд» → *virulentus, a, um* «ядовитый», *somnus* «сон» → *somnolentus, a, um* «сонный, сонливый»; *aqua* «вода» → *aquilentus, a, um* «влажный, сырой».

В семантическом плане суффикс -*lent*- многозначен. На базе основного значения относительных прилагательных он развивает несколько дополнительных значений. Наиболее часто он маркирует «интенсивность признака», обозначенного мотивирующей основой, и в этом значении он совпадает с суффиксом -*ōs*- и иногда его дублирует, ср. *piscis* «рыба» → *pisculentus* = *piscosus* «изобилующий рыбой»; *mucus* «слизь» → *muculentus* = *mucosus* «полный слизи, покрытый слизью». Суффикс развивает также значения: «сходный, похожий» (*farina* «мука» → *farinulentus* «похожий на муку»; *caro, carnis* «мясо» → *carnulentus* «напоминающий мясо»), «служащий для» (*potus* «питье» → *potulentus* «годный для питья», *esca* «пища» → *esculentus* «съедобный, годный в пищу»), «состоящий из» (*gleba* «глыба, ком земли» → *glebulentus* «состоящий из земли, земляной») и др.

Формант -*lentus* вступает в синонимические отношения не только с формантом -*ōsus*, но и с -*ĭdus*, ср. *ros, roris* «роса» → *rorulentus* = *rorĭdus* «покрытый росой»; *foetor* «дурной запах, зловоние» → *foetulentus* = *foetĭdus* «зловонный», а также с формантом -*ātus*, ср. *crapula* «сильное опьянение, хмель» → *crapulentus* = *crapulatus* «пьяный, хмельной».

Суффикс -*ens*-

Суффикс -*ens*- относится к числу менее продуктивных, он представлен в словообразовательном ряду из 60 производных. Он — один из немногих суффиксов в этой группе, который включает производные в парадигму прилагательных 3-го склонения второй группы и представлен соответственно формантами: -*ensis* (муж. и жен. р.) и -*ense* (ср. р.). Например, *castra* «лагерь» → *castrensis, e* «относящийся к лагерю, лагерный»; *pistrinum* «ручная мельница» → *pistrinensis, e* «мельничный»;

forum «форум, центр общественной жизни» → *forensis, e* «относящийся к общественным делам». Часто соединяется с основами, обозначающими место, и поэтому развивает локальное значение, ср. *petra* «скала» → *petrensis* «живущий среди скал», *cellarium* «кладовая» → *cellariensis* «хранимый в кладовой»; *foris* «вне», (наречие) → *forensis* «внешний, иноземный».

По своей форме суффикс -*ens*- совпадает с формантом причастий настоящего времени действительного залога -*ens* (*agens, agentis* «действующий, грам. активный»; *patiens, patientis* «претерпевающий»; *volens, volentis* «желающий» и др.), и в значение своих производных он часто привносит глагольное значение активного действия, ср. *alga* «водоросль» → *algensis* «питающийся водорослями»; *pistrinum* «ручная мельница» → *pistrinensis* «вращающий жернова».

Суффикс -*ăc*-

Суффикс -*ăc*- по своему происхождению греческий и соединяется, главным образом, с греческими основами. Из 44 производных словообразовательного ряда 5 прилагательных образованы от латинской основы, остальные — от греческой. Он оформлен флексиями латинских прилагательных 1—2-го склонений и представлен формантами -*ăcus* (муж. р.), -*ăca* (жен. р.) и -*ăcum* (ср. р.). Например, *apium* «сельдерей» → *apiăcus, a, um* «похожий на сельдерей», *usus* «употребление» → *usuăcus, a, um* (*usiacus*) «употребительный», *comitia* pl. «народное собрание» → *comitiăcus, a, um* «относящийся к народному собранию». Характерной чертой суффикса -*ăc*- является его способность объединяться с латинскими суффиксами -*e*-, -*i*-, выступая в этих сложных объединениях в качестве первого члена и создавая форманты *aceus, -acius* (См. выше).

Суффикс -*ern*-/-*tern*-, -*urn*-/-*turn*-

Суффикс образует небольшой словообразовательный ряд в 30 производных. Оформлен флексиями прилагательных 1—2-го склонений и представлен соответственно в формантах -*ernus* (-*ternus*) муж. р., -*erna* (-*terna*) жен. р., -*ernum* (-*ternum*) ср. р.

Распределение вариантов **ern-/-urn** и **-tern-/turn-** не поддается регламентации.

Характерной чертой суффикса является его способность соединяться с основами разной частеречной принадлежности: субстантивными, адъективными, наречными и глагольными. Ср. *nox, noctis* «ночь» → *nocturnus, a, um* «ночной»; *longus* «длинный» → *longiturnus, a, um* «долгий, продолжительный»; *hodie* «сегодня» → *hodiernus, a, um* «сегодняшний»; *tacēre, tacitum* «молчать» → *taciturnus, a, um* «молчаливый».

Из значений суффикса, развиваемых на базе основного значения «относящийся», обращает на себя внимание значение «темпоральности», развиваемое часто в связи с присоединением к основам, обозначающим время. Ср. *diu* «долго» → *diuturnus* «долгий, продолжительный»; *heri* «вчера» → *hesternus* «вчерашний»; *semper* «всегда» → *sempiternus* «всегдашний, постоянный»; *aevum* «вечность» → *aeternus* = *aeviternus* (арх.) «вечный»; *modo* «недавно» → *modernus* «современный».

ВЫВОДЫ

1. В сфере десубстантивных прилагательных используется большее количество суффиксов, чем в сфере девербальных прилагательных, к тому же по продуктивности десубстантивные суффиксы превосходят девербальные более чем в 2 раза.

2. Суффиксы десубстантивных прилагательных отличаются большой вариативностью, которая связана с разными причинами:

а) с перераспределением морфемных границ, ср. *-t-* (*-āt-, -ōt-, -īt-, -ūt-*), *-*l-* (*-āl-, -ēl-, -īl-, ūl-*), *-n-* (*-īn-, -ān-, -ēn-*), *-lent-* (*ulent-, -olent-, -ilent-*);

б) с фонологическим обликом мотивирующей основы, ср. *-āl-/-ār-*;

в) со способностью суффикса вступать в сложные объединения (расширенные варианты), ср. *-ĭc-* (*-atĭc-, -estĭc-*), *-e-* (*-ace-, -ane-*), *-i-* (*-aci-, -ici-*).

3. Большинство суффиксов (10 из 12) оформляются тремя родовыми флексиями прилагательных 1—2-го склонений, ср.

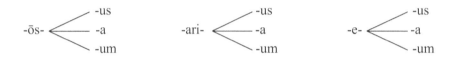

Суффиксы *-al-/-ar-* и *-ens-* соединяются с двумя родовыми окончаниями прилагательных 3-го склонения, ср.

4. В сфере образования десубстантивных прилагательных используются не только латинские по происхождению суффиксы, но и греческие (*-ĭc-, -ăc-*), которые адаптировались в латинском языке, вступая во взаимодействие с латинскими основами. Это имело большое значение в плане использования этих суффиксов в терминообразовании.

5. Важной особенностью отыменной адъективной суффиксации является бифункциональность некоторых суффиксов, участвующих в образовании как существительных, так и прилагательных (*-ari-, -āt-, -īl-, -īn-*).

6. Среди суффиксов, участвующих в образовании десубстантивных прилагательных, выделяются моновалентные (*-ăc-, -e-, -lent-*), выбирающие в качестве производящей основы только основу существительного, бивалентные, сочетающиеся с основами существительных и какой-либо другой части речи (*āl, -ari-, -āt-, -ens-, -i-, -n-, -ōs-*), и поливалентные суффиксы *-ĭc-* и *-(t)ern-/(t)urn*, сочетающиеся с

основами разной частеречной принадлежности (субстантивными, адъективными, глагольными, наречными и др.).

7. В семантической структуре десубстантивных прилагательных помимо общего значения «отношения» к тому, что называет мотивирующая основа, формируются другие транспонирующие значения, характеризующие определенный тип отношения. Главным из них является значение «сходства» или с перцептивными признаками (цветом, вкусом, формой и т. д.) — «похожий на то», что указано мотивирующей основой, или с признаками, характеризующими моральные свойства — «свойственный тому», кто указан мотивирующей основой. В формировании этого значения участвуют большинство суффиксов: *āt-, -ōs-, -ari-, -e-, -lent-, -āl/-ār-, -ĭc-*.

Не менее важным для десубстантивных прилагательных является и значение «наличия признака», которое формируется суффиксами *-āt-, -ōs-, -lent-*. Различие в семантике производных с этими суффиксами связано с мерой интенсивности признака, в зависимости от которой разграничиваются значения «имеющий, снабженный» (*-āt-*) и «изобилующий» (*-ōs-, -lent-*).

Кроме значений «сходства» и «наличия признака» формируются также значения «сделанный из…», «состоящий из…» (*-n-, -e-, -lent-*), «принадлежащий» (*-n-, -i-*), «служащий для…» (*-ari-, -lent-*), каузации (*-ōs-*).

В зависимости от семантики производящей основы формируются дополнительные значения «локативности» (*-n-, -ari-, -ĭc-, -ens-*) и «темпоральности» (*-(t)ern-/-(t)urn-*).

8. Дифференциация значений прилагательных, образованных от одной и той же субстантивной основы, связана с разграничением разных транспонирующих значений: сходства, наличия, состава, цели и др. Ср. словообразовательные парадигмы:

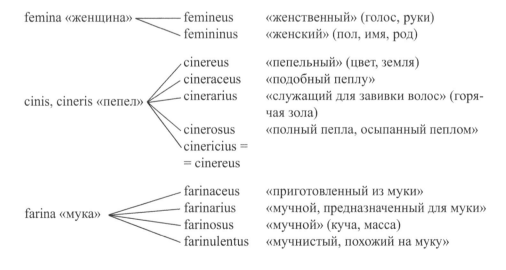

§ 8. Образование деадъективных прилагательных

Деадъективные прилагательные не используют собственных суффиксов, характеризующих только эту группу производных имен.

Они заимствуют суффиксы от десубстантивных существительных и десубстантивных прилагательных. Из первой группы широко применяются при образовании деадъективных прилагательных уменьшительные суффиксы (ср. *lentus* «медлительный» → *lentulus* «несколько медлительный, туговатый»; *dulcis* «сладкий» → *dulciculus* «сладковатый», *salsus* «соленый» → *salsiusculus* «солоноватый»). Из группы суффиксов десубстантивных прилагательных заимствуются: -āt-, -ari-, -ān-, -ĭc-, -ici-, -lent-, -ăc-, -turn-, ср. *modestus* → *moderatus* «умеренный, благоразумный»; *brevis* → *breviarius* «краткий»; *medius* → *medianus* «находящийся посреди, средний»; *barbarus* → *barbaricus* «иноземный»; *sodalis* → *sodalicius* «товарищеский»; *amarus* → *amarulentus* «исполненный горечи, едкий»; *ebrius* → *ebriacus* «пьяный»; *longus* → *longiturnus* «долгий». Как видно из примеров, прибавление суффикса не дает качественно новой единицы, производное прилагательное или дублирует значение мотивирующей основы (*barbarus* и *barbaricus*), или воспроизводит одно из значений его семантической структуры (*brevis* и *breviarius*, *longus* и *longiturnus*).

Напротив, присоединение уменьшительных суффиксов к основе прилагательного модифицирует значение мотивирующей основы, суффикс уточняет, на какой ступени шкалы интенсивности признака располагается свойство, обозначенное производным прилагательным (ср. *paulus* «малый, небольшой» → *paululus* «маленький, крохотный»; *niger* «черный» → *nigriculus* «черноватый»; *gravis* «низкий (голос)» → *graviusculus* «довольно низкий»; *tardus* «вялый» → *tardiusculus* «немного вялый» и др.)

В деадъективных прилагательных выделяются три группы уменьшительных суффиксов:

1. *-ŭl-/-ŏl-, -cŭl-, -icŭl-, -iuscŭl-*;
2. *-l-/-ell-/-cell-*;
3. *-astr-*.

Суффиксы *-ŭl-/-ŏl-, -icŭl-, -iuscŭl-*

Суффикс **-ŭl-** самый распространенный в деадъективной группе прилагательных, он присоединяется как к примарным основам, так и ко вторичным. Ср. примарные основы: *paetus* → *paetulus*, *pullus* → *pullulus*, вторичные: *candidus* → *candidulus*, *rabiosus* → *rabiosulus*, *mellitus* → *mellitulus*, *rubicundus* → *rubicundulus*, *dicax, dicacis* → *dicaculus*, *perparvus* → *perparvulus* и др.

Вариант **-ŏl-** употребляется в основном во вторичных производных прилагательных с суффиксом *-е-*, т. е. окончание производящей основы на гласный и определяет выбор варианта -ŏl-, ср. *vitreus → vitreolus, cereus → cereolus, corneus → corneolus, eburneus → eburneolus.*

Вариант **-icŭl-** зафиксирован, главным образом, с основами прилагательных 3-го склонения, где -i- является основообразующим гласным прилагательных, ср. *brevis → breviculus, turpis → turpiculus, mollis → molliculus.* Однако вариант -icŭl- рассматривается часто как самостоятельный и присоединяется к основам прилагательных 1—2-го склонений, ср. *niger, nigra, nigrum → nigriculus, a, um.*

Вариант **-iuscul-** образован, возможно, из форманта сравнительной степени среднего рода -ius и суффикса -cŭl-. Он может соединяться как с примарными, так и со вторичными производными основами, ср. примарные основы: *gravis → graviusculus, pinguis → pinguiusculus, tardus → tardiusculus*; вторичные: *frigidus → frigidiusculus, nitidus → nitidiusculus* и др.

Суффиксы -l-/-ell-/-cell-

Суффикс -l- присоединяется к форме муж. р. прилагательных на -er (см. с. 116) описание аналогичного явления в группе уменьшительных существительных). Ср. *ruber → rubellus, miser → misellus, pulcher → pulchellus, glaber → glabellus, niger → nigellus.* Однако в результате перезложения морфемных границ выделяется суффикс -ell-, который начинает функционировать самостоятельно, ср. *novus → novellus* [501].

Вариант -cell- используется как синоним -icŭl-, ср. *mollicŭlus* (от *mollis*) и *mollicellus*.

Суффикс -astr-

Суффикс -astr- употребляется как с основами существительных в группе десубстантивных существительных, так и с основами прилагательных в рассматриваемой группе. Он включается в парадигму прилагательных на -er- 1—2-го склонений и представлен формантами -aster (муж. р.), -astra (жен. р.), -astrum (ср. р.). Например: *surdus* «глухой» → *surdaster* «глуховатый, тугоухий»; *crudus* «сырой» → *crudaster* «сыроватый», *fulvus* «красно-желтый» → *fulvaster* «желтоватый», *niger* «черный» → *nigraster* «черноватый».

Как показывают примеры, суффикс -astr- обозначает «ослабление признака», указанного мотивирующей основой [545, 558].

Выводы

1. В сфере деадъективных прилагательных наибольший интерес представляют так называемые уменьшительные прилагательные с модифицирующими значениями, выстраивающимися на разных ступенях шкалы интенсивности признака — от *несколько..., немного...* до *довольно..., совсем...* Основной механизм суффиксации в сфере деадъективных прилагательных — это градуирование признака.

2. Словообразовательные значения, формируемые уменьшительными суффиксами, соотносятся с грамматическими значениями степеней сравнения. Словообразовательные суффиксы располагаются как бы на одной шкале со словоизменительным суффиксом сравнительной степени (-*ior*-) и формантом ср. р. сравнительной степени (-*ius*) и с суффиксами превосходной степени (-*issīm*-, -*rĭm*-, -*lĭm*-). И те и другие формируют единицы, обозначающие тот же признак, что и исходное прилагательное, но располагая этот признак на определенной ступени шкалы.

3. Связь с грамматической категорией степеней сравнения находит и формальное отражение в расширенном варианте суффикса -*iuscŭl*- (из форманта ср. р. сравн. ст. -*ius* и суффикса -*cŭl*-) со значением «более» + «менее» = «более – менее».

4. Многообразие вариантов уменьшительных суффиксов связано:

   а) с фонологическим исходом производящей основы (-*ŏl*-);

   б) с переразложением морфемных границ (-*ell*-, -*icŭl*-);

   в) с морфологическим классом исходного прилагательного (-*cŭl*-);

   г) со способностью суффикса расширяться за счет объединения со словоизменительным формантом (-*iuscŭl*-).

5. Уменьшительные суффиксы выбирают как примарные, так и вторичные производящие основы.

6. По своему флективному оформлению деадъективные прилагательные проявляют единство, т. к. все они включаются в парадигму 1—2-го склонений.

7. Между однокоренными производными с разными вариантами уменьшительных суффиксов могут возникать синонимические отношения, ср. *nigriculus — nigellus — nigraster*; *longulus — longiusculus*; *pinguiculus — pinguiusculus* и др. Они разграничиваются в атрибутивных словосочетаниях, ср. *longulus* «длинноватый, довольно длинный (путь)» и *longiusculus* «длинноватый, довольно длинный (стих, рост)»; *pinguiculus* «довольно крупный (растение)» и *pinguiusculus* «довольно жирный (тело)».

§ 9. Общие выводы

1. В главе о **суффиксации в именном словообразовании литературного латинского языка** установлен инвентарь латинских суффиксов в сфере существительного и прилагательного.

Глава II

В сфере **имени существительного** были изучены и описаны по единой схеме 32 исконных суффикса латинского языка, из которых 17 участвуют в девербальном словообразовании, 5 — в деадъективном и 10 — в десубстантивном. Важно подчеркнуть, что в каждой из этих групп суффиксы организуют протяженные словообразовательные ряды, насчитывающие по несколько тысяч примеров. Так, самым продуктивным суффиксом в сфере отглагольного словообразования является суффикс *-iōn-*, насчитывающий более трех тысяч единиц, образованных от основ супина; за ним следуют уменьшительные суффиксы существительных, строящие не менее двух тысяч единиц, а далее суффикс *-ōr-*, «производителя действия», представленный почти в двух тысячах примеров.

Хотя по количеству суффиксов, используемых при создании существительных, преобладают суффиксы, осуществляющие перевод из класса глаголов (17), по количеству значений, развиваемых в сфере именного словообразования, им не уступают суффиксы, образующие существительные от существительных, причем оказывается, что и те и другие покрывают один и тот же круг значений. Так, и отглагольные, и десубстантивные существительные способны выразить значение действующего лица, значение орудия или инструмента действия, локативные значения и т. п. Но если все суффиксы способны создать существительное со значением конкретного предмета, то только девербальные имена развивают значение результата действия, только деадъективные — значения качества или свойства, только десубстантивные — значения уменьшительности и собирательности. (См. таблицу «Производные существительные и их значения»).

В сфере **имени прилагательного** было проанализировано 24 модели, из которых 9 строятся с помощью вербальных основ и 15 с участием именных основ (12 — субстантивных и 3 — адъективных). Наиболее продуктивными являются модели с суффиксами *-at-*, *-al-/-ar-*, *-il-/-bil-*, образующими словообразовательные ряды протяженностью свыше тысячи производных. Все группы объединяет общее, наиболее абстрактное значение «отношения», за ним следуют различающие каждую группу транспонирующие значения («принадлежности», «сходства», «цели» и др.) и модифицирующие («интенсивности признака»). (См. таблицу «Производные прилагательные и их значения»).

2. Суффиксальное словообразование связывают в единую систему модели существительных и прилагательных, по происхождению относящихся к разным частям речи.

Части речи как производящие проявляют разную словообразовательную активность в именном словообразовании. Показателем словообразовательной активности является для нас количество производных [ср. 305, с. 6], которое в нашем материале соотносится с количеством моделей.

Наибольшей словообразовательной активностью обладает глагол, причем его активность проявляется больше (в 3 раза) при образовании существительных, чем прилагательных. Несомненно, производные существительные и производящий

Раздел I. Именное словообразование в латинском языке

Производные существительные и их значения

Мотивирующие основы:	вербальные	адъективные	субстантивные
Суффиксы:	-ion¹-, -or¹-, -ic¹-, -ur-, -ori-; -i-, -min-, -ment-, -or²-, -on-/-ion²-, -bul-, -ul-/-cul-, -br-/-cr-/-tr-, -moni-, -ion³-, -ic²-, -el-	-i-, -iti-, -tat-, -din-, -tudin-	-ul-/-ol- (-cul-, -uncul-), -ell-/-ill- (-cell-), -ari- (-ar-/-al-), -in-, -gin- (-lagin-), -at-, -et-, -astr-, -il-, -iss-, -tut-
Их общее количество:	17	5	10
Значения:	1. Действующее лицо 2. Действие 3. Результат 4. Орудие 5. Место 6. Состояние 7. Конкретный предмет	1. Качество 2. Свойство 3. Состояние 4. Конкретный предмет	1. Уменьшительность, уничижительность 2. Действующее лицо 3. Действие (занятие) 4. Орудие 5. Место 6. Собирательность 7. Состояние, свойство 8. Конкретный предмет

Производные прилагательные и их значения

Мотивирующие основы:	вербальные	адъективные	субстантивные
Суффиксы:	-il-/-bil- (-atil-), -iv-, -ori-, -ici-, -id-, -bund-, -cund-, -u-, -āc-	-ul-/-ol-, -icul-, -iuscul-, -l-/-ell-, -cell-, -astr-	-t/-at-, -al/-ar-, -os-, -ari-, -n- (-in-, -an-), -ic-, -atic-, -e-, -ace-, -ane-, -i- -aci-, -lent-, -ens-, -āc-, -ern-/-urn- (-tern-/-turn-)
Их общее количество:	9	3	12
Значения:	1. Относящийся 2. Могущий, способный, достойный 3. Характеризуемый, характеризующийся свойством 4. Служащий для 5. Принадлежащий 6. Свойственный 7. Обладающий интенсивным признаком	1. Относящийся 2. Характеризующийся ослабленным признаком	1. Относящийся 2. Обладающий, снабженный признаком 3. Подобный, сходный 4. Свойственный, подобающий 5. Изобилующий признаком 6. Состоящий из, сделанный из 7. Каузирующий 8. Предназначенный для

глагол связываются наиболее тесными связями, созданию мостиков между ними служат 17 суффиксов.

Специфика глагола как производящего заключается в том, что в акты девербального словообразования вовлекаются разные глагольные основы: а) чистый корень; б) корень, осложненный показателем класса спряжения, и в) основа супина.

В образовании прилагательных глагол менее активен. Производные прилагательные теснее связаны с производящим существительным (12 суффиксов). Десубстантивных прилагательных больше девербальных более чем в 2 раза. (См. таблицу «Словообразовательная активность основных частей речи»):

Словообразовательная активность основных частей речи

Частеречная принадлежность производящих основ	Частеречная принадлежность производных	К-во суффиксальных моделей	Их общее кол-во	К-во производных	Их общее кол-во
глагол	существительные	17	26	8259	11041
	прилагательные	9		2782	
прилагательное	существительные	5	8	1961	2473
	прилагательные	3		512	
существительное	существительные	10	22	3016	9246
	прилагательные	12		6230	
Всего	существительные	32	56	13236	22760
	прилагательные	24		9524	

3. Поддерживая связи между разными частями речи, суффиксы проецируют значения «своих» частей речи в другую часть речи, у слов которой «заимствуются» ее общекатегориальные значения (процессуальности, предметности или же качества, признака). Связь таких частей речи, как глагол и девербальные имена, прилагательное и деадъективные имена и, наконец, существительное и десубстантивные имена, реализуется в виде семантических осей, характеризующих мотивационные отношения типа:

— «глагол — имя деятеля по глаголу», чему служат суффиксы: *-or¹-, -ic¹-, -on-/-ion²-, -ic²-*;

— «прилагательное — состояние, связанное с наличием признака», чему служат суффиксы: *-i-, -iti-, -dĭn-, -tudĭn-, -tāt-*;

Глава II 155

— «существительное — место нахождения объектов», чему служат суффиксы: *-ari-, -ēt-, -īl-, -īn-* и др.

4. Если объединить суффиксы существительных по формируемым с их помощью значениям, можно выделить следующие ономасиологические группы:

1. nomina agentis: *-or[1]-, -ic[1]-, -ic[2]-, on-/-ion[2]-, -ari-, -āt-, -ēl-, -iss-*;
2. nomina actionis: *-iōn[1]-, -i-, -ūr-, -īn-, -ōr[2]-*;
3. nomina instrumenti: *-mĭn-, -ment-, -bŭl-, -cŭl-, -ŭl-, -br-, -cr-, -tr-*;
4. nomina loci: *-ari-, -ori-, -īn-, -ēt-, -bŭl-, -īl-*;
5. nomina qualitatis: *-i-, -iti-, -tāt-, -tudĭn-, -dĭn-, -tūt-*;
6. nomina deminutiva: *-ŭl-/-ŏl-, -cŭl-, -uncŭl-, -ell-/-ill-, -cell-*;
7. прочие (nomina concreta, collectiva, nomina acti).

5. В подсистеме суффиксации обращает на себя внимание морфологическая асимметрия: с одной стороны, большинство суффиксов многозначны, маркируют несколько значений, а с другой стороны, число словообразовательных значений ограничено, оно меньше, чем количество средств их выражения, в связи с чем одно значение может быть выражено двумя и более суффиксами.

Это связано с поливалентностью большинства именных суффиксов, их способностью строить модели, в которых в качестве производящих выступают основы разной частеречной принадлежности.

6. В суффиксальном словообразовании обнаруживаются смешанные греко-латинские и латино-греческие модели. Некоторые суффиксы существительных (*ari-, -astr-, -iss-*) соединяются с основами разной генетической принадлежности, т. е. с основами латинского или греческого происхождения. С другой стороны, в сфере прилагательного помимо латинских используются и греческие суффиксы (*ĭc-, ăc-*), которые вступают во взаимодействие с латинскими основами. Это имеет большое значение в плане использования смешанных моделей в терминологии.

7. Со структурной точки зрения вариативность (алломорфия) является главной приметой суффиксальной морфемы.

В результате аналогического словообразования и влияния уже существующих продуктивных образцов трактовка основного варианта суффикса и его выделение оказываются чрезвычайно сложными, многочисленные фонетические явления также затемняют морфемные швы (на стыке морфем) и препятствуют четкому опознанию основной формы суффикса.

8. Подвижность посткорневой части производного существительного приводит к перераспределению границ между корнем — основообразующим элементом — суффиксом — флексией; основообразующий элемент начинает тяготеть — в зависимости от своего исконного облика — то к корню, то к соседнему суффиксу; те же процессы характеризуют и взаимоотношения суффикса и флексии, которые в своем слиянии нередко вместе с основообразующим суффиксом (до словообразовательного суффикса) или же вместе с еще одним грамматическим суффиксом

(например, показателем супина) образуют сложные форманты, которые начинают играть роль, эквивалентную суффиксу.

В одном и том же словообразовательном ряду оказываются представленными в виде однотипных со словообразовательной точки зрения структур морфологически различные структуры, что усиливает процессы переразложения в морфологических структурах. Типичным образцом такого поведения суффикса может служить суффикс -ori- в рядах типа: *factorium, territorium, liciatorium* и др., где *factorium* = основа супина + суффикс + флексия, а *territorium* и *liciatorium* = корень + прокладка + основообразующий элемент супина + суффикс + флексия.

9. В отличие от прежних этапов, когда существенную роль играла основа, формирование новой морфологической структуры деривата происходит чаще с ориентацией на корень. Это приводит к сдвигам. Язык как бы стремится освободиться от чересчур громоздких по своему морфологическому составу структур, тем более при утрате автономной семантики отдельными частями этих структур (немотивированным в составе именных производных становится, например, наличие основообразующего элемента, который с семантической точки зрения уже ни о чем не сигнализирует, или же показателя супина, наличие которого или же, напротив, отсутствие которого в составе основы ничего не меняет в ее семантике).

Возможно, что такая неясность семантики (отсутствие прямой мотивированности производного слова) приводит и к попытке ликвидировать эту неясность за счет создания сложных суффиксальных последовательностей, генетически восходящих к нескольким элементам.

Переориентация словообразовательных процессов с основы на корень оказывается впоследствии важным фактором в становлении терминологической системы, расширяющим исходные возможности модели.

10. Гласная на границе корня и суффикса не всегда соответствует основообразующей гласной. Она часто вставляется по аналогии: -i-tor, -a-tor, itūdo, -e-tūdo, -i-tūra, -i-cŭlum, -u-lentus и т. п. Это — так называемая прокладка. Интересно отметить, что конкретный состав прокладки определяется часто требованием провести одну и ту же прокладку по всем производным от одного корня, иначе говоря, представляется, что достаточно мотивированного появления той или иной прокладки после данного корня, как она же по аналогии переносится и на другие производные, где, однако, ни морфологические, ни фонологические соображения, казалось бы, ее появления не вызывают. Иногда, несомненно, прокладка сохраняет особенности основы включающей ее мотивирующей единицы. Ясно, например, что основы глаголов IV спр. типа *audīre, finīre, venīre* и др., могут сохранять в виде прокладки финаль (гласный) основы инфекта. Однако при переразложении и переориентации всего латинского словообразования на корень подобные основообразующие элементы включаются в состав форманта, т. е. соединяются с неосложненным суффиксом.

11. Вариативность суффиксов увеличивается за счет их способности вступать в сложные объединения не только с основообразующим элементом или словоиз-

менительным суффиксом, но и со словообразовательной морфемой. Ср. расширенные варианты суффиксов в сфере существительного (*-moni-*, *-iti-*, *tudĭn*, *-lagĭn-*) и в сфере прилагательного (*-ace-*, *-aci-*, *-ane-*, *-atĭl-*, *-atĭc-*, *-estĭc-*) [383, с. 103].

12. Один и тот же суффикс может оформляться флексиями разных морфологических классов. В одних случаях это приводит к дублетности (*-ia* = *ium*, *-monia* = *-monium*, *-īna* = *-īnum*), а в других — к рождению нового словообразовательного значения (*-ari-*, *-astr-*) или к дифференциации значений (*āt-*, *-īn-*).

13. Дублетность может быть связана не только с разным флективным оформлением, но и с разными суффиксами, соединенными с одной и той же основой. Картина словообразовательной синонимии наиболее ярко представлена в сфере деадъективных существительных, ср. *magnities* = *magnitas* = *magnitudo*, и прилагательных, ср. *nigriculus* = *nigellus* = *nigraster*. Ср. также в девербальном и десубстантивном словообразовании существительные на *-men* и *-mentum*, *-ar* (*are*) и *-arium*, прилагательные на *-ius* и *-eus*, *-eus* и *-icius*, *-lentus* и *-idus* и др.

Глава III. ИМЕННОЕ СЛОВОСЛОЖЕНИЕ В ЛАТИНСКОМ ЯЗЫКЕ

§ 1. Общая характеристика латинского словосложения

Вопреки общепринятому мнению, словосложение занимает большое место в словообразовательной системе латинского языка. Оно просто наименее изучено, и потому общие сведения об этой системе либо вообще отсутствуют, либо с современной точки зрения являются не вполне корректными. Среди немногих работ можно назвать работу Ф. Баде «Образование сложных имен в латинском языке», изданную в Парижском университете в 1962 г. [439]. В работе рассматриваются способы сложения с помощью соединения двух основ, второй из которых является основа существительного или прилагательного. Остальные работы по словосложению представляют собой отдельные фрагментарные исследования (См. Беклунд, Гренье, Дюнтцер, Соссюр, Штольц-Шмальц, Эрну и др.).

К словосложению мы относим такой способ словообразования, при котором новое слово включает не менее двух полнозначных основ или слов. Такое определение позволяет, с одной стороны, разделить словосложение на собственно сложение и основосложение (по тому, какие единицы объединяются в композит — слова или основы). С другой стороны, это позволяет выделить чистое словосложение и противопоставить его парасинтетическому словосложению. В первом случае словообразовательная модель строится как соединяющая разные типы основ, не оформляемых вместе каким-либо специальным суффиксом, но оформляемых флексией. Под сложными словами парасинтетического типа имеются в виду, напротив, такие объединения основ, последняя из которых оформлена до флексии специальным суффиксом.

Близость латинского словосложения синтаксису проявляется отчасти в том, что здесь среди композитов представлены единицы, получающие то слитное, то раздельное написание. О том, что часть композитов представляет собой сливающиеся или интегрируемые словосочетания, свидетельствует такой факт, что первый компонент некоторых композитов склоняется, ср. им. п. ед. ч. *respublica* — род. п. ед. ч. *reipublicae*. У других композитов первый компонент сохраняет форму род. п., что оправдывается семантически, ср. *senatūsconsultum* «постановление сената», *triumvir* «член тройки» (административной единицы), *legis-peritus* «знаток закона», *legis-latio* = *latio legis* «внесение законопроекта», *juris-consultus* = *juris consultus* «правовед, юрисконсульт». Ср. также мотивацию синтаксическим атрибутивным оборотом: *ordia prima* = *primordia* «начало, происхождение», *malum granatum = malumgranatum* «гранат, букв. гранатовый плод» или синтаксическим адвербиальным оборотом: *suave olens = suaveolens* «приятно пахнущий», *grave olens = graveolens* «сильно пахнущий» и т. п.

Колебания в написании свидетельствуют также о процессах становления системы словосложения в латинском языке.

Латинская система словосложения может быть, в основном, охарактеризована как система **основосложения**. Для композитов поэтому имеет большое значение как наличие особых соединительных элементов между первым и вторым компонентами сложения, так и оформление второго компонента, которое относится к оформлению слова в целом.

Правила соединительных гласных проявляют фонологическую зависимость: если вторая основа начинается с согласного, первая основа присоединяется к ней с помощью гласного *-i-*. Исторически он может совпадать как с окончанием первой основы, так и с падежным окончанием первого компонента (*artifex, septicollis, raribarbius*). Если вторая основа начинается с гласного, специального соединительного элемента не требуется (*magnanimus, multannus*). Основы наречий присоединяются ко второй основе без специального соединительного гласного. То же касается иногда и основ существительных 4-го склонения (*benememorius, manuscriptum*). Таким образом, если основа первого компонента имеет в конце специальный показатель, этот показатель в основосложении сохраняется; он меняется лишь у существительных, прилагательных и склоняемых числительных.

В качестве **второго** компонента композитов могут выступать существительные, прилагательные, причастия, глаголы и наречия. Наиболее продуктивными являются модели, в которых в качестве второго компонента выступают существительные и прилагательные. Здесь выделяются связанные основы (*armiger, multiformis, agricola*) и несвязанные (*albicapillus, triangulus, modimperator*). Связанными чаще всего являются основы, образованные от глагола, ср. субстантивные основы: *-fex* от *facĕre* (*artifex*), *-ger* от *gerĕre* (*armiger*), *-ceps* от *capĕre* (*princeps*); или адъективные основы: *dicĕre → dicus, vomĕre → vomus, sonāre → sonus* (*causidicus, ignivomus, dulcisonus*) [439].

Сложные существительные и прилагательные могут быть результатом вторичной деривации, когда они осложнены суффиксом, например, от первичного композита *multiplex* вторично образованы *multiplicabilis, multiplicatio, multiplicator, multiplicitas*.

По своему происхождению модели основосложения могут быть латино-латинскими, греко-греческими, латино-греческими и греко-латинскими. Для латинского языка были характерны заимствования из древнегреческого, который служил источником компонентов и моделей словосложения. Гораций в своей «Ars poëtica» говорит о разных способах образования слов: «искусная связь, делающая слово новым, или греческий источник». Греческие слова латинизировались, адаптируясь как с изменением грамматической формы, так и без изменения. См. примеры моделей:

1) греко-греческие модели — *agoranomos* «агораном — смотритель рынков в Афинах»; *acratophoros* (*-on*) «сосуд для чистого вина»; *agonothetes* «устроитель состязаний» и др.;

2) латино-греческие модели — *altithronus* «высоко восседающий»; *manuballista* «самострел, арбалет»; *rectagonum* «прямоугольник» и др.;

3) греко-латинские модели — *tyrannicida* «тираноубийца»; *turificatio* «сжигание благовоний»; *scaenofactorius* «изготовляющий шатры» и др.

Как в латинских, так и в греческих моделях выделяются продуктивные (частотные) основы. Так, **первые компоненты** представлены такими продуктивными основами, как **адъективные**: *multi-, aequi-, omni-, sacri-, magni-, alti-*; **субстантивные**: *manu-, armi-, juris-/juri-, aqui-, agri-, lani-, auri-, navi-*; **адвербиальные**: *bene-, male-, satis-*. Во **втором компоненте** можно выделить в качестве продуктивных основы: *-fer, -ger, -fex, -ceps, -spex, -formis, -fiscus, -capus, -coquus, -dicus, -legus, -loquus, -volus, -sonus, -parus, -potens, -tenens, -cida, -cola, fuga, -gena, -ficium, -cidium, -fragium* и др.

С семантической точки зрения все композиты можно описать как результат взаимодействия значений первого и второго компонентов композита, причем в этом взаимодействии второй компонент является **опорным**, исходным, так как обозначает характеризуемый процесс, предмет или явление. Первый компонент, указывая на индивидуальные особенности этого процесса, предмета или явления, называет его **признак**. Смысловые отношения между опорным компонентом и признаковым соответствуют отношениям ономасиологического базиса и ономасиологического признака [158]. Базис всегда формируется первым, ему в соответствие ставится некий признак. Семантика опорного компонента влияет на выбор признакового компонента. Например, в композите *aquilifer* «знаменосец» из всех значений *aquila-* «орёл»; «знак, знамя»; «легион»; «созвездие (Орла)»; «рыба (морской орёл)» исходная основа *-fer* выбирает только одно — «знамя» как наиболее соответствующее значению, связанному с глаголом *ferre* «носить», т. е. композит мотивирован словосочетанием «носить знамя».

Опорный компонент может представлять собой многозначную основу, но эта многозначность в композите снимается. Например, в композитах *agricola* «земледелец» и *amnicola* «живущий у реки» *-cola* приобретает общее значение nomina agentis.

Взаимодействие значений опорного и признакового компонентов может привести к дальнейшему семантическому развитию композита. Например, композит *multiplex* (от *multus* «многочисленный» и *plicāre* «складывать, свертывать; свивать») помимо значений «сложный, составной, сильно извитый» развивает еще несколько значений: «многократный, многосторонний, многозначный, во много раз превосходящий, труднопостижимый, переменный, запутанный».

Анализ семантической структуры производных сложных слов показал, что сложение, заключающееся в присоединении одной основы к другой, позволяет указать на индивидуальные особенности предмета или явления, обозначенного производящей основой, и тем самым выделить этот предмет из его же класса.

§ 2. Морфологическая характеристика словосложения в латинском языке

При морфологическом подходе к проблемам словосложения и выборе единиц, отвечающих критерию сложности слова по чисто морфологическим приметам, мы сталкиваемся в латинском языке с огромной массой единиц, представляющих по своему морфологическому составу соединения двух полнозначных основ. И хотя словообразовательный подход, применяемый нами далее по отношению к материалу, показывает, что не все сложные морфологические структуры могут быть отождествлены в качестве сложных слов, остается непреложным фактом широкое распространение композиции, т. е. словосложения в латинском языке. Это уже противоречит общепринятому мнению о том, что в латинском языке словосложение не представляло собой продуктивного способа словообразования.

Выборка материала позволила нам выделить 2720 случаев сложных морфологических структур в сфере имени (следует учесть, что в это число не входят греко-латинские композиты или целиком заимствованные греческие сложные образования). Для общей картины функционирования этого способа словообразования в латинском языке характерно также, что словосложение широко представлено и в сфере глагола. Примечательным обстоятельством латинской системы словосложения оказывается, однако, не только просто существование значительного количества морфологически сложных глаголов, но и:

а) наличие огромного числа таких сложных глаголов, которые становятся источниками (мотивирующими единицами) слов со сложными морфологическими структурами, прежде всего — базами будущих сложных отглагольных имен (существительных и прилагательных);

б) участие одного и того же (обычно — широкозначного) глагола в образовании значительного количества сложных единиц: так, глагол *facĕre* участвует в образовании более ста сложных глаголов, которые дают более 300 производных от них девербальных существительных и прилагательных; глагол *capĕre* дает 8 сложных глаголов, образующих более 70 производных; глагол *dicĕre* — 7 сложных глаголов и 11 префигированных глаголов, которые, вместе взятые, образуют затем около 60 производных имен, и т. д.

Первой задачей, стоящей перед исследователем именного словосложения, становится, таким образом, выделение в материале собственно словосложения и отграничение его от аффиксации, действующей в сфере сложных основ. Это ведет к необходимости разобраться на собранном материале в различиях между морфологической и словообразовательной структурами слов, установить критерии их разграничения, а следовательно, определить направление производности в актах словообразования и конечный акт этого процесса. В этом случае становится очевидным, что латинский язык существенно отличается от европейских языков тем, что развивает словосложение прежде всего в сфере глагола. Если в современных европейских языках типа английского появление сложного слова обязано в подавляющем большинстве случаев обратной деривации (от рожденного до глагола сложного имени), в латинском языке, напротив, масса таких случаев, когда сложное имя рождается на базе созданного до этого сложного глагола. Результатом подобных словообразовательных процессов является появление сложного по своей морфологической структуре имени путем аффиксации, т. е. присоединение обычного аффикса отглагольных имен к сложной глагольной основе. Ср. *judicare* (от *jus, juris + dicĕre*) → *judicium, judiciolum, judicialis, judiciarius, judex, judicatio, judicativus, judicatorius, judicatrix*; *purgāre* (из *purigare* от *purus + agĕre*) → *purgabilis, purgamen, purgamentum, purgatio, purgator, purgatrix, purgativus, purgatorius* и т. п.

Естественно, что в таком случае мы имеем дело с разновидностью аффиксальных процессов, вовлекающих в область своего действия уже не простые, а сложные глагольные основы. Интересно отметить, что по своей семантике это, конечно, типичные отглагольные имена, обозначающие либо общее название действия, либо его производителя, либо его результат. Процессы этого рода охарактеризованы нами при описании соответствующих аффиксов, строящих отглагольные имена с теми или иными обычными для них значениями. Здесь же, в разделе о словосложении, нас интересуют случаи **чистого сложения** именных основ или сложения разных типов основ, дающие сложные существительные и прилагательные. Их структурно-семантическому описанию и посвящается настоящая глава.

Аргументом в пользу рассмотрения сложной морфологической структуры имени в качестве сложного слова, существительного или прилагательного, является для нас отсутствие рядом с ним сложного глагола, который мог бы по своей семантике мотивировать данную единицу. Случаев такого рода в нашем материале — 2720. Представим подробнее характеристику каждого из компонентов, включаемых в сложные слова.

Морфологическая (частеречная) характеристика первых компонентов сложения

Первые компоненты сложения, представленные существительными, прилагательными и частично числительными, соединяются со вторым компонентом с помощью соединительного гласного -*i*- независимо от типа основы имени: *lana → lani-*; *ager → agri-*; *signum → signi-*; *ignis → igni-*; *pars, partis → parti-*; *fluctus, us → flucti-*; *cornu, us → corni-*; *multus, a, um → multi-*; *omnis, e → omni-*. Ср. *lanipes* (от *lana + pes*), *multicolorus* (от *multus + color*), *aurifex* (от *aurum + facĕre*) и др.

Наречия присоединяются ко второму компоненту без соединительной гласной и чаще всего не претерпевают никаких изменений на стыках морфем: *bene → bene-*; *male → male-*; *sesqui → sesqui-*; *primo → primo-*; *satis → satis-*; *semper → semper-*. Ср. *beneficium, maledicus, primogenitus, satisfactio* и др.

Несмотря на то, что в качестве первых компонентов именных комплексов выступают основы разной частеречной принадлежности, их распределение свидетельствует о преимущественном использовании в составе композитов имен существительных, что оказалось важным фактором для становления терминологии.

На основе 2720 сложных именных образований нами были составлены частотные словари первых и вторых компонентов сложения. В первый словарь вошли 230 наиболее употребительных первых компонентов, частотность которых составляет не менее 3 употреблений, и 270 первых компонентов с частотностью 2 (90) и 1 (180). Из 230 наиболее частотных компонентов 152, т. е. 66 %, представляют основы существительных. Прилагательными сформированы 49 первых компонентов, т. е. 21,3 %. Количественные числительные и реже числительные-наречия лежат в основе 16 первых компонентов, т. е. 7 %, однако они представлены в большом количестве производных — 621 — и по этому показателю занимают второе место после существительных. В среднем каждое числительное образует словообразовательный ряд протяженностью в 39 производных. Наречия и глаголы в качестве первых компонентов сложений встречаются реже, наречий всего 7, т. е. 3 %, а глаголов — 6, т. е. 2,6 %. (См. таблицу «Характеристика первых компонентов сложений с точки зрения частеречной принадлежности, продуктивности и частотности», а также фрагмент «Частотного словаря первых компонентов сложных имен»).

Характеристика первых компонентов сложений с точки зрения частеречной принадлежности, продуктивности и частотности

Часть речи	Количество первых компонентов данной части речи (продуктивность)	Количество производных с данным компонентом (частотность)
1. Существительное	152 — 66 %	1147
2. Прилагательное	49 — 21,3 %	462
3. Числительное	16 — 7 %	621
4. Наречие	7 — 3 %	98
5. Глагол	6 — 2,6 %	32
Всего:	230	2360

Частотный словарь первых компонентов сложных имен (фрагмент)

№ пп	Первые компоненты с вариантами	Исходное слово	Кол-во сложных образований
1.	tri-/tres-/trium-	*tres, tria* «три»	184
2.	semi-/sem-	*semis* нескл. «половина»	170
3.	bi-	*bis* «дважды»	136
4.	quadri-/quadru-/quadr-	*quattuor* «четыре»	97
5.	multi-/mult-	*multus, a, um* «многий»	78
6.	mani-/manu-/man-	*manus, us,* f «рука»	53
7.	aequi-/aequ-	*aequus, a, um* «ровный, равный»	45
8.	uni-/un-	*unus, a, um* «один»	44
9.	septem-/septi-/septu-/sept-	*septem* «семь»	33
10.	juris-/jure-/juri-/jus-/jur-/ju-	*jus, juris,* n «право»	31
11.	male-/mali- (арх.)	*male* «плохо»	30
12.	octi-/octu-/octo-/oct-	*octo* «восемь»	25
13.	primi-/prim-/prin-	*primus, a, um* «первый, главный»	25
14.	quinque-/quinqui-/quincu-	*quinque* «пять»	25
15.	omni-	*omnis, e* «всякий, весь»	24
16.	sesqui-	*sesqui* «наполовину; в 1,5 раза»	24
17.	bene-/beni-	*bene* «хорошо»	23

18.	auri-/auro-	*aurum, i*, n «золото»	20
19.	centum-/centu-/centi-	*centum* «сто»	20
20.	lani-	*lana, ae*, f «шерсть»	19
21.	medi-/meri-	*medius, a, um* «средний»	18
22.	alti-	*altus, a, um* «высокий»	17
23.	aqui-/aquae-/aqu-	*aqua, ae*, f «вода»	17
24.	duo-/du-	*duo, duae, duo* «два»	15
25.	igni-	*ignis, is*, m «огонь»	15
26.	sacri-/sacro-/sacer-	*sacer, cra, crum* «священный; святой»	15
27.	armi-	*arma, orum*, n «оружие»	14
28.	muni-/muneri-	*munus, eris*, n «обязанность; дар, подарок»	14
29.	navi-/nau-	*navis, is*, f «корабль, судно»	14
30.	sex-	*sex* «шесть»	14
31.	signi-	*signum, i*, n «знак, сигнал; знамя; изображение»	14
32.	vesti-	*vestis, is*, f «одежда, платье»	14
33.	vini-/vin-	*vinum, i*, n «вино; виноград»	14
34.	aedi-	*aedes, is*, f «комната: храм; дом, здание»	13
35.	agri-	*ager, agri*, m «земля, поле; земельный участок»	13
36.	avi-/au-	*avis, is*, f «птица»	13
37.	longi-/long-	*longus, a, um* «длинный, долгий»	13

§ 3. Структурно-семантическая характеристика вторых компонентов сложения

Вторые компоненты сложений могут быть разделены на две большие группы: у первой из них ономасиологический базис представлен отглагольными образованиями разного типа (существительными или прилагательными). Во второй группе ономасиологический базис формируется за счет основ существительных или прилагательных, т. е. отыменных компонентов. В любом из этих случаев ономасиологический базис характеризуется либо тем, что он представляет собой флективно оформленную, но бессуффиксальную основу существительного или прилагательного, либо, напротив, основу, оформленную сложным формантом, т. е. суффиксом и флексией. И в том и в другом случаях (будь то простая флексия или же флексия в сочетании с суффиксом) конечный формант характеризует сложное слово в целом и придает объединению основ цельнооформленный характер. Поскольку нередко второй компонент композита в целом совпадает с автономной и самостоятельно существующей единицей латинского языка, границы между основосложением и словосложением оказываются здесь стертыми. В качестве первого компонента несомненно выступает основа, зато определить статус второго компонента можно двояким образом. Это — часто самостоятельное слово с тем или иным типом основы в его ядре. Лишь в тех случаях, когда второй компонент сложного слова подвергается тем или иным морфонологическим преобразованиям, о нем можно говорить как о специальной основе сложного слова (ср. *annus → biennium*, *facĕre → artifex*, *canĕre → tubicen* и т. п.). Интересно, что именно из таких, морфонологически преобразованных, основ в терминологии рождаются специальные терминоэлементы (ср. *-fer, -formis, -ficus* и др.).

1. Ономасиологические базисы, представленные отглагольными образованиями

а) Девербальные базисы в сложных существительных

Глагольная основа в составе второго компонента композита может выступать либо в более простом, либо в более сложном виде, т. е. как осложненная каким-либо суффиксом. Последнее указывает скорее на парасинтез, используемый для организации сложного слова в латинском языке.

Важно отметить, что как в первом, так и во втором случае второй компонент может совпадать с автономно существующим отглагольным именем, но может и не совпадать с ним. Ср., например, появление глагольных основ разного типа от глагола *facĕre* в таких морфологически сложных структурах, как *satisfactio*, *calefactio*, *malefactio*, *benefactio*, *patefactio* при наличии отглагольного имени *factio*; как *pudefactus*, *timefactus*, *domefactus*, *ignifactus* при наличии причастия и прилагательного *factus*; как *armifactor, scenifactor, labefactor* при наличии отглагольного существительного *factor*; как *calefactorium, armifactorium* при наличии отглагольного имени *factorium*. Ср., однако, параллельное существование сложных образований, мотивированных соответствующими сложными глаголами от *facĕre*. Среди них особенно распространены образования на *-ficus, -ficatio, -ficator* и др. Например, *lucrificus, spurcificus, magnificus; verbificatio, pacificatio, aedificatio; modificator, justificator, significator* и др.

Если использовать для структурной записи типов моделей обозначения частей речи слов, представленных в композитах, как V, Subst, Adj и др., обозначение суффикса как Suf и флексии как F, то выявленные нами именные модели могут получить как более общее, так и более частное представление (например, при замене символа Suf на конкретную запись суффикса и т. п.). При учете типа отглагольного компонента, образующего второй член композита, следует отметить существование двух моделей, одна из которых реализуется за счет оформления глагольной основы словоизменительной морфемой и может быть представлена в общем виде как V + F, другая же — за счет прибавления определенного суффикса и флексии, что представляется в виде V + Suf + F. Каждая из моделей имеет варианты в зависимости от конкретной реализации ее элементов.

Так, **первая модель V + F** представлена пятью вариантами:

1. V + a (муж. р. 1-е скл.) типа *-cola* от *colĕre*;
2. V + us (муж. р. 2-е скл.) типа *-legus* от *legĕre*;
3. V + um (сред. р. 2-е скл.) типа *-ducum* от *ducĕre*;
4. V + s (муж. р. 3-е скл.) типа *-fex* от *facĕre* и *-ceps* от *capĕre*;
5. V + ø (муж. р. 3-е скл.) типа *-cen* от *canĕre* и *-fer* от *ferre*.

В качестве примеров первой модели представим образцы девербальных базисов с указанием их частотности, исходного глагола и сложных существительных, в которых они участвуют.

С семантической точки зрения все сложные существительные, построенные по модели «1-й компонент + соед. гласный + глагольная основа + флексия» относятся к nomina agentis. Ср. *agricola* «земледелец», *lapicida* «каменотес», *vestispica* «горничная», *funiambulus* «канатоходец», *artifex* «мастер, художник», *cornicen* «трубач», *signifer* «знаменосец» и др. Исключение составляют сложения с ономасиологическим базисом V + um, обозначающим или результат действия (*fideicommissum* «завещание»), или средство (орудие) действия (*dentiducum* «щипцы для удаления зубов»). (См. таблицу «Образцы девербальных базисов сложных существительных, построенных по первой модели»).

Вторая модель V + Suf + F представлена также несколькими вариантами, связанными с разными формантами:

1. V + ium (ср. р. 2-е скл.) типа *-ficium* от *facĕre*;
2. V + entia/antia (жен. р. 1-е скл.) типа *-dicentia* от *dicĕre*;
3. V + io (*-iōnis*) (жен. р. 3-е скл.) типа *-capio* от *capĕre*.

Образцы девербальных базисов сложных существительных, построенных по первой модели

Девербальный ономасиологический базис	Частотность	Исходный глагол	Примеры сложных существительных
1	2	3	4
1. V + a			
-cola	36	colĕre «обрабатывать; обитать, жить»	agricola, plebicola, silvicola, undicola, vericola
-gena	30	genĕre (арх.) = gignĕre «рождать, порождать»	amnigena, flammigena, unigena, verbigena
-cida	15	caedĕre «бить, сечь; рубить; убить»	homicida, lapicida, lignicida, patricida, sororicida
-peta	7	petĕre «стараться, добиваться; просить»	agripeta, honoripeta, lucripeta
-fuga	6	fugĕre «бежать, быстро удаляться; проходить»	aquifuga, erifuga, lucifuga, solifuga
-fraga	3	frangĕre «ломать, разбивать»	calcifraga, ossifraga, saxifraga
-spica	2	specĕre (арх.) = spicĕre «смотреть, глядеть»	haruspica, vestispica
-seca	2	secāre «срезать, стричь»	funiseca, germiniseca
2. V + us			
-legus	3	legĕre «собирать; вскрывать; читать» (извлекать)	aurilegus, dentilegus, sacrilegus
-capus	3	capĕre «брать, взять; принимать, получать» захватывать»	nidoricapus, piscicapus, urbicapus
-ambulus	2	ambulāre «ходить; гулять»	fun(i)ambulus, mariambulus
-dicus	2	dicĕre «говорить; устанавливать»	juridicus, causidicus
3. V + um			
-ducum	1	ducĕre «водить; производить»	dentiducum
-commissum	1	committĕre, commissum «сводить; сопоставлять, доверяться»	fideicommissum

Глава III   169

Образцы девербальных базисов сложных существительных, построенных по первой модели (Окончание)

1	2	3	4
4. V + s			
-fex	18	facĕre «делать, производить»	aedifex, artifex, lanifex, opifex, pontifex
-ceps	8	capĕre «брать, взять; принимать; захватывать»	auceps, manceps, municeps, particeps, princeps
-spex	4	specĕre (арх) = spicĕre «смотреть, глядеть»	auspex, extispex, haruspex, vestispex
-ax/-ex	2	agĕre «гнать, действовать, поступать»	aureax, remex
-dex	2	dicĕre «говорить; устанавливать»	judex, vindex
-pens	2	pendĕre «вешать; взвешивать; ценить»	lanipens, libripens
-lex	1	legĕre «собирать» читать»	aquilex
5. V + ø			
-cen	11	canĕre «петь, трубить, возвещать»	cornicen, fidicen, liticen, tibicen
-fer	5	ferre «носить»	furcifer, signifer

В этой модели могут использоваться и другие суффиксы девербальных существительных, менее продуктивные в сфере словосложения.

По своей семантике сложные существительные с представленными ономасиологическими базисами относятся к nomina actionis или nomina acti, ср. *panificium* «хлебопечение», *superbiloquentia* «высокомерная речь», *usucapio* «приобретение в собственность», *jurisdictio* «ведение судопроизводства» и др. Обращает на себя внимание десемантизация базисного компонента — *cinium* (от *canĕre* «петь; кричать; играть») в некоторых композитах: *patrocinium* (от *patronus* «патрон, покровитель») «покровительство, защита»; *ratiocinium* (от *ratio* «счет, подсчет») «учет, счетоводство»; *tirocinium* (от *tiro* «молодой солдат, новобранец») «начало военной службы» и др. То же самое явление характеризует этот девербальный базис в прилагательных: *cuncticinus* (от *cuncti* «вместе») «совместный», *morticinus* (от *mors* «смерть») «околевший, издохший». Однако в сфере прилагательных одновременно используется базисный компонент — *canus*, сохраняющий значение исходного глагола *canĕre* (См. таблицу «Образцы девербальных базисов сложных существительных, построенных по второй модели»).

Образцы девербальных базисов сложных
существительных, построенных по второй модели.

Девербальный ономасиологический базис	Частотность	Исходный глагол	Примеры сложных существительных
1. V + ium			
-loquium	32	loqui «говорить; рассказывать»	magniloquium, multiloquium, spurciloquium, veriloquium
-ficium	19	facĕre «делать»	beneficium, panificium, sacrificium, vestificium
-cinium	13	canĕre «петь»	bicinium, cornicinium, gallicinium, vaticinium
-cidium	11	caedĕre «бить, рубить; убить»	bovicidium, fratricidium, homicidium
-legium	5	legĕre «собирать, выбирать; читать»	aurilegium, privilegium, sacrilegium, spicilegium
-pendium	3	pendĕre «вешать, взвешивать; ценить»	arvipendium, istipendium, stipendium
-fragium	2	frangĕre «ломать; разбивать»	naufragium, lumbifragium
-lavium	2	lavāre «мыть, купать»	aequilavium, capitilavium
-lustrium	2	lustrāre «святить; освещать; осматривать»	armilustrium, tubilustrium
2. V + entia/antia			
-ficentia, -ficantia	12	facĕre «делать»	honorificentia, maleficentia, murificentia, significantia
-loquentia	11	loqui «говорить, рассказывать»	blandiloquentia, stultiloquentia, superbiloquentia
-dicentia	3	dicĕre «говорить; устанавливать»	falsidicentia, maledicentia, veridicentia
-sonantia	1	sonāre «звучать»	aequisonantia
-viventia	1	vivĕre «жить»	omniviventia
3. V + io (-ionis)			
-capio	2	capĕre «брать, взять, получать»	pignoriscapio, usucapio
-clatio	2	calāre, calatum «созывать, называть»	nomenclatio
-dictio	1	dicĕre, dictum «говорить; устанавливать»	jurisdictio
-ductio	1	ducĕre, ductum «водить, производить»	aquaeductio
-sonatio	1	sonāre, sonatum «звучать	aequisonatio

б) Девербальные базисы в сложных прилагательных

Отглагольные ономасиологические базисы в сложных прилагательных также строятся по двум моделям:

1. V + F
2. V + Suf + F

Первая модель V + F реализуется в двух вариантах, различающихся типами родовых флексий прилагательных:

1. а) V + *us, a, um* (1—2-е скл.) типа *-ficus, a, um* от *facĕre*;

   б) V + Ø, (*us, a, um*) (1—2-е скл.) типа *-ger* (*-gerus, a, um*) от *gerĕre*;

2. V + s (3-е скл.) типа *-ceps* от *capĕre* [439].

Представим ряд образцов девербальных базисов, формирующих сложные прилагательные по первой модели (См. таблицу).

Вторая модель V + Suf + F реализуется также в нескольких вариантах, связанных с конкретным суффиксом, образующим с флексией единый формант:

1. V + *ius, a, um* (1—2-е скл.) типа *-farius, a, um* от *for, fari* «говорить, возвещать»;
2. V + *ŭlus, a, um* (1—2-е скл.) типа *-bibulus, a, um* от *bibo, bibĕre* «пить»;
3. V + *ans/ens* (3-е скл.) типа *-tenens* от *teneo, tenēre* «держать»;
4. V + *ax* (3-е скл.) типа *-loquax* от *loquor, loqui* «говорить, разговаривать»;
5. V + другие форманты прилагательных (*-alis, -arius, -ibilis, -osus* и др.).

(См. таблицу «Образцы девербальных базисов, сложных прилагательных, построенных по второй модели»).

Из двух моделей наиболее продуктивной является первая (V + F) и особенно ее первый вариант (*-fer, -ger, -ficus* и др.).

Обращает на себя внимание стремление к аналогическому выравниванию оформления базисов. Так, наряду с формами на *-fer* и *-ger* встречаются дублетные базисы *-ferus* и *-gerus*; причастные формы на *-ans/-ens*, базисы с суффиксом *-āc-* вступают в синонимические отношения с формами на *-us*, ср. *frugiparens = frugiparus, mellifluens = mellifluus, lucifugax = lucifugus* и др. Дублетность характеризует также отношения между *-fer* и *-ger*, ср. *armiger = armifer, cornifer = corniger* и др.; между *-fer* и *-ficus*, ср. *lucrificus = lucrifer, vulniferus = vulnificus* и др.; между *-plex* и *-plicus*, ср. *multiplicus = multiplex*.

Синонимия связана также и со сходной семантической структурой отглагольных базисов, формирующих сложные прилагательные, которая отражает категориальные значения исходных глаголов — активность или пассивность действия — и соотносится с семантикой причастий. Не случайно поэтому одним из способов выражения активности действия является суффикс причастия настоящего времени *-ant-/-ent-*. Ср. *munditenens* «владеющий миром», *cunctiparens* «всерождающий», ср. также *mollificus* «смягчающий», *falsiloquus* «говорящий неправду», *caecigenus* «слепорожденный», *multifidus* «сильно расщепленный», *multivagus* «много путешествующий», *armifer = armiger* «носящий оружие, вооруженный» и др.

Образцы девербальных базисов сложных прилагательных, построенных по первой модели

Девербальный ономасиологический базис	Частотность	Исходный глагол	Примеры сложных прилагательных
1	2	3	4
1. а) V + us, a, um			
-ficus, a, um	90	facĕre «делать»	lucrificus, magnificus, saxificus, vivificus
-fluus, a, um	37	fluĕre «течь, литься»	ignifluus, mellifluus, multifluus, ventrifluus
-loquus, a, um	34	loqui «говорить, рассказывать»	dulciloquus, falsiloquus, tardiloquus, vaniloquus
-sonus, a, um	29	sonāre «звучать»	clarisonus, gravisonus, terrisonus, unisonus
-genus, a, um	25	genĕre (арх.) = = gignĕre «рожать, порождать»	alienigenus, aquigenus, calcigenus, terrigenus = terrigena
-vagus, a, um	23	vagāri «блуждать»	multivagus, noctivagus, solivagus
-dicus, a, um	16	dicĕre «говорить; устанавливать»	blandidicus, maledicus, spurcidicus, veridicus
-fragus, a, um	9	frangĕre «ломать; разбивать»	navifragus, silvifragus, undifragus
-legus, a, um	9	legĕre «собирать; выбирать; читать»	aquilegus, fatilegus, florilegus, frugilegus
-fidus, a, um	7	findĕre «раздваивать, раскалывать»	bifidus, centifidus, multifidus
-volus, a, um	7	volo, velle «хотеть, желать»	benevolus, lascivolus, omnivolus
-cinus, a, um / -canus, a, um	6	canĕre «петь»	cuncticinus, morticinus, vaticinus = vaticanus, omnicanus
-vomus, a, um	4	vomĕre «извергать»	flammivomus, ignivomus, nimbivomus
-vorus, a, um	3	vorāre «пожирать; истреблять»	carnivorus, monstrivorus, omnivorus
б) V + Ø, (us, a, um)			
-fer, a, um	198	ferre «носить»	fumifer, lucrifer, mortifer, pacifer, pestiferus = pestifer
-ger, a, um (gerus, a, um)	75	gerĕre «нести, носить»	aliger, belliger, naviger, silviger, armigerus = armiger

Глава III

Образцы девербальных базисов сложных прилагательных, построенных по первой модели (Окончание)

1	2	3	4
2. **V + s**			
-plex	16	plicāre «складывать, свертывать»	artiplex, duplex, multiplex, simplex
-ceps	8	capĕre «брать, взять, получать; захватывать»	particeps, princeps, vesticeps
-fex	1	facĕre «делать»	carnifex

Образцы девербальных базисов сложных прилагательных, построенных по второй модели

Девербальный ономасиологический базис	Частотность	Исходный глагол	Примеры сложных прилагательных
1	2	3	4
1. V + ius, -a, -um			
-farius, a, um	8	fari «говорить, воспевать»	bifarius, multifarius, septifarius
-ferius, a, um	1	ferīre «ударять, поражать»	ocliferius
-gradius, a, um	1	gradi «шагать, ходить»	altigradius
-lavius, a, um	1	lavāre «мыть, купать»	lanilavius
-loquius, a, um	1	loqui «говорить»	beniloquius
2. V + ŭlus, a, um			
-gerulus, a, um	5	gerĕre «нести, носить»	damnigerulus, famigerulus, plagigerulus
-bibulus, a, um	2	bibĕre «пить»	meribibulus = parvibibulus
-pendulus, a, um	1	pendĕre «вешать, взвешивать, ценить»	altipendulus
3. V + ans/ens			
-tenens	7	tenēre «держать»	arcitenens, munditenens, omnitenens, signitenens
-loquens	4	loqui «говорить, рассказывать»	blandiloquens, breviloquens, suaviloquens
-parens	4	parĕre «появляться»	cunctiparens, frugiparens, luciparens
-tonans	2	tonāre «греметь, грохотать»	altitonans, celsitonans
-crepans	1	crepāre «звенеть, звучать»	aericrepans

Образцы девербальных базисов сложных прилагательных, построенных по второй модели (Окончание)

1	2	3	4
4. V + ax(-acis)			
-loquax	6	loqui «говорить; рассказывать»	falsiloquax, magniloquax, multiloquax
-vorax	2	vorāre «пожирать, истреблять»	carnivorax, vinivorax
-dicax	1	dicĕre «говорить; устанавливать»	maledicax
-fugax	1	fugĕre «бежать»	lucifugax = lucifugus
-sonax	1	sonāre «звучать»	ventisonax

Суффикс -*āc*-, как и в девербальных прилагательных, оформляя ономасиологический базис, придает ему значение активности действия и указывает на интенсивность признака (способность, склонность к действию), ср. *multiloquax* «словоохотливый», *lucifugax* «одержимый светобоязнью» и др.

Суффикс -*ŭl*- теряет свое значение уменьшительности; базисы, его включающие, дублируют бессуффиксальные компоненты, *meribibulus = merobibus* «пьющий чистое вино (не смешанное с водой)», *plagigerulus = plagiger* «терпящий побои» и др.

2. Ономасиологические базисы, представленные отыменными образованиями

а) Десубстантивные базисы в сложных существительных

Ономасиологические десубстантивные базисы в сложных существительных строятся по двум моделям:

1. Subst = Subst с повторением исходного существительного в неизменном виде;

2. Subst + Suf = F с прибавлением к основе исходного существительного суффикса и флексии.

При реализации **первой модели** в качестве исходного может быть использовано существительное любого склонения, простое или производное, ср. *semicirculus* от *semi + circulus*, *ludimagister* от *ludus + magister*, *dicto-audientia* от *dictum + audientia*, *auripigmentum* от *aurum + pigmentum*, *acrifolium* от *acer, acris + folium* и др. Иногда при соединении с первым компонентом изменяется корневая гласная исходного существительного, ср. *sinciput* от *semi + caput*; *semis, semissis* от *semi- + as, assis*.

Особый случай представляет исходное существительное *jugum*, от которого в композите осталась одна согласная -*g*-, соединяющаяся с флексией другого склонения, ср. -*bi-g-a*, *tri-g-a*, *quadri-g-ae* и др.

Большинство десубстантивных базисов формируются по **второй модели** и тоже иногда с изменением корневой гласной, ср. *annus — ennium*. Эта модель реализуется с помощью форманта -*ium*, наиболее продуктивного при парасинтезе. Он включает композиты в парадигму ср. р. 2-го склонения.

(См. таблицу «Образцы десубстантивных базисов сложных существительных, построенных по второй модели»).

Образцы десубстантивных базисов сложных существительных, построенных по второй модели

Десубстантивный базис	Частотность	Исходное существительное	Примеры сложных существительных
Subst + ium			
- ennium	13	annus «год»	biennium, decennium, sexennium, vicennium
- noctium	4	nox, noctis «ночь»	aequinoctium, binoctium, trinoctium
- pondium	4	pondus, ponderis «вес; груз»	assipondium, duopondium, centumpondium
- finium	2	finis «предел, конец»	quadrifinium, trifinium
- fundium	2	fundus «дно»	latifundium, solifundium
- lunium	2	luna «луна»	novilunium, plenilunium
- cenium	1	cena «обед»	domicenium

Ономасиологический десубстантивный базис обозначает характеризуемый предмет или явление, а ономасиологический признак помогает выделить этот предмет или явление, указывая на его индивидуальные особенности. Ср. *domus* «дом» + *cena* «трапеза» → *domicenium* «домашняя трапеза»; *latus* «широкий» + *fundus* «поместье» → *latifundium* «обширное поместье»; *novus* «новый» + *luna* «луна» → *novilunium* «новолуние»; *arcus* «дуга» + *sella* «кресло» → *arcisellium* «кресло с выгнутой спинкой» и др. В качестве признакового компонента в сложных существительных с десубстантивным базисом часто употребляются числительные и частица *semi-* «полу-», придающие количественную характеристику предмету или явлению, ср. *semifunium* «полуканат», *semibos* «полубык», *semiglobus* «полушар», *trihorium* «три часа», *vicennium* «20-летие», *millefolium* «тысячелистник», *biga* «парная запряжка», *quadrigae* «колесница, запряженная четырьмя лошадьми» и др.

б) Десубстантивные базисы в сложных прилагательных

В сложных прилагательных десубстантивный ономасиологический базис образуется по двум моделям:

1. Subst + F
2. Subst + Suf + F

Первая модель Subst + F реализуется в трех вариантах, связанных с конкретными родовыми флексиями:

1. Subst + us, a, um (1—2-е скл.) типа -*barbus, a, um* от *barba*;
2. Subst + is, e (3-е скл. 2 группа) типа -*formis, e* от *forma*;
3. Subst + s (3-е скл. 3 группа) типа -*ceps* от *caput*.

(См. таблицу «Образцы десубстантивных базисов сложных прилагательных, построенных по первой модели»):

Образцы десубстантивных базисов сложных прилагательных, построенных по первой модели

Десубстантивный базис	Частотность	Исходное существительное	Примеры сложных прилагательных
1	2	3	4
1. Subst +us, a, um			
-comus, a, um	17	coma «волосы, кудри»	albicomus, frondicomus, veticomus
-angulus, a, um	11	angulus «угол»	aequiangulus, multangulus, quadrangulus
-acinus, a, um	10	acinus «ягода»	amaracinus, duracinus, rosacinus
-animus, a, um	9	animus «дух, душа»	aequanimus, longanimus, unanimus
-folius, a, um	8	folium «лист»	acrifolius, latifolius, rotundifolius
-aevus, a, um	5	aevum «век»	grandaevus, magnaevus, primaevus
-barbus, a, um	4	barba «борода»	illutibarbus, longibarbus, pexibarbus
-capillus, a, um	4	capillus «волосы»	atricapillus, crispicapillus, versicapillus
-pedus, a, um	2	pes, pedis «нога»	aequipedus, fluxipedus
-vocus, a, um	2	vox, vocis «голос»	semivocus, univocus

Глава III 177

Образцы десубстантивных базисов сложных прилагательных, построенных по первой модели (Окончание)

1	2	3	4
2. Subst + is, e			
-formis, e	19	forma «форма, образ»	biformis, multiformis, triformis, uniformis
-ennis, e	17	annus «год»	decennis, novennis, sexennis, undecennis
-remis, e	10	remus «весло»	biremis, decemremis, quadriremis, triremis
-animis, e	6	animus «дух; душа»	magnanimis, multanimis, pussilanimis
-comis, e	4	coma «волосы, кудри»	bicomis, horricomis, leucocomis
-caulis, e	3	caulis «стебель»	multicaulis, unicaulis
-linguis, e	3	lingua «язык»	bilinguis, tardilinguis
-membris, e	3	membrum «член»	bimembris, trimembris
-ceris, e	2	cera «воск»	albiceris, meliceris
-ermis, e	1	arma «оружие, вооружение»	semiermis
3. Subst + s			
-ceps	7	caput, capitis «голова»	biceps, quadriceps, triceps, uniceps
-cors	7	cor, cordis «сердце»	misericors, mundicors, tardicors
-lix	3	licium «пояс»	bilix, tetralix, trilix
-ers	2	ars, artis «искусство, мастерство»	sollers, insollers

Наиболее продуктивными являются десубстантивные базисы на *-us* и на *is*, причем они часто дублируют друг друга, *magnanimus = magnanimis, bilinguus = bilinguis, semiermis = semiermus* и др.

В некоторых случаях изменяется корневая гласная исходного существительного, ср. *annus → ennis; arma → ermis; caput, capitis → -ceps, -cipitis; ars, artis → -ers, -ertis*.

Вторая модель Subst + Suf + F также имеет три варианта, связанных с конкретными, наиболее употребительными суффиксами:

1. Subst + ius, a, um (1—2-е скл.) типа *-finius, a, um* от *finis*;

2. Subst + ans (3-е скл. 3 группа) типа -*comans* от *coma*;

3. Subst + alis, e (3-го скл. 2 группа) типа -*noctialis, e* от *nox, noctis*.

(См. таблицу «Образцы десубстантивных базисов сложных прилагательных, построенных по второй модели»):

Образцы десубстантивных базисов сложных прилагательных, построенных по второй модели

Десубстантивный базис	Частотность	Исходное существительное	Примеры сложных прилагательных
1. Subst +ius, a, um			
-cerius, a, um	3	cera «воск»	primicerius, secundicerius
-finius, a, um	3	finis «предел, конец»	arcifinius, quadrifinius, trifinius
-cordius, a, um	2	cor, cordis «сердце»	pravicordius, torticordius
-granius, a, um	2	granum «зерно»	centigranius, septigranius
-cerebrius, a, um	1	cerebrum «мозг»	caldicerebrius
-memorius, a, um	1	memoria «память»	benememorius
-nomius, a, um	1	nomen «имя»	uninomius
-nummius, a, um	1	nummus «монета»	negotinummius
-pedius, a, um	1	pes, pedis «нога»	fulcipedius
-scapius, a, um	1	scapus «стебель, ствол»	grandiscapius
-venius, a, um	1	vena «вена»	crassivenius
2. Subst. + ans (-antis)			
-comans	6	coma «волосы, кудри»	flammicomans, flavicomans, hirquicomans
-pedans	1	pes, pedis «нога»	aequipedans
-sulcans	1	sulcus «борозда»	trisulcans
3. Subst + alis, e			
-fascalis, e	2	fascis «связка, пучок»	quinquefascalis
-noctialis, e	2	nox, noctis «ночь»	aequinoctialis

Количество вариантов может быть увеличено за счет других десубстантивных суффиксов прилагательных, ср. форманты -*anus*, -*aneus*, -*atus*, *icus*, но они встречаются в единичных примерах композитов, причем вторичных, образованных от других сложений с помощью суффиксации.

Наиболее продуктивным в этой группе десубстантивных базисов является формант *-ius*, который, как указывают Штольц и Шмальц, с индогерманских времен используется для оформления сложных прилагательных [554, с. 208].

Обращает на себя внимание суффикс причастий *-ant-* (*-ans*, *-antis*), который здесь соединяется с основами существительных и вносит причастные значения активности или пассивности, ср. *flammicomans* «огненнокудрый, пылающий (факел)», *trisulcans* «расщепленный натрое» и др. Однако эта модель базиса часто заменяется на бессуффиксальную, оформленную флексией *-us*. Композиты с такими базисами выступают как дублеты, ср. *flavicomans* = *flavicomus*, *auricomans* = *auricomus*, *trisulcans* = *trisulcus*.

Семантическая структура десубстантивных базисов с ее транспонирующими значениями поссесивности, наличия свойства дополняется значениями количества или качества, выраженными первым, признаковым, компонентом, в котором представлены в основном прилагательные или числительные, ср. *unanimus* «единодушный», *atricapillus* «черноволосый», *biceps* «двуглавый», *triremis* «имеющий три ряда вёсел», *decennis* «десятилетний», *semiermis* «наполовину вооруженный», *crassivenius* «с толстыми жилами», *auricomans* «златокудрый» и др. Числительные *tres* и *ter* в роли первого компонента сложения часто передают значение усиления качества, интенсивности признака, названного вторым компонентом сложения, ср. у Плавта *trifur* «тройной (т. е. отъявленный) вор, всем ворам вор», *terveneficus* «трижды отравитель, т. е. всем злодеям злодей», у Плиния Старшего — *triparcus* «трижды скупой, т. е. невероятно скупой», у Ювенала — *triscurria* (pl.) «развеселые шутки» и т. п.

3. Ономасиологические базисы, представленные деадъективными образованиями

а) Деадъективные базисы в сложных существительных

Композиты с деадъективным ономасиологическим базисом — самая малочисленная группа именных сложений. Сложные существительные занимают в ней небольшое место, они образованы или путем субстантивации, ср. *sex + primus → sexprimi* (pl.), *fenum + graecus → fenugraecum*, *neuter + defectivus → neutro-defectivum*; или путем вторичной деривации, ср. *animaequitas* от *animaequus*, *primipilarius* = *primipilaris* от *primipilus*.

Лишь единичные деадъективные базисы образованы по модели **Adj + Suf + F** с вариантами:

1. Adj. + ium (2-е скл.)
2. Adj + atio (3-е скл.)

Первый вариант реализуется в базисе -*sextium* от *sextus, a, um* «шестой» в композите *bisextium* «високосный (шестой день мартовских календ, который повторялся дважды в високосный год)». Второй вариант представлен в деадъективном базисе — *latatio* от *latus, a, um* «широкий» в композите *aequilatatio* «равное расстояние, равная ширина».

б) Деадъективные базисы в сложных прилагательных

Сложные прилагательные с деадъективным ономасиологическим базисом образуются регулярно путем присоединения к первому компоненту сложения исходного прилагательного без изменения его морфологического облика. Ср. *semi* + *canus* → *semicanus* «полуседой», *auris* + *flaccus* → *auriflaccus* «вислоухий», *multus* + *florus* → *multiflorus* «покрытый множеством цветов» и др.

Лишь в единичных случаях образование сложного прилагательного сопровождается другим оформлением, т. е. переводом в другой морфологический класс, ср. *levis* + *densus* (2-е скл.) → *levidensis* (3-е скл.) «легкий, неплотный»; *nox, noctis* + *vigil* (3-е скл.) → *noctuvigilus* (2-е скл.) «бодрствующий по ночам».

В некоторых сложных прилагательных ономасиологический деадъективный базис подвергается в словообразовательном акте определенным морфонологическим преобразованиям. Так, одна и та же адъективная основа встречается и в составе прилагательного *plenus* «полный», и в составе сложного прилагательного *locuples* «богатый, обильный» из *locus* + *plenus*. Преобразование адъективной основы в составе сложного прилагательного может быть связано со взаимодействием компонентов на морфемном шве, ср. *aequiternus* «столь же вечный» из *aeque* + *aeternus*.

В семантическом плане сложные прилагательные с деадъективным базисом обозначают градуированный признак (качество, свойство). В качестве модификатора выступают первые компоненты, которые представлены в основном числительными, прилагательными и *semi-* «полу-», ср. *semiacerbus* «наполовину неспелый»; *semiatratus* «одетый наполовину в черное»; *semicrudus* «полусырой»; *trigeminus* «тройной»; *triparcus* «трижды скупой, т. е. невероятно скупой»; *verisimilis* «правдоподобный»; *sempervivus* «вечнозеленый» и др.

§ 4. Именные композиты греческого происхождения

В силу исторически сложившихся условий, культурных, научных и общеобразовательных традиций латинский язык широко заимствовал лексические и словообразовательные средства греческого языка. Особенно это заметно в системе словосложения, которое широко было представлено в греческом языке и отражало одно из его характерных выразительных свойств — краткость и емкость в обозначении многочисленных категориальных признаков.

Если в аффиксации мы не выделяли в качестве самостоятельных греческие префиксы и суффиксы, так как они заимствовались вместе с производными греческими словами и не воспроизводились в соединении с латинскими основами, то в словосложении мы наблюдаем, с одной стороны, картину массового заимствования греческих композитов — из общего числа сложных слов (4182 единицы) — 1462, т. е. 35 % — греческого происхождения. Из 836 основ, выступающих в роли первого компонента, 338, т. е. 40 % — греческого происхождения. С другой стороны, греческие частотные компоненты легко вступали в соединение с латинскими, образуя композиты-гибриды. Поэтому наряду с греко-греческими моделями (*theologia, monolithus, horoscopium, cosmographia, aegocephalus* и др.) выделяются и греко-латинские модели (*monoculus, hymnidicus, leucocomus, naufragium, thurificatio* и др.), а также латино-греческие (*quadrigamus, arcuballista, pultiphagus* и др.).

На основе 1462 именных композитов греческого происхождения, зафиксированных в словаре Градевитца [633], нами были составлены частотные словари первых и вторых компонентов сложения. В словарь первых компонентов вошли 338 единиц. Из них 229, т. е. 67,8 % представляют основы существительных, 70, т. е. 20,7 % — основы прилагательных, 17, т. е. 5 % — основы глагола. Количество числительных и наречий ограничено — 3,5 % и 3 %, однако, по количеству композитов они превосходят глагол более чем в 3 раза. (См. таблицу «Характеристика первых компонентов греческих композитов», а также фрагмент «Частотного словаря первых компонентов греческих композитов»):

Характеристика первых компонентов греческих композитов (с точки зрения частеречной принадлежности, продуктивности и частотности)

Часть речи	Количество первых компонентов (продуктивность)	Количество производных с данным компонентом (частотность)
1. Существительное	229 — 67,8 %	786
2. Прилагательное	70 — 20,7 %	295
3. Глагол	17 — 5 %	49
4. Числительное	12 — 3,5 %	177
5. Наречие	10 — 3 %	155
Всего:	338	1462

Частотный словарь первых компонентов греческих композитов (фрагмент)

Первые компоненты с вариантами	Кол-во композитов	Первые компоненты с вариантами	Кол-во композитов
mon-	61	hepta-	12
arch-/archi-/arche-	49	meli-	12
eu-	45	oen-	12
poly-	43	auto-/tauto-	12
pseud-	38	mes-	11
tetra-	36	di-	10
chrys-	30	ge-	10
hydr-	28	haem-	10
penta-	27	mel-	10
cham-/chamae-/chame-	25	astr-	10
oxy-	24	heli-	9
hipp-	23	on-	9
leuc-	23	top-	9
pan-	23	cyn-	8
hemi-	22	leont-	7
hol-	22	acr-	6
phil-	22	aeg-	6
the-	19	bibli-	6
chir-	16	cac-	6
hexa-	16	hier-	6
orth-	16	lept-	6
melan-	14	lith-	6
trag-	14	my-	6
nau-	13	opisth-	6
taur-	13	paed-	6
chor-	12	physi-	6

Первые компоненты сложения соединяются со вторым компонентом в основном с помощью соединительного гласного -*o*-[*], правила появления которого такие же, как и для латинского -*i*-: если вторая основа начинается с согласного, требуется соединительный гласный, ср.: *chrys-o-lithus, hydr-o-phylax, psychr-o-lusia, physi-o-logia* и др. Если вторая основа начинается с гласного, специального соединительного гласного не требуется, ср. *chrys-anthes, mon-archia, paed-agogus* и др. В смешанных греко-латинских и латино-греческих композитах используется латинский соединительный гласный -*i*-, ср. греко-латинские: *taur-i-cornis, tyrann-i-cida, sceptr-i-fer,* и латино-греческие: *alt-i-thronus, pult-i-phagus, quadrigamus.* Однако в некоторых случаях латинский компонент присоединяется к греческому с помощью соединительного гласного -*o*-, ср. *scaen-o-factorius* или *dextr-o-cherium.* Большинство числительных (*di-, tri-, tetra-, penta-, hexa-, hepta-, hecaton-* и др.) и наречий (*eu-, poly-, hemi-, chamae-, palin-, hedy-* и др.) присоединяются ко второму компоненту без соединительного гласного, ср. *eurhythmia, penta-phyllon, poly-gonum, tetra-pharmacum* и др.

Анализ ономасиологических базисов, т. е. **вторых компонентов** греческих композитов показал, что они так же, как и в латинских композитах, могут быть девербальными, десубстантивными и деадъективными. Они также строятся по двум моделям — бессуффиксальной и суффиксальной. Наиболее употребительными моделями в сфере существительных являются модели на -*us*, -*ia*, -*ium*, а в сфере прилагательных на -*icus*. Обращает на себя внимание использование латинских суффиксов прилагательных с греческими основами, ср. -*alis/-aris*, -*anus*, -*arius*, -*inus*, -*ius*.

Характерно гнездование однокоренных базисов в виде трех-, пяти-, семичленных цепочек. Ср. -*gonus, -gonum, -gonia, -gonium, -gonicus, -gonius, gonalis* и др. (См. фрагмент «Частотного словаря ономасиологических базисов греческих композитов»).

Семантика заимствованных греческих компонентов восполняет, по-видимому, недостающие содержательные элементы латинского языка — не столько в силу отсутствия аналогичных лексем в латинском языке (иначе в терминологии не сложилась бы система, насыщенная дублетами типа *pseudo*- и *quasi*-), сколько либо в силу большей обобщенности значения греческих компонентов, либо в силу маркированности таких компонентов «книжными», «научными» ассоциациями. Ведь из греческого языка заимствовались если не всегда термины в буквальном смысле этого слова, то, несомненно, «ученые», «книжные» слова (названия наук, заболеваний, методов обследования и др.). Мейе и Вандриес, характеризуя словосложение как способ словообразования в самом греческом языке, подчеркивают архаичность

---

[*] В качестве соединительного гласного в заимствованных греческих композитах встречается гласный -*i*-, связанный с основами существительных 3-го греческого склонения, однако отмечается тенденция к его замене на наиболее употребительный соединительный гласный -*o*-, ср. *nycticorax* и *nyctostrategus*.

Частотный словарь вторых компонентов греческих композитов (фрагмент)

№ пп	Основа	Варианты ономасиологических базисов	Кол-во композитов
1.	-log-	-logus, -logia, -logium, -logicus, logiaris, -logumena	46
2.	-graph-	-grapha, -graphus, -graphia, -graphicus, graphitis, -grapharius	35
3.	-phor-	-phora, -phorus, -phorum, -phoria, phorium, -prophoron	24
4.	-gon-	-gonus, -gonum, -gonia, -gonium, gonius, -gonicus, -gonalis	23
5.	-arch-	-archa, -arches, -archus, -archia, archium, -archianus	21
6.	-metr-	-metra, -metres, -meter, -metrus, -metria, -metricus, -metricalis	17
7.	-phyll-	-phyllos, -phyllon, -phyllum, -phyllis, triphyllon	16
8.	-pod-	-pus, -podia, -podium	16
9.	-pol-	-pola, -polis, -polia, -polium, -polarius	14
10.	-anth-	-anthes, -anthus, -anthium, -anthinus, anthemis, -anthemon	13
11.	-scop-	-scopus, -scopia, -scopium, -scopius, scopicus	13
12.	-mel-	-meli, -mel, -mel(l)um	12
13.	-mach-	-machus, -machia, -mach(i)arius	11
14.	-nom-	-nomus, -nomia, -nomium, -nomicus	10
15.	-ophthalm-	-ophthalmos, -ophthalmon, -ophthalmia	10
16.	-phon-	-phonos, -phonon, -phonia	10
17.	-phylac-	-phylax, -phylacia, -phylacium	10
18.	-agog-	-agoga, -agogus, -agogia, -agogium, agogicus, -agogatus, -agogianus	9

композитов и их тяготение к высокому стилю [513, с. 393]. В латинский язык проникали, как считает И. М. Тронский [383, с. 130], греческие слова из сферы производства и материальной культуры.

§ 5. Общие выводы

1. Описание словосложения в литературном латинском языке связано, во-первых, с проблемой отделения чистого словосложения от парасинтетического, когда для создания соответствующего композита недостаточно соединения основ в единое целое, но когда для их оформления требуется специальный суффикс. Все

модели, описанные нами как включающие тот или иной суффикс перед флексией, должны, следовательно, рассматриваться как парасинтетические, созданные путем одновременного действия сложения и суффиксации. Параллельно таким парасинтетическим моделям наблюдается, однако, во всех областях словосложения оформление сложной основы только флексией.

Таким образом, и в сфере существительного, и в сфере прилагательного композиты строятся по двум моделям — бессуффиксальной и суффиксальной. Из них бессуффиксальная модель более продуктивна: сконструированных по ней композитов в 4 раза больше, чем образованных по суффиксальной модели.

2. Во-вторых, сложной проблемой латинского словосложения является вопрос о дифференциации единиц, созданных на базе сложного глагола путем аффиксации, с одной стороны, и единиц, созданных путем прямого сложения именных основ с отглагольными базисами — с другой.

В результате решения этого вопроса удалось выявить и описать именные композиты (существительные и прилагательные) с девербальными, десубстантивными и деадъективными базисами. Из них преобладают композиты с девербальными ономасиологическими базисами. Менее продуктивны композиты с деадъективным базисом.

Сложных прилагательных в 2 раза больше, чем сложных существительных, модели прилагательных отличаются соответственно большей продуктивностью.

В сложных прилагательных прослеживается тенденция к модельной аналогии, к выравниванию под наиболее частотные формы ономасиологических базисов, что приводит к дублетности, ср. *altivolans* = *altivolus*, *armigerus* = *armiger*, *meribibulus* = *merobibus* и др.

Наиболее продуктивными базисами, сформированными по бессуффиксальной модели, являются:

в сфере существительного — *-cola, -gena, -cida, -peta, -fuga, -fex, -ceps, -cen*;

в сфере прилагательного — *-fer, -ger, -ficus, -fluus, -loquus, -sonus, -genus, -vagus, -dicus, -fragus, -legus, -fidus, -volus, -plex, -ceps (-cipis); -comus, -angulus, -acinus, -animus, -formis, -ennis, -remis, -ceps (-cipitis), -cors*.

Наиболее продуктивными базисами, реализующими суффиксальную модель, являются:

в сфере существительного — *-loquium, -ficium, -cinium, -cidium, -cipium, -ennium, -loquentia, -ficentia*;

в сфере прилагательного — *-farius, -cerius, -finius, -loquax, -tenens, -comans*.

3. Словосложение, с одной стороны, тесно связано с префиксацией — сложные слова и префиксальные производные строятся по одним и тем же моделям, ср. *agricola* (от *ager* + *colĕre*) и *accola* (от *ad-* + *colĕre*); *aequipondium* (от *aequus* + *pondus*) и *superpondium* (от *super-* + *pondus*); *misericors* (от *miser* + *cor*) и *concors* (от *con-* + *cor*); *biceps* (от *bis* + *caput*) и *praeceps* (от *prae-*+ *caput*) и т. п.

С другой стороны, словосложение взаимодействует с суффиксацией, о чем свидетельствуют парасинтетические модели, причем некоторые форманты выделяются как характерные именно для парасинтеза, ср. *-ium* для существительных и *-ius* для прилагательных как в сфере сложений, так и в сфере префиксально-суффиксальных образований (*trivium* и *ambivium*, *versicolorius* и *discolorius*).

4. В качестве первых компонентов сложения выступают преимущественно основы существительных, менее продуктивны основы прилагательных и числительных. Основа глаголов и наречий используется редко.

5. С целью более полной характеристики реально существующей системы словосложения в латинском языке и с учетом той роли, которую играют в терминологии компоненты греческого происхождения и структурные модели греческих композитов, были проанализированы композиты греческого происхождения и гибридные композиты греко-латинского происхождения.

В результате анализа **первых компонентов** сложения установлено, что и в латинских, и в греческих композитах наиболее продуктивными являются модели с основами существительных. Распределение основ прилагательных и наречий также совпадает в латинских и греческих композитах. Что же касается глагольных основ, то они в качестве первого компонента выступают почти в 2 раза чаще в греческих композитах, чем в латинских, а числительные, наоборот, в латинских композитах в 2 раза продуктивнее, чем в греческих. (См. таблицу):

Сравнительная таблица частеречной характеристики первых компонентов сложения латинского и греческого происхождения

Часть речи	Количество первых компонентов (продуктивность) в %		Количество производных (частотность)	
	лат.	греч.	лат.	греч.
1. Существительное	66,0%	67,8%	1147	786
2. Прилагательное	21,3%	20,7%	462	295
3. Глагол	2,6%	5,0%	32	49
4. Числительное	7,0%	3,5%	621	177
5. Наречие	3,0%	3,0%	98	155
ВСЕГО:	230	388	2360	1462

Среди первых компонентов греческих композитов наиболее частотными являются: *mon-*, *archi-*, *eu-*, *poly-*, *pseud-*, *hydr-*, *oxy-*, *leuc-*, *pan-*, *hemi-*, *phil-*, *chir-*, *auto-*, *haem-*, *top-* и др.

Анализ **вторых компонентов** греческих композитов показал существование двух моделей, по которым строятся ономасиологические базисы, — бессуффиксальной и суффиксальной — и тенденцию к полной адаптации греческих композитов в латинском языке, что выражается в латинских флексиях и формантах, оформляющих греческий композит.

Среди вторых компонентов греческих композитов наиболее частотными являются: *-logia*, *-graphia*, *-phoria*, *-metria*, *-podia*, *-scopia*, *-ophthalmia*, *-phonia*, *genia*, *-tomia*, *-tonia* и др.

Характерно, что в медицинской терминологии именно греческие частотные компоненты являются основополагающими при конструировании сложных терминов. Наиболее частотные компоненты, выявленные нами в литературном латинском языке, образуют и там протяженные терминологические ряды.

6. Система латинского словосложения в ходе ее контакта с греческим языком подвергалась существенным преобразованиям, заимствуя прежде всего легкость и свободу комбинирования элементов, характерные для греческого языка в области именного словосложения. Об этом свидетельствует существование гибридных композитов, объединяющих гетерогенные элементы, ср. греко-латинские и латино-греческие модели. Некоторые структурные характеристики греческих композитов вторгаются в организацию сложных слов латинского языка. Это касается прежде всего появления соединительного гласного *-о-* на стыке полнозначных основ.

7. Большинство композитов и латинского, и греческого происхождения представляют собой объединения двух основ. Трехкомпонентные композиты встречаются редко, и они чаще всего стилистически маркированы, ср. композиты в комедиях Плавта: *turpilucricupidus* ирон. «падкий на нечестивую наживу» (от *turpis* + *lucrura* + *cupidus*); *trivenefica* бран. «ведьма из ведьм» (от *tres* + *venenum* + *facĕre*); *Nugipolyloquides* «невероятный пустомеля», шутл. имя (от лат. *nugae* + греч. *poly* + лат. *loqui* + греч. формант *-ides*). Последний пример показывает свободное соединение в одном композите латинских и греческих элементов. Стилистическое использование латинских композитов подчеркивает И. М. Тронский: «сложение слов свойственно главным образом высокому стилю или пародийно-шутливому» [383, с. 103].

8. Рассмотрение словосложения в литературном латинском языке представляется как предварительное, на фоне которого в следующем разделе исследуется дальнейшая судьба способов формирования сложных слов в медицинской терминологической системе.

Раздел II. СИСТЕМА ТЕРМИНООБРАЗОВАНИЯ В СОВРЕМЕННОЙ ЛАТИНСКОЙ МЕДИЦИНСКОЙ ТЕРМИНОЛОГИИ

Латинский язык оживает в терминообразовании: до сих пор можно говорить о продуктивности тех или иных аффиксальных и корневых морфем этого языка. Латинское терминообразование проливает свет на терминообразование в современных европейских языках, т. к. многие латинские и латинизированные греческие лексические и словообразовательные единицы используются в современных языках для образования новых терминов в различных областях науки.

Терминообразование — самая малоизученная область словообразования. Между тем без тщательного его исследования невозможно создать полной картины словообразования того или иного языка, выявить его особенности, т. к. многие специфические явления характерны только для терминообразования. Целый ряд аффиксов, словообразовательных типов является собственно терминологическим, присущим только терминологии. Кроме того, некоторые тенденции развития словообразования с наибольшей полнотой и интенсивностью проявляются именно в терминообразовании.

Все это делает особенно актуальным изучение словообразовательной структуры терминов, выявление специфики системы терминообразования путем сопоставления ее с системой именного словообразования литературного языка. Такую задачу мы пытаемся решить в данном разделе на материале медицинской терминологии.

Глава I. ПРЕОБРАЗОВАНИЯ СИСТЕМЫ ПРЕФИКСАЦИИ ЛИТЕРАТУРНОГО ЛАТИНСКОГО ЯЗЫКА В МЕДИЦИНСКОЙ ТЕРМИНОЛОГИИ

§ 1. Инвентарь префиксов

Для характеристики роли префиксальной системы латинского языка, как и вообще всего именного словообразования, в становлении и функционировании медицинской терминологии сравниваются между собой словообразовательные модели в литературном языке, образующие там систему словообразования, называемую нами **системой**₁, и словообразовательные модели, представленные в медицинской терминологии и образующие здесь свою собственную систему, называемую нами **системой**₂. Сравнение этих систем позволит представить конкретные направления в модификации исходной системы₁ и описать, как происходило формирование системы₂ под влиянием прагматических факторов, т. е. потребностей создания терминологической системы со всеми ее понятиями и категориями.

Первое, что при этом требует анализа, касается инвентаря префиксов. Из общего количества префиксов системы₁ — а их было 34 — в системе₂ сохранились 30 и добавились еще три префикса. Это свидетельствует о том, что система₂ все же не дублировала систему₁ и что, напротив, она подверглась необходимым изменениям, связанным прежде всего с исключением из ее состава таких малопродуктивных префиксов, как *cis-*, *ne-*, *subter-*, *ve-* и включением новых: *des-*, *juxta-*, *non-* (См. таблицу 1).

Таблица 1. Алфавитный список латинских префиксов в системе₁ и в системе₂ с указанием продуктивности

№ п/п	Префикс	Система₁	Система₂
1	2	3	4
1.	ab-	340	26
2.	ad-	548	71
3.	ambi-	33	8
4.	ante-	110	21
5.	circum-	313	30
6.	cis-	7	–
7.	con-	2337	105
8.	contra-/contro-	21/6	13/–
9.	de-	1207	184
10.	des-	–	22
11.	dis-	607	43
12.	ex-	1719	71
13.	extra-	6	49
14.	in¹-	2061	92
15.	in²-	1377	92

Таблица 1 (Окончание). Алфавитный список латинских префиксов в системе₁ и в системе₂ с указанием продуктивности

1	2	3	4
16.	infra-	34	34
17.	inter-	378	144
18.	intra-/intro-	5/30	144/9
19.	juxta-	–	7
20.	ne-	53	–
21.	non-	–	4
22.	ob-	683	26
23.	per-	1072	31
24.	post-	30	40
25.	prae-	890	111
26.	praeter-	31	1
27.	pro-	726	19
28.	re-	1091	112
29.	retro-	23	62
30.	se-	82	8
31.	sub-	1024	137
32.	subter-	33	–
33.	super-	369	46
34.	supra-	13	41
35.	trans-	217	40
36.	ultra- /ultro-	1/4	10/–
37.	ve-	8	–

Интересно отметить, что включенные в систему₂ в новое время префиксы *des-* и *non-* имеют корреляты в литературных системах таких современных языков, как французский и английский. В медицинской терминологии они связаны с выражением значений, уже представленных внутри системы. Так, префикс *des-*, означающий устранение, отрицание, близок по значению префиксу *de-*, ср. *deaquatio = desaquatio, dearticulatio = desarticulatio*; а префикс *non-* характеризуется негативным значением, которое передается также с помощью префикса *in²-*. Ср. *nonspecificus* «неспецифический» и *inoperabilis* «неоперируемый».

Но еще большее значение для модификации инвентаря префиксов имело подключение к этой системе греческих препозитивных элементов. Хотя в лексике литературного языка эти элементы уже встречались в составе заимствованных единиц, в соединение с латинскими основами они не вступали и, таким образом, в качестве словообразовательных элементов системы₁ рассматриваться не могли. В противоположность этому в системе₂ они образуют протяженные словообразовательные ряды и обрастают целой совокупностью новых синтагматических и парадигматических характеристик. К первым принадлежит их способность объединяться в одном производном с латинскими корнями или основами, ко вторым — способность служить формированию словообразовательных парадигм или своеобразных микрополей, единицы которых связываются между собой разными типами семантических отношений (антонимических, синонимических, синонимо-антонимических и др.).

Таких новых префиксов греческого происхождения можно назвать 18 (См. таблицу 2), их структурные и семантические свойства будут описаны ниже.

Кроме чистых префиксов в парадигматические отношения включаются корневые морфемы, приобретающие в терминологии статус префиксоидов. Они занимают промежуточное положение между чистыми корнями и чистыми префиксами. Подобно префиксам, они имеют связанное употребление и образуют продуктивные ряды производных, ср. *endo-, exo-, meso-* и др. В то же время, как и обычные корневые морфемы, префиксоиды семантически соотносятся с основами полнозначных слов, в основном наречий. Кроме того, по своей структуре — это чаще двусложные морфемы, присоединяемые к корню в ряде случаев при помощи соединительного гласного *-о-*, который отсутствует у чисто префиксальных моделей (См. таблицу 3). К префиксоидам в терминологии мы относим также лат. *semi-* и греч. *hemi-* со значением «полу-». Модели с этими префиксоидами приобретают в терминологии обобщенный характер, передавая значение частичности, односторонности. Из девяти выделенных нами префиксоидов восемь — греческого происхождения. Интересно, что греческий литературный язык не знал сложений с *ecto-, endo-, ento-* и *exo-*. Словообразовательные модели с этими префиксоидами характерны только для терминообразования, ср. *ectoderma, endocardium, entocele, exogenus* и др.

Префиксоиды *ecto-* и *exo-*, *endo-* и *ento-* по своей семантике образуют синонимичные пары, и термины, образованные с их помощью, часто являются дублетами, ср. *exoderma = ectoderma, exogenicus = ectogenicus, entoparasitus = endoparasitus, entoplasma = endoplasma* и др.

Таблица 2. Алфавитный список греческих префиксов с указанием их этимологии и значения

№ пп	Префикс и его варианты в терминологии	Префикс и его корреляты в греч. языке	Значение в терминологии
1.	a-/an-	a-, an- (префикс)	отсутствие
2.	amphi-/amph-	amphí- (amphi 1. наречие, 2. предлог	вокруг, с обеих сторон
3.	ana-	ana- (aná 1. наречие, 2. предлог)	движение вверх; обратное действие
4.	anti-/ant-	anti- (antí предлог, anta наречие)	против
5.	apo-/-ap-	apo- (apó предлог)	отделение, удаление
6.	cata-/cat-	cata- (catá 1. наречие, 2. предлог)	движение вниз
7.	dia-	dia- (diá предлог)	сквозь, через; между; разделение
8.	dys-	dys- (префикс)	нарушение, отклонение от нормы
9.	ec-/ex-	ec-/ex- (ec, ex предлог)	вне, снаружи, из
10.	en-/em-	en- (en 1. предлог, 2. наречие)	внутри
11.	epi-/ep-	epi- (epí 1. предлог, 2. наречие)	над, поверх; после
12.	hyper-	hyper- (hypér 1. наречие, 2. предлог)	сверх нормы
13.	hypo-/hyp-	hypo- (hypó 1. наречие, 2. предлог)	под; ниже нормы
14.	meta-/met-	meta- (metá 1. наречие, 2. предлог)	позади, после; между; переход из одного места или состояния в другое
15.	para-/par-	para- (pará 1. наречие, 2. предлог)	около, рядом; с двух сторон; отклонение от чего-либо; ошибочное отождествление
16.	peri-	peri- (perí 1. наречие, 2. предлог)	около, вокруг, со всех сторон
17.	pro-	pro- (pró 1. наречие, 2. предлог)	перед, впереди; предшествие
18.	syn-/sym-	syn- (syn 1. наречие, 2. предлог)	вместе, соединение, совместность

Таблица 3. Список префиксоидов с указанием их этимологии и значения

№ пп	Префиксоид	Этимологические данные	Значение в терминологии
1.	ecto-	ectós 1. наречие, 2. предлог «вне»	вне, снаружи; наружный
2.	endo-/end-	éndon 1. наречие, 2. предлог «внутри»	внутри; внутренний
3.	ento-/ent-	entós 1. наречие, 2. предлог «внутри»	внутри; внутренний
4.	eu-	eu 1. наречие «хорошо»	соответствие норме
5.	exo-	éxō 1. наречие, 2. предлог «вне, наружу»	вне, извне; наружный
6.	hemi-	hémisy 1. сущ. «половина», 2. наречие «пополам»	полу-; односторонний
7.	meso-/mes-	méson 1. сущ. «середина», 2. наречие «в середине, посреди»	между; средний
8.	poly-	polý- 1. наречие «весьма, очень, крайне», 2. прил. polýs «многочисленный»	несколько; усиление функции; одновременность
9.	semi-	лат. semis 1. сущ. «половина»	полу-; частичный

Обобщая данные относительно инвентаря префиксов системы$_2$ по сравнению с системой$_1$ нужно отметить, что

1) общее число единиц в системе$_2$ при учете всех препозитивных элементов существенно превышает число элементов в системе$_1$ (34:59); уже это свидетельствует о большем разнообразии словообразовательных моделей терминологического типа;

2) терминологические префиксальные модели отличаются от литературных большим количеством и разнообразием за счет: а) возрастающей гетерогенности системы препозитивных элементов, в числе которых оказываются префиксы, разные как по своему происхождению (латинские или греческие), так и по своему статусу в системе словообразования (чистые префиксы и префиксоиды) и б) усиливающейся гетерохронности, связанной не только с разной хронологией латинских и греческих слоев префиксальной подсистемы, но и с включением в систему новых префиксов из европейских языков (*des-*, *non-*).

Уже эти особенности предопределяют структурные и семантические свойства терминообразовательных моделей, а также их использование (продуктивность).

§ 2. Терминообразовательная активность префиксов в системе₂ (статус префиксов)

Второе направление сравнения системы₁ и системы₂ касается статуса префиксов, который связан с оценкой продуктивности или же активности конкретных префиксов, поскольку префиксы, характеризовавшиеся высокой продуктивностью в системе₁, перестают обладать этим качеством в системе₂, или, напротив, низкой продуктивности префикса в системе₁ может соответствовать высокая или средняя продуктивность в системе₂. Поскольку прямолинейное сравнение количества единиц в словообразовательном ряду с одним и тем же префиксом мало что дает для характеристики статуса этого префикса внутри своих систем, нами были рассмотрены также сравнительные ранги префиксов в системе₁ и в системе₂. Ведь словообразовательные ряды в литературном языке нередко насчитывают более тысячи и даже полутора тысяч единиц, в то время как самые продуктивные ряды в терминологических системах не могут быть представлены таким количеством единиц и насчитывают обычно не более нескольких сотен и даже десятков единиц.

Материалом для оценки словообразовательной активности префиксов в системе₂ послужили префиксальные производные, отобранные из «Энциклопедического словаря медицинских терминов» (т. I—III) [613], из «Латинско-русско-латышского словаря медицинских терминов» К. Рудзитиса (т. I—II) [605], а также из «Латинско-русского и русско-латинского словаря наиболее употребительных анатомических терминов», составленного Л. А. Бахрушиной на базе Международной анатомической терминологии [576, 596]. Из общего списка префиксальных производных в 4767 единиц 1876, т. е. 39,4 %, образованы с помощью латинских префиксов и 2891, т. е. 60,6 % — с участием греческих препозитивных единиц. При неравном распределении префиксов латинского и греческого происхождения в системе₂ наблюдается различие в сферах их использования: греческие префиксы преобладают в терминологии клинической медицины. В анатомической терминологии из 511 префиксальных производных 346, т. е. 67,7 %, образованы с помощью латинских префиксов, и 165, т. е. 32,3 % — с помощью греческих (См. ниже характеристику статуса греческих префиксов в системе₂).

Все префиксы были поделены нами на три группы — 1) продуктивные префиксы, составляющие ядро префиксальной системы, 2) менее продуктивные и 3) малопродуктивные, заполняющие периферию. В системе₁ продуктивными считаются префиксы, образующие словообразовательный ряд свыше 500 единиц, менее продуктивными — свыше 100 единиц, малопродуктивными — ниже 50. В терминологической системе продуктивными считаются префиксы, образующие словообразовательный ряд свыше 50 единиц, менее продуктивными — свыше 10 единиц и малопродуктивными — ниже 10.

1. Сопоставление количественных характеристик продуктивных префиксов в системе₁ и системе₂ показало, что ядро префиксальной системы почти целиком перешло в префиксальный фонд терминологии (См. таблицу 4).

Таблица 4. Сопоставление продуктивных латинских префиксов в системе₁ и системе₂

№ пп	Система₁		Система₂			
	Префикс	Продуктивность	Префикс	Общая продуктивность	Продуктивность в анатом. терминологии (из общего числа 346)	Продуктивность в клинич. терминологии (из общего числа 1530)
1.	con-	2337	de-	184	8	176
2.	in²-	206I	inter-	144	51	93
3.	ex-	1719	intra-	144	14	130
4.	in²-	1377	sub-	137	36	101
5.	de-	1207	re-	112	6	106
6.	re-	1091	prae- (pre-)	111	30	81
7.	per-	1072	con-	105	19	86
8.	sub-	1024	in¹-	92	13	79
9.	prae-	890	in²-	92	2	90
10.	pro-	726	ad-	71	18	53
11.	ob-	683	ex-	71	9	62
12.	dis-	607	retro-	62	12	50
13.	ad-	548				

Несмотря на то, что количественный состав ядра остался в системе₂ почти тем же (13 и 12) и что основу его также составляют наиболее продуктивные односложные префиксы (*de-, sub-, re-, prae-, con-, in¹-, in²-, ad-, ex-*), однако есть изменения в инвентаре префиксов: в терминологическое ядро не вошли такие активные префиксы, как *dis-, ob-, per-, pro-*. Их место занял менее продуктивный в литературном языке префикс *inter-* и мало продуктивные *intra-* и *retro-*. Кроме того есть изменения и в структуре ядра: рангом выше стали префиксы *de-* (5 → 1), *sub-* (8 → 4), *prae-* (9 → 6), *ad-* (13 → 10); наоборот, рангом ниже стали префиксы *con-* (1 → 7), *in¹-* (2 → 8), *ex-* (3 → 11), *in²-* (4 → 9).

Это связано прежде всего с участием в терминообразовании греческих префиксов, оказавшихся более продуктивными, чем латинские, и по своей семантике покрывающих почти то же семантическое пространство, что и латинские префиксы. Так латинский префикс *con-* получил более низкий ранг благодаря активности греческого *syn-*, префикс *ex-* дополнился греческими *ec-, ecto-, exo-*, а лат. *in¹-* греч. *en-, endo-, ento-*. Префикс *per-* вышел из ядра в результате взаимодействия с греческим *dia-*. Префиксы *inter-, intra-* и *retro-*, наоборот, вошли в ядро, т. е. стали выше рангом, хотя и имеют греческие соответствия, ср. *mes(o)-, endo-* и *meta-*, но их семантические поля полностью не перекрываются (См. подробно об этом в параграфе о семантических отношениях в системе₂).

Сравнение продуктивности префиксов в анатомической и клинической терминологии показывает, что в анатомической терминологии наиболее активными являются префиксы, уточняющие местоположение анатомического объекта, ср. *inter-* «между», *sub-* «под», *prae-* «перед» и др.

2. Сопоставление групп менее продуктивных префиксов показывает более глубокие изменения в статусе префиксов (См. таблицу 5).

Таблица 5. Сопоставление менее продуктивных латинских префиксов в системе₁ и системе₂

№ пп	Система₁ Префикс	Продуктивность	Система₂ Префикс	Общая продуктивность	Продуктивность в анатом. терминологии (из общего числа 346)	Продуктивность в клинич. терминологии (из общего числа 1530)
1.	inter-	378	extra-	49	1	48
2.	super-	369	super-	46	3	43
3.	ab-	340	dis-	43	3	40
4.	circum-	313	supra-	41	29	12
5.	trans-	217	post-	40	9	31
6.	ante-	110	trans-	40	3	37
7.	se-	82	infra-	34	16	18
8.	ne-	53	per-	31	4	27
9.			circum-	30	2	28
10.			ab-	26	3	23
11.			ob-	26	10	16
12.			des-	22	–	22
13.			ante-	21	2	19
14.			pro-	19	9	10
15.			contra-	13	–	13

Из восьми префиксов системы₁ пять (*ab-*, *ante-*, *circum-*, *super-*, *trans-*) представлены в системе₂. Префикс *inter-* стал более продуктивным и перешел в ядро, а префикс *se-*, наоборот, в системе₂ оказался мало продуктивным и передвинулся на край периферии. Префикс *ne-* вообще не вошел в префиксальную терминологическую систему. Группа менее продуктивных префиксов пополнилась десятью единицами и, таким образом, стала по количеству почти в два раза больше: 1) *dis-*, *ob-*, *per-*, *pro-* попали в эту группу из ядра, 2) *contra-*, *extra-*, *infra-*, *post-*, *supra-* с края периферии, 3) *des-* — новый префикс в терминологии. Префиксы, которые передвинулись ближе

Глава I

к центру, повысили свою активность в терминологии, о чем свидетельствуют показатели их продуктивности: *extra-* (6 → 49), *supra-* (13 → 41), *post-* (30 → 38). Это связано с участием этих префиксов в системе противопоставлений: *extra-* соотносится с *intra-* в оппозиции «внутри — снаружи», *supra-* вступает в антонимические отношения с *infra-* в оппозиции «выше — ниже», *ante-* с *post-* и т. п.

Префикс *des-* попал в терминологию в новое время из французского префикса *des-* (от новолатинского *des-*), соответствующего по значению латинскому префиксу *de-* в значении устранения, отрицания, но употреблявшегося в позиции перед гласным.

Словообразовательная активность префиксов в анатомической и клинической терминологии не совпадает. В анатомической терминологии наиболее продуктивными являются пространственные префиксы: *supra-*, *infra-*, *ob-* и *pro-*. Не характерны для анатомической терминологии префиксы *ab-*, *dis-*, *super-* в значении отрицания или оценки.

3. Сопоставление групп малопродуктивных префиксов показывает еще большие изменения, происходящие на краю периферии префиксальной системы при ее переходе из литературного языка в терминологию (См. таблицу 6).

Таблица 6. Сопоставление малопродуктивных латинских префиксов в системе$_1$ и системе$_2$

№ пп	система$_1$		система$_2$			
	Префикс	Продуктивность	Префикс	Общая продуктивность	Продуктивность в антом. терминологии (из общего числа 346)	Продуктивность в клинич. терминологии (из общего числа 1530)
1.	intra-/ intro-	5/30	ultra-	10	–	10
2.	infra-	34	intro-	9	–	9
3.	ambi-	33	ambi-	8	1	7
4.	subter-	33	se-	8	1	7
5.	praeter-	31	juxta-	7	2	5
6.	post-	30	non-	4	–	4
7.	contra-/ contro-	21/6	praeter-	1	–	1
8.	retro-	23				
9.	supra-	13				
10.	ve-	8				
11.	cis-	7				
12.	extra-	6				
13.	ultra-/ultro	1/4				

Списки малопродуктивных префиксов не совпадают ни по количеству, ни по составу. Из 13 префиксов системы₁ в систему₂ не попали три префикса (*cis-*, *subter-*, *ve-*) и два варианта (*contro-*, *ultro-*). Шесть префиксов благодаря своей большей активности в системе₂ продвинулись ближе к центру и даже к ядру префиксальной терминологической системы: *intra-*, *infra-*, *post-*, *retro-*, *supra-*, *extra-*, рассмотренные нами в предыдущих группах. И только три префикса (*ultra-*, *ambi-*, *praeter-*) и один вариант (*intro-*) перешли из системы₁ в систему₂ в пределах рассматриваемой группы. Префикс *praeter-* включен нами в инвентарь префиксов системы₂, несмотря на свою низкую продуктивность: он зафиксирован только в одном производном *praeternaturalis* «противоестественный», но с частотностью свыше 20 словоупотреблений.

В список малопродуктивных префиксов системы₂ вошли снизившие свою продуктивность префикс *se-*, а также новые префиксы:

1. *juxta-* — из латинского наречия и предлога *juxta* «около, рядом, возле», которые не употреблялись в роли префикса в системе₁;

2. *non-* — из латинской отрицательной частицы *non* «не», которая в системе₁ не использовалась в качестве префикса;

3. *intro-* — из латинского наречия *intro* «внутрь, внутри», которое в системе₁ употреблялась как вариант префикса *intra-*. В терминологии же — это самостоятельный префикс со значением действия, направленного внутрь. Префикс — малопродуктивный, т. к. такое же значение выражается префиксом *in*[1].

Что касается сферы использования малопродуктивных префиксов, то в анатомической терминологии они почти не функционируют (См. таблицу 6).

Использование данных количественной оценки статуса латинских префиксов в целях стратификации префиксальной системы с выделением в ней ядра и периферии сыграло свою роль. Анализ показал, что терминологическая префиксальная система, полностью сохранив ядро, перестроила периферию, приспособив ее к своим требованиям однооформленности, однозначности и системности. (См. схему «Изменения состава латинских префиксов в центре и периферии при формировании системы₂ из системы₁».)

Тенденция к единству оформления нашла свое выражение в унификации вариантов префиксов, которые функционировали в литературном языке (См. таблицу 7).

Сопоставление префиксов и их алломорфов, возникающих в результате ассимилятивных процессов на стыке морфем (1—13), показывает, что в системе₂ 8 префиксов из 13 используются только в одном, основном, варианте. Ср. *disfiguratio* (система₂) и *dif-ficilis* (система₁); *inter-lobaris* (система₂) и *intellegentia* (система₁); *sub-centralis* (система₂) и *suc-centor* (система₁); subfebrilis (система₂) и *suf-ficientia* (система₁); *trans-ductio* (система₂) и *tra-ductio* (система₁) и т. п.

Алломорфы, которые сохранились в системе₂, выделяются в основном в заимствованных из системы₁ и терминологизированных префиксальных единицах или в образованных в системе₂ путем суффиксации от префиксальных основ, существовавших в системе₁. Ср. *af-fectus* (лат. *af-fectus*), *abs-tinentia* (лат. *abs-tinentia*),

Схема
Изменения состава латинских префиксов в центре и периферии при формировании системы$_2$ из системы$_1$

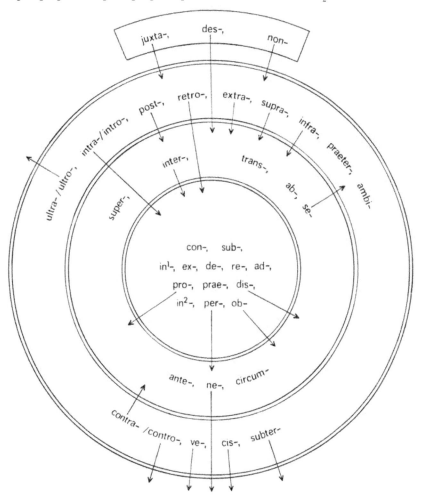

cor-relatio (лат. *cor-relatio*) *im-mobilis* (лат. *im-mobilis*), *occiput* (лат. *oc-ciput*), *ag-glutinatio* (лат. *ag-glutināre*), *ir-radiatio* (лат. *ir-radiāre*) и т. п.

Однако при образовании новых наименований в системе$_2$ наблюдается тенденция к уменьшению алломорфов и к использованию только одного, основного, варианта. Ср. *ab-terminalis* (вместо *abs-*), *ad-nexa* = *an-nexa*, *ad-neuralis* (вместо *an-*), *ad-renalis* (вместо *ar-*), *ad-torsio* (вместо *at-*), *ex-foliatio-* (вместо *ef-*), *in-ructatio* (вместо *ir-*), *ob-caecatio* = *oc-caecatio* и др.

Варианты, возникшие в системе$_1$ в результате появления прокладок перед гласным основы (14—16) или из-за других причин (17—22), в системе$_2$ не ис-

Таблица 7. Сокращение вариативности префиксов в системе₂

№ пп	Префиксы, их алломорфы и другие варианты в системе₁	Сокращение вариантов в системе₂
1.	ab- (a-, abs-)	-ab- (abs-)
2.	ad- (ac-, af-, -ag-, -an-, ap-, ar-, as-, at-)	ad- (ac-, af-, ag-, ap-, as)
3.	ambi- (amb-, am-, -an)	ambi-
4.	con- (co-, col-, com-, cor-)	con- (co-, col-, com-, cor-)
5.	dis- (di-, dif-)	dis-
6.	ex- (e, ef-)	ex- (e-, ef-)
7.	in¹,²- (il-, im-, ir-)	in¹,²- (il-, im-, ir-)
8.	inter- (intel-)	inter-
9.	ob- (oc-, op-)	ob-
10.	per- (pel-, pe-)	per-
11.	post- (po-)	post-
12.	sub- (su-, suc-, suf-, sug-, sum-, sup-, sus-)	sub-
13.	trans- (tra-, tran-)	trans-
14.	pro- (prod-)	pro-
15.	re- (red-)	re-
16.	se- (sed-)	se-
17.	ante-/anti-	ante-
18.	circum-/incircum-/circa-	circum-
19.	contra-/contro-	contra-
20.	intra-/intro-	intra-, intro-
21.	se-/so-	se-
22.	ultra-/ultro-	ultra-

пользуются. В случае с *intra-/intro-* — оба варианта перешли в систему₂, но уже не как варианты, а как самостоятельные префиксы. Ср. *intralobularis* «внутридольковый» и *intro-gastricus* «ведущий к желудку или введенный в него».

4. Префиксы греческого происхождения характеризуются высокой продуктивностью в системе₂ и не только покрывают все семантическое пространство, образуемое латинскими префиксами, но и расширяют его.

Количественная оценка статуса греческих префиксов показала, что большинство из них (11 из 18) являются продуктивными, образуя терминообразовательные ряды объемом свыше 50 единиц. Причем среди них есть наиболее активные, продуктивность которых превышает 200 единиц (*a-*, *hyper-*, *hypo-*, *anti-*), чего нет в первой группе наиболее продуктивных латинских префиксов (См. выше таблицу 4). Среди префиксов греческого происхождения нет малопродуктивных, соотносимых с третьей группой латинских префиксов (См. таблицу 8).

Таблица 8. Продуктивность греческих префиксов

№ пп	Префиксы	Общая продуктивность	Продуктивность в анатом. терминологии (из общего числа 165)	Продуктивность в клинической терминологии (из общего числа 2726)	Группы
1.	a-	418	–	418	Первая группа продуктивных префиксов
2.	hypo-	269	13	256	
3.	hyper-	268	–	268	
4.	anti-	213	3	210	
5.	para-	177	35	142	
6.	peri-	159	25	134	
7.	dys-	150	–	150	
8.	epi-	111	23	88	
9.	syn-	84	8	76	
10.	meta-	72	11	61	
11.	pro -	57	3	54	
12.	dia-	47	7	40	Вторая группа менее продуктивных префиксов
13.	en-	47	3	44	
14.	ana-	45	3	42	
15.	ec-	45	–	45	
16.	cata-	37	–	37	
17.	amphi-	34	–	34	
18.	apo-	33	2	31	

Анализ материала показал, что анатомическая терминология отличается от клинической по использованию греческих префиксов: из 18 префиксов греческого происхождения 6 (одна треть) не употребляются в анатомической терминологии, те же, которые используются, отличаются невысокой продуктивностью, а префиксы второй группы — даже низкой. В итоге при общем преимуществе производных с греческими префиксами в анатомической терминологии с их помощью образуется меньше терминов — всего 32,3 % от общего числа префиксальных производных.

Сопоставление первых групп продуктивных префиксов латинского и греческого происхождения показывает, что вхождение греческих элементов в префиксальную систему$_2$ достигло такой степени, когда они функционируют наравне с самыми продуктивными латинскими префиксами, а в ряде случаев даже превосходят их по своей активности. При равном почти количестве префиксов первых групп (11:12) количество производных, образованных с помощью греческих префиксов, преобладает (1978:1325).

Распределение префиксов латинского и греческого происхождения в группе менее продуктивных префиксов показывает преимущество латинских префиксов перед греческими и по количеству (15:7), и по статусу: количество производных, образованных с помощью латинских префиксов, почти вдвое больше (484:288). Однако, это не сокращает разницы в словообразовательной активности греческих префиксов, она еще больше увеличивается при учете группы префиксоидов, которые в основном греческого происхождения.

5. Статус префиксоидов связан не только с их включением в префиксальную систему$_2$, в словообразовательные парадигмы, но и с частотными характеристиками (См. таблицу 9):

Таблица 9. Продуктивность префиксоидов

№ пп	Префиксоиды	Общая продуктивность	Продуктивность в анатомической терминологии (из общего числа 165)	Продуктивность в клинической терминологии (из общего числа 2726)	Группа
1.	endo-, ento-*	120,23	11,1	109,22	I
2.	poly-	139	–	139	
3.	hemi-	118	2	116	
4.	meso-	104	13	91	
5.	ecto-, exo-	41,31	1	41, 30	
6.	eu-	49	–	49	II
7.	semi- (лат.)	24	6	18	

* Синонимичные префиксоиды в таблице объединяются, т. к. они часто взаимозаменяют друг друга.

Как показывает таблица 9, греческие префиксоиды соотносятся в основном с первой, самой продуктивной группой префиксов. Статистические характеристики подтверждают словообразовательный статус префиксоидов, свидетельствуют об их способности строить протяженные ряды и моделировать однотипные структуры.

Длинные словообразовательные ряды, образуемые греческими префиксами, свидетельствуют не только о заимствовании в медицинскую терминологию греческих производных единиц типа *anomalia, anatomica (ars), antagonismus, antidotum, cataracta, diaphragma, diastema, dysenteria, dyspepsia, dysuria, ectasis, energia, epidemus, epidermis, epilepsia, ependyma, eurhythmia, hemisphaerium, metamorphosis, paracentesis, paralysis, paralyticus, parasitus, peritonaeum, synthesis* и мн. др., но и о новообразованиях на базе греческих словообразовательных элементов. При этом большинство греческих префиксов полностью адаптировались в латинской медицинской терминологии и функционируют как живые, активные единицы,

Глава I

соединяясь не только с греческими основами, но и с латинскими. Ср. *acalculia* (от латинского *calculare* «считать»), *dysfunctio* (от латинского *functio* «функция»), *hypertensio* (от латинского *tensio* «напряжение»), ср. также в анатомической терминологии, для которой модели с греческими префиксами менее характерны: *epi-fascialis, synovialis, para-vesicalis, peri-ventricularis, endo-cervicalis, ento-peduncularis, meso-appendix* и др.

Жизнеспособность греческих префиксов подтверждает и тот факт, что даже в искусственном словопроизводстве они подчиняются морфотактическим правилам, существовавшим в живых классических языках, и развивают алломорфию.

Алломорфия греческих префиксов связана с теми же процессами на стыках морфем, которые характерны и для латинских префиксов.

Во избежание зияния греческие префиксы с гласным исходом теряют конечный гласный перед гласным производящей основы. Ср. *meta + encephalon → metencephalon, hypo + ergia → hypergia, para + odontium → parodontium, epi + endyma → ependyma, anti + helix → anthelix* и т. п.

Префикс *a-* имеет вариант *an-* перед гласным производящей основы, ср. *a + aesthesia → anaesthesia, a + ergia → anergia, a + uria → anuria* и т. д.

Префикс *ec-* перед гласным выступает в варианте *ex-*: *ec- + ophthalmus → exophthalmus, ec- + ostosis → exostosis, ec- + haeresis → exaeresis* и др.

Алломорфия возникает также в результате ассимилятивных процессов на стыке морфем. Ср. *syn + physis → symphysis, en + bolia → embolia*.

Однако, наблюдается тенденция к сохранению четких морфемных границ и к уменьшению алломорфов, так *peri-* всегда сохраняет свой конечный гласный, ср. *periosteum, periodontium* и др. Наряду с *antatrophicum, antacidum* среди обозначений лекарственных препаратов встречаются *antianginalia, antianaemica, antiasthmatica* и др. Ср. также *amphiastralis, amphiarthrosis, endoarteriitis, hypoadrenalinaemia, hypoergicus, paraagglutinatio, paraanaesthesia = paranaesthesia, paraumbilicalis = parumbilicalis* и др.

Таким образом, стремление к морфотактической и семантической прозрачности влекло за собой унификацию вариантов, уменьшение морфонологических явлений. Нужны были четкие правила построения термина: единообразие, однозначность, системность.

Анализ терминообразовательной активности латинских и греческих префиксов системы$_2$ показал большой удельный вес префиксации в терминообразовании, причем доля препозитивных элементов греческого происхождения, хотя и меньшая по количеству единиц (лат. — 35, греч. — 24) и различная в разных сферах медицинской терминологии (в анатомической — 165 производных с греческими префиксами, т. е. 5,7 %, в клинической — 2726, т. е. 94,3 %), но по продуктивности, по общему количеству образованных с их помощью терминов, превышает на 21,2 % вклад латинских префиксов в терминообразование (См. таблицу 10):

Таблица 10. Общий частотный список латинских и греческих префиксов в медицинской терминологии

№ пп	Префикс	Общая продуктивность (из общего числа префиксальных производных 4767)	Продуктивность в анатомической терминологии (из общего числа 511)	Продуктивность в клинической терминологии (из общего числа 4256)
1	2	3	4	5
1.	a-	418	–	418
2.	hypo-	269	13	256
3.	hyper-	268	–	268
4.	anti-	213	3	210
5.	de-	184	8	176
6.	para-	177	35	142
7.	peri-	159	25	134
8.	dys-	150	–	150
9.	inter-	144	51	93
10.	intra-	144	14	130
11.	endo-, ento-	143	12	131
12.	poly-	139	–	139
13.	sub-	137	36	101
14.	hemi-	118	2	116
15.	re-	112	6	106
16.	epi-	111	23	88
17.	prae-	111	30	81
18.	con-	105	19	86
19.	meso-	104	13	91
20.	in^1-	92	13	79
21.	in^2-	92	2	90
22.	syn-	84	8	76
23.	ecto-, exo-	72	1	71
24.	meta-	72	11	61
25.	ad-	71	18	53
26.	ex-	71	9	62
27.	retro-	62	12	50
28.	pro- (греч.)	57	3	54
29.	eu-	49	–	49

Таблица 10 (Продолжение). Общий частотный список латинских и греческих префиксов в медицинской терминологии

1	2	3	4	5
30.	extra-	49	1	48
31.	dia-	47	7	40
32.	en-	47	3	44
33.	super-	46	3	43
34.	ana-	45	3	42
35.	ec-	45	–	45
36.	dis-	43	3	40
37.	supra-	41	29	12
38.	post-	40	9	31
39.	trans-	40	3	37
40.	cata-	37	–	37
41.	amphi-	34	–	34
42.	infra-	34	16	18
43.	apo-	33	2	31
44.	per-	31	4	27
45.	circum-	30	2	28
46.	ab-	26	3	23
47.	ob-	26	10	16
48.	semi-	24	6	18
49.	des-	22	–	22
50.	ante-	21	2	19
51.	pro- (лат.)	19	9	10
52.	contra-	13	–	13
53.	ultra-	10	–	10
54.	intro-	9	–	9
55.	ambi-	8	1	7
56.	se-	8	1	7
57.	juxta-	7	2	5
58.	non-	4	–	4
59.	praeter-	1	–	1

§ 3. Семантическая структура префиксов

Третий аспект в сравнении префиксальных моделей системы₁ и системы₂ касается их структурного моделирования. Если в системе₁ префиксы выполняли не только модифицирующие, но и транспонирующие функции, в связи с чем их описание в системе₁ включало сведения о типах основ, соединяющихся с каждым конкретным префиксом, а также о тех преобразованиях морфем, которые имели место в акте создания производного слова, в системе₂ наблюдается известное упрощение функций префиксов. В сфере терминологии префиксы присоединяются к готовым единицам (существительным или прилагательным), а следовательно, структуры таких производных не нуждаются в особом описании.

Это позволяет нам перейти непосредственно к следующему, четвертому параметру сопоставления — к сопоставлению семантики префиксов системы₁ и системы₂. Четвертый параметр, по-видимому, самый важный, касается специализации значения префикса и закрепления его в терминологическом ряду за довольно узким, иногда единственным, типом значения. Так, из 23 латинских префиксов, характеризовавшихся в системе₁ многозначностью, в системе₂ несколькими значениями обладают 18 префиксов (ср. *ambi-*, *con-*, *de-*, *dis-*, *ex-*, *per-*, *re-*, *sub-* и др.). Остальные же префиксы — из общего количества 35, считая префиксоид *semi-* — могут рассматриваться как однозначные (См. таблицу 11).

Если в целом **латинские префиксы** в системе₁ передавали широкий спектр значений, куда входили, помимо пространственного и временного, оценочное значение, отрицательное, целевое, значения, маркирующие отношения родства, субординации и др., то в системе₂ можно выделить только 4 главных типа значения — пространственное, временное, оценочное и отрицательное.

Выражению **пространственных** значений служат большинство префиксов (28 из 35), что объясняется прагматической значимостью точного указания на местонахождение органа или других структурных элементов. Среди пространственных префиксов больше всего локативных (12), обозначающих местоположение: *ambi-*, *ante-*, *extra-*, *infra-*, *inter-*, *intra-*, *juxta-*, *post-*, *prae-*, *sub-*, *super-*, *supra-* — и направительных (10), обозначающих направление действия или процесса: *ab-*, *ad-*, *de-*, *dis-*, *ex-*, *intro-*, *ob-*, *per-*, *re-*, *se-*.

Таблица 11. Сопоставление семантики латинских префиксов в системе₁ и системе₂

№ п/п	Префиксы	Типы значений	
		Система₁	Система₂
1.	ab-	1. пространственное (направительное) 2. отделение, отсутствие 3. отрицание 4. родственные отношения	1. пространственное (направительное) 2. отделение 3. оценочное (отклонение от нормы)

2.	ad-	1. пространственное (направительное) 2. родственные отношения	1. пространственное (направительное) 2. дополнительность
3.	ambi-	1. пространственное (локативное)	1. пространственное (локативное) 2. двойственность, обоюдность 3. временное (одновременность)
4.	ante-	1. пространственное (локативное) 2. временное	1. пространственное (локативное) 2. временное
5.	circum-	1. пространственное (локативно-направительное)	1. пространственное (локативно-направительное)
6.	con-	1. пространственное (локативно-направительное) 2. совместность (комитативность) 3. временное 4. оценочное 5. родственные отношения 6. соотношение	1. пространственное (локативно-направительное) 2. совместность (комитативность), совместимость, совмещенность, взаимозависимость
7.	contra-	1. пространственное (локативно-направительное) 2. противодействие	1. пространственное (локативно-направительное) 2. противопоставление (контрарность)
8.	de-	1. пространственное (направительное) 2. отделение, лишение, недостаток, отсутствие, отрицание	1. пространственное (направительное) 2. удаление, устранение, уменьшение, отрицание
9.	des-	–	1. устранение, отрицание
10.	dis-	1. пространственное (направительное) 2. отрицание 3. противодействие	1. пространственное (направительное) 2. разъединение, разделение 3. отрицание
11.	ex-	1. пространственное (направительное) 2. временное 3. отделение, лишение, отрицание 4. оценочное	1. пространственное (направительное) 2. лишение, отсутствие, отрицание

12.	extra-	1. пространственное (локативное)	1. пространственное (локативное)
13.	in¹-	1. пространственное (локативно-направительное)	1. пространственное (локативно-направительное)
14.	in²-	1. отрицание	1. отрицание
15.	infra-	1. пространственное (локативное)	1. пространственное (локативное)
16.	inter-	1. пространственное (локативное) 2. временное	1. пространственное (локативное) 2. временное
17.	intra-	1. пространственное (локативное)	1. пространственное (локативное) 2. временное
18.	intro-	1. пространственное (локативно-направительное)	1. пространственное (направительное)
19.	juxta-	–	1. пространственное (локативное)
20.	non-	–	1. отрицание
21.	ob-	1. пространственное (направительное) 2. препятствие	1. пространственное (направительное)
22.	per-	1. пространственное (направительное) 2. временное 3. оценочное	1. пространственное (направительное) 2. оценочное (усиление признака) 3. завершенность
23.	post-	1. пространственное (локативное) 2. временное 3. оценочное	1. пространственное (локативное) 2. временное
24.	prae-	1. пространственное (локативное) 2. временное 3. оценочное	1. пространственное (локативное) 2. временное
25.	praeter-	1. пространственное (направительное)	1. противопоставление (контрарность)

Глава I 209

26.	pro-	1. пространственное (локативно-направительное) 2. родственные отношения 3. отношение иерархии 4. целевое 5. соотношение	1. пространственное (локативно-направительное)
27.	re-	1. пространственное (направительное) 2. рекурсивность 3. противодействие	1. пространственное (направительное) 2. рекурсивность
28.	retro-	1. пространственное (локативно-направительное)	1. пространственное (локативно-направительное)
29.	se-	1. пространственное (направительное) 2. устранение, отрицание	1. пространственное (направительное)
30.	sub-	1. пространственное (локативное) 2. оценочное (ослабление признака) 3. отношение иерархии	1. пространственное (локативное) 2. оценочное (ослабление признака)
31.	super-	1. пространственное (локативное) 2. оценочное (превышение нормы) 3. дополнительность	1. пространственное (локативное) 2. оценочное (превышение нормы)
32.	supra-	1. пространственное (локативное) 2. оценочное	1. пространственное (локативное)
33.	trans-	1. пространственное (локативно-направительное) 2. превращение, изменение	1. пространственное (направительное) 2. превращение, изменение
34.	ultra-	1. пространственное (локативное) 2. оценочное	1. оценочное (сверх нормы)
35.	semi-		1. оценочное (односторонность, частичность)

Ср. *antepositio* «смещение кпереди», *extraarticularis* «внесуставной», *infraorbitalis* «подглазничный», *intercostalis* «межреберный», *intravenosus* «внутривенный», *posthepaticus* «находящийся позади печени», *subcortex* «подкорка», *suprarenalis* «надпочечный» или *abducens* (*nervus*) «отводящий (нерв)», *adoralis* «направленный ко рту», *descendens* «нисходящий», *exhumatio* «извлечение из могилы» (в судебной медицине), *perforans* «прободающий», *reclinatio* «отклонение назад», *secessio* «удаление, отхождение» и др.

Кроме них выделяются локативно-направительные префиксы (6), совмещающие в себе и тот и другой тип пространственного значения: *circum-*, *con-*, *contra-*, *in¹-*, *pro-*, *retro-*: *circumflexus* «огибающий», *commissura* «спайка, соединение», *contraversus* «обращенный в противоположную сторону», *injectio* «впрыскивание», *propulsio* «склонность к падению вперед», *retrocardialis* «позадисердечный», *retrocollis* «кзади запрокинутая голова» и др.

Среди пространственных префиксов 11 являются однозначными: *circum*, *extra-*, *in¹-*, *infra-*, *intro-*, *juxta-*, *ob-*, *pro-*, *retro*, *se-*, *supra-*. Остальные префиксы выражают помимо пространственного и другие значения.

Прежде всего это — **временные** (темпоральные) значения, выражению которых служат 6 префиксов: *ambi-*, *ante-*, *inter-*, *intra-*, *post-*, *prae-*. Все пространственные значения, входящие в гамму обозначений «до чего-либо», служат выражению темпоральных значений предшествования (*ante-*, *prae-*); значения, маркирующие место положения «после чего-либо», — значений следования потом, после (*post-*), ср. *antefebrilis* «предлихорадочный», *antenatalis* = *praenatalis* «предродовой», *praemedicatio* «лекарственная подготовка перед операцией» или *postoperativus* «послеоперационый», *postmortalis* «посмертный», *postfebrilis* «происходящий после лихорадки» и т. п.

Пространственное значение, служащее для обозначения промежуточного положения, выражает и промежуток во времени (*inter-*), ср. *intermittens* «перемежающийся, протекающий с перерывами», *interruptio* «перерыв, прерывание», *intersystole* «промежуток времени между систолами» и др. Новое временное значение приобрели в терминологии префиксы *ambi-* и *intra-*, ср. *ambivalentia* «одновременное наличие двух противоположных чувств, желаний» (в психиатрии), *intravitalis* «прижизненный», *intranatalis* «происходящий во время родов» и др.

С пространственными значениями связаны также **оценочные**, выражению которых служат 5 префиксов: *ab-*, *per-*, *sub-*, *super-*, *ultra-* и префиксоид *semi-*. Пространственные значения, обозначающие расположение «ниже, сверх, за пределами», служат для выражения оценочных значений отклонения от нормы, усиления или ослабления признака или процесса, ср. *aberratio* «отклонение от нормы» (по виду, по форме, по функции), *peraciditas* «повышенная кислотность», *subfunctio* «пониженная функция», *superfibrinatio* «чрезмерное образование фибрина», *ultrabrachycephalia* «выраженная короткоголовость», *semisupinatio* «частичная или неполная супинация» и др.

Глава I

Выражению **отрицательных** (негативных) значений служат 6 префиксов: однозначные *des-*, *in²-* и *non-* и пространственные *de-*, *dis-* и *ex-*, отрицательное значение которых выводится из значения устранения, лишения, отсутствия, ср. *defibrillatio* «прекращение фибрилляции сердца», *dispar* «нечетный, непарный», *exsanguinatio* «обескровливание», *desinfectio* «обеззараживание» и др.

Что касается чисто отрицательных префиксов *in²-* и *non-*, то различия в их использовании четко прослеживаются: *non-* — малопродуктивный префикс, употребляется только в клинической терминологии и только с прилагательными, ср. *noninfectiosus* «неинфекционный», *nonspecificus* «неспецифический», *nonsuppurativus* «негноящийся».

Сфера префиксации, связанная с негацией в системе$_2$, отличается от представленной в литературном языке, где число отрицательных префиксов было больше (до 10). Можно предполагать, что формирование терминологической системы способствовало унификации и выбору лишь одного из возможных вариантов значения.

Что же касается **греческих префиксов**, то среди них выделяются те же семантические группы, что и среди латинских префиксов. Главными типами выражаемых ими значений также являются: пространственное (для его выражения служат 14 префиксов и 5 префиксоидов), временное (3 префикса и 1 префиксоид), оценочное (4 префикса и 3 префиксоида) и отрицательное (1 префикс). (См. таблицу 12).

Отличие сферы греческих префиксов состоит, с одной стороны, в подключении в семантические группы префиксоидов, а с другой стороны — в унификации средств выражения негации (в латинской сфере для этого используются шесть префиксов).

Самой примечательной чертой функционирования греческих префиксов в системе$_2$ является почти полное дублирование значений латинских префиксов. В терминологической системе, таким образом, это определяет конвенциональное использование одного из двух синонимов в случаях типа: *intracranialis* и *endocranialis* «внутричерепной»; *supersecretio* и *hypersecretio* «усиленное выделение секрета»; *circumvascularis* и *perivascularis* «окружающий сосуд», [145, с. 124] или же возможность синонимичного и даже дублетного обозначения одних и тех же денотатов: *abscessus* и *apostema* «нарыв, гнойник», *insomnia* и *ahypnia* «бессонница», *retrogressio* и *catagenesis* «обратное развитие (тканей, органов)» и т. п. (См. таблицу 13).

В отношения **словообразовательной синонимии** вступают латинские и греческие префиксы, служащие для выражения одного и того же типа значения и объединенные одной семантической группой. Внутри главных семантических групп, включающих большое количество префиксов, можно выделить латино-греческие синонимы, связанные со значением конкретных префиксов. Так, среди пространственных префиксов с локативным значением синонимичны: *ambi-* — *amphi-* «с двух сторон»; *ante-*, *prae-* — *pro-* (греч.) «впереди, перед»; *extra-* — *ecto-*, *exo-*

Таблица 12. Семантика греческих префиксов в системе₂

№ п/п	Префиксы	Типы значений
1.	a-	1. отсутствие, отрицание
2.	amphi-	1. пространственное (локативное) 2. двойственность, обоюдность
3.	ana-	1. пространственное (направительное) 2. рекурсивность
4.	anti-	1. противоположность (контрарность)
5.	apo-	1. пространственное (направительное) 2. отделение, уменьшение
6.	cata-	1. пространственное (направительное) 2. рекурсивность
7.	dia-	1. пространственное (локативно-направительное) 2. разделение, отделение
8.	dys-	1. оценочное (отклонение от нормы)
9.	ec-	1. пространственное (локативно-направительное)
10.	en-	1. пространственное (локативно-направительное)
11.	epi-	1. пространственное (локативное) 2. временное
12.	hyper-	1. оценочное (выше нормы)
13.	hypo-	1. пространственное (локативное) 2. оценочное (ниже нормы)
14.	meta-	1. пространственное (локативно-направительное) 2. временное 3. трансформационное (превращение)
15.	para-	1. пространственное (локативное) 2. оценочное (отклонение от нормы, ошибочное отождествление)
16.	peri-	1. пространственное (локативное)
17.	pro-	1. пространственное (локативное) 2. временное
18.	syn-	1. пространственное (локативно-направительное) 2. совместность (комитативность)

№ пп	Префиксоиды	Типы значений
1.	ecto-, exo-	1. пространственное (локативное)
2.	endo-, ento-	1. пространственное (локативное)

3.	eu-	1. оценочное (соответствие норме)
4.	hemi- = semi-(лат.)	1. оценочное (односторонность, частичность)
5.	meso-	1. пространственное (локативное)
6.	poly-	1. временное (одновременность) 2. оценочное (сверх нормы)

Таблица 13. Сопоставление семантики латинских и греческих префиксов

№	Типы значений	Латинские префиксы	Греческие префиксы
I.	Пространственное а) Локативное (местоположение)	ambi-, ante-, extra-, infra-, inter-, intra-, juxta-, post-, prae-, sub-	amphi-, epi-, hypo-, para-, peri-, pro-, ecto-, exo-, endo-, ento-, meso-
	б) Направительное (направление действия, процесса)	ab-, ad-, de-, dis-ex-, into-, ob-, per-, re-, se-, trans-	ana-, apo-, cata-
	в) Локативно-направительное	circum-, con-, contra-, in^1-, pro-, retro-	dia-, ec-, en-, meta-, syn-
II.	Временное	ambi-, ante-, inter-, intra-, post-, prae-	epi-, meta-, pro-, poly-
III.	Оценочное	ab-, per-, semi-, sub-, super-, ultra-	eu-, dys-, hemi-, hyper-, hypo-, para-, poly-
IV.	Отрицательное (отсутствие, устранение, отрицание)	ex-, de-, des-, dis-, in^2-, non-	a-
V.	Контрарность (противопоставление)	contra-	anti-
VI.	Комитативность (совместность)	con-	syn-
VII.	Рекурсивность (возобновление, обратное действие)	re-, retro-	ana-, cata-
VIII.	Разъединение (разделение)	dis-	dia-
IX.	Двойственность (обоюдность)	ambi-	amphi-
X.	Отделение	ab-, de-, se-	apo-
XI.	Трансформация (превращение, изменение)	trans-	meta-

«вне, снаружи»; *infra-, sub-* — *hypo-* «под, внизу»; *inter-* — *meso-, dia-* «между»; *intra-* — *endo-* «внутри»; *juxta-* — *para-* «около, вблизи»; *post-* — *meta-* «позади»; *super-, supra-* — *epi-* «над».

См. примеры:

1. *ambi-* — *amphi-*:	ambidexter — amphidexter, ambisexualis — amphisexualis;
2. *prae-* — *pro-*:	praeperitonealis — properitonealis, praesymptoma — prodromum, praedictio — prognosis;
3. *sub-* — *hypo-*:	subcutaneus — hypodermaticus, sublingualis — hypoglossus;
4. *inter-* — *dia-*:	interseptum — diaphragma;
5. *intra-* — *endo-*:	intraauralis — endoauralis, intracranialis — endocranialis, intranuclearis — endonuclearis,
6. *intra-* — *-en*:	intracutaneus — endermaticus, intraoralis — enoralis
7. *supra-* — *epi-*:	glandula suprarenalis — epinephros, cystotomia suprapubica — epicystotomia

Пространственные латинские префиксы с направительным значением вступают в синонимические отношения со следующими греческими префиксами: *ab-, de-, se-* — *apo-* «удаление, отделение»; *ad-* — *epi-* «при»; *dis-* — *dia-* «разъединение»; *de-* — *cata-* «сверху вниз»; *ex-* — *ec-* «из, изнутри»; *per-, trans-* — *dia-* «сквозь, через»; *re-* — *ana-* «обратное действие».

См. примеры:

1. *ab-* — *apo-*:	abscessus — apostema;
2. *ad-* — *epi-*:	adrenalinum — epinephrinum, appendix vermiformis — epityphlon;
3. *dis-* — *dia-*:	diagnosis differentialis — diacrisis;
4. *ex-* — *ec-*:	excentricus — eccentricus, excerebratio — eccephalosis;
5. *per-, trans-* — *dia-*:	perspiratio, transpiratio — diaphoresis.

И наконец, синонимичные пары образуют латинские и греческие префиксы, совмещающие в себе и локативное, и направительное значения: *con-* — *syn-* «соединение»; *circum-* — *peri-* «вокруг»; *contra-* — *anti-* «против»; *in[1]-* — *en-, endo-* «вовнутрь»; *retro-* — *cata-* «назад, обратно».

См. примеры.

1. *circum-* — *peri-*: circumtonsillaris — peritonsillaris,
circumvascularis — perivascularis,
circumrenalis — perinephricus;
2. *in¹-* — *en-*: incapsulatio — encapsulatio,
   in¹- — *endo-*: incretologia — endocrinologia;
3. *retro-* — *cata-*: retrogressio — catagenesis.

Среди временных префиксов в синонимические отношения вступают латинские и греческие префиксы с одним значением: *ante-, prae-, pro-* «предшествие», *post-, meta-, epi-* «после, вслед за чем-либо»; *ambi-* и *poly-* выражают одновременность, но *ambi-* — «одновременное наличие двух различных свойств, действий или объектов», а *poly-* — «одновременность нескольких процессов или одновременное участие в действии нескольких объектов», поэтому эти префиксы не образуют синонимов. Ср. *antenatalis — praenatalis, praesymptoma — prodromum, praedictio — prognosis; postfebrilis — epicrisis, metaphasis* и др.

В группе отрицательных префиксов синонимичными являются латинский *in²-* и греческий *a-*. Ср. *inaciditas — anaciditas, innominatus — anonymus, impotentia — anandria, insomnia — asomnia, ahypnia* и др.

Латинские и греческие префиксы с оценочными значениями образуют следующие синонимичные пары: *per-* — *hyper-* «усиление», *semi-* — *hemi-* «односторонность, частичность»; *sub-* — *hypo-* «понижение», *super-* — *hyper-*, *poly-* «повышение». Ср. *peracutus — hyperacutus, peroxydum — hyperoxydum; subaciditas — hypaciditas; supertensio — hypertensio, superflexio — hyperflexio, supersecretio — hypersecretio; semiplegia — hemiplegia*.

Следует отметить, что в терминологической системе помимо таких дублетных и синонимических связей развиваются и более **сложные синонимо-антонимические отношения**, поскольку для выражения антонимии используются синонимы и латинского, и греческого происхождения.

Между членами коррелятивных пар (латино-латинских и греко-греческих) устанавливается структурная взаимоотнесенность и взаимозависимость, что отвечает требованиям системности в терминологии. Как показал материал, антонимия свойственна языку науки в большей степени, чем литературному языку [92, с. 79]. (См. группировки антонимичных префиксов с. 216).

Схема 1. Группировки антонимичных префиксов

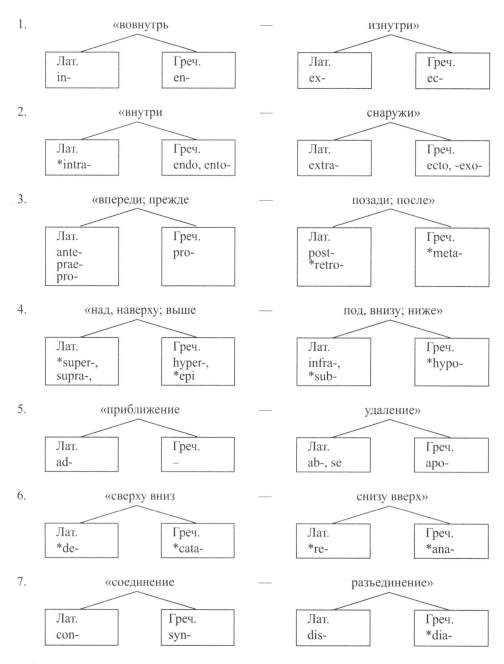

* Звездочкой обозначены префиксы с более широким кругом значений.

Еще более сложные группировки объединяют ряды связанных значений, сосредоточенных вокруг указания на норму (или нейтральное положение или состояние, принимаемое за норму) и ее нарушения (ослабление, усиление или отсутствие) или указания на пространственное положение слоев или частей органа. Такие парадигматические группировки включают по три и более противопоставленных членов:

Ср. 1. «нормальная функция — нарушение функции»

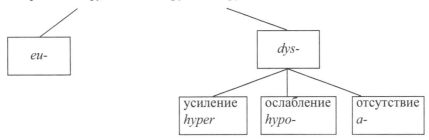

Например:
eupnoë — dyspnoë (hyperpnoë, hypopnoë, apnoë)
eukinesia — dyskinesia (hyperkinesia, hypokinesia, akinesia)
eusystolia — dyssystolia (hypersystolia, hyposystolia, asystolia)

2. пространственное положение слоев или частей органа

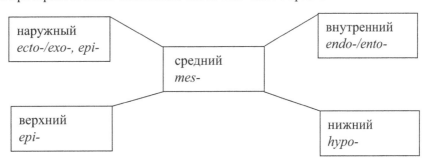

Например:
endoderma — mesoderma — ectoderma (слои зародыша);
epigastrium — mesogastrium — hypogastrium (части живота);
endometrium — mesometrium — perimetrium (оболочки матки);
endocardium — myocardium — epicardium (оболочки сердца).

Ср. также парадигмы, где префиксы образуют **парадигматический ряд** по отношению к основе:

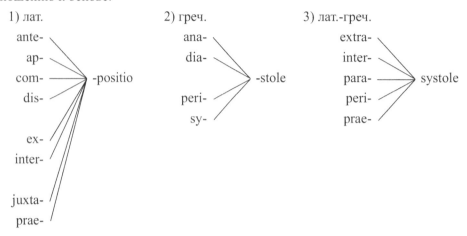

и парадигмы, где основы образуют парадигматический ряд по отношению к префиксу:

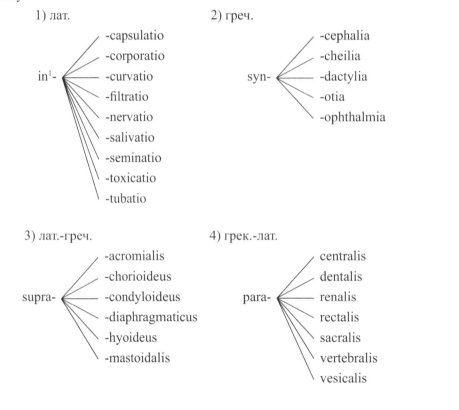

ВЫВОДЫ

Анализ семантической структуры префиксов показал, что большинство префиксальных моделей служит в терминологии выражению пространственных значений. Это объясняется прагматической значимостью в медицине точного указания на место заболевания или органа, подлежащего лечению или являющегося непосредственным объектом наблюдения (особенно в нормальной и топографической анатомии, гистологии и др.). В терминологии клинической медицины широко используются также словообразовательные модели с оценочными и негативными значениями, что нередко создает возможность противопоставления по шкале «много — мало — нет».

Основным механизмом префиксального терминообразования становится антонимия, осложненная латино-греческой синонимией.

Способность префиксов формировать протяженные терминологические ряды и вступать в парадигмы является важным систематизирующим фактором, который используется в терминологии для отражения системности научных понятий.

Глава II. МОДИФИКАЦИЯ СИСТЕМЫ СУФФИКСАЦИИ В МЕДИЦИНСКОЙ ТЕРМИНОЛОГИИ

§ 1. Инвентарь суффиксов существительных и прилагательных

В терминообразовании суффиксация играет такую же активную роль, как и в латинском именном словообразовании. Классифицирующая функция суффиксов в терминологии выдвигается на первый план: соотнося производный термин с определенным классом понятий, суффикс определяет место данного термина в соответствующем терминологическом поле, характеризующем такие ономасиологические категории, как анатомические объекты, химические вещества, роды и виды микроорганизмов, естественные и патологические процессы в организме, методы обследования и лечения и др.

Система суффиксации литературного латинского языка подвергается в терминологической системе серьезным преобразованиям. Прежде всего это касается инвентаря суффиксов.

1. Суффиксы существительных

Из 32 суффиксов существительных системы$_1$ в систему$_2$ попадает лишь 21 суффикс, причем из 17 девербальных суффиксов — 12, из 5 деадъективных суффиксов — 4, из 10 десубстантивных 5, т. е. девербальных суффиксов больше, чем отыменных, на одну четверть. Это связано с большим количеством и высокой продуктивностью девербальных суффиксов в системе$_1$ (См. таблицу 1 а, б, в). В систему$_2$ не попали суффиксы мало продуктивные или избыточные для терминологии. Так из четырех девербальных суффиксов системы$_1$, формирующих значение действующего лица (-*or*^{1}-, -*ic*^{1}-, -*on*-/-*ion*^{2}-, -*el*-), в системе$_2$ используется только один, самый продуктивный -*or*^{1}- (в формантах -*tor*, -*sor*, -*xor*). Это свидетельствует не только о важности фактора продуктивности для становления терминологии, но и о тенденции в языке науки к унификации средств выражения.

Из 21 суффикса, попавшего в систему$_1$, только 11 суффиксов, наиболее продуктивных в системе$_1$, активно участвуют в деривационных процессах терминологического характера: *ion*^{1}-, -*or*^{1}-, -*ori*-, -*ur*-, -*i*- (-*ia*, -*ium*), -*tat*-, -*ul*-/-*ol*- (-*cul*-, -*uncul*-), -*ell*-, -*ill*-, -*ari*-. Десять же остальных суффиксов не имеют, строго говоря, словообразовательной активности в терминологии — они просто встречаются в составе лексических единиц, функционирующих как в литературном языке, так и в языке науки. Это — -*ul*-/-*cul*- (со значением орудия действия), -*or*^{2}-, -*min*-, -*gin*-, -*bul*-, -*in*- (-*ina*), -*ic*^{2}-, -*din*-, -*tudin*-, -*ion*^{2}-.

Однако, сказанное отнюдь не означает, что инвентарь суффиксов существительных в системе$_2$ сложился исключительно под влиянием суффиксальной систе-

Таблица 1. Сопоставление инвентаря суффиксов существительных в системе₁ и системе₂ с указанием продуктивности

а) Суффиксы девербальных существительных

Суффикс	Формант	Продуктивность Система₁	Продуктивность Система₂
I. От основы супина			
1. -ion¹	-tio, -sio, -xio	3247	583
2. -or¹	-tor, -sor, -xor	1845	88
3. -ic¹	-rix, -trix	490	–
4. -ur-	-ura, -tura, -sura, -xura	290	31
5. -ori-	-orium, -torium, -sorium, -itorium	130	21
Всего:		6002	723
II. От глагольного корня			
1. -i-	-ium	1025	27
2. -min-	-men	368	13
3. -ment-	-mentum	365	25
4. -or²	-or	106	19
5. -on-/ion²	-o, -io	105	–
6. -bul-	-bulum	54	8
7. -ul-, -cul-	-ulum, -culum	52	21
8. -br-, -cr-, -tr-	-brum, -crum, -trum	50	–
9. -mon-i-	-(i)monium, (i)monia	43	–
10. -ion³	-io	32	4
11. -el-	-ela	30	–
12. -ic²-	-ex, -ix	27	6
Всего:		2257	123

мы литературного языка. Если оценивать общее количество суффиксов, используемых в системе₂, то мы должны говорить о функционировании по крайней мере пяти десятков суффиксов. Откуда же появляются эти единицы?

Среди них, в первую очередь, надо охарактеризовать суффиксы **греческого происхождения**, вычлененные частично из греческих же слов в терминосистеме, частично из заимствований, имевшихся в самом латинском языке (т. е. из латинизированных грецизмов), и, наконец, из терминов, созданных искусственным путем (типа *carcinomatosis, lithiasis, diabetidum, botulismus* и т. д.). Такие суффиксы, образующие, кстати говоря, интернациональный слой медицинской терминологии и потому особенно важные, составляют группу в 17 единиц (См. таблицу 2).

Таблица 1 (Окончание).

б) Суффиксы деадъективных существительных

	Суффикс	Формант	Продуктивность Система₁	Продуктивность Система₂
1.	-tat-	-tas, -etas-, -itas	850	181
2.	-i-	1. -ia, -antia, -entia 2. -ies	778 55 =833	38 12 =50
3.	-tudin-	-etudo, -itudo	140	4
4.	-iti-	1. -itia 2. -ities	61 39 =100	
5.	-din-	-edo, -ido	38	4
Всего:			1961	239

в) Суффиксы десубстантивных существительных

№	Суффикс	Формант	Продуктивность Система₁	Продуктивность Система₂
1.	а) -ul-/-ol-, -(i)cul-, -uncul- б) -ell-/-ill, -cell-	-ulus (-a, -um) -olus (-a, -um) -(i)culus (-a, -um) -unculus (-a, -um) -ellus (-a, -um) -illus (-a, -um) -cellus (-a, -um)	1776 =2171 395	129
2.	-ari-	а) -arius, -a, -um б) -are, -ar, -ale, -al	400 =484 84	23
3.	-in-	-ina, -inum	119	7
4.	-gin- -lagin-	-ago, -igo, -ugo -lago	66 =79 13	10
5.	-at-	-atus	54	–
6.	-et-	-etum	49	–
7.	-astr-	-aster, -astra, -astrum	24	–
8.	-il-	-ile	18	–
9.	-iss-	-issa	12	3
10.	-tut-	-tus	6	–
Всего:			3016	172

Таблица 2. Латинизированные греческие суффиксы

№	Суффикс	Формант	Специализированное значение
1.	-asm-	-asmus	патологическое состояние
2.	-emăt-	-ēma, gen. sing. -emătis	признак болезни, патологическое состояние, заболевание
3.	-ēr-	-er, gen. sing. -ēris	анатомическое образование
4.	-ēs-	-ēsis	процесс, состояние
5.	-i¹-	-ia	действие, процесс, состояние, болезненное состояние, заболевание
6.	-i²-	-ium	анатомическое образование
7.	-i³-	-ion	антропометрическая или краниометрическая точка
8.	-iās-	-iāsis	процесс; отклонение от нормы; болезненное состояние, заболевание
9.	-ism-	-ismus	процесс; отклонение от нормы, нарушение функции; патологическое состояние, болезнь; отравление; учение
10.	-ist-	-ista	лицо, специалист
11.	-īt-(-itĭd-)	-ītis, gen. sing. -itĭdis	заболевание воспалительного характера
12.	-omăt-	-ōma, gen. sing. -omătis	опухоль
13.	-ōs-	-ōsis	анатомическое образование; процесс; отклонение от нормы (усиление признака); заболевание невоспалительного характера
14.	-ȳl-	-ȳlum	химическое вещество (радикал какой-либо кислоты)
	Суффиксоид	Формант	Специализированное значение
15.	-īd¹-	-īdae (pl.) -o-ides	семейство, род, вид микроорганизмов, гельминтов и др. существ
16.	-īd²-	-īdum, -o-idum	кожное высыпание; болезненное состояние, заболевание
17.	-īd³-	-īdum, -o-idum	химические вещества; объекты в генетике

Обращают на себя внимание омонимичные суффиксы -*i¹*-, -*i²*-, -*i³*- и суффиксоиды -*id¹*-, -*id²*-, -*id³*. Их омонимия связана с узкой специализацией их значений. Формант -*ium* используется, в основном, для оформления префиксально-суффиксальных моделей и маркирует значения, связанные с анатомическими понятиями, ср. *periodontium, epigastrium, endometrium* и др. Что касается форманта -*ion*, то он использует греческую флексию -*on* (вместо латинской -*um*), и за ним закрепляются значения, связанные с антропометрическими и краниометрическими понятиями.

Суффиксоид -*id*- мотивирован греческим существительным *eidos* «вид, образ, форма» (в сложных словах -*eides* «подобный»). Он занимает промежуточное положение между базисными компонентами сложения и суффиксами. Подобно суффиксам, он имеет лишь связанное употребление и образует продуктивные ряды производных. Подобно базисным компонентам сложения (корневым морфемам), он соотносится с основой полнозначного слова и присоединяется к производящей основе с помощью соединительного гласного *о*- (некоторые производные с суффиксом -*id*- строятся без соединительного гласного), ср. *amyl-o-idum*, *sarc-o-idum*, *Bacter-o-ides*, *lip-o-idum* = *lip-idum*, *rheumat-idum*, *tubercul-idum* и др. Суффиксоид -*id*¹- оформляется либо флексией мн. ч. жен. р. 1-го склонения (-*ae*), либо жен. р. ед. ч. 3-го склонения (-*es*) и по своему значению связан с понятиями микробиологии. Суффиксоиды -*id*²- и -*id*³-, хотя и имеют одинаковое оформление (флексия -*um*), но -*id*³- маркирует значения, связанные с понятиями биохимии, а -*id*² — дерматологии и онкологии. Ср. -*id*¹-: *Lumbricoides* «вид аскарид»; -*id*²-: *aphthoidum* «стоматит афтозный»; *allergida* (pl.) «сыпи аллергической природы» (общее название) и т. п.; -*id*³-: *alkaloidum* «азотосодержащее соединение растительного происхождения».

Не меньший интерес представляют и **новые суффиксы латинского происхождения**, под которыми мы имеем в виду суффиксы, вообще не функционировавшие в субстантивном словообразовании латинского языка. Эти суффиксы входят в употребление лишь с развитием таких наук, как фармацевтическая химия, биохимия, микробиология и т. п., когда возникает потребность в номинации новых понятий. Таких суффиксов нами выделено 16 (См. таблицу 3).

Хотя определение природы этих суффиксов выходит за рамки нашего исследования, можно высказать предположение, что большинство этих суффиксов восходит к суффиксам прилагательных, однако их новая семантика обязана своим возникновением наличию этих суффиксов в составе субстантивированных прилагательных, в связи с чем они и приобретают в системе предметный характер. Способность суффиксов транспонировать слово из одной части речи в другую дает им большое преимущество в увеличении номинативных единиц языка науки.

К группе новых суффиксов относятся также суффиксы итальянского и французского происхождения: -*ett*-, -*isation*-, -*isator*-.

2. Суффиксы прилагательных

В терминологической системе активно используются производные относительные прилагательные, классифицирующая функция которых в терминах-словосочетаниях и категориальная семантика соответствуют функционально-семантическим свойствам терминологических единиц.

Таблица 3. Новые латинские суффиксы существительных в системе₂

№	Суффикс	Формант	Специализированное значение
1.	-āce-	-aceae (pl.)	Семейство, класс бактерий, грибков и т. п.
2.	-al-	-alum	Химическое вещество
3.	-ān-	-anum	Химическое вещество (полисахарид, углеводород)
4.	-ās-	-asum	Химическое вещество (фермент)
5.	-āt-	-as, gen. sing. -atis	Химическое вещество (анион в солях)
6.	-ell-	-ella	Род, вид бактерий, микроорганизмов, гельминтов; инфекционное заболевание
7.	-ēn-	-enum	Химическое вещество (углеводород, радикал)
8.	-ett-	-etta (итал.)	Конкретное образование
9.	-ĭd-	-idum	Химическое вещество (анион в солях)
10.	-īn-	-inum	Химическое вещество
11.	-ision-	-isatio, gen. sing. -isationis (франц.)	Процесс
12.	-isator	-isator, gen. sing. -isatoris	Аппарат, прибор, инструмент
13.	-īt-	-is, gen. sing. -itis	Химическое вещество (анион в солях)
14.	-ōl-	-olum	Химическое вещество
15.	-ōn-	-onum	Химическое вещество (гормоны, продукты, синтезируемые в животном и растительном организме); элементарные частицы
16.	-ōs-	-osum	Химическое вещество (сахариды)

Сопоставление инвентаря суффиксов прилагательных в системе₁ и системе₂ показывает, что из 9 девербальных суффиксов в системе₂ используются четыре наиболее продуктивных: *-il-/-bil-*, *-iv-*, *-ori-*, *-id-*. Из 12 десубстантивных суффиксов в систему₂ попадают 10 продуктивных суффиксов, из них 2 греческого происхождения *-ic-* и *-ac-*, которые в системе₁ характеризовались разной активностью (См. таблицу 4 а, б). Специальные суффиксы деадъективных прилагательных в системе₂ не используются (ср. в системе₁ — *-ul-/-ol-*, *-(i)cul-*, *iuscul-*, *-l-/-ell-*, *-cell-*, *-astr-*). Деадъективные прилагательные образуются с помощью некоторых десубстантивных суффиксов (*-al-/-ar-* и др.).

Таблица 4. Сопоставление инвентаря суффиксов прилагательных в системе₁ и системе₂ с указанием продуктивности

а) Суффиксы девербальных прилагательных

№	Суффикс	Формант	Продуктивность Система₁	Продуктивность Система₂
1.	а) -il-/-bil- б) -at-il-	а) -ilis, -bilis б) -atilis	1145 19 =1164	а) 76 б) –
2.	-īv-	-īvus	384	97
3.	-ori-(-atori-, -itori-)	-orius	350	32
4.	-ici-	-icius	287	–
5.	-id-	-idus	209	21
6.	-bund- (-abund-)	-bundus	145	–
7.	-u-	-uus	122	–
8.	-āc-	-ax (gen. sing. ācis)	103	–
9.	-cund-	-cundus	18	–
Всего:			2782	226

б) Суффиксы десубстантивных прилагательных

№	Суффикс	Формант	Продуктивность Система₁	Продуктивность Система₂
1.	-t-(-āt-, -īt-, -ūt-)	-tus/-ātus (-ītus, ūtus)	1320	70
2.	-āl-(-ēl-, -īl-, -ūl-)/-ār-	-ālis (-ēlis. -īlis, ūlis), -aris	1039/232 =1271	760/ 288 =1048
3.	-os-	-ōsus	811	139
4.	-ari-	-ārius	780	38
5.	-n- (-īn-, -ān-)	-nus -īnus -ānus -ēnus	25 448 195 =673 5	5 28 =42 9
6.	а) -ĭc- б) -at -ĭc- -est-ĭc-	-īcus -aticus -esticus	522 31 =556 3	433

Таблица 4 (Окончание).

7.	а) -е- б) -ас-е- в) -an-e-	-eus -aceus - aneus	395 70 =546 81	62 6 =75 7
8.	а) -i- б) -ac-i-	-ius -acius	109 30 = 132	–
9.	-lent-	-lentus	66	5
10.	-ens-	-ensis	60	–
11.	-ăc-	-ăcus	44	14
12.	-ern-/-tern- -urn /turn-	-ernus/-temus -urnus/-turnus	22 8 =30	–
Всего:			6230	1873

Таким образом, из 24 суффиксов прилагательных системы₁ в системе₂ используются 14, причем словообразовательную активность проявляют только 10 из них: *-al-/-ar-*, *-ic-*, *-os-*, *-iv-*, *-bil-/-il-*, *-e-*, *-at-*, *-in-*, *-ari-*, *-ori-*. Эти суффиксы и в литературном языке строили длинные словообразовательные ряды и отражали наиболее регулярные типы отношений.

Однако инвентарь суффиксов прилагательных системы₂ не ограничился только суффиксами системы₁, он пополнился новым суффиксом *-nt-/-ent-* (форманты *-ans*, *-ens*), который в системе₁ использовался для образования причастий настоящего времени, но в словосложении мог участвовать и в оформлении десубстантивных базисных компонентов (ср. *-comans*, *-pedans*, *sulcans*).

Кроме того, в терминологическую суффиксацию переходит из словосложения такой десубстантивный базисный компонент, как *-formis* (от лат. существительного *forma* «форма, вид, образ»), который благодаря своей высокой продуктивности в системе₂ получает статус суффиксоида *-form-*.

Совсем новой единицей для терминологии является также суффиксоид *ide-* (форманты *-ideus*, *-idea*, *-ideum*) из греческого десубстантивного базисного компонента *-eidēs* (от существительного *eidos* «вид, образ, форма»), участвовавшего в словосложении в самом греческом языке (ср. *tympano-eides* «имеющий форму барабана», *trago-eides* «козлоподобный» и др.). В терминологии он латинизировался и формирует протяженный терминологический ряд новых, искусственных образований со значением сходства, подобия. Суффиксоид *-ide-* настолько адаптировался в латинской терминологии, что может соединяться не только с греческими основами, но и с латинскими, ср. *tuberculoideus*, *fibrinoideus*, *tumoroideus* и др. Более того, он сочетается с латинским суффиксом *-al-*, создавая расширенный вариант суффиксоида *-ideal* или *-idal*, ср. *subarachnoidealis*, *ethmoidalis*, *glenoidalis* и др.

Завершая изучение инвентаря суффиксов в сфере медицинской терминологии, следует отметить прежде всего

1) исключительно выборочный характер включаемых в новую систему суффиксов, в результате чего из 32 суффиксов существительных системы₁ в систему₂ попадает 21 суффикс, а из 24 суффиксов прилагательных — 14;

2) расширение суффиксальной терминологической подсистемы происходит за счет подключения к ней группы греческих суффиксов, особенно в сфере терминов-существительных. С ними связано большое количество искусственно образованных терминов по моделям, существующим в литературном древнегреческом языке;

3) большое значение для модификации инвентаря суффиксов существительных имеет функционирование в терминологической системе новых суффиксов латинского происхождения, а также включение в систему новых суффиксов из европейских языков (*-ett-*, *-isation-*, *-isator-*);

4) преобразования инвентаря суффиксов прилагательных менее значительны. Они связаны в основном с уменьшением количества суффиксов, что отражает тенденцию к сокращению суффиксов с одним и тем же значением «отношения» или «принадлежности». В сферу прилагательных системы₂ попали также наиболее продуктивные суффиксы. Инвентарь суффиксов стал тоже неоднородным: с одной стороны, за счет активизации греческих суффиксов *-ĭc-* и *ăc-*, с другой стороны — в результате появления новых, разных по происхождению, единиц — суффиксоидов *-ide-* (греч) и *-form-* (лат.);

5) терминологическую суффиксальную подсистему характеризует также наличие новых единиц со статусом суффиксоидов (лат. *-form-*, греч. *-id-*, *-ide-*, греко-лат. *-ideal-*, *-idal-*);

6) в итоге общее количество суффиксов существительных, используемых в системе₂ намного превышает число суффиксов системы₁, ср. их соотношение 32:54; а общее количество суффиксов прилагательных, наоборот, сокращается, ср. 24:17. Но в сумме суффиксальные модели терминологического типа отличаются большим количеством (56:71) и разнообразием, которое так же, как и в префиксации, связано с гетерогенностью и гетерохронностью системы₂.

§ 2. Терминообразовательная активность суффиксов существительных и прилагательных

Словообразовательная активность суффиксов характеризуется их продуктивностью, являющейся важным фактором в формировании системы суффиксации в терминологии. Уже при определении инвентаря суффиксов системы₂ было видно, что терминология отбирает в свой фонд только продуктивные суффиксы. Если все суффиксы и в системе₁, и в системе₂ расположить по убывающей продуктивности и применить ту же самую методику ранжирования, которая была использована нами при определении статуса префиксов, то можно выделить три группы исконных латинских суффиксов: 1) группу продуктивных суффиксов, 2) группу менее продуктивных суффиксов и 3) группу малопродуктивных суффиксов.

Латинские суффиксы существительных

1. Сопоставление первых групп продуктивных латинских суффиксов существительных в системе₁ и системе₂ показало, что из 6 наиболее продуктивных суффиксов системы₁ в системе₂ используются 5, причем самым продуктивным и в системе₂ остается суффикс -*ion*¹-, формирующий nomina actionis. Уменьшительные суффиксы в системе₁ уступают второе место суффиксу *tāt*- со значением обобщенного качества, свойства, состояния, функционирующего, в основном, в клинической терминологии. Уменьшительные суффиксы являются самыми продуктивными в анатомической терминологии, где они используются для обозначения анатомических объектов небольших размеров (См. таблицу 5).

Таблица 5. Сопоставление групп продуктивных суффиксов существительных в системе₁ и системе₂

Система₁			Система₂				
№ пп	суффикс	продуктивность	№ пп	суффикс	общая продуктивность	продуктивность в анатом. терминологии (из общего числа 198)	продуктивность в клинич. терминологии (из общего числа 1782)
1.	-iōn¹-	3247	1.	-iōn¹-	583	17	566
2.	-ŭl-/-ŏl-	2171	2.	-tāt-	181	3	178
3.	-ōr¹-	1825	3.	-ŭl-/-ŏl-	112	63	49
4.	-i- (-ium)	1025	4.	-ōr¹-	88	19	69
5.	-tāt-	850	5.	-i- (-a)	50	7	43
6.	-i- (-ia)	833					

2. Сопоставление вторых групп менее продуктивных латинских суффиксов существительных в системе₁ и системе₂ также подтверждает тенденцию терминологической системы к выбору наиболее продуктивных суффиксов и к унификации средств выражения. Так из 16 суффиксов системы₁ в системе₂ функционируют только 8, а также суффикс -*i*-(-*ium*), который перешел из I группы наиболее продуктивных суффиксов системы₁. Латинский формант -*ium* стал ниже рангом в системе₂ из-за функционирования в ней латинизированного греческого форманта -*ium* с тем же значением. В систему₂ не попали 5 суффиксов системы₁ *on*-/-*ion*²-, -*iti*-, -*āt*-, -*br*- (-*cr*-, -*tr*-). Суффиксы -*tudin*-, -*īn*-, -*bul*- снизили свою продуктивность и не являются активными в терминологии, из-за чего перешли в III группу малопродуктивных суффиксов (См. таблицу 6). Из 9 суффиксов в деривационных терминологических процессах участвуют только 4 более продуктивных суффикса: -*ur*-, -*i*-(-*ium*), -*ari*-, -*ori*-, причем в основном в клинической терминологии. Осталь-

ные суффиксы встречаются в составе производных единиц, используемых и в той и в другой системах, особенно это касается сферы анатомической терминологии.

3. Наибольшие изменения произошли в третьей группе малопродуктивных латинских суффиксов существительных. Из 10 суффиксов системы$_1$ в систему$_2$ вошли только 4 (-*din*-, -*ion*³, -*ic*²-, -*iss*-), причем три первых — в составе нескольких производных, которые в системе$_2$ терминологизировались. Суффикс *iss*-, формировавший в системе$_1$ nomina agentis (лицо жен. р.), в системе$_2$ участвует в обра-

Таблица 6. Сопоставление групп менее продуктивных суффиксов существительных в системе$_1$ и системе$_2$

Система$_1$			Система$_2$				
№ пп	суффикс	продуктивность	№ пп	суффикс	общая продуктивность	продуктивность в анатом. терминологии (из общего числа 198)	продуктивность в клинич. терминологии (из общего числа 1782).
1.	-īc¹- (-trix)	490	1.	-ūr-	31	7	24
2.	-ari-	484	2.	-i-(-um)	27	4	23
3.	-mĭn-	368	3.	-ari-	25	4	21
4.	-ment-	365	4.	-ment-	25	7	18
5.	-ŭr-	290	5.	-ori-	21	2	19
6.	-tudin-	140	6.	-ŭl-/-cŭl	21	8	13
7.	-ori-	130	7.	-or²-	19	–	19
8.	-īn-	119	8.	-min-	13	5	8
9.	-ōr²-	106	9.	-gin-	10	2	8
10.	-ōn-/-ion²-	105					
11.	-iti-	100					
12.	-gĭn-	79					
13.	-āt-	54					
14.	-bŭl-	54					
15.	-ŭl-/-cŭl- (nomina instrumenti)	52					
16.	-br-, -cr-, tr-	50					

зовании nomina concreta. Суффиксы *-tudin-*, *-īn-*, *-bul-* спустились в эту группу из предыдущей, они не создают в терминологии новых слов, а встречаются в составе производных, функционировавших и в литературном языке. Шесть малопродуктивных суффиксов системы₁ совсем не попали в систему₂: *-ēl-*, *-mōni-*, *ēl-*, *-astr-*, *-īl-*, *-tūt-* (См. таблицу 7).

Таблица 7. Сопоставление групп малопродуктивных суффиксов существительных в системе₁ и системе₂

Система₁			Система₂				
№ пп	суффикс	продуктивность	№ пп	суффикс	общая продуктивность	продуктивность в анатом. терминологии (из общего числа 198)	продуктивность в клинич. терминологии (из общего числа 1782)
1.	-ēt-	49	1.	-bŭl-	8	4	4
2.	-moni-	43	2.	-īn-	7	1	6
3.	-dĭn-	38	3.	-ic²-	6	6	–
4.	-iōn³-	32	4.	-dĭn-	4	–	4
5.	-ēl-	30	5.	-tudĭn-	4	–	4
6.	-astr-	27	6.	-iōn³-	4	1	3
7.	-ic²-	27	7.	-iss-	3	1	2
8.	-īl-	18					
9.	-iss-	12					
10.	-tūt-	6					

В терминологии низкая продуктивность суффикса не всегда соотносится с низкой частотностью созданных с его помощью производных, и малочастотный термин иногда бывает важным, так как занимает важное место в терминосистеме, ср. *regio, regionis* (суффикс *-iōn³-*) «область» только в анатомической терминологии употребляется 175 раз. Ср. также *caementum* (из *caedimentum*) «цемент» в анатомической номенклатуре этот термин встречается всего 2 раза, тем не менее он является важным, т. к. обозначает важный компонент в структуре зуба — его костную ткань.

Латинские суффиксы прилагательных

Оценка словообразовательной активности латинских суффиксов прилагательных в системе₁ и системе₂ также проводится по степени их продуктивности в группах 1) продуктивных, 2) менее продуктивных и 3) малопродуктивных суффиксов.

1. Сопоставление первых групп продуктивных латинских суффиксов прилагательных показало, что из 8 самых продуктивных суффиксов системы₁ терминологическая система выбрала 6 (-āl-/-ār-, -ĭc-, -ōs-, -ĭl-/-bĭl-, -e-, -āt-), продуктивные суффиксы системы₁ -ari- и -n- (īn-, -ān-, -ēn-) в системе₂ попали в группу менее продуктивных суффиксов. Однако, количество продуктивных суффиксов в системе₂ больше, во-первых, за счет новых единиц: суффиксоидов *ide-* и *-form-* и суффикса *-nt-/-ent-*, во-вторых, за счет повышения активности суффикса -īv-, ставшего более продуктивным в системе₂. Обращает на себя внимание тот факт, что самый продуктивный в системе₁ суффикс -āt- в системе₂ стал ниже рангом (1 → 10), а суффикс -ĭc-, наоборот, в системе₂ стал более продуктивным (7 → 2) (См. таблицу 8).

Таблица 8. Сопоставление групп продуктивных суффиксов прилагательных в системе₁ и системе₂

Система₁			Система₂				
№ пп	суффикс	продуктивность	№ пп	суффикс	общая продуктивность	продуктивность в анатом. терминологии (из общего числа 790)	Продуктивность в клинич. терминологии (из общего числа 1309)
1.	-āt-	1320	1.	-āl-/-ār-	1048	395	653
2.	-āl-/-ār-	1271	2.	-ĭc-	433	106	327
3.	-ĭl-/-bĭl-	1164	3.	-ōs-	139	35	104
4.	-ōs-	811	4.	-ide- (-idal-)	137	50	87
5.	-ari-	780	5.	-nt-/-ent-	119	23	96
6.	-n- (-in-, -an-, en-)	673	6.	-form-	99	18	81
7.	-ĭc- (-atĭc-, estĭc-)	556	7.	-īv-	97	4	93
8.	-e- (-ace-, ane-)	546	8.	-ĭl-/-bĭl-	76	3	73
			9.	-e- (-ane-, -ace-)	75	48	27
			10.	-āt-	70	31	39

Высокая терминообразовательная активность суффикса *-āl-/-ār-*обусловлена его способностью легко соединяться с любыми основами: как латинского, так и греческого происхождения, с субстантивными основами и адъективными, с примарными и вторичными. Терминообразовательные возможности этого суффикса практически не ограничены. Ему уступает суффикс -ĭc- — греческий по происхождению, который соединяется в основном с греческими основами, что ограничивает его активность.

Сравнение сфер использования суффиксов (в анатомической терминологии и в клинической) показывает преимущественное (в процентном отношении к общему числу) использование в анатомической терминологии суффиксов -āl-/-ār-, -ide- (-idal-), -e- (-ane-, -ace-).

2. Наибольшие изменения в статусе суффиксов прилагательных произошли в группе менее продуктивных суффиксов. Из 10 суффиксов системы$_1$ только 2 (-ori- и -id-) попали в систему$_2$. Суффиксы -i- и -lent- стали менее продуктивными и перешли в третью группу. Пять суффиксов (-ici-, -bund-, -u-, -āc-, -ens-) вообще не используются в деривационных процессах терминологического характера и встречаются в единичных прилагательных. Количество менее продуктивных суффиксов в системе$_2$ вдвое меньше. Большинство из них функционируют с преимуществом в анатомической терминологии (См. таблицу 9).

Таблица 9. Сопоставление групп менее продуктивных суффиксов прилагательных в системе$_1$ и системе$_2$

Система$_1$			Система$_2$				
№ пп	суффикс	продуктивность	№ пп	суффикс	общая продуктивность	продуктивность в анатом. терминологии (из числа 790)	продуктивность в клинической терминологии (из общего числа 1309)
1.	-īv-	384	1.	-n- (-īn-, -ān-)	42	18	24
2.	-ori-	350	2.	-ari-	38	16	22
3.	-ici-	287	3.	-ori-	32	15	17
4.	-ĭd-	209	4.	-ĭd-	21	3	18
5.	-bund-	145	5.	-ăc-	14	6	8
6.	-i- (-aci-)	139					
7.	-u-	122					
8.	-āc-	103					
9.	-lent-	66					
10.	-ens-	60					

3. Группы малопродуктивных суффиксов прилагательных малочисленны по количеству (3:2) и не совпадают по составу. Из 3-х суффиксов системы$_1$ 2 вообще не вошли в систему$_2$ (-(t)ern-/-(t)urn- и -cund-), а суффикс -ăc- стал более продук-

тивным. В системе₂ к малопродуктивным относятся всего 2 суффикса: -i-, который используется в основном, в анатомической терминологии, и -lent- в клинической (См. таблицу 10).

Таблица 10. Сопоставление групп малопродуктивных суффиксов прилагательных в системе₁ и системе₂

Система₁			Система₂				
№ пп	суффикс	Продуктивность	№ пп	суффикс	общая продуктивность	продуктивность в анатом. терминологии (из общего числа 790)	продуктивность в клинич. терминологии (из общего числа 1309)
1.	-ăc-	44	1.	-i-	9	8	1
2.	-(t)ern-/-(t)urn-	30	2.	-lent-	5	–	5
3.	-cund-	18					

Обобщая данные количественной оценки статуса исконных латинских суффиксов прилагательных, следует подчеркнуть, что из трех рассмотренных групп самой большой и по количеству суффиксов, и по количеству образованных с их помощью суффиксальных прилагательных является первая группа продуктивных суффиксов, что еще раз подтверждает роль фактора продуктивности в становлении и развитии терминологии.

Новые латинские суффиксы

Активность новых латинских суффиксов ограничивается, во-первых, сферой терминов-существительных, а во-вторых, сферой их использования в терминологии фармацевтической химии, биохимии и микробиологии. Только суффикс *-isatiōn-*, формирующий nomina actionis, и *-isator-* формирующий nomina agentis, выходят за пределы этих разделов терминологии. Соответственно, доля новых латинских суффиксов в терминологической суффиксации невелика, она составляет 21,1 % от общего числа суффиксальных существительных в системе₂. По продуктивности все новые латинские суффиксы можно разделить также на три группы продуктивных, менее продуктивных и малопродуктивных суффиксов. В первую группу входят всего три суффикса *-īn-*, *-isatiōn-* и *-ās-*, однако с их помощью образуется более половины производных этой сферы (501 из 780). Вторая группа менее продуктивных суффиксов по количеству единиц в 3 раза больше, чем первая, но по количеству суффиксальных производных в 2 раза меньше. И, наконец, третья группа включает 4 суффикса, характеризующихся низкой продуктивностью в силу своей семантики (См. таблицу 11).

Таблица 11. Продуктивность новых латинских суффиксов

№ пп	Суффикс	Формант	Продуктивность	Группа
1.	-īn-	-īnum	324	
2.	-isation-	-isatio	101	I
3.	-ās-	-āsum	76	
4.	-ōn-	-ōnum	49	
5.	-ōl-	-ōlum	42	
6.	-ōs-	-ōsum	39	
7.	-āt-	-as, gen. sing. -atis	36	II
8.	-ān-	-ānum	31	
9.	-ell-	-ella	17	
10.	-ēn-	-ēnum	16	
11.	-ace-	-aceae- (pl.)	11	
12.	-ĭd-	-ĭdum-	11	
13.	-īt-	-is, gen. sing. -ītis	9	
14.	-āl-	-ālum	8	
15.	-isator-	-isator	7	III
16.	-ett-	-etta	3	
Всего:			780	

Латинизированные греческие суффиксы

Латинизированные греческие суффиксы функционируют в составе терминов-существительных. Большинство из них используются только в сфере клинической терминологии. Лишь некоторые суффиксы формируют также и анатомические термины: *-i²- (-um), -i³- (-on), -ōs- (-is), -ēr-*. Суффиксоиды *-id¹-* и *id²-* строят модели, по которым образуются (микро)биологические и биохимические термины.

Доля латинизированных греческих суффиксов в терминологической суффиксации составляет 44,8 %. Активность греческих суффиксов определяется их способностью строить протяженные терминообразовательные ряды. Из трех групп суффиксов, выделяемых по степени продуктивности, самая большая — первая группа, включающая 7 наиболее продуктивных суффиксов, с помощью которых сформирована основная масса клинических терминов этой сферы (1458) (См. таблицу 12, где под рубрикой «В клинической терминологии» помещены данные о продуктивности и в других разделах терминологии).

Таблица 12. Продуктивность латинизированных греческих суффиксов в системе₂

№ пп	Суффикс	Формант	Продуктивность Общая	В анатомической терминологии	В клинической терминологии	Группа
1.	-i¹-	-ia	567	–	567	I
2.	-ōs-	-ōsis	280	4	276	
3.	-īt-(-itid-)	-ītis	258	–	258	
4.	-ism-	-ismus	157	–	157	
5.	-omat-	-ōma	83	–	83	
6.	-i²-	-ium	57	23	34	
7.	-id²-	-idum (-oidum)	56	–	56	
8.	-iās-	-iasis	38	–	38	II
9.	-id³-	-idum (-oidum)	37	–	37	
10.	-id¹-	-(o)ides, -idae	28	–	28	
11.	-ēs-	-ēsis, -esia	23	1	22	
12.	-i³-	-ion	22	4	18	
13.	-ȳl-	-ȳlum-	20	–	20	
14.	-ist-	-ista	9	–	9	III
15.	-emat-	-ēma	8	–	8	
16.	-ēr-	-ēr	6	6	–	
17.	-asm-	-asmus	3	–	3	
Всего:			1651	38	1614	

Греческие суффиксоиды -id¹-, -id²- и -id³- включены в общий частотный список, где занимают среднее по продуктивности место, что подтверждает их словообразовательный статус.

Количественная оценка статуса суффиксов показала, что:

1. Терминообразовательная активность суффиксов предопределяется характером терминообразовательных моделей и сферами их функционирования. Система₂ характеризуется, с одной стороны, гетерогенностью (в ней выделяются модели латинские и греческие по происхождению), с другой стороны — гетерохронностью (в ней используются модели с исконными латинскими суффиксами и новыми).

Большинство суффиксов (54) формирует суффиксальные существительные и только 17 — суффиксальные прилагательные. Это подтверждает важную роль субстантивных терминов, выполняющих номинативно-дефинитивную функцию.

2. Сопоставление словообразовательной активности, осуществленное между суффиксальной системой$_1$ и той частью системы$_2$, которая включает исконные латинские суффиксы, показало совпадение групп наиболее продуктивных суффиксов и в литературном языке, и в терминологии, что подтверждает важность фактора продуктивности в становлении и развитии терминологии.

В анализируемом материале исконные латинские суффиксы существительных составляют 34 % и используются как в анатомической, так и в клинической терминологии, иногда с некоторым преимуществом — в анатомической терминологии.

3. Статус новых латинских суффиксов существительных связан с их использованием в определенных разделах медицинской терминологии — фармацевтической химии, биохимии и (микро)биологии. В нашем материале с их помощью формируются 21 % искусственных терминов, введенных в терминологию в новое время.

4. Терминообразовательная активность греческих суффиксов связана, с одной стороны, с путями проникновения в систему$_2$, а с другой стороны — с широкой сферой использования. Однако наиболее активно они функционируют в одном разделе — в клинической терминологии. Большинство терминов, сформированных с их участием, — это искусственные образования, построенные по моделям и образцам, существующим в самом греческом языке.

Участие латинизированных греческих суффиксов в системе$_2$ характеризуется преимущественным использованием в сфере существительного, где они превосходят группы исконных и новых латинских суффиксов. Но по общему количеству образованных с их помощью существительных и прилагательных они уступают место суффиксам латинского происхождения (См. таблицу 13).

Таблица 13. Доля греческих суффиксов в системе$_2$

Суффиксы	Суффиксальные существительные	Суффиксальные прилагательные	Всего
Латинские (исконные и новые)	2037 — 55,2 %	1870 — 76,2 %	3907 — 63,6 %
Греческие	1651 — 44,8 %	584 — 23,8 %	2235 — 36,4 %

5. Что касается суффиксов прилагательных, то следует отметить активизацию выделявшихся и в системе$_1$ греческих суффиксов *-ĭc-* и *-ăc-*, а также появление новых продуктивных единиц — суффиксоидов (греч.) *-ide-* и (лат.) *form-*, формирующих искусственные образования.

Для исконных суффиксов прилагательных характерно сокращение количества не только самих суффиксов, но и их вариантов, использование одного, наиболее продуктивного варианта (См. таблицу 14).

Таблица 14. Унификация вариантов латинских суффиксов прилагательных

№ пп	Суффиксы и их варианты	
	Система₁	Система₂
1.	-il-, -bil-, -atil-	-bil-, (-il-)*
2.	-iv-	-iv-
3.	-ori-, -atori-, -itori-	-ori-
4.	-id-	-id-
5.	-t-, -āt-, -īt-, -ūt-	-āt-
6.	-ōs-	-ōs-
7.	-n-, -ān-, -ēn-, -īn-	-īn-, (-ān-), (-n-)
8.	-ari-	-ari-
9.	-āl-, -ēl-, -īl-, -ūl- / -ār-	-āl- / -ār-
10.	-ĭc-, -atic-, -estic-	-ĭc-
11.	-e-, -ace-, -ane-	-e-, (-ace), (-ane)
12.	-i-, aci-	-i-
13.	-lent-	-lent-
14.	-ăc-	-ăc

* В скобках даются непродуктивные варианты

Удельный вес суффиксов прилагательных в терминологической суффиксации составляет 40 % (См. таблицу 15).

Таблица 15. Удельный вес суффиксов существительных и прилагательных в формировании суффиксальной терминологической системы

Группы суффиксов	Существительные		Прилагательные	
	Количество производных	%	Количество производных	%
Исконные латинские суффиксы	1257	34,1	1652	67,3
Новые латинские суффиксы	780	21,1	218	8,9
Латинизированные греческие суффиксы	1651	44,8	584	23,8
Всего:	3688	60,0 %	2454	40,0 %

§ 3. Структурно-семантическая характеристика суффиксов

Суффиксы в системе₂, как и в системе₁, выполняют не только модифицирующую, но и транспонирующую функции, в связи с чем их структурные свойства связаны прежде всего с частеречной принадлежностью мотивирующих основ. В результате этого в системе₂ в области суффиксальных терминов представлены девербальные, деадъективные и десубстантивные образования.

1. Суффиксы существительных

а) Исконные латинские суффиксы

В группе исконных латинских суффиксов существительных из 21 суффикса выделяются: 12 — девербальных, 4 — деадъективных и 5 — десубстантивных. Однако реально в деривационных терминологических процессах, в результате которых образуются новые единицы — термины-существительные, участвуют всего 8 суффиксов: 4 — девербальных, 2 — деадъективных и 2 — десубстантивных. Тем не менее, с их помощью образовано большинство терминов-существительных этого типа. Остальные 13 суффиксов заимствованы из системы₁ вместе с готовыми производными существительными, которые в системе₂ терминологизировались. (См. гл. 2 § I, табл. 1.)

Наиболее продуктивные суффиксы, строящие в системе₂ протяженные терминообразовательные ряды, сохраняют в основном те же структурные и семантические свойства, которыми они характеризовались в системе₁. Так среди **девербальных** суффиксов самый продуктивный суффикс *-iōn-* образует три группы существительных (nomina actionis):

1) заимствованные из литературного языка и терминологизированные производные существительные, ср.: *aspiratio, auscultatio, commotio, excitatio, injectio, operatio, palpatio, secretio, tensio, vegetatio*;

2) термины-неологизмы, построенные по аналогичной модели, ср.:
    adaptare, adaptatum → adaptatio,
    luxare, luxatum → luxatio,
    occludĕre, occlusum → occlusio,
    protrudĕre, protrusum → protrusio,
    transplantare, transplantatum → transplantatio;

3) термины-неологизмы, мотивированные не глагольной основой, а именной, с которой соединяется расширенный вариант суффикса *-atiōn*. Такая модель уже встречалась в системе₁ (См. раздел 1), но если там она представлена в единичных примерах, то здесь в протяженных терминообразовательных рядах. Причем в качестве основы чаще всего выступает основа существительного (примарного или вторичного), ср. *saliva → salivatio, vaccina → vaccinatio, granulum → granulatio,*

placenta → placentatio, fermentum → fermentatio, pigmentum → pigmentatio. Мотивирующая основа может быть греческого происхождения, ср. *hydratatio, methylatio, oxydatio* и др. Термины такого типа могут появляться в результате одновременного действия префиксации и суффиксации, т. е. в результате парасинтеза, ср. *caput, capitis → decapitatio, cortex, corticis → decorticatio, fibrilla → defibrillatio, mucosus* (прил.) *→ demucosatio* или *capsula → incapsulatio, nervus → innervatio, vagina → invaginatio*.

Самый продуктивный суффикс **деадъективных** существительных -*tāt*- используется в системе₂ в своем варианте -*itāt*- (формант -*itās*). Можно также выделить три группы терминов с этим суффиксом со значением качества, состояния:

1) заимствованные из системы₁ в готовом виде, ср. *debilitas, graviditas, immunitas, maturitas, mobilitas, mutabilitas, sterilitas, virilitas*;

2) термины-неологизмы, построенные в системе₂ по аналогичной модели и мотивированные основами прилагательных, существующих в литературном языке, ср. *cavus → cavitas, acidus → aciditas, turbidus → turbiditas, tuberosus → tuberositas, labilis → labilitas, sensibilis → sensibilitas, excitabilis → excitabilitas* и др.;

3) термины-неологизмы, построенные по той же модели, но мотивированные производными прилагательными-неологизмами, ср. *convulsibilis → convulsibilitas, febrilis → febrilitas, insusceptibilis → insusceptibilitas, porosus → porositas, receptivus → receptivitas* и др. В терминах-неологизмах этой группы суффикс -*itāt*- может соединяться и с основами греческих прилагательных, функционирующих в системе₂, ср. *toxicus → toxicitas, spasticus → spasticitas, plasticus → plasticitas* и др.

Среди **десубстантивных** суффиксов в системе₂ наиболее активны уменьшительные суффиксы. Все группы и варианты этих суффиксов, выделенные нами в системе₁, используются с разной активностью и в системе₂. Они соединяются с основами существительных и также образуют три группы терминов:

1) взятые из литературного языка и терминологизированные уменьшительные существительные, составляющие большинство из всех производных этого типа в системе₂, ср. *areola, cellula, capsula, capitulum, mamilla, penicillus, cerebellum, canaliculus, funiculus, tuberculum, ventriculus, auricula, corpusculum, caruncula, homunculus* и др.;

2) термины-неологизмы, образованные в системе₂ по аналогичным моделям и мотивированные исконными существительными, ср. *fibra → fibrilla, fovea → foveola, glomus, glomeris → glomerulus, lien → lienculus, moles → molecula, nucleus → nucleolus, omentum → omentulum, ren → renculus* и др. Уменьшительные суффиксы могут соединяться и с основами греческих существительных, представленных в системе₁, ср. *arteria* (греч.) *→ arteriola, bronchia* (греч.) *→ bronchiolus, gastrum* (греч.) *→ gastrula, organum* (греч.) *→ organella, tetanus* (греч.) *→ tetanilla* и др.

3) термины-неологизмы, построенные по тем же моделям, но с новыми основами, таких — немного, ср. *salvatella* (от *salvare, salvatum* «спасать»), *blastula* (от греч. основы *blastos* «зачаток, зародыш») и др.

Некоторые термины с уменьшительными суффиксами не имеют в системе₂ уменьшительного значения, ср. *ventriculus* «желудок»; наименования стадий развития эмбриона: *blastula, gastrula, morula, neurula*; основа *vascul-* в терминах *vasculosus* «сосудистый» и *vasculitis* «воспаление сосудов».

б) Новые латинские суффиксы. Структурно-семантическая характеристика

Функции новых латинских суффиксов заметно упрощены: они выступают в основном только как модификаторы, транспонирующая функция выражена только у суффиксов *-isation-*, *-isator-*, остальные суффиксы соединяются с основами существительных или со связанными основами латинского или греческого происхождения, создавая искусственные образования десубстантивного типа.

По морфологической структуре новые латинские суффиксы можно разделить на 5 групп:

1. Суффиксы, оформляемые окончаниями жен. р. 1-го склонения и представленные формантами *-aceae* (pl.) и *-ella*. Первый из них присоединяется к основе существительных, обозначающих род (вид) микроорганизмов, создавая наименования семейства (класса) этих микроорганизмов, ср. *Aspergillus → Aspergillaceae, Bacillus → Bacillaceae, Bacteriodes → Bacteroidaceae, Monilia → Moniliaceae* и др.

Формант *-ella* присоединяется обычно к эпонимичной основе, представляющей собой фамилию ученого (патолога, бактериолога и др.), формируя названия рода (вида) микроорганизмов, ср. *Bordet-ella, Manson-ella, Pasteur-ella, Salmon-ella* и др. Суффикс *-ell-* используется также при построении наименований некоторых инфекционных заболеваний, вызванных микроорганизмами, ср. *rubella, scarlatinella, varicella* и др.

По морфологической структуре к суффиксам этой группы примыкает суффикс *-ett-*, реализующийся в форманте *-etta* и образующий названия конкретных объектов. Ср. *collaretta* «ресничный поясок хрусталика», *tabuletta* «таблетка» и др.

2. Суффиксы, оформляемые флексией ср. р. 2-го склонения *-um-* и представленные формантами: *-ālum, -ānum-, -āsum-, -ēnum-, -ĭdum, -īnum, -ōlum, -ōnum*. Все они формируют термины-неологизмы, обозначающие химическое вещество. Ср. *luminalum, galactanum, nucleasum, methylenum, bromidum, morphinum, mentholum, peptonum* и др.

3. Ко второй группе по семантике примыкают два суффикса *-āt-* и *-īt-*, включенных в парадигму 3-го склонения: им. п. *-as, -is*, род. п. *-ātis, -ītis*. Они соединяются с полными или усеченными основами названий химических элементов и формируют наименования анионов в солях, ср. *carbonas, salicylas, lactas* и *chloris, nitris, sulfis*. Иногда суффиксы *-āt-* и *-īt-* оформляются флексией *um*, обозначая настойки, спирты и другие вещества, ср. *alcoholatum, mannitum, mellitum, quercitum, sorbitum* и др.

4. Суффикс *-isatiōn-* оформляется флексиями жен. р. 3-го склонения и представлен в им. п. формантом *-isatio*. Он формирует названия различных процессов, является поливалентным (соединяется с основами и существительных, и прилагательных как латинского, так и греческого происхождения), ср. *alcohol → alcoholisatio, homo, hominis → hominisatio, vacuola → vacuolisatio* или *abdominalis → abdominalisatio, generalis → generalisatio, immunis → immunisatio, sterilis → sterilisatio* и др. Ср. также термины с греческими основами: *asthenisatio, cauterisatio, hepatisatio, systematisatio* и др.

Суффикс *-isation-* совпадает по значению и оформлению с исконным латинским суффиксом *-ation-* и иногда вступает с ним в синонимичные отношения, образуя дублеты ср. *dehelminthatio = dehelmithisatio*. Так же, как и суффикс *-ation-*, он включен в парасинтез, особенно вместе с префиксом *de-*, ср. *desensibilisatio, demutisatio, denarcotisatio, desympathisatio* и др.

5. Суффикс *-isator-* является производным от *-isation-*, он коррелирует с исконным латинским *-or-* в названиях аппаратов и приборов, включенных в морфологический класс существительных муж. р. 3-го склонения, ср. *aëroionisator, homogenisator, sterilisator* и др. (См. таблицу 16).

Таблица 16. Морфологическая классификация новых латинских суффиксов

Группы	Морфологические классы латинских существительных	Форманты
1	1 скл.	-aceae (pl.), -ella, -etta
2	2 скл. ср. р.	-alum, -anum, -asum, -enum, idum, -inum, -olum, -onum
3	3 скл. муж. р.	-as (-ātis), -is (-ītis)
4	3 скл. жен. р.	-isatio (-isatiōnis)
5	3 скл. муж. р.	-isator

в) Латинизированные греческие суффиксы.
Структурно-семантическая характеристика

Морфологическая классификация греческих суффиксов связана, с одной стороны, с их латинизацией в системе₂, оформлением по образцу латинских существительных, а с другой стороны — с переориентацией на субстантивные основы. Среди латинизированных греческих суффиксов можно выделить 7 групп.

1. а) Суффикс *-i¹-*, оформляемый флексией жен. р. 1-го склонения *-a* и представленный в форманте *-ia*. В отличие от исконного деадъективного латинского форманта *-ia*, обозначающего абстрактное качество или свойство и употребляющегося в системе₂ в основном в составе формантов *-antia/-entia*, латинизированный греческий формант *-ia-* поливалентен, соединяется как с греческими основами, так

и с латинскими основами существительных, участвует в парасинтезе и терминологическом словосложении, что обеспечивает ему высокую продуктивность. Многие основы, с которыми соединяется формант -*ia*, существуют в терминологии только в связанном виде, ср. *aglossia, agnathia, atrophia, apneumia, dysphagia, hypodynamia* и др. Но некоторые основы выделяются из свободно функционирующих терминов-существительных, ср. греч. *gyrus* → *agyria, cranium* → *acrania, derma* → *adermia, gaster* → *agastria*; лат. *dens, dentis* → *adentia, reflexus* → *areflexia* и др.

Формант -*ia* маркирует не только общее значение действия, процесса, состояния, но и специализированные значения болезненного состояния, патологического процесса, заболевания, иногда конкретного заболевания — воспаления, ср. *pneumonia, ophthalmia, onychia, paronychia*.

б) К первой группе относится также суффиксоид -*īd*[1]- , связанный с флексией жен. р. мн. ч. 1-го склонения -*ae* в форманте -*īdae*. Формант -*idae* присоединяется к основам существительных, обозначающих вид микроорганизмов и других существ, образуя наименования их семейств, ср. *Balantidium* → *Balantidiidae, Dipylidium* → *Dipylidiidae, Dracunculus* → *Dracunculidae, Homo, Hominis* → *Hominidae, Pediculus* → *Pediculidae* и др.

Формант -*idae* имеет вариант -*ides*, оформленный по 3-му склонению и присоединяемый к основе с помощью соединительного гласного -*o*-. Вариант *ides* играет смыслоразличительную роль, обозначая не семейства, а виды (роды) микроорганизмов, ср. *Bacterium* → *Bacteroides, Pediculus* → *Pediculoides, Gastrodiscus* → *Gastrodiscoides* и др.

в) К этой морфологической группе примыкает также суффикс -*ist*-, формирующий существительные муж. р. 1-го склонения на -*ista*, обозначающие действующее лицо, специалиста, ср. *dentista, morphinista, oculista* и др.

2. Ко второй группе относятся суффиксы -*i*[2]-, -*i*[3]-, суффиксоиды -*id*[2]- и -*id*[3], а также суффикс -*yl*-, оформляемые флексией ср. р. 2-го склонения -*um*, а в случае с -*i*[3]- — греческим вариантом флексии -*on*. Все они присоединяются к полным или усеченным основам существительных, формируя наименования объектов либо в анатомии (-*i*[2]-), либо в кранио- и антропометрии (-*i*[3]-), либо в химии (-*id*[3], *yl*-), либо в генетике (-*id*[3]), либо в дерматологии (-*id*[2]-).

а) Греческий суффикс -*i*[2, 3]- (-*ium*-) в отличие от исконного латинского девербального суффикса -*i*- (-*ium*-) со значением результата действия используется для построения наименований, обозначающих анатомические образования. Он функционирует в основном в парасинтезе и терминологическом словосложении. Ср. *hypogastrium* и *mesenterium*, существующие уже в древнегреческой терминологии, и построенные по их образцу *epigastrium, mesogastrium, mesometrium, mesovarium*, а также *endocardium, epineurium, parametrium, perinephrium* и др.

Формант -*ion* участвует только в суффиксации, ср. *dactylion, gonion, staphylion, trochanterion* и др.

б) Суффиксоиды -*id*[2]- и -*id*[3]- присоединяются к основе существительного с помощью соединительного гласного -*o*- или без него. Это играет смыслоразличительную роль для -*id²*-: все термины на -*o-idum* обозначают заболевания, напоминающие то, которое названо производящей основой, ср. *diphtheroidum, hallucinoidum, rheumatoidum, sarcoidum, typhoidum* и др. Все термины на -*idum* без соединительного гласного обозначают кожные высыпания как проявление болезни, ср. *allergida* (pl.), *brucellida* (pl.), *candididum, tuberculida* (pl.), *uremida* (pl.) и др.

Для суффиксоида -*id³*- форманты -*o-idum* и -*idum* являются равнозначными вариантами в терминах, обозначающих вещества, подобные тем, которые названы производящей основой, ср. *lipoidum = lipidum, steroidum = steridum, alkaloidum* и *glycosidum, amyloidum* и *proteidum* и т. п.

в) Суффикс -*yl*- образует наименования радикалов в фармацевтической химии, ср. *acetylum, lactylum, methanylum, naphthylum, uranylum, vinylum* и др.

3) Третью группу составляют два суффикса -*asm*- и -*ism*- (по происхождению — два варианта одного суффикса со значением действия и его результата, ср. греч. *logismos, meteorismos, pleonasmos*), они оформляются флексией муж. р. 2-го склонения. В системе$_2$ продуктивным стал только суффикс *ism*-, строящий однотипные ряды производных терминов-неологизмов. Этот суффикс интересен не своими структурными свойствами, а семантикой, широкой специализацией значения в системе$_2$. Ср. значения:

1) процесса: *metabolismus, magnetismus, tropismus* и др.;

2) отклонения от нормы, нарушения функции (в сторону повышения): *daltonismus, gigantismus, mentismus, pancreatismus, ptyalismus, rhinismus, rutilismus, sigmatismus* и др.;

3) патологического состояния, заболевания: *pelagismus, rheumatismus, thyreoidismus* и др.;

4) отравления: *alcoholismus, botulismus, bromismus, morphinismus, nicotinismus, plumbismus = saturnismus, veronalismus* и др.

5) учения, направления (школы): *methodismus, nervismus, ornanicismus, pneumatismus, unitarismus, vitalismus* и др.

Как показывает материал, суффикс -*ism*- поливалентен: он соединяется и с основами существительных, и с основами прилагательных как латинского, так и греческого происхождения, ср. основы латинских прилагательных: *labialis* → *labialismus, lunatus* → *lunatismus, mutus* → *mutismus, vitalis* → *vitalismus, glandula pituitaria* → *pituitarismus* (при построении последнего термина наблюдается морфологическая и семантическая компрессия).

Суффикс -*ism*- может вступать в синонимичные отношения с латинскими суффиксами -(*i*)*tāt*- и -*atiōn*-, ср. *mutismus = mutitas, virilismus = viraginitas, lunatismus = noctambulatio* и т. п.

4. К четвертой группе относятся суффиксы, оформленные флексией жен. р. 3-го склонения, строящие равносложные (по количеству слогов в им. п. и род. п.) термины-существительные с формантами: -*ēsis*, -*iāsis*, -*ōsis* (по происхождению — это варианты одного и того же девербального форманта -*sis*-, связанные с переразложением глагольных основ). В систему$_2$ некоторые термины этой структуры

попали из греческого языка, ср. *algēsis, genēsis, kinēsis, sterēsis, urēsis, necrōsis, morphōsis* и др. Часть терминов была создана уже в древнегреческой терминологии, ср. термины Гиппократа: *diapedesis, paresis* или *kyphosis, lordosis, enchymosis*; термин *synanastomosis* у Эразистрата и т. п. [410, с. 411]. Но большинство терминов было создано в новое время, меньшая часть из них — от глаголов со значением процесса и его результата, ср. *hidrosis, stenosis, sclerosis, narcosis, necrosis, helminthiasis*; и большая часть — от существительных со значением либо процесса (*mitosis, phagocytosis, amoebiasis*), либо патологического состояния, заболевания невоспалительного характера (*arthrosis, nephrosis, neurosis, spondylosis*). В системе$_2$ форманты *-iāsis* и *-ōsis* приобретают и более узкую специализацию, обозначая отклонение от нормы, заболевание, вызванное либо возбудителями болезни, либо определенными веществами. В некоторых случаях эти форманты вступают в синонимические отношения, ср. *helminthiasis = helminthosis, nematodosis = nematodiasis, lithiasis = calculosis* (в последнем случае греческая основа заменена на латинскую). Из трех формантов наиболее активным в системе$_2$ оказался формант *-ōsis*, не только из-за своей широкой семантики (с его помощью обозначаются и анатомические понятия, и клинические), но и из-за его поливалентности, способности соединяться не только с греческими основами, но и с латинскими, ср. латинские основы в терминах: *acidosis, diverticulosis, fibrosis, granulosis, tuberculosis* и др.; из-за его участия в парасинтезе и словосложении, ср. *agangliosis, anastomosis, aponeurosis, hypovitaminosis*.

5. Пятая группа в морфологической классификации греческих суффиксов представлена одним суффиксом, который имеет два варианта: *-īt-* и *-itĭd-*, связанных с формантами им. п. *-ītis* и род. п. *-itĭdis*, включенных в парадигму жен. р. 3-го склонения. Формант *-ītis* (*-itĭdis*) имеет в системе$_2$ узкоспециализированное значение, участвуя в наименовании заболеваний воспалительного характера. Он присоединяется к основам существительных, обозначающих различные органы, ткани, оболочки и т. п., пораженные воспалением, ср. *arteriitis, bronchitis, gastritis, myositis, stomatitis* и др. Он широко используется в парасинтезе, особенно с префиксами *endo-, meso-, para-, peri-, poly-* и в словосложении. Ср. *endometritis, mesarteriitis, paranephritis, perihepatitis, polyarthritis* и т. д.

Формант *-ītis* (*-itĭdis*) — поливалентен, он может соединяться, во-первых, не только с греческими основами, но и с латинскими, ср. *appendicitis, gingivitis, tonsillitis* и др., а во-вторых, не только с основами существительных, но и с основами прилагательных, ср. *coronaritis* (от *arteria coronaria*), *petrositis* (от *pars petrosa ossis temporalis*), *vagitis* (от *nervus vagus*).

В этих примерах налицо явление морфологической и семантической компрессии, создающей асимметрию в отношениях между исходной и результативной единицами деривации.

6. Суффиксы *-emăt-* и *-omăt-* в греческом языке были вариантами одного и того же девербального суффикса *-ma-* (*-mat-*) со значением результата действия. Оба суффикса оформляются флексиями ср. р. 3-го склонения и представлены в фор-

мантах: им. п. — *-ēma, -ōma-*, род. п. — *emătis, -omătis*. Термины *emphysema, erythema, exanthema, symptoma, glaucoma, trachoma* и др., обозначающие различные патологические состояния, заимствованы из древнегреческой терминологии. В современной терминологии получил развитие суффикс *-omăt-* в узкоспециализированном значении «опухоль». Он присоединяется к основам существительных — наименований тканей, пораженных опухолью, ср. *adenoma, angioma, blastoma, chondroma, fibroma, myoma, odontoma, osteoma* и др.

7. Суффикс *-ēr-* не активен в современной терминологии. По образцу исконно греческих *catheter, sphincter, ureter* создано несколько аналогичных терминов для наименования анатомических объектов, ср. *cremaster, masseter, trochanter*. Все они являются существительными муж. р. 3-го склонения, в которых выделяются форманты *-ēr* (им. п.), *-ēris* (род. п.). (См. таблицу 17).

Таблица 17. Морфологическая классификация латинизированных греческих суффиксов

Группы	Морфологические классы лат. сущ.	Форманты
1.	1 скл.	-ia, -idae (pl.), -ista
2.	2 скл. муж. р.	-asmus, -ismus
3.	2 скл. сред. р.	-ium, -ion, -(o)-idum[2,3], -ylum
4.	3 скл. жен. р.	-esis, -iasis, -osis
5.	3 скл. жен. р.	-itis (-itidis)
6.	3 скл. ср. р.	-ema (-ematis), -oma (-omatis)
7.	3 скл. муж. р.	-er, -ides (pl.)

2. Суффиксы прилагательных

а) Исконные латинские суффиксы

В группе исконных латинских суффиксов прилагательных из 14 суффиксов выделяются 4 — девербальных и 10 — десубстантивных. Наиболее продуктивными суффиксами в системе$_2$, как и в системе$_1$, являются десубстантивные суффиксы, образующие основную массу суффиксальных прилагательных в терминосистеме (См. гл. 2, § 1, табл. 4).

Десубстантивные суффиксы прилагательных в системе$_2$ обладают теми же структурными свойствами, что и в системе$_1$. Как правило, латинские суффиксы соединяются с основами латинских существительных, а греческие суффиксы — с основами греческих существительных. Но уже в системе$_1$ отмечались случаи соединения латинских суффиксов с греческими основами и, наоборот, греческих суффиксов прилагательных -*ĭс*- и -*ăс*- — с латинскими основами. В системе₂ смешение в одном производном латинских и греческих компонентов становится характерным явлением, свидетельствующим об искусственном характере терминов-неологизмов. Все наиболее продуктивные латинские суффиксы прилагательных участвуют в создании таких гибридных образований, ср. **-*al*-/-*ar*-**: *arterialis, brachialis, catarrhalis, pyramidalis, trochlearis* и др., кроме того, суффикс -*al*- входит в состав комплексного греко-латинского суффикса -*idal*- или -*ideal*-, ср. *ethmoidalis, sphenoidalis, subarachnoidalis* и др.; **-*ōs*-**: *arteriosus, eczematosus, gangraenosus, ichorosus, parenchymatosus* и др. Греческие суффиксы прилагательных **-*ĭс*-** и **-*ăс*-** реже создают гибриды с латинскими основами, ср. *insulinicus, tuberculinicus, pediacus*.

Активность исконных суффиксов прилагательных обусловливается также их участием в парасинтезе и сложении, ср.

-*al*-/-*ar*-: extraduralis, paraurethralis, praevesicalis, subperiostalis;

-*ōs*-: paracarcinomatosus, perisinuosus, polycystosus;

-*āt*-: oblongatus, prolongatus;

-*ĭс*-: antiasthmaticus, antidromicus, antipyreticus.

Суффиксы -*āl*- и -*āt*- могут соединяться с основами не только существительных, но и прилагательных, ср. *esophageus → esophagealis, meningeus → meningealis, longus → oblongatus, prolongatus*.

Девербальные суффиксы прилагательных в системе₂ сохраняют те же структурные и семантические характеристики, которые были им присущи в системе₁. В системе₂ функционирует много девербальных прилагательных, заимствованных из системы₁, ср. *curabilis, mobilis, mutabilis, palpabilis, perceptibilis, probabilis, sanabilis, sensibilis, visibilis* или *comparativus, destructivus, passivus, recidivus, relativus* и др. Многие из этих прилагательных в системе₂ употребляются с префиксами, ср. *compressivus, correlativus, depressivus, reparativus* и др. Большую группу составляют вновь созданные на базе латинских глаголов прилагательные, ср. *coagulabilis, imputabilis, operabilis, reducibilis, reversibilis* или *auditivus, convulsivus, desquamativus, exsudativus, obstuctivus, vegetativus* и др. В качестве мотивирующей основы часто используются префиксальные глаголы, но есть примеры участия суффиксов в парасинтезе, ср. *antifermentativus, exfoliativus, hypersensitivus, retropulsivus*.

Значения суффиксов прилагательных в системе₂ преобразуются в сторону большей обобщенности — для большинства суффиксов характерно общее значение «отношения», однако в пределах этого общего значения они могут развивать также значения «принадлежности», «структуры», «цели» и др., список которых в системе₂ ограничен, но наиболее частыми являются значения «принадлежности» и «сходства», их приобретают в системе₂ суффиксы, которые в системе₁ их не имели, ср. значение принадлежности у суффикса -*ōs*- (*arteriosus, venosus*) или значение сходства у суффиксов: -*āl*-/-*ār*- (*anularis* «кольцевидный»), *āt*- (*arcuatus* «дугообразный»), -*ōs*- (*globosus* «шаровидный»), -*i*- (*trapezius* «трапециевидный») и т. п. Но эти суффиксы в системе₂ выражают и свои исконные значения принадлежности, обладания признаком, интенсивности признака и др. Поэтому для выражения только одного конкретного значения сходства в терминологии появляются и утверждаются как постоянные и регулярные новые единицы — суффиксоиды: латинский *-form-*(*is*) и греческий *-ide-*(*us*), отличающиеся однозначностью и большей семантической «наполненностью». Они мотивированы существительными и занимают промежуточное положение между базисными компонентами сложения и суффиксами. Ср. *xiphoideus, thyreoideus, arachnoideus, vermiformis, fungiformis, lentiformis* и др. Однако и эти суффиксоиды могут приобретать в системе₂ значения отношения, принадлежности, ср. *membrana hyaloidea* «мембрана, относящаяся к стекловидному телу», *vena mastoidea* «вена, принадлежащая сосцевидному отростку» и т. п.

ВЫВОДЫ

Сопоставление структурно-семантической характеристики суффиксов в системе₁ и системе₂ показало, что

1. В отличие от системы₁, где в образование существительных были вовлечены разные типы основ и основы разных частей речи, формирование словообразовательной структуры существительных в системе₂ упрощено: суффиксы присоединяются в основном к основам существительных, реже прилагательных. В результате растет доля десубстантивных терминов, особенно в сфере искусственного словопроизводства, связанного с новыми латинскими и латинизированными греческими суффиксами. Что касается производных прилагательных, то они, как и в системе₁, также тесно связаны с производящими существительными.

2. Греческие суффиксы полностью адаптировались в латинской терминологической системе. Врастание греческих элементов в структуру терминов привело к тому, что смешение в одном производном латинских и греческих компонентов стало характерным явлением в терминообразовании. Это в одинаковой мере относится как к производящим основам, так и к суффиксам.

3. Связь суффикса с флексией в системе₂ также существенна, так как в ряде случаев при совпадении материального облика суффикса терминологическое значение зависит только от флексии. Поэтому особый смысл приобретает представление суффиксов в виде формантов, ср. *-ia* и *-ium*, *-ium* и *-ion*, *-ides* и *-idae*.

4. Расширенные варианты суффиксов, представленные в системе₁, не характерны для системы₂. Из 6 таких суффиксов прилагательных, например, в системе₁ *-ace-*, *-aci-*, *-ane-*, *-atic-*, *-atil-*, *-estic-* в систему₂ попали только 2: *-ace-* и *-ane-* и то вместе с производными прилагательными. Но вместе с тем в системе₂ создан свой расширенный вариант суффикса *-idal-* (*-ideal-*), состоящий из двух частей: греческого суффиксоида *-ide-* и латинского суффикса *-al-*, что свидетельствует об искусственном характере и самого суффикса, и формируемых с его помощью прилагательных.

5. Так же, как и в системе₁, многие суффиксы существительных в системе₂ поливалентны, т. е. вступают во взаимодействие с основами разных частей речи (существительных и прилагательных) и разной генетической принадлежности (ла-

тинскими и греческими), ср. *-ion-* (*-ation-*), *-itat-*, *-ul-/-ol-*, *-isation-*, *-isator-*, *-i-* (*ia*), *-ism-*, *-ōs-*, *-īt-* (*-itĭd*).

6. В системе₂ многие производные термины созданы в процессе парасинтеза, при одновременном участии префикса и суффикса. Парасинтез был характерен и для системы₁, но в терминосистеме он приобретает особое значение и используется для точного указания на место анатомического объекта или патологического процесса. В парасинтезе активно участвуют суффиксы: *-ion-* (*-ation-*), *-isation*, *-i-* (*-ia*), *-i-* (*-ium*), *-ōs-*, *-īt-* (*-itĭd-*).

7. В системе₂ особую роль приобретает способность суффиксов не только формировать терминообразовательные ряды, но и строить парадигмы, которые являются важным прогнозирующим фактором в развитии медицинской терминологии. Ср., с одной стороны, терминообразовательный ряд с суффиксом *it-* (*-itĭd*) со значением «воспаления»: *gastritis, nephritis, odontitis, ostitis, myositis, phlebitis* и др., где основы, обозначающие анатомические объекты, вступают в парадигматические отношениями, с другой стороны — суффиксальную парадигму с общей основой *-odont-* «зуб» и суффиксами, обозначающими «заболевание»: *odontia, odontiasis, odontitis, odontoma, odontosis* и др., где суффиксы составляют парадигматический ряд по отношению к основе. Дальнейшее расширение терминообразовательного ряда и парадигмы, т. е. создание нового термина, возможно только на основе соотнесения его, с одной стороны, с уже существующей парадигмой, с другой стороны — с терминообразовательным рядом, т. е. с однокорневыми образованиями и терминами аналогичной структуры.

8. Специфика суффиксов в терминологическом словообразовании проявляется не только в плане выражения, но и наиболее ярко в плане содержания, в характере их значений. Если в системе₁ большинство суффиксов отличались многозначностью, то для системы₂ многозначность не характерное явление, в большинстве случаев за каждым суффиксом закрепляется одно значение, это значение специализируется и определяет место термина в структуре родовидовых и других отношений внутри терминосистемы. Многозначными являются всего несколько суффиксов: *-i-* (*-ia*), *-iōn-* (*-atiōn-*), *-isation-*, *-ism*, *-ōs-*, *tāt*.

9. Узкая специализация значений привела в системе₂ к появлению омонимичных суффиксов *-i¹-*, *-i²-* и *-i³-*, *-id¹-*, *-id²-*, *-id³-*.

10. В некоторых случаях одно и то же значение может быть выражено несколькими суффиксами. Между этими суффиксами могут возникать синонимичные отношения. Но явления синонимии и дублетности, столь частые в системе₁, в суффиксальной системе₂ встречаются редко и связаны только с суффиксами, характеризующимися широким кругом значений, ср. лат. *-atio* = *-isatio*, *-atio* = *-itas*, греч. *-osis* = *-iasis*, лат.-греч. *-atio* = *-ia*, *-itas* = *-ismus*, *-atio* = *-ismus*.

11. Для словообразовательной семантики терминосистемы характерна асимметрия в отношениях между исходной и результативной единицами деривации, особенно ярко она проявляется, когда исходная единица представлена в результа-

тивной в свернутом виде и налицо морфологическая и семантическая компрессия, ср. *pars petrosa ossis temporalis → petrositis*.

12. Переориентация на субстантивные основы в системе₂ привела к тому, что на первый план в словообразовательной и семантической структуре термина выдвигается не частеречная принадлежность мотивирующей основы, а ее принадлежность к ономасиологической категории (наименованиям органов, тканей, веществ и т. п.). В этой связи важную роль приобретает и ономасиологическое рассмотрение суффиксов, позволяющее сгруппировать суффиксы по характеру обозначаемых ими понятий или реалий. При таком подходе суффиксальные производные термины можно распределить на обозначающие:

1) а) конкретные анатомические образования (части тела, органы, ткани и другие элементы человеческого организма); б) химические вещества (продукты, синтезируемые в животном и растительном мире, а также искусственно создаваемые препараты для лечения и профилактики заболеваний): *-an-, -as-, -at-, -bul-, -cul-, -en-, -er-, -ett-, -i- (-ium), -id³-, -in-, -ion-, it-, -ment-, -ōl-, -on-, -or¹-, -ori-, -tat-, -ul-/-ol-, -uncul-, -ur-, -yl-*;

2) семейства, классы, отряды, роды и виды простейших микроорганизмов и растений, ср. *-ace-, -ari-, -ell-, -id¹-*;

3) естественные процессы, происходящие в организме, ср. *-i- (-ia-), -ion-, isation-, -ism-, -os-, -tat-*;

4) патологические состояния организма, среди которых особую подгруппу составляют названия воспалительных процессов, хронических заболеваний, опухолей и т. п. Они образуют терминологические поля и выражаются с помощью суффиксов *-asm-, -emat- (-ema), -i-, -ias-, -id²-, -ism-, -it- (-itid-), -omat- (-oma), -os-, -ion-, -isation-, -or²-, -tat-*;

5) методы обследования и лечения, ср. *-i- (-ia), -ion- (-ation-), -isation-, -ur-*;

6) диагностическую и хирургическую аппаратуру и инструменты, ср. *-ari-, or¹-, -isator-, -ment-, -ori-*.

Таким образом, в классификации суффиксальных производных терминов-существительных на первое место по своей значимости выходит ономасиологический принцип, а не просто семантический, дающий классификацию группы обозначений внутри одной и той же категории.

Глава III. РЕФЛЕКСЫ ЛАТИНСКОГО ИМЕННОГО СЛОВОСЛОЖЕНИЯ В МЕДИЦИНСКОЙ ТЕРМИНОЛОГИИ

§ 1. Общие замечания

Анализируя отражение в медицинской терминологии именного словосложения, характеризовавшего литературный латинский язык, следует учесть несколько обстоятельств. Одно из них связано с тем, что в терминосистеме мы обнаруживаем не столько функционирование определенных моделей (как, например, в других подсистемах терминообразования — префиксации или суффиксации), сколько функционирование определенных образцов с частотными элементами, по аналогии с которыми создаются новые сложные единицы. Так, рассматривая терминологический ряд образований на *-ficatio* или *-fixatio* и подобные им случаи, мы вряд ли можем говорить о влиянии модели в собственном смысле этого слова, зато должны признать действие этих образований как образцов для их воспроизведения по аналогии. Это обстоятельство связано прежде всего с тем, что и в латинском языке число моделей было не столь значительным и что в терминосистеме представлены те же самые по своей структуре модели.

Другое важное обстоятельство связано с ролью латинского языка как посредника, медиатора, служившего источником не только для пополнения языка науки собственно латинскими лексемами и словообразовательными элементами, но и для его развития с помощью латинизированных греческих заимствований. В язык науки попадают не только необходимые греческие термины, но и вычленяемые из них постепенно терминоэлементы, а далее и способы их соединения, и типичные правила, по которым они строились. Влияние греческих сложных слов особенно заметно в сфере словосложения, где смешение латинских и греческих элементов в одной сложной единице было нередким явлением уже в литературном языке.

Таким образом, сфера словосложения в современной медицинской терминологии — это та область, где шире всего проявилось двуязычие, ставшее характерной чертой всех развивающихся в дальнейшем терминологических систем. Описывать в этой ситуации влияние латинского языка в собственном смысле поэтому весьма трудно. Отсюда — описание в настоящей главе не столько латинских моделей и самого процесса моделирования сложных именных комплексов, сколько характеристика их организации и принципов устройства ономасиологических базисов.

Последнее особенно тесно связано еще с одним обстоятельством, о котором тоже надо сказать в связи с вопросом о влиянии именного латинского словосложения на систему$_2$. Данная глава не случайно названа «Рефлексы именного словосложения...»: этим мы хотим подчеркнуть, что из литературного латинского языка термины заимствовались как отдельные слова, как определенные лексемы. Если число таких однородных лексем оказывалось достаточным для организации терминологического ряда или терминологического гнезда, сами эти микросистемы могли оказывать свое влияние на дальнейшее развитие системы. Это и обязывает нас уделить также внимание описанию таких важнейших для становления системы₂ словообразовательных единиц, как ряд, цепочка и парадигма.

§ 2. Термины-композиты с девербальным ономасиологическим базисом

1. Сложные существительные

Поскольку в системе₂ используются те же общие модели словосложения, что и в системе₁, т. е. V + F и V + Suf + F, в настоящем разделе мы рассмотрим лишь те построенные по ним образцы, которые послужили затем источником аналогического словосложения и которые явились своеобразными эталонами для построения будущих сложных терминов. Выборочность единиц, которая всегда ярко характеризует переход от системы литературного языка к любой из ее частных подсистем, сказывается здесь в том, что

1) достаточно точно определяется круг глаголов, которые мотивируют вместе со своими аргументами или сирконстантами сложные слова терминологического типа (См. таблицу 1);

2) устанавливаются повторяющиеся в составе сложных терминов девербальные базисные компоненты: а) бессуффиксальные, типа *-cidum, -ficum, fugum, -vorum*, и б) суффиксальные, типа *-ficatio* и *-ficator, -fixatio* и *fixator, motio* и *-motor, -receptio* и *-receptor, -sectio, -ductio, -plicatio, -formatio, -punctio* и др., которые приближаются по своему статусу первоначально к частотным компонентам сложного слова, а далее — и к терминоэлементам; некоторые латинские основы суффигированы греческими суффиксами, ср. *-loquia, -reflexia, loquismus*;

3) бессуффиксальные базисные компоненты оформляются в основном флексиями 2-го склонения, суффиксальные — 3-го склонения, тем самым унифицируется морфологическое оформление терминов-композитов;

4) унифицируется и оформление самого сложного термина — неологизма, следующего, как правило, греческому образцу с соединительной гласной *-о*, ср. *lateroductio, proprioreceptio, vesicofixatio* и др., латинская соединительная гласная *i-* сохраняется в заимствованных из системы₁ образцах, а также в некоторых терминах-неологизмах, построенных по аналогии с ними, ср. *herbicida, ossificatio, vivisectio* и др.

Из **латинских девербальных базисов** существительных более продуктивными являются: *-ficatio, -(re)ceptor, -cidum, -para, -factio, -sectio, -fixatio*.

Таблица 1. Латинские девербальные базисы существительных

№ пп	Мотивирующий глагол	Базисный компонент	Образцы терминов-композитов
1	2	3	4
1.	caedĕre «убивать»	-cidium -cidum	monstricidium, oxyuricidium, bactericidum, herbicidum, tuberculocidum
2.	capĕre «брать, взять»	-ceptio -perceptio -receptio -ceptor -receptor	proprioceptio, nociperceptio, photoreceptio, angioceptor, neuroceptor, baroreceptor, phonoreceptor
3.	ducĕre «водить, вести»	-ductio -ductus	lateroductio, ventriductio, oviductus = tuba uterina
4.	facĕre «делать»	-factio -ficatio -ficator -ficium -ficum	rarefactio, vasifactio, dentificatio, ossificatio, scarificator, orificium, venenificium, somnificum, soporificum
5.	figĕre «укреплять, скреплять»	-fixatio -fixator	uterofixatio = hysteropexia, bronchofixator, vasofixator
6.	flectĕre «сгибать, направлять»	-flexio -reflexia -reflexus	ventriflexio, anisoreflexia, vasoreflexus, visceroreflexus
7.	formāre «образовывать»	-formatio	neoformatio = neoplasma, vasoformatio = angiogenesis
8.	fugāre «обращать в бегство, прогонять»	-fugum	lactifugum, vermifugum
9.	loqui «говорить»	-loquia -loquismus	pectoriloquia, somniloquia = somniloquismus, maniloquismus = chiroloquia
10.	mittĕre «бросать, посылать»	-emissio -mittor	malemissio, neuromittor, peripheromittor
11.	movēre «двигать»	-motio -motor	sanguimotio, vasomotio, vasomotor
12.	nectĕre «связывать»	-nexia	mionexia
13.	occludĕre «запирать»	-occlusio	mesiocclusio, posterocclusio = distocclusio
14.	parĕre «рожать»	-para-/-pera	multipara, puerpera

Таблица 1 (Окончание). Латинские девербальные базисы существительных

15.	plicāre «складывать»	-plicatio	mesenteriplicatio, mesocoloplicatio
16.	pungĕre «колоть»	-punctio	antropunctio, ventriculopunctio
17.	secāre «отрезать, оперировать»	-sectio = -tomia (греч.) -resectio = ectomia (греч.)	ramisectio = ramicotomia, venaesectio = phlebotomia, vivisectio, vasoresectio = vasectomia
18.	transfundĕre «переливать»	-transfusio	haemotransfusio, autohaemotransfusio
19.	transplantāre «пересаживать»	-transplantatio	autotransplantatio, heterotransplantatio
20.	tangĕre «трогать, касаться»	-tactio -tactor	dermotactio teletactor

Выборочность единиц, характеризующая систему, может быть продемонстрирована на примере глагола *facĕre*, мотивирующего ономасиологические базисы и в системе$_1$, и в системе$_2$ (См. таблицу 2).

Латинские базисные компоненты могут соединяться не только с латинскими, но и с греческими именными основами, ср. *haemotransfusio, mesocoloplicatio, neuroceptor* и др., а также выступать как синонимы греческих базисных компонентов или как единицы одного концептуального поля, ср. *formatio = -genesis* (греч.), *-parus = -genus* (греч.), *-fer, -ferus = -phorus* (греч.), *sectio = -tomia* (греч.), *-resectio = -ectomia* (греч.) и др.

В композитах этого типа связь с мотивирующим глаголом хотя и не нарушена полностью, но менее ощутима. Базисный компонент становится значимым сам по себе и в этом смысле он приобретает статус словообразовательной единицы с четкой семантикой и структурой. Он теряет многозначность соответствующего ему отглагольного имени, за ним закрепляется стандартное значение, и это характеризует его как особую терминологическую единицу — терминоэлемент [200, с. 15]. Ср.: в литературном языке самостоятельно существующее слово *sectio* (от *secāre* «срезать; оперировать, отрезать и др.») имеет 5 значений: «разрезание; мед. оперирование; покупка или продажа с торгов по частям; раздробление конфискованных поместий; распродаваемое с торгов имущество». В формировании терминологического значения наблюдается отход от типичных значений литературного языка — термин *sectio* имеет 2 значения: «вскрытие» и «часть, раздел», из которых термины-композиты выбирают первое, ср. *ramisectio, vasosectio, venaesectio, vivisectio*.

Таблица 2. Сопоставление ономасиологических базисов, мотивированных глаголом facĕre в системе₁ и системе₂

№	Система₁		Система₂	
	Существительные	Прилагательные	Существительные	Прилагательные
1.	-ficatio — 39*	-ficus — 90	-ficatio — 29	-faciens — 8
2.	-ficator — 23	-factus — 24	-factio — 9	-ficus — 5
3.	-ficium — 19	-ficatus — 14	-ficum — 3	-ficatus — 2
4.	-fex — 18	-ficabilis — 9	-ficium — 2	-factivus — 1
5.	-factio — 17	-ficatorius — 8	-ficator — 1	-ficans — 1
6.	-ficentia — 9	-ficialis — 6		-ficialis — 1
7.	-ficatrix — 6	-ficalis — 4		
8.	-factor — 5	-ficius — 4		
9.	-fica — 5	-ficativus — 3		
10.	-ficina — 5	-ficiosus — 3		
11.	-ficamen — 4	-factorius — 2		
12.	-ficantia — 3	-ficans — 2		
13.	-factorium — 2	-factibilis — 1		
14.	-factum — 2	-factilis — 1		
15.	-factatio — 1	-factionalis — 1		
16.	-factura — 1	-ficabundus — 1		
17.	-ficula — 1	-ficens — 1		
18.	-ficulus — 1	-ficiarius — 1		
19.	-ficatiuncula — 1			
20.	-ficiolus — 1			
Всего:	153	175	44	18

* Цифры справа указывают на продуктивность.

Терминоэлемент, таким образом, определяется нами как **регулярно повторяющийся и воспроизводимый компонент сложных производных терминов, который, как правило, занимает определенное место в структуре термина и передает достаточно стабильное обобщенное значение**. Главной чертой терминоэлементов является выражение ими терминологических значений, которые, будучи созданными на базе мотивирующих их единиц, отклоняются от этих последних выборочностью значений, большим его единообразием, степенью абстрактности и т. д. Главное здесь состоит в том, что **за каждым из терминоэлементов закрепляется присущее только ему специализированное значение в данной терминосистеме**. Это позволяет считать терминоэлементы особым структурным и семантическим маркером терминообразовательной модели. Его отличает от аффикса сам характер фиксируемых им значений: такие значения, несмотря на свою стандартность, параллельны значениям полнозначных слов, а поэтому нагружены лексическими значениями полнозначных единиц языка.

Для обозначения процессов и действий, особенно в терминологии хирургии и методов обследования, помимо латинских ономасиологических базисов используются, конкурируя с ними, **греческие базисные терминоэлементы**, мотивированные греческими глаголами. Существование их как терминоэлементов позволяет им строить протяженные терминологические ряды, которые при необходимости могут расширяться. Они оформлены в основном формантами *-ia* или *-is*, которые придают всему сложному комплексу значение процессуального действия, ср. *-tomia, -ectomia, -scopia, -graphia, -metria, -pexia, -rrhagia, -genesis, -kinesis, -sclerosis, -necrosis* и др. Некоторые из девербальных базисных терминоэлементов имеют форманты *-ium, -um*, которые придают композиту значение орудия действия, ср. *-graphium, scopium, -metrum, -tomum* и др. (См. таблицу 3).

Таблица 3. Греческие девербальные базисы существительных

№ пп	Базисный компонент	Терминологическое значение
1	2	3
1.	-acusia	относящийся к слуху
2.	-aesthesia	относящийся к ощущению, к чувствительности
3.	-arthria	относящийся к членораздельной речи
4.	-basia	относящийся 1) к основанию черепа; 2) к ходьбе; 3) к химическим основаниям
5.	-centesis	прокол, пункция
6.	-clasia (-clasis)	относящийся к разрушению
7.	-desis	относящийся к фиксации
8.	-dynamia	1) сила, усилие; 2) относящийся к движению
9.	-ectasia (-ectasis)	растягивание, расширение
10.	-ectomia	относящийся к удалению какого-либо органа или ткани
11.	-ergia/-urgia	относящийся к действию, к деятельности
12.	-eurysis (-eurysma)	относящийся к расширению
13.	-eurynter	расширитель
14.	-genesis	1) развитие; 2) образование, формирование
15.	-genia	относящийся к потомству; порождению, образованию

Таблица 3 (Продолжение). Греческие девербальные базисы существительных

1	2	3
16.	-genum	структурная и функциональная единица наследственности
17.	-gnosia (-gnosis)	относящийся к знанию; опознанию
18.	-graphia	относящийся к написанию, изображению; к графической регистрации
19.	-graphium	записывающий прибор
20.	-gramma	результат графической регистрации
21.	-iatria	относящийся к лечению
22.	-kinesia (-kinesis)	относящийся к движению
23.	-lepsia	относящийся к приступам, к припадкам
24.	-lalia	относящийся к речи
25.	-lysis	относящийся 1) к растворению, разложению, распаду; 2) к хирургической операции освобождения от сращений, рубцов
26.	-metria	относящийся к измерению
27.	-metrum	прибор для измерения
28.	-noia	относящийся к мышлению, интеллектуальным способностям
29.	-opsia, -opia	относящийся к зрению, зрительному восприятию
30.	-paresis	неполный паралич
31.	-pathia	относящийся к патологическому состоянию, к болезни
32.	-pepsia	относящийся к пищеварению
33.	-pexia	прикрепление, фиксация какого-либо органа
34.	-phagia	относящийся 1) к процессу глотания; 2) к поглощению; 3) к бактериофагу
35.	-phasia	относящийся к речи, к произношению
36.	-philia	относящийся к склонности, влечению к чему-либо
37.	-phobia	относящийся к боязни чего-либо, болезненное отвращение к кому-либо или чему-либо
38.	-phoria	указывает на перенос; на склонность зрительной оси уклоняться от нормы
39.	-plasia	относящийся к образованию, формированию
40.	-plasma	относящийся 1) к формированию, 2) к плазме крови, 3) к протоплазме
41.	-plegia	паралич
42.	-poësis	относящийся к созданию, выработке чего-либо, образованию
43.	-praxia	действие, деятельность
44.	-ptosis	опущение какого-либо органа или части тела

Таблица 3 (Окончание). Греческие девербальные базисы существительных

45.	-rrhagia	кровотечение из какого-либо органа
46.	-rrhexis	разрыв, разрушение, распад
47.	-rrhoea	поток, течение, истечение
48.	-rrhythmia	ритм; ритмическая деятельность сердца
49.	-schisis	разделение, расщепление
50.	-scopia	относящийся к рассматриванию, наблюдению, исследованию, преимущественно визуальному
51.	-scopium	прибор для наблюдения, исследования
52.	-spasmus	спазм, тоническая судорога
53.	-stasis	неподвижность, застой, задержка
54.	-statum	инструмент для остановки, удержания
55.	-sthenia	относящийся 1) к силе, к состоянию активности, 2) к плотности (вещества)
56.	-taxia (-taxis)	расположение по порядку, движение в определенном направлении
57.	-therapia	лечение, наука о лечении
58.	-tomia	относящийся к рассечению
59.	-tomum	инструмент для рассечения
60.	-tripsia	относящийся к раздавливанию, к раздроблению
61.	-tribum	инструмент для трипсии
62.	-trophia	относящийся к питанию
63.	-tropia	указывающий на направление; отклонение глаз от нормального положения

Сопоставление списков латинских и греческих девербальных базисов и количества образованных с их помощью сложных терминов показывает значительное преимущество греческих базисных элементов перед латинскими, что и обеспечило их вхождение в международный терминологический фонд. Наиболее продуктивными из них являются: *-ectomia, -ergia, -genesis, -graphia, -gramma, -kinesia, -lysis, -metria, -metrum, -pathia, -phobia, -rrhagia, -scopia, -therapia, -tomia, -trophia,* ср. *arthrectomia, allergia, pathogenesis, angiographia, tomogramma, bradykinesia, dermatolysis, anthropometria, oncometrum, myopathia, cancerophobia, craniotomia, osteotrophia, bronchoscopia* и др. Некоторые терминоэлементы входят в состав многокомпонентных терминов, особенно это характерно для терминоэлементов *-graphia, -metria, -tomia,* ср. *tomopneumoretroperitoneographia, splenoportocholangiographia, choledocholithotomia, gnathodynamometria* и др.

Такие терминоэлементы, как *-rrhaphia, -tomia,* пришли в современную терминологию из древнегреческой медицины (ср. *gastrorrhaphia, laryngotomia*), другие были созданы по их образцу [410, с. 419].

2. Сложные прилагательные

В системе₂ сложные прилагательные строятся по тем же моделям, что и в системе₁, т. е. по бессуффиксальным, ср. *-fer* (*-ferus*), *-ficus*, *-parus*, *-vorus* и др., и суффиксальным, ср. *-faciens*, *-valens*, *-motorius*, *-fugalis* и др. Так же, как и в сфере существительного, круг глаголов, которые мотивируют **латинские** ономасиологические базисы сложных прилагательных, ограничен (См. таблицу 4).

Таблица 4. Латинские девербальные базисы прилагательных

№ пп	Мотивирующий глагол	Базисный компонент	Образцы сложных прилагательных
1.	caedĕre «убивать»	-cidus	amoebicidus, lumbricidus
2.	facĕre «делать»	-faciens -factivus -ficans -ficatus -ficialis -ficus	liquifaciens, somnifaciens, vasifactivus, ossificans, cornificatus, ossificatus, artificialis, morbificus, urinificus
3.	ferre «носить, нести»	-fer -ferus	bilifer, urinifer, ossiferus, papilliferus
4.	findĕre «раздваивать»	-fidus	bifidus, multifidus
5.	fugāre «прогонять»	-fugalis -fugus	myelofugalis, olivifugalis, somnifugus
6.	gerĕre «нести»	-ger	dentiger, lactiger = lactifer
7.	movēre «двигать»	-motoricus -motorius	sensomotoricus, oculomotorius, psychomotorius, secretomotorius
8.	parĕre «рожать»	-parus (= -ficus, -genus)	muciparus = mucigenus, uriniparus = urinificus
9.	petĕre «стремиться»	-petalis	olivipetalis, zonipetalis
10.	posse «мочь»	-potens	pluripotens, unipotens
11.	recipĕre «принимать»	-receptivus -receptorius	proprioreceptivus neuroreceptorius
12.	sentīre «чувствовать»	- sensorius	psychosensorius, viscerosensorius
13.	stimulāre «побуждать, вызывать»	-stimulans	gangliostimulans, thyreostimulans
14.	valēre «быть сильным»	-valens	multivalens, quadrivalens
15.	vorāre «пожирать»	-vorus	bacteriovorus, proteinivorus

Более продуктивными девербальными базисными компонентами в составе латинских сложных прилагательных являются: *-fer* (*ferus*), *-valens*, *-faciens*, *-motorius*, *-vorus*, *-stimulans*, *-ficus*. В суффиксальных базисах более продуктивными являются суффиксы *-al-*, *-iv-*, *-ori-*, ср. *-fugalis*, *-ceptivus*, *-sensorius*.

Девербальные базисы прилагательных могут соединяться как с латинскими именными основами, так и с греческими, ср. греч. *myelofugalis*, *psychomotorius*, *thyreostimulans* и др. Оформление прилагательных-неологизмов характеризуется соединительной гласной *-o-*, а в заимствованных из системы₁ прилагательных и аналогичных им — соединительной гласной *-i-*, ср. *oculomotorius* и *urinifer*.

Латинские девербальные базисы прилагательных функционируют в системе₂ вместе с **греческими базисными компонентами**, оформленными по бессуффиксальному (*-crinus*, *-genus*, *-phorus*) или суффиксальному (*-opticus*, *scopicus*, *-tropicus*) типу (См. таблицу 5).

Таблица 5. Греческие девербальные базисы прилагательных

№ пп	Базисный компонент	Терминологическое значение
1.	-agogus (-agogicus)	вызывающий что-либо
2.	-crinus (-crinicus)	выделяющий, отделяющий
3.	-dochus	выводящий
4.	-genus (-genes, -gonus)	1) порождающий, вызывающий; 2) порождаемый, вызываемый чем-либо
5.	-opticus	относящийся к зрительному восприятию
6.	-pagus	прикрепленный; субст.* — двойной урод
7.	-phagus	пожирающий; субст. — фаг
8.	-philus (-philicus)	склонный; субст. — фил
9.	-phorus	несущий, содержащий
10.	-tropus (-tropicus)	направленный; направляющий действие, действующий

* субст. — субстантивированный базис

Оформление греческих базисных компонентов унифицировано: они имеют флексию *-us-* в муж. р., *-a-* в жен. р. и *-um-* в ср. р. В суффиксальных базисах выделяется только один суффикс *-ĭc-*. Список суффиксальных базисных компонентов на *-ĭcus* можно продолжить, они образуют одну цепочку с однокорневыми базисами существительных, ср. *-graphia* — *-graphicus*; *-lysis* —*lyticus*; *-pepsia* — *-pepticus*; *-plasma* — *-plasmicus*, *-plasmaticus*; *-rrhagia* — *rrhagicus*; *-stasis* — *-staticus*; *-trophia* — *-trophicus* и др.

Глава III 261

Некоторые сочетания со сложными прилагательными как латинского, так и греческого происхождения подвергаются компрессии, в результате которой выпадают термины-существительные, выражающие базовые понятия, а оставшееся прилагательное субстантивируется, ср. *remedium vermicidium = vermicidium* «средство, убивающее паразитических червей», *remedium taeniofugum = taeniofugum* «глистогонное средство», *remedium vasostimulans = vasostimulans* «средство, вызывающее активность вазомоторов», *remedium lithagogum = lithagogum* «камнегонное средство», *leucocytus neutrophilus = neutrophilus* «нейтрофильный лейкоцит, нейтрофил» и др.

§ 3. Термины-композиты с десубстантивным ономасиологическим базисом

1. Сложные существительные

В сложных существительных в качестве базисного компонента используются:

1) латинские и латинизированные греческие существительные, соотносимые со свободно функционирующими терминами и выражающие родо-видовые отношения, ср. лат. *-bacillus, -cerebellum, -cortex, -vaccinum* и др.; греч. *bacterium, -coccus, -cranium, -encephalon, -soma, -thorax* и др.

2) греческие и некоторые латинские основы существительных, оформленные либо флексией *-us* (*-blastus, -cytus, -lithus, -nosus, -ophthalmus*), либо формантами греческого происхождения *-ia* и реже *-ium* (греч. *-aemia, -chromia, dactylia, -glossia, -logia, -podia, -rrhaphia, -tonia* и др.; лат. *-dentia, -pedia, -renia*). (См. таблицы 6, 7).

Таблица 6. Латинские десубстантивные базисы существительных

№ пп	Базисный компонент	Образцы терминов-композитов
1.	-angulum	triangulum
2.	-bacillus	actinobacillus, lactobacillus, streptobacillus
3.	-cerebellum	archeocerebellum, paleocerebellum
4.	-cortex	allocortex, archeocortex, neocortex
5.	-fibrilla	neurofibrilla
6.	-pedia	bipedia
7.	-vaccinum	autovaccinum, tetravaccinum
8.	-virus	enterovirus, rhinovirus, vesiculovirus

Таблица 7. Греческие десубстантивные базисы существительных

№ пп	Базисный компонент	Терминологическое значение
1	2	3
1.	-aemia	относящийся к крови
2.	-agra	указывающий на внезапную, острую боль
3.	-algia	указывающий на боль
4.	-bacterium	относящийся к бактерии
5.	-blastus	относящийся к эмбриональной клетке, к зародышевому слою, к зачатку
6.	-brachia	относящийся к плечу
7.	-cardia, -cardium	относящийся к сердцу
8.	-cele	указывающий на грыжу, припухлость
9.	-cephalia	относящийся к голове
10.	-cheilia	относящийся к губам
11.	-cheiria-/-chiria	1) относящийся к рукам, 2) выполняемый с помощью рук
12.	-cholia	относящийся к желчи
13.	-chromia	относящийся к цвету, окраске
14.	-chylia	относящийся 1) к лимфе, 2) к желудочному соку
15.	-coccus	относящийся к кокку (бактерии сферической или овальной формы)
16.	-crania, -cranium	относящийся 1) к черепу, 2) к головному концу тела
17.	-cytus	относящийся к клетке
18.	-dactylia	относящийся к пальцам
19.	-derma, -dermia	относящийся к коже
20.	-encephalia, -encephalon	относящийся к головному мозгу
21.	-genia	относящийся к подбородку
22.	-geusia	указывающий на вкусовое ощущение
23.	-glossia	относящийся к языку
24.	-gnathia	относящийся к челюсти
25.	-gonia	относящийся к рождению, размножению, биологическому полу
26.	-lithus	относящийся к конкременту, к плотному образованию
27.	-logia	относящийся 1) к науке, к учению; 2) к рассуждению, мышлению

Таблица 7 (Окончание). Греческие десубстантивные базисы существительных

1	2	3
28.	-logus	указывающий на специалиста
29.	-mania	болезненное влечение к чему-либо
30.	-mastia	относящийся к молочной железе
31.	-meria (-merismus)	относящийся к части чего-либо; указывающий на частичность, недостаточность
32.	-morphia	относящийся к виду, форме, строению
33.	-mycosis	относящийся 1) к грибам, 2) к паразитическим грибкам, 3) к вызываемым ими болезням
34.	-myelia	относящийся к спинному или костному мозгу
35.	-nosus	относящийся к болезни
36.	-odontia, -odontium	относящийся к зубу
37.	-odynia	указывающий на боль, болевые ощущения
38.	-ophthalmus, ophthalmia	относящийся к органу зрения, к зрению
39.	-penia	указывает на недостаток, снижение
40.	-phalangia	относящийся к фаланге
41.	-phonia	относящийся к звуку, к голосу
42.	-phonum	прибор для исследования звуков или с использованием звуков
43.	-phrenia	относящийся к уму, психике человека
44.	-podia	относящийся к ноге, к стопе
45.	-rrhaphia	указывает на наложение хирургического шва
46.	-soma, -somia	относящийся к телу
47.	-sphaera	относящийся к сфере, окружению, среде
48.	-spondylia	относящийся к позвонкам, к позвоночнику
49.	-spora	относящийся к споре
50.	-stomia	1) указывает на наложение свища; 2) относящийся к полости рта
51.	-thorax	относящийся к грудной клетке, грудной полости
52.	-tonia	указывает на напряжение, давление
53.	-tonus	указывает на тонус, судорогу
54.	-trichia	относящийся 1) к волосам; 2) к жгутикам
55.	-typia	относящийся к образцу, общности
56.	-typus	указывающий на совокупность признаков, тип
57.	-uria	относящийся к моче, к мочевой системе, к мочеобразованию

Как показывают таблицы, в сфере сложных существительных с десубстантивным ономасиологическим базисом преобладают греческие основы. Наиболее продуктивными из них являются базисные компоненты: *-aemia, -algia, -logia, -rrhaphia, -stomia, -uria*, ср. *leucaemia, toxaemia, arthralgia, neuralgia, angiologia, cardiologia, hepatorrhaphia, vasorrhaphia, gastroenterostomia, glucosuria, haematuria* и др. Термины-композиты могут быть многокомпонентными, особенно если базисом является терминоэлемент *-stomia* «наложение соустья (между органами и их частями)», ср. 3-х компонентный — *ventriculoatriostomia*, 4-х компонентный — *dacryocystoethmoidostomia*, 5-ти компонентный — *hepatocholecystogastrostomia*. Греческие базисные элементы могут соединяться с латинскими именными основами, ср. *acidaemia, aërocholia, albuminuria, granulocytus, pulmonologia, vasovasostomia* и др.

Именные основы для своего включения в состав композита требуют специального оформления, причем разные форманты способствуют реализации композитами разных значений: *-ia* служит формированию композитов со значением патологического состояния, а *-ium-* со значением частей тела, выделенных по определенному признаку. Первые приближаются больше к экзоцентрическим образованиям, а вторые — к эндоцентрическим. Ср. *hydrocephalia* и *myocardium*.

Греческие десубстантивные базисы разнообразны по своей семантике; в них представлены 4 разных типа, связанных с мотивирующими их единицами: базисы, мотивированные а) названиями частей тела, органов, тканей; б) названиями веществ и микроорганизмов; в) обозначениями качеств и свойств; г) обозначениями действий, процессов, состояний. Если мотивирующим является название органов, тканей и т. п., то формант *-ia* обозначает патологическое состояние органа, ср. *macroglossia* «патологическое состояние языка» при наличии у него признака «большой», обозначенного первым признаковым элементом. Если мотивирующим является название жидких веществ (*-aemia, cholia, chylia, -uria*), то суффикс *-ia* может обозначать патологическое состояние в связи с нарушением их состава, ср. *toxaemia* «отравление крови при наличии в ее составе ядовитых веществ», обозначенных ономасиологическим признаком. При мотивирующем названии качества / свойства (*-chromia, -geusia, -phonia, -phrenia, -tonia*) терминообразовательным значением композита будет патологическое состояние, вызванное отклонением от нормы в связи с признаком, обозначенным первым элементом, ср. *glycogeusia* «нарушение вкусовой чувствительности в связи с появлением во рту сладкого вкуса» (без соответствующего раздражителя). Если мотивирующим является название действия (хирургическая операция), процесса или состояния (*-algia, -odynia, -rrhaphia, -stomia*), то терминообразовательным значением таких композитов будет «действие или состояние, связанное с объектом действия или его локализацией», ср. *myalgia* «боль в мышцах», *gastroenterostomia* «наложение соустья между желудком и тонкой кишкой», *arthralgia* «боль в суставе» и др.

2. Сложные прилагательные

Сложные прилагательные с десубстантивным ономасиологическим базисом делятся на две разных по структуре и продуктивности группы. У первой из них базисный терминоэлемент совпадает с самостоятельно существующим прилагательным и семантически модифицируется первым элементом, ср. лат. *occipitalis* → *atlantooccipitalis*, *lingualis* → *labiolingualis*, *spinalis* → *corticospinalis* и др.; греч. *thalamicus* → *dentatothalamicus*, *lymphaticus* → *haemolymphaticus*, *systolicus* → *tachysystolicus* и др. Эта группа является наиболее продуктивной и составляет основную массу сложных прилагательных во всех разделах медицинской терминологии. Например, в анатомической терминологии из 404 сложных образований частотного списка — 33 существительных и 371 прилагательное в основном с десубстантивным суффиксальным базисом. Среди сложных прилагательных этой группы встречаются многокомпонентные, ср. *bulboreticulospinalis*, *corticostriospinalis*, *orodigitofacialis*, *frontonasoorbitalis* и др.

Характерной чертой структуры латинских сложных прилагательных является соединительная гласная *-o-* (т. е. они оформляются по греческому образцу), ср. *cerebellomedullaris*, *costovertebralis*, *septomarginalis* и др. Базисный элемент сложных прилагательных может быть сформирован в результате синтаксической компрессии, свертывания синтаксического оборота в слово, ср. *cerebellomedullaris* «мозжечково-продолговатомозговой», где *-medullaris* мотивировано атрибутивным словосочетанием *medulla oblongata*, из которого в качестве производящей основы взято только существительное *medulla*.

Сложные прилагательные второй группы отличаются тем, что вся их структура мотивирована синтаксическим атрибутивным оборотом, транспонированным в класс прилагательных. Примером такой безаффиксальной транспозиции может служить серия сложных прилагательных с базисными элементами: лат. *-cornis*, *ceps*, *-pes*; греч. *-cephalus*, *-morphus*, *-pus* и др. (по типу русского «с голубыми глазами» → «голубоглазый»). (См. таблицы 8, 9).

Латинские базисы могут вступать в синонимические (дублетные) отношения с греческими, ср. *bicapitatus* = *bicephalus*, *quadrupes* = *tetrapus*, *multiformis* = *polymorphus*.

Таблица 8. Латинские десубстантивные базисы прилагательных

№ пп	Базисный компонент	Образцы сложных прилагательных
1.	-ceps	multiceps, quadriceps, uniceps
2.	-cornis, -cornatus (-cornutus)	bicornis = bicornatus, tricornis = tricornutus
3.	-pes, -pedalis	quadrupes = tetrapus, sinistropedalis

Таблица 9. Греческие десубстантивные базисы прилагательных

№ пп	Базисный компонент	Терминологическое значение
1.	-basicus	относящийся к химическим основаниям
2.	-cephalus	имеющий врождённое уродство, связанное с головой; субст.* урод (-цефал)
3.	-cheirus (-chirus)	имеющий уродство, связанное с кистью; субст. — урод
4.	-dactylus	имеющий уродство, связанное с пальцами; субст. — урод
5.	-merus	имеющий части, доли, сегменты
6.	-morphus	имеющий вид, форму
7.	-odontus	относящийся к зубам
8.	-phrenicus[1]	относящийся к возбуждению
9.	-phrenicus[2]	относящийся к диафрагме
10.	-pus (pl. poda), -podus	относящийся к ногам; имеющий уродство, связанное с ногами; субст. — урод

* субст. — субстантивированный базис

Греческие бессуффиксальные базисы прилагательных дополняются суффиксальными на *-icus*, образующими одну цепочку с базисами существительных, ср. *-aemia* — *-aemicus*; *-blastus* — *-blasticus*; *-cephalia* — *-cephalicus*; *-cytus* — *-cyticus*; *-tonia* — *-tonicus*; *-typus* — *-typicus* и др. Например, *sideroblasticus, bothriocephalicus, sphaerocyticus, myotonicus, elastotypicus* и др.

§ 4. Термины-композиты с деадъективным ономасиологическим базисом

Деадъективный ономасиологический базис в латинских терминах — **сложных существительных** формируется путем субстантивации мотивирующего прилагательного. Ср. *gravidus* «наполненный тяжестью, беременный» мотивирует базисный терминоэлемент ряда терминов: *multigravida, nulligravida, primigravida, secundigravida* и т. п., где базис — *-gravida* — имеет обобщенное значение «женщина беременная», а признаковый элемент обозначает количество беременностей.

Греческие деадъективные базисы, формирующие сложные существительные, образуются в основном путем прибавления форманта (*-ia* или *-osis*) к основе мотивирующего прилагательного, ср. греч. *malakós* → *malacia*, *mégas* → *megalia*, *sclērós* → *sclerosis* и др. Базисный элемент *-plastica* образован путем субстантивации мотивирующего прилагательного *plasticós* (См. таблицу 10):

Таблица 10. Греческие деадъективные базисы существительных

№ пп	Базисный компонент	Терминологическое значение
1.	-malacia	размягчение
2.	-megalia	указывает на увеличенные размеры
3.	-necrosis	указывает на омертвление, отмирание
4.	-plastica	относящийся к оперативному восстановлению формы и функции органа
5.	-sclerosis	указывает на уплотнение и отвердевание тканей или органов
6.	-stenosis	указывает на сужение
7.	-thermia	относящийся 1) к теплу, 2) к температуре

В **сложных прилагательных** деадъективный базис соотносится с мотивирующим прилагательным в его исходной форме. Это может быть либо примарное прилагательное, либо производное. Ср. лат. *privus* «лишенный» дает ряд: *renoprivus, strumiprivus, thymoprivus, thyreoprivus* и т. п., где *privus* приобретает обобщенное значение «вызванный удалением». Ср. *thyreoprivus* «вызванный удалением щитовидной железы». Интересно, что признаковый элемент в данном примере образован путем компрессии словосочетания *glandula thyreoidea* в *thyreo-*. Синтаксическая и морфологическая компрессия, влекущая за собой и семантическую компрессию, характерное явление в терминологии; в именном словосложении оно связано в основном с первым, признаковым элементом, ср. в сфере существительного *hepaticotomia* «вскрытие печеночного протока» (*ductus hepaticus*), *transversectomia* «удаление поперечного отростка позвонка», где *transvers-* мотивирован синтаксическим оборотом *processus vertebrae transversus* и т. п.

В роли мотивирующих для деадъективного базиса могут выступать производные прилагательные как латинские, так и греческие, ср. лат. *geminus → geminalis; medius → medialis, ruber → rubralis*; греч. *ethmoideus → ethmoidalis, meningeus → meningealis, paryngeus → paryngealis*. Например, *corticorubralis, encephalotrigeminalis, ventromedialis* или *buccopharyngealis, corticomeningealis, sphenoethmoidalis* и др. (См. таблицу 11).

Таблица 11. Латинские деадъективные базисы прилагательных

№ пп	Базисный компонент	Образцы сложных прилагательных
1.	-geminus, -geminalis	bigeminus = bigeminalis, quadrigeminus, unigeminalis
2.	-gravidus, субст.*	
3.	-gravida	multigravida, nulligravida, primigravida
4.	-privus	chloriprivus, strumiprivus, thymoprivus
5.	-medialis	anteromedialis, inferomedialis, intermediomedialis
6.	-rubralis	corticorubralis

*субст. — субстантивированный базис

Греческие сложные прилагательные с деадъективным ономасиологическим базисом часто являются производными от сложных существительных, ср. *atherosclerosis* → *atheroscleroticus*, *hepatomegalia* → *hepatomegalicus*, *ulceronecrosis* → *ulceronecroticus* и др.

Базисный терминоэлемент может быть построен путем свертывания атрибутивного комплекса, т. е. путем синтаксической компрессии, ср. *cerebellorubralis* «мозжечково-красноядерный», где *-rubralis* мотивирован словосочетанием *nucleus ruber* «красное ядро в среднем мозге». Синтаксическая компрессия восполняется гибкостью значения дериватов, емкостью их семантики, способностью своей лаконичной формой отсылать к составному понятию. В этом смысле такие термины в наибольшей степени обладают признаками терминологичности.

§ 5. Формирование терминообразовательных рядов, цепочек и парадигм с греко-латинскими терминоэлементами

Для однокоренных базисных терминоэлементов характерно гнездование в виде двух-, трех- и даже четырех цепочек. Ср. *-tomus, -tomia, -tomicus*; *ophthalmus, -ophthalmia, -ophthalmicus*; *-graphia, -graphium, -graphicus*; *-phagus, phagia, phagicus* и др. См. таблицу 12, из которой видно четкое соответствие значения терминоэлементов их оформлению.

Структурно и семантически связанные сложные термины образуют терминологические ряды, в которых терминоэлементы вступают между собой как в синтагматические, так и в парадигматические отношения. Ср. терминологический ряд с базисным терминоэлементом *-algia* «боль»: *gastralgia, myalgia, neuralgia, odontalgia* и т. д., где признаковые элементы образуют парадигму по отношению к своему базисному терминоэлементу. Но в парадигматических отношениях между собой могут оказаться и базисные терминоэлементы, входящие в терминологическую парадигму, построенную с общим признаковым элементом. Ср. парадигму с первым компонентом *gastr-*: *gastralgia, gastrectomia, gastrostomia, gastropathia* и т. д.

В целом ряде случаев одни и те же терминоэлементы обладают способностью выступать в позиции как второго, так и первого компонентов сложного термина. Ср. *derm-* и *-dermia*, *haem-* и *-aemia*, *log-* и *-logia*, *path-* и *pathia*, *ur-* и *-uria* и др. Такие терминоэлементы создают своеобразные парадигматические блоки [50, с. 17]. Ср.

Таблица 12. Образцы терминообразовательных цепочек греческих терминоэлементов

Предмет или живое существо	Действие или состояние	Орудие действия (приборы, инструменты)	Имеющий отношение
-cephalus	-cephalia		-cephalicus
-chylus	-chylia		-chylicus
-derma	-dermia		-dermicus
-logus	-logia		-logicus
-ophthalmus	-ophthalmia		-ophthalmicus
-phagus	-phagia		-phagicus
-philus	-philia		-philicus
-phobus	-phobia		-phobicus
-rrhythmus	-rrhythmia		-rrhythmicus
	-scopia	-scopium	-scopicus
-soma	-somia		-somicus
-tomus	-tomia	-tomum	-tomicus
-tonus	-tonia	-tonicum	-tonicus
-typus	-typia		-typicus
-thorax	-thoracia		-thoracicus
	-graphia	-graphium	-graphicus
	-metria	-metrum	-metricus
	-phonia	-phonum	
	-stasia, -stasis	-statum	-staticus
	-phoria, -phoresis	-phorum	

Однако эти позиционные варианты терминоэлементов различаются не только структурно, но и семантически: выступая в роли признакового элемента, они являются переменной величиной, указывая на индивидуальные признаки предмета или явления; выполняя же роль базисного компонента, они становятся величиной постоянной, являясь показателем класса предметов или явлений. Ср.: *haem-* (*haemat-*) в позиции первого компонента обозначает родо-видовые или причинно-следственные отношения (*haemangioma, haemophthalmus, haematothorax*), а базисный компонент *-aemia* указывает на нарушения в составе крови (*pyaemia, toxaemia, uraemia*); терминоэлемент *log-* обозначает «речь», а *logia-* — «науку, учение».

Формирование терминообразовательных рядов, парадигм и более крупных объединений — гнезд деривационно обусловливает системность терминологии.

В гнезде связываются воедино продукты всех терминообразовательных процессов — префиксации, суффиксации и словосложения (См. таблицу 13).

Таблица 13. Терминообразовательное гнездо «nephr-»

Основа	Префиксы	Суффиксы в формантах	Базисные терминоэлементы
nephr-	epi-, hyper-, meso-, meta-, para-, peri-, pro-	-icus, -inum, -itis, -ium, -oma, -osis	-algia -cele -ectasia -ectomia -genus -graphia -lithus -logia -lysis -malacia -megalia -merus = tomus -pathia -pexia -ptosis -rrhagia -rrhaphia

В таблице не нашел отражения процесс парасинтеза, который может быть представлен отдельно следующими префиксально-суффиксальными моделями, где R = nephr:

epi-R-inum, epi-R-itis, epi-R-oma, hyper-R-oma, meso-R-oma, para-R-icus, para-R-itis, peri-R-icus, peri-R-itis, peri-R-ium.

§ 6. Классификация терминоэлементов в соответствии с обозначаемыми ими ономасиологическими категориями

В зависимости от отражаемых категорий все базисные терминоэлементы могут быть разделены при ономасиологическом подходе на следующие группы:

1) психолого-физиологические процессы, происходящие в организме: греч. *-aesthesia, -ergia, -genesis, -genia, -gonia, -osmia, -plasia, -pnoë, -poësis, -tonia, -trophia*; лат. *-ceptio, -ficatio, -formatio, -motio, -reactio, -receptio, -tactio.* Ср. *kinaesthesia, normergia, histogenesis, desmoplasia, haematopoësis, myotrophia* и др.;

2) заболевания, патологические состояния и процессы: греч. *-algia, -asthenia, -ectasia, -malacia, -megalia, -mycosis, -odynia, -ophthalmus, -paresis, -pathia, -penia, -phobia, -phrenia, -plegia, -ptosis, -rrhagia, -sclerosis, -stenosis* и др. Ср. *odontalgia, neurasthenia, encephalomalacia, hepatomegalia, bronchomycosis, cardiopathia, hydrophobia, gastroplegia, spondyloptosis, rhinorrhagia* и др.

3) методы и инструменты обследования: греч. *-centesis, -graphia, -metria, -opsia, -scopia, -graphium, -metrum, -scopium*; лат. *-pressio, -punctio*. Ср. *cardiographia, vestibulometria, angioscopia, pneographium, gastroscopium, lactometrum*;

4) методы и средства лечения: греч. *-iatria, -phoresis, -therapia, -thermia; -agogum, -tonicum, -tropum*; лат. *-punctura, -cidum, -ficum, -fugum*. Ср. *paediatria, phytotherapia, galvanotherapia, cholagogum, sialagogum, vasotonicum*;

5) хирургические операции и инструменты: греч. *-centesis, -clasia (-clasis), -desis, -ectomia, -eurysis, -pexia, -plastica, -rrhaphia, -stomia, -tomia; -phorum, -statum, -tomum, -tribum*; лат. *-fixatio, -plicatio, -resectio, -sectio, -transplantatio; -ficator, -fixator*. Ср. *laryngocentesis, thromboclasis, arthrodesis, hypophysectomia, keratoplastica, hysterorrhaphia, osteotomia; blepharotomum, tonsillotomum, lithostatum, angiotribum*;

6) наука, учение: греч. *-iatria, -logia, -therapia*, ср. *psychiatria, angiologia, physiotherapia*.

Анализ ономасиологических групп показывает, что

1) самая большая группа терминоэлементов образует термины со значением заболевания, патологического состояния пли процесса. Наименее наполнена группа «наука, учение» — всего три терминоэлемента, причем два из них *-iatria* и *-therapia* входят также в группу «методы и средства лечения», кроме того, *therapia* используется и как свободно функционирующая единица;

2) некоторые терминоэлементы многозначны, участвуют в образовании терминов двух, а иногда и трех ономасиологических групп, чаще всего — это термины, обозначающие процессы в норме и патологии. Ср. греч. — *-aesthesia, -ergia, -tonia, -trophia*; лат. *-ficatio*. Латинский терминоэлемент *-ficatio* участвует в трех группах, многозначность его связана с мотивирующим его многозначным глаголом *facĕre*;

3) во всех группах большинство составляют греческие терминоэлементы (только в группе «методы и средства лечения» соотношение греческих и латинских терминоэлементов равнозначно). Это объясняется не только экстралингвистическими факторами формирования медицинской терминологии, но и чисто лингвистическими свойствами греческих словообразовательных элементов: их высокой валентностью, емкой семантикой и экономичностью. То, что греческие терминоэлементы позволяют выразить одним сложным словом, по-латински часто обозначается словосочетанием — атрибутивной синтагмой, где признаковый элемент выражен либо существительным в род. п., либо согласованным прилагательным. Ср. греч. *stenocardia* и лат. *angina pectoris*; греч. *hidradenitis* и лат. *abscessus tuberosus* и др.

ВЫВОДЫ

Таким образом, в словосложении ярче, чем в других подсистемах, проявились черты, характеризующие именно терминообразование:

1. Интерференция — интенсивное внедрение греческих основ в структуру термина. Во всех сферах словосложения греческие базисные терминоэлементы являются преобладающими и формирующими целые серии однотипных терминологических образований. Результатами интерференции в словосложении явились:

а) двуязычие и развивающиеся на его основе гибридность (совмещение в одной структуре латинских и греческих элементов) и дублетность (синонимия терминов латинского и греческого происхождения);

б) унификация структурного оформления терминообразовательной модели по греческому образцу — с помощью соединительного гласного *-о-*;

в) типологически существенный результат — четкое морфологическое членение, тенденция к которому проявилась здесь в том, что соединительный гласный *-о-* появляется даже в том случае, когда базисный терминоэлемент начинается с гласного, ср. *arteri-o-ectomia*, *cardi-o-aorticus*, *gastr-o-enter-o-logia*.

2. Выделение именно в составе сложных терминов новой единицы со статусом терминоэлемента — особого структурного и семантического маркера терминообразовательной модели, представленного в виде корневой морфемы. (Выделение аффиксальных терминоэлементов в других подсистемах мы сочли нецелесообразным, поскольку и префиксы, и суффиксы выступают в латинском терминообразовании в своем собственном статусе.)

3. Критериями для классификации терминоэлементов служат ономасиологические категории, в рамках которых могут быть описаны фазиологические и патологические процессы, заболевания, методы и средства диагностики, составляющие когнитивную карту медицины.

4. Многокомпонентность структуры терминов является отличительной чертой словосложения именно в терминообразовании (для литературного языка трехкомпонентные модели были редким явлением, причем стилистически нагруженным).

5. Компрессия (морфологическая, синтаксическая и как следствие семантическая), вызванная тенденцией к экономии, краткости выражения, также является свидетельством терминологичности композитов.

6. Такие черты, как выборочность единиц и унификация морфологического оформления, свойственны и другим подсистемам терминообразования и характеризуют систему$_2$ в целом.

Все эти черты определили преимущество греко-латинских терминоэлементов при формировании национальных терминологий в европейских языках. «Греческие и латинские корни и словообразовательные элементы на протяжении многих столетий врастали в ткань национальных языков и образовали в них интернациональный фонд» [410, с. 416].

§ 7. Роль греко-латинских словообразовательных элементов в формировании национальных терминологий в европейских языках

Общеизвестно, что истоки европейской научной терминологии лежат в античности. Античное терминологическое наследие стало основой международного терминологического фонда, а греко-латинские словообразовательные элементы получили статус международных терминоэлементов [126, с. 38]. Задача данного параграфа — показать на материале медицинской терминологии, как формировались национальные терминосистемы и каково соотношение в них греко-латинского и национального пластов.

На ранних этапах развития европейской науки национальные языки не могли еще с необходимой точностью и емкостью обеспечить обозначение новых научных понятий. Развиваясь, национальные терминологические системы заимствовали из классических языков не только готовые термины, но и модели их образования. Заимствованные термины сохраняли специфические черты морфемной структуры классических языков, что проявлялось в наличии связанных морфем, усеченных производящих основ и других структурных черт. Например, немецкий язык усвоил греко-латинскую модель словосложения с соединительной гласной *-о-*, не характерную для исконного немецкого языка, но ставшую регулярной для заимствованных терминов греко-латинского происхождения (лат. *haematologia*, нем. заимствованный — *Hämatologie*, искон. — *Blutlehre*; лат. *thrombocyti*, нем. заим. *Thrombozyten*, искон. *Blutplättchen*; лат. *pathogenesis*, нем. заим. *Pathogenese*, искон. — *Krankheitsentstehung*).

Вхождение греко-латинских терминов в национальную терминологическую систему сопровождалось процессом их демотивации, стиранием метафор, ослаблением смысловых связей с этимонами, что снимало полисемию и позволяло более строго выполнять требования однозначности терминов и упорядоченности терминологии. На базе готовых классических терминов и моделей их образования вычленились словообразовательные элементы (корневые и аффиксальные морфемы), которые, специализировавшись, приобрели универсальный научный характер и международный статус. Став строевыми компонентами терминов в каждом отдельном языке, они сделались общими для терминологий европейских языков. В русском терминоведении они были названы терминоэлементами [200, с. 15], в английском — word elements, в немецком — Wortelemente, французском — les éléments savants [483, с. 196]. К ним относятся терминоэлементы типа: *macro-*, *auto-*, *neuro-*, *-scopia*, *-algia*, *-trophia* и др.

Мощное влияние на формирование национальных терминологий оказало аналогическое словообразование, при котором термины и отдельные терминоэлементы создавались по образцу имеющихся в классических языках производных слов и моделей их образования. Например, по аналогии с существующими в греческом языке связанными сложными морфемами *-logia, -graphia, -metria* стали искусственно создаваться новые: *-phobia, -pathia, -tonia* и др., выполняющие систематизирующую и классифицирующую функции.

Термины, искусственно создаваемые в европейских языках на основе ставшего международным греко-латинского фонда, получили название неоклассицизмов, а в дальнейшем интернационализмов. Иногда можно назвать их авторов и время создания. Например, термин *orthopaedia* ввел N. André в начале XVIII в., *leukaemia* — R. Virchov в XIX в., *phagocytus* — И. И. Мечников в конце XIX в. и т. д. [410, с. 414].

Помимо интернационального терминологического пласта в европейских языках формировался пласт собственных средств обозначения научных понятий, т. е. становление национальной терминологии осуществлялось на основе двух источников одновременно: на базе греко-латинского фонда и на базе исконного национального языка. Каждый национальный язык решал для себя, какой источник он выбирает в том или другом случае, но чаще всего они сосуществовали в разных стилях научной речи. Это обстоятельство расширяло дублетность, уже существующую в античной терминологии за счет параллельного использования латинских и латинизированных греческих обозначений, которые теперь дополнялись исконными. Например, греч. *encephalon* — англ. *encephalon* и *brain* (искон.), нем. *Enzephalon* (заим.) и *Gehirn, Hirn* (искон.), рус. *энцефалон* (заим.) и *головной мозг* (искон.); лат. *medicamentum* — англ. *medicament, remedy, medicine* (заим.) и *drug* (искон.), нем. *Medicament, Pharmakon* (заим.) и *Arznei, Arzneimittel* (искон.), рус. *медикамент* (заим.) и *лекарство* (искон.); лат. *stenocardia, angina pectoris* — англ. *stenocardia, angina pectoris* и *brest pang* (искон.), нем. *Stenokardie, Angina pectoris* (заим.) и «*Engbrüstigkeit*», *Herzbräune* (искон.), рус. *стенокардия* (заим.) и *грудная жаба* (искон.) и т. д.

Базирование национальных терминологий на двух источниках одновременно предопределило их формально-смысловую гетерогенность. С одной стороны, для того, чтобы национальный термин-эквивалент мог выполнять, подобно латинскому, определенную номинативно-дефинитивную функцию, он должен был содержать весь набор семантических характеристик соответствующего латинского обозначения. С другой стороны, поскольку национальная терминология строится на материале живого, естественного языка, она не может не отражать свойственных ему национальных особенностей. Национальная терминология всегда осложнена тем, что вокруг исконного термина есть ореол ассоциаций, связей, лексической сочетаемости. К тому же внутри терминосистемы возникает и усиливается процесс пересечения и взаимодействия национальных и интернациональных средств терминообразования. Национальные термины, с одной стороны, нарушают строгость греко-латинской системы, с другой стороны, они делают ее открытой для вхождения новых терминов, отражающих современный уровень развития медицинской науки и практики.

Проблема соотношения в языке медицины греко-латинского и национального пластов ставится нами как проблема соотношения центра и периферии. Греко-латинский фонд рассматривается как центр терминосистемы, а национальный терминологический материал — как ее периферия. При этом в центре выделяется ядро чисто латинских терминов, не подвергшихся ни фонетическим, ни морфологическим изменениям и включенных в международные номенклатуры на латинском языке (лат. *carcinoma, cancer* — англ. *carcinoma, cancer*; лат. *tachycardia* — англ. *tachycardia*, нем. *Pulsus frequens*; лат. *glossalgia, glossodynia* — англ. *glossalgia, glossodynia*; лат. *extrasystole* — англ. *extrasystole*, нем. *Extrasystole*).

Ближайший от ядра слой образуют заимствованные термины греко-латинского происхождения и термины, искусственно созданные для новых понятий и реалий из греко-латинских терминоэлементов по правилам и образцам античного терминологического моделирования (лат. *gastroscopia* — англ. *gastroscopy*, нем. *Gastroskopie*, рус. *гастроскопия*; лат. *atypicus* — англ. *atypical*, нем. *atypisch*, рус. *атипический*; лат. *superinfectio* — англ. *superinfection*, нем. *Superinfection*, рус. *суперинфекция*).

Еще дальше от центра располагаются смешанные интернационально-национальные единицы (лат. *neuralgia* — англ. *nerve-pain*, нем. *Nervenschmerz*; лат. *autotransfusio*, нем. *Autobluttransfusion*; лат. *blepharospasmus*, англ. *spasmodic winking*; лат. *hypofunctio* — нем. *Funktionsverminderung*) и за ними — собственные, национальные термины (лат. *sanguineus* — англ. *bloody*, нем. *blutig*, рус. *кровяной*; лат. *pneumonia* — нем. *Lungenentzündung*, рус. *воспаление легких*; лат. *pathologicus* — англ. *diseased*, нем. *krankhaft*, рус. *болезненный*). (См. схему «Центр и периферия в языке медицины»).

Такая стратификация терминосистемы влечет за собой необходимость специального изучения соотношения и взаимовлияния отдельных пластов терминологической лексики. Интересно, что анализ способов пополнения каждого из них возвращает исследователя непременно к центру терминосистемы и к его ядру. Возникает вопрос, почему такие развитые современные языки, как английский, русский, немецкий, имеющие собственные богатейшие лексические ресурсы, неизменно не только используют готовые термины греко-латинского происхождения, но и создают новые по их образцу и подобию. В чем заключается деривационное преимущество греко-латинских терминоэлементов перед исконными морфемами? Ответ на этот вопрос кроется в удивительных моделирующих способностях сдвоенной греко-латинской терминообразовательной системы; в непревзойденной гамме словообразовательных средств, начиная от интерфиксов и кончая радиксоидами и сложными терминоэлементами; в специфике парасинтеза, когда моделируется сразу и словосложение, и аффиксация; в особенностях строгого моделирования, когда выражаются имплицитные и имплицируемые значения, моделируются отношения и сами словообразовательные показатели.

Все эти свойства определяют преимущества греко-латинских терминоэлементов и внутренние причины выбора, обращения к античному наследию в европейских терминологических системах.

Схема. Центр и периферия в языке медицины

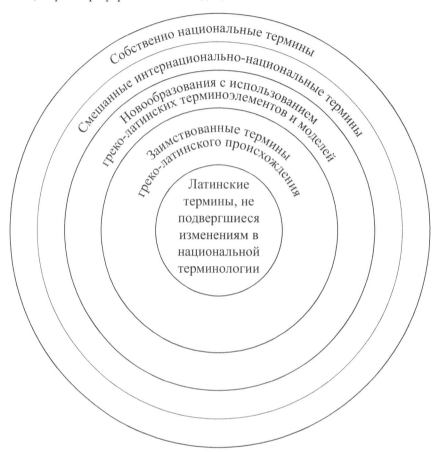

§ 8. Лексикографическое представление интернациональных (греко-латинских) терминоэлементов

В связи с интенсивным развитием научных знаний, усложнением понятийного аппарата науки, расширением международных научных контактов объем современного словаря науки резко увеличивается. Специальные словари включают десятки, а то и сотни тысяч терминов. Несмотря на это, основных элементов, из которых строятся термины, сравнительно немного. Причем в качестве источника научных терминов многие языки, теперь уже не только индоевропейские, используют греко-латинский лексический и словообразовательный фонд. Традиция использования классического фонда для терминообразования имеет свои исторические корни в каждом отдельном языке. За многие века существования в европейских языках она доказала свою жизнеспособность и преимущество перед другими способами терминообразования.

С одной стороны, греко-латинский фонд существует как нечто данное, неизменное, изолированное, «ничейное», по определению А. А. Реформатского, античное наследие, зафиксированное в дошедших до нас памятниках и словарях. С другой стороны, он реально функционирует в виде слов, словообразовательных элементов и моделей во многих языках мира, входя в их словарный состав и создавая в нем особые интернациональные слои. Единицы этого фонда используются разными науками и разными дисциплинами одной науки, поэтому можно говорить не только о международном статусе греко-латинских элементов, но и о том, что в языке науки они создают особый пласт с ярко выраженными межнаучными и междисциплинарными связями.

Широкое распространение моделей производных с интернациональными компонентами греко-латинского происхождения в различных терминологических системах, а также задачи терминологического нормирования, подразумевающего унификацию уже существующих терминов и создание новых, определяют настоятельную необходимость создания специальных словарей интернациональных греко-латинских терминоэлементов, которые служили бы «терминологическим ключом» к пониманию современной терминологии. Интересно в этом плане привести текст рекомендации, принятой в 1964 г. рабочей группой № 3 («Научный перевод и терминология») Международного совещательного комитета по библиографии, документации и терминологии ЮНЕСКО, в которой имеется следующее положение: «В то время, как все меньше ученых и инженеров изучают сегодня латынь и греческий, все большее число терминов, образованных на материале этих языков, постоянно добавляется к словарям ученых. Поэтому становится важным обучать молодых ученых по меньшей мере элементам и правилам научной терминологии. Для этой цели был бы полезен классифицированный частотный словарь интернациональных терминов и их элементов ("терминологический ключ")» [37, с. 111—129].

Выражение «терминологический ключ» впервые было использовано в 1938 году в рекомендациях, принятых на заседании терминологического комитета Международной Ассоциации по стандартизации (ИСА)-37, в составлении которых принял участие Е. Вюстер, основоположник Венской терминологической школы, автор книги «Международная стандартизация языка в технике» [65]. Е. Вюстеру принадлежит и развернутое определение «терминологического ключа», которое содержится в более поздних рекомендациях Международной организации по стандартизации (ИСО), опубликованных в период с 1969 по 1973 гг. «Терминологический ключ» определяется им как совокупность терминоэлементов (корней и аффиксов) и правил их соединения для образования интернациональных терминов. Терминоэлементы должны быть представлены как на основе системного принципа, так и алфавитного. В ключе должна быть указана частотность терминоэлементов. Терминоэлементы должны писаться по-латински в своей стандартной форме (которую можно было бы назвать инвариантной по отношению к национальным вариантам). Наряду с общим терминологическим ключом, охватывающим наиболее часто встречающиеся наименования всех терминологий, необходимы специальные терминологические ключи для отдельных отраслей.

Одним из первых терминологических ключей был словарь Ф. К. Вернера (профессора зоологии Лейпцигского университета) «Словообразовательные элементы латино-греческих терминов в биологии, зоологии и сравнительной анатомии», вышедший в 1956 г. и переизданный в 1968 г. [655] В словаре различные виды терминоэлементов представлены в отдельных списках. Сначала даются словоизменительные аффиксы латинских существительных и прилагательных и соединительные гласные, затем суффиксы, префиксы и корни. Все элементы представлены в алфавитном порядке, с указанием направления словообразования, этимологии, с грамматическими пометами и национальными (немецкими) соответствиями. Как пишет Ф. К. Вернер во введении, «классический язык учитывается настолько, насколько он указывает на формальную структуру терминов и на возможность различных значений» [655, с. 12]. Затем в словаре указывается современное терминологическое значение с примерами. Приводятся синонимы. Если терминоэлемент имеет несколько значений, они указываются под отдельными цифрами. Омонимы обозначаются римскими цифрами. Если есть расхождения значений в связи со специализацией в разных отраслях, указывается специализированное значение, например, в биологии или зоологии.

Целью словаря Ф. К. Вернер считал анализ формальной и смысловой структуры терминов и инвентаризацию греко-латинских терминоэлементов с одним или несколькими значениями, хорошо поддающимися определению, что необходимо для понимания незнакомых терминов и для создания новых обозначений. Ф. К. Вернер считал, что лексический и словообразовательный материал античных языков выполняет интернациональную функцию, делает термины понятными для всех народов.

Е. Вюстер назвал словарь Ф. К. Вернера удачным началом в работе по созданию общего терминологического ключа. Однако в этом словаре не указывалась частотность терминоэлементов, а их представление в алфавитном порядке не отражало систематизирующей и классифицирующей функции.

Эту задачу выполнил сам Ф. К. Вернер в следующей своей работе, издав в 1970 г. систематизированный терминологический ключ «Наименования организмов и органов. Терминология естественных наук и медицины и ее проблемы» [654], в котором термины и элементы, их составляющие, представлены в систематическом порядке, их значения раскрываются в системе понятий в связи с научной классификацией биологических существ. Работа содержит большую вводную часть, где раскрываются вопросы формы слова и значения, термина и терминологии, общие вопросы номинации, взаимоотношения системы обозначений и системы понятий, системные значения слов и словообразовательных элементов. Этот классифицированный терминологический ключ полностью отвечает нуждам специалистов и является образцом целесообразного представления терминологического материала с опорой на данные биологии, логики и лингвистики. Насколько нам известно, это единственный до сих пор терминологический ключ, в котором терминоэлементы упорядочены по принципу системности понятий.

Вышедшие позже словари терминоэлементов репрезентируют терминологические единицы в алфавитном порядке. Мы имеет в виду словарь Б. Вальгрена, вышедший в Стокгольме в 1976 году, «Словарь латинских морфем. С указанием на происхождение слов интернациональной лексики и на их строение» [652]. В словаре приводятся алфавитные списки латинских и латинизированных греческих морфем и их вариантов. Раздельно даются списки префиксов, суффиксов и корневых морфем. Иллюстративные списки примеров интернациональных слов также даются в алфавитном порядке с выделением после слова морфем интернационального происхождения. Отдельно приводятся шведские соответствия латинским и греческим морфемам, латино-греческие параллели, грамматические сведения из греческого и латинского языков. Словарь построен на общенаучной лексике без указания на ее специализацию.

Более информативным и соответствующим замыслу терминологического ключа является словарь Анри Котте [622], выпущенный в Париже в 1980 году под названием «Структурный словарь научного языка. Терминоэлементы и модели терминообразования». Словарь построен на базе терминов естественных наук. Он включает более двух с половиной тысяч терминоэлементов. Если словари терминоэлементов Флада [629], Хеллера и Свенсена [634], изданные на двадцать лет раньше, содержат немногим более 1000 терминоэлементов, то словарь Анри Котте включает уже более 2700.

Анри Котте представляет терминоэлементы с точки зрения выражения, содержания и синтаксиса. Под синтаксисом имеются в виду их функции в микросинтагмах, которыми являются образованные с помощью терминоэлементов слова. Например, сложный терминоэлемент *-логия* в терминах «неология», «патология» и «филология» идентичен в плане выражения, но имеет различное содержание. Терминоэлемент *–терм-* в «термометре» и в «изотерме» имеет общее содержание, но разные формы и функции. Все терминоэлементы (аффиксальные и корневые) представлены в алфавитном порядке с указанием на позицию в термине, на возможные варианты. Позиционные варианты даются раздельно.

За терминоэлементом следует его определение, указание на его роль в структуре термина (для конечных терминоэлементов) и на научную область применения, затем дается этимология. Причем автор словаря ставит вопрос о необходимости морфологической этимологии для морфем научного языка. Обычно принято представлять этимон словом, которое лежит в основе терминоэлемента. Автор предлагает указывать не слово, а оригинальную греческую или латинскую морфему, из которой вышел современный терминоэлемент. Например, терминоэлемент *-aetia* («состояние крови») из греческого термина *polyaetia*, который встречается у Аристотеля. Греческие морфемы в словаре пишутся по-гречески с латинской транскрипцией в скобках. Этимологическое значение морфемы выводится из значения целого сложного слова, из которого она выделена. Примеры терминов, включающих данный терминоэлемент, подаются в определенном порядке, сначала заимствованные термины с указанием на латинский или греческий источник заимствования, затем новообразования — производные на базе данного терминоэлемента, причем каждый пример сопровождается информацией: в каком веке или, более точно, в каком году термин был введен в научный язык и, если известно, кто первый ввел этот термин.

Вопрос о том, что создание русского словаря международных терминоэлементов является острой потребностью в работе по построению и упорядочению терминологии, неоднократно ставился лингвистами, занимающимися терминологической работой и понимающими, что знание терминоэлементов и правил их функционирования дает понимание образованных с их помощью терминов [126, с. 37—49], [87, с. 114], [51, с. 70—71].

В отечественной терминологической лексикографии первый «Список элементов международной терминологии» был подготовлен Н. В. Юшмановым в качестве приложения к его «Грамматике иностранных слов», включенной в свою очередь в приложение к «Словарю иностранных слов» (М., 1937). Список представляет собой алфавитный перечень русских терминоэлементов с указанием на их греческое или латинское происхождение, позицию в термине (для аффиксальных и некоторых корневых элементов), на орфографию в языке — источнике, на некоторые варианты. Многие элементы сопровождаются цифрами, указывающими на параграф грамматики, где даются комментарии. Значение терминоэлемента передается русским словом, словосочетанием или морфемой. Например, — тека (th) гр. вместилище; рахи — гр. спинной хребет; мета — гр. за, пере- (10). Список Н. В. Юшманова был переиздан в 1968 году как словарь-справочник «Элементы международной терминологии», куда его составителем Т. Л. Канделаки был включен дополнительно подготовленный ею на основе списка Н. В. Юшманова «Список русских терминов, слов и морфем, являющихся эквивалентами международных терминоэлементов» [614, с. 14—61].

Нужно сказать, что список Н. В. Юшманова устарел и с точки зрения развития научного словаря, и с точки зрения развития лингвистики и терминоведения, методов лингвистического анализа и лексикографического представления семантики. В связи с этим в Комитете научно-технической терминологии АН СССР в 60-х годах прошлого века была начата работа по созданию русского словаря международных терминоэлементов [126, с. 37]. Терминологические и методические принципы построения этого словаря определялись спецификой международных терминоэлементов, их структурно-функциональными особенностями и научной специализацией. Составителями словаря был выдвинут принцип системного подхода в репрезентации терминоэлементов, опирающегося на понятийную структуру термина. Системный подход должен был быть реализован в первой части словаря, где специализированные терминоэлементы располагались бы не по алфавиту, а в систематическом порядке по понятийным категориям. Каждый терминоэлемент должен был быть снабжен указанием на язык-источник, на слово-этимон и его значение, на научную специализацию терминоэлемента. В качестве иллюстративных примеров должны были быть даны образцы терминов и их толкования.

Вторая часть словаря должна была строиться по другому принципу — алфавитному. Русские наименования, обозначающие специфический признак терминируемого понятия, должны были располагаться по алфавиту в левой части словаря, а соответствующие им греко-латинские терминоэлементы — в правой части словаря с указанием на язык-источник, слово-этимон, его значение и на специализированные значения терминоэлемента.

Главной целью словаря было помочь специалисту «найти подходящие международные терминоэлементы для создания новых терминов (для тех понятий, которые уже сложились и определения которых уже сформулированы)» [126, с. 45]. Несомненно, разработка принципов построения такого словаря была важным этапом в отечественной терминологической лексикографии, но работа по вычленению, классификации и описанию всех терминоэлементов, функционирующих в составе русских научных терминов, носила глобальный характер и требовала большого времени. К сожалению, эта огромная работа не была завершена.

Некоторый опыт составления специальных словарей греко-латинских терминоэлементов накоплен на материале медицинской терминологии, в которой словобразовательные модели с элементами греко-латинской этимологии наиболее активны. Одним из первых шагов в этом направлении является «Англо-русский медицинский терминологический ключ» 1982 года (составитель Л. В. Дубровина, ответственный редактор А. В. Суперанская) [581], представляющий собой двуязычный словарь греко-латинских терминоэлементов, функционирующих в составе английских медицинских терминов. Каждый английский терминоэлемент снабжен указанием на позицию в термине, произношение и ударение, язык-источник, слово-этимон и его значение, специализированное значение терминоэлемента, его эквивалент в русском языке. В словарной статье приводятся синонимы, если они имеются, и иллюстративные примеры английских медицинских терминов с краткими толкованиями и русскими эквивалентами. Разные значения терминоэлемента даются под отдельными номерами. Словарь содержит обратный русско-английский список терминоэлементов. Цель словаря — дать специалистам необходимые сведения о современном состоянии английских и русских медицинских терминов и других специальных слов. В словаре использован опыт зарубежных лексикографов по составлению словарей терминоэлементов (Е. Вюстера, Ф. К. Вернера и др.). Однако словарь не был нацелен на полное представление семантической характеристики терминоэлементов и их взаимоотношений во внутренней структуре термина.

Большим достижением в медицинской лексикографии следует считать издание в 1982—84 гг. «Энциклопедического словаря медицинских терминов» [613] и включение в его третий том «Словаря греко-латинских терминоэлементов», который пока является единственным русским словарем такого типа. Словарь построен по алфавитному принципу. В заголовке словарной статьи даются все варианты терминоэлемента (позиционные, фонологические и морфологические), связанные общим происхождением, в отличие от списка Н. В. Юшманова, который приводит в основном один вариант и то не всегда распространенный. В словарной статье указывается на язык-источник, слово-этимон и его значение, на специализированное значение терминоэлемента, на синонимы. Разные специализированные значения терминоэлемента указываются цифрами. Иллюстративные примеры терминов даются только для промежуточных и конечных терминоэлементов, поскольку начальные терминоэлементы содержатся в терминах, расположенных по алфавиту в самом энциклопедическом словаре. Терминоэлементы, транскрибируемые по-русски одинаково, но разные по происхождению и значению, в словаре представлены отдельными статьями, тем самым преодолен недостаток списка Н. В. Юшманова, где такие терминоэлементы соединяются в одном варианте (например, «мон — греч. единый; лат. показывать») [614]. Вместе с тем названный словарь не фиксирует внимания на семантических отношениях терминоэлементов. Представление в словаре таких отношений, выявляющее семантические механизмы моделирования производных терминов, облегчило бы их понимание. Например, мы считаем важным отразить в словаре тот факт, что большинство префиксов греко-латинской этимологии и некоторые корневые морфемы образуют следующие семантически разнотипные ряды производных: 1) обозначающий объекты того же класса, что и производящая основа (эндоцентрические словообразовательные конструкции); 2) обозначающий объекты иного класса, чем тот, который обозначен производящей основой (экзоцентрические словообразовательные конструкции). В качестве примеров производных первого типа, например, с префиксом *пре-*, могут служить термины: *преформация* (изначальная сформированность организма — теория) и *пресфеноид* (передняя клиновидная кость, от сфеноид — клиновидная кость). Примеры второго типа: *пре-МРНК*, *прегетерокинез* (стадия расхождения половых клеток, предшествующая *гетерокинезу*).

Для терминоэлементов, участвующих в образовании сложных терминов, целесообразно отразить в словаре типовые семантические отношения между ономасиологическим базисом производных, обычно представляемым вторым, опорным элементом сложения, и ономасиологическим признаком, обычно представляемым первым, определяющим элементом сложения. Так, вторые элементы производных с корнем *цит-* могут быть связаны с ним семантическим отношением «имеющий объектом» (ср. *цитология* — наука, изучающая клетку), семантическим отношением «принадлежащий» (ср. *цитоплазма* — компонент клетки, заключенный между цитоплазматической мембраной и ядром) и рядом других отношений.

Создание специальных словарей интернациональных греко-латинских терминоэлементов не только ставит перед терминологами вопросы лексикографического представления структурных, функциональных и семантических характеристик терминоэлементов, побуждая к разработке этих вопросов, но и помогает в комплексном решении проблемы регулирования и нормирования существующей терминологии.

ЗАКЛЮЧЕНИЕ

Обобщение результатов исследования позволяет сделать важные с общелингвистической точки зрения выводы:

1. Главную роль в формировании терминологии играет именно словообразование, так как классификация производных слов на основе словообразовательных средств и их значений является ценнейшей, по определению Л. Л. Кутиной, «естественно данной для терминологических систем классифицирующей сеткой, совпадающей в основных чертах с классификационными рубриками понятий» [172, с. 91].

Формирование той части медицинской терминологии, которая базируется на именном словообразовании латинского литературного языка, уже включающего известную долю греческих заимствований, происходит в условиях модификации отдельных участков или областей системы словообразования латинского языка и создания новых подсистем, каждая из которых характеризуется своими собственными отличительными особенностями, связанными с потребностями создания новой терминологической системы.

2. Организующим началом в образовании таких отдельных подсистем терминологии оказывается, как и в литературном языке, **способ словообразования**, диктующий главные закономерности построенных по этому способу терминологических моделей и структурно-семантические свойства этих последних. Это позволяет говорить по отдельности о роли префиксации, суффиксации и словосложения для формирования подсистем терминообразования.

3. В наиболее полном виде в терминологии сохраняется подсистема **префиксации** латинского литературного языка. Терминологическая префиксальная подсистема, полностью заимствовав ядро префиксальной подсистемы латинского языка, перестраивает ее периферию, приспосабливая и те и другие модели к требованиям большей унифицированности, однозначности и системности, характерным для терминологии. В то же время префиксальные модели терминологического типа отличаются от литературных бо́льшим количеством и разнообразием за счет: а) возрастающей гетерогенности системы препозитивных элементов, в числе которых оказываются префиксы, разные как по своему происхождению (латинские или греческие), так и по своему статусу в системе словообразования (чистые префиксы и префиксоиды) и б) усиливающейся гетерохронности, связанной не только с разной хронологией латинских и греческих слоев префиксальной подсистемы, но и с включением в систему новых префиксов из европейских языков (*des-*, *non-*).

Расширение префиксальной подсистемы за счет греческих префиксов сопровождалось и целой совокупностью новых синтагматических и парадигматических характеристик словообразовательных моделей: к первым принадлежит способность греческих префиксов объединяться в одном производном с латинскими корнями или основами, ко вторым — их способность служить формированию словообразовательных парадигм или своеобразных микрополей, единицы которых связываются между собой разными типами семантических отношений (антонимических, гиперо-гипонимических, синонимических и т. п.).

Большинство префиксальных моделей служит в терминологии выражению пространственных значений, что объясняется прагматической значимостью в медицине точного указания на место заболевания или органа, подлежащего лечению или являющегося непосредственным объектом наблюдения (особенно в нормальной и топографической анатомии, гистологии и др.). В терминологии клинической медицины широко используются также словообразовательные модели с оценочными, в частности, негативными значениями, что нередко создает возможность противопоставления по шкале «много—мало—нет».

4. Подсистема **суффиксации** латинского литературного языка подвергается в терминологической системе сильной модификации. Из 32 суффиксов латинского языка только 11 наиболее продуктивных активно участвуют в деривационных процессах терминологического характера. Однако в терминологической системе начинают функционировать помимо них свыше трех десятков суффиксов, среди которых: 1) суффиксы греческого происхождения, составляющие группу в 17 единиц и образующие интернациональный слой в медицинской терминологии; 2) новые суффиксы латинского происхождения, которые в системе латинского субстантивного словообразования не функционировали и стали строить словообразовательные ряды лишь в пределах терминологической системы — всего 16 единиц. Сюда же относятся суффиксы итальянского и французского происхождения (*-etta*, *-isatio*). Терминологическую суффиксальную подсистему характеризует также наличие единиц со статусом суффиксоидов (лат. *-formis*, греч. *-ideus*). Разнообразие суффиксальных моделей так же, как и префиксальных, обусловлено гетерогенностью и гетерохронностью системы$_2$.

Наиболее яркой отличительной чертой суффиксов в терминологическом словообразовании является их семантика, т. е. передача с их помощью значений, необходимых для данной системы. В терминологической системе происходит при этом специализация значения суффикса, что является следствием закрепления за ним одного определенного значения. Суффиксы играют в терминологии классифицирующую роль, отражая классификацию понятий и позволяя выделить такие ономасиологические категории, как: 1) анатомо-гистологические образования; 2) конкретные единицы а) биологии и ботаники, б) фармацевтической химии и биохимии, в) микробиологии с бактериологией и паразитологией; 3) естественные процессы и состояния в организме; 4) патологические процессы и состояния; 5) методы обследования и лечения; 6) диагностическая и хирургическая аппаратура и инструменты.

5. Претерпела существенные изменения и система латинского **словосложения**. Это сказалось в терминологии не столько в сфере функционирования определенных моделей сложных слов (в латинском языке число моделей было не столь

значительным, и в терминологии представлены по существу те же самые модели), сколько в сфере влияния ряда типичных образцов с частотными компонентами, по аналогии с которыми создаются новые терминологические единицы.

В терминологическом словосложении основополагающими единицами становятся терминоэлементы греческого происхождения. Смешение латинских и греческих элементов в одной сложной единице, постоянное дублирование одних и тех же или аналогичных терминов материалом греческого и латинского происхождения, конкуренция латинских и греческих синонимов, многокомпонентность и т. п. — все это становится отличительной чертой словосложения в медицинской терминологии. Сама организация сложных слов подвергается под влиянием греческих образцов существенным преобразованиям — на стыке полнозначных основ появляется структурный элемент -о-, который вытесняет более типичный для латинского литературного языка соединительный гласный -i- даже в чистых латинских моделях и становится показателем композита как такового.

6. Из системы словосложения постепенно выделяются частотные единицы, которые приобретают именно в терминосистеме статус элементов, сигнализирующих о значении модели. Иначе говоря, в недрах этой системы происходит рождение новых словообразовательных единиц, которые мы вслед за Д. С. Лотте, Т. Л. Канделаки и др. называем **терминоэлементами**. Однако в отличие от названных терминологов мы понимаем под терминоэлементом не любую значащую часть термина, а регулярно повторяющийся и воспроизводимый элемент сложных терминов, который, как правило, занимает определенное место в структуре термина и передает достаточно стабильное обобщенное значение (как классифицирующее, так и модифицирующее). Его отличает от аффикса сам характер фиксируемых им значений: последние, несмотря на свою стандартность, параллельны значениям полнозначных слов.

В соответствии с ономасиологическим подходом выделяются признаковые и базисные терминоэлементы, которые могут вступать между собой не только в синтагматические отношения, но и в парадигматические, создавая терминообразовательные ряды, цепочки и парадигмы, что служит важным фактором системной организации терминологии.

В зависимости от терминологического значения все базисные терминоэлементы разделены на группы, отражающие следующие категории: 1) психолого-физиологические процессы, происходящие в организме; 2) заболевания, патологические состояния и процессы; 3) методы и инструменты обследования; 4) методы и средства лечения; 5) хирургические операции и инструменты; 6) наука, учение.

7. В целом при исследовании процессов формирования терминологической системы на базе именного словообразования литературного латинского языка установлено, что отдельные участки системы$_1$, определяемые способом словообразования, развиваются в системе$_2$ своим собственным путем, т. е. подвергаются специфическим для них преобразованиям. Иначе говоря, система префиксации используется в медицинской терминологии не так, как система суффиксации,

а система словосложения оказывает свое влияние на формирование системы$_2$ не так, как префиксация и суффиксация. В связи с этим выявлена типология преобразований системы$_1$ в систему$_2$, которая характеризуется в зависимости от следующих вопросов:

1) какие словообразовательные модели системы$_1$ не попадают в систему$_2$;

2) какие словообразовательные модели, напротив, переходят из одной системы в другую;

3) какие формальные и семантические модификации потребовались для функционирования этих моделей в новом качестве;

4) какие словообразовательные модели, помимо существующих в латинском языке, оказались необходимыми в терминологической системе и с какими обстоятельствами это было связано;

5) каким стало соотношение префиксальных моделей, суффиксальных и моделей словосложения в системе$_2$ по сравнению с системой$_1$;

6) каков общий инвентарь деривационных единиц, функционирующих в новой системе, и в чем он не совпадает с тем, который характеризовал систему$_1$, и, наконец,

7) каков общий список словообразовательных значений системы$_2$ по сравнению с системой$_1$.

8. В терминологии продуктивны лишь те словообразовательные модели, которые были продуктивными и в системе словообразования литературного языка в целом. Это свидетельствует о том, что терминологическое словообразование составляет часть всей словообразовательной системы языка и, следовательно, подчиняется ее общим закономерностям.

9. При общей ориентации на закономерности словообразования в литературном языке в терминообразовании развиваются свои собственные тенденции, свидетельствующие о функциональной самостоятельности языка науки. Из системы литературного языка были взяты лишь те словообразовательные модели, которые по своим структурным, а главное, семантическим и прагматическим характеристикам могли быть использованы в новом качестве для организации как отдельных терминов, так и всей их упорядоченной совокупности. Это говорит о выборочности единиц, которая ярко характеризует переход от системы литературного языка к любой из ее частных подсистем.

10. При всем богатстве латинской словообразовательной системы и том исключительном разнообразии словообразовательных моделей, которым она характеризуется, система именного словообразования как такового все же оказалась недостаточной для формирования медицинской терминологии. Терминообразование выходит за пределы именного словообразования литературного латинского языка за счет широкого использования греческих моделей во всех словообразовательных способах. Ср. количество аффиксальных моделей в системе$_1$ и системе$_2$ — 90 и 130 соответственно. Результатами интенсивного внедрения (интерференции) греческого языка явились: 1) двуязычие медицинской терминологии и как следствие

последнего — гибридность (*vasographia*) и дублетность (*vasographia = angiographia*), пронизывающие все подсистемы терминообразования и свидетельствующие об его искусственном характере; 2) четкая морфологическая членимость (почти синтагматическое «прочтение» производного термина), связанная с усвоением греческих образцов.

11. Для становления терминологической системы и ее дальнейшего развития важную роль играют словообразовательные парадигмы и гнезда, объединяющие аффиксальные и сложные термины разных частей речи, свидетельствующие, с одной стороны, о тесном взаимодействии между подсистемами словообразования (префиксацией, суффиксацией и сложением), характерном и для литературного языка, а с другой стороны — о системности и классификационной регулярности терминов, соответствующей подобной регулярности отражаемых ими понятий.

В словообразовательных парадигмах и гнездах заложены терминообразовательные возможности терминологической системы, поэтому они могут использоваться для прогнозирования неологизмов в терминологии.

12. Если система$_1$ закрыта и статична как система языка уже не развивающегося, то система$_2$ открыта и динамична в связи с потребностью в наименовании новых понятий, возникающих в результате интенсивного развития и дальнейшей дифференциации наук.

ЛИТЕРАТУРА

1. *Авербух К. Я.* Общая теория термина. Иваново, 2004.
2. *Авербух Л. И.* Возможности семантической интерпретации сложных английских прилагательных: (На мат-ле прилагательных с компонентом self) // Проблемы грамматики и семантики. М., 1985. С. 3—7.
3. *Авина Н. Ю.* Диахроническое изучение словообразовательных гнезд: (На мат-ле гнезда «зверь») // Актуальные проблемы русского словообразования. Ташкент, 1982. С. 168—173.
4. *Азарх Ю. С.* О связи словообразования с морфологическими категориями // Проблемы структурной лингвистики 1982. М., 1984. С. 35—50.
5. Актуальные вопросы упорядочения медицинской терминологии. М., 1981.
6. Актуальные проблемы современного словообразования: Труды междунар. науч. конф. (г. Кемерово, 1—3 июля, 2005 г.). Томск, 2006.
7. *Акуленко В. В.* Вопросы интернационализации словарного состава языка. Харьков, 1972.
8. *Алдошина С. П., Корсакова Н. А., Першина Н. А.* и др. О способах словообразования в клинической терминологии // Вопросы слово- и формообразования в индоевропейских языках. Томск, 1988. С. 39—48.
9. *Алейников П. А., Новодранова В. Ф.* Семантические отношения строевых компонентов терминов: (На мат-ле медико-биологической терминологии) // Проблемы грамматики и семантики. М., 1985. С. 8—12.
10. *Алексеев А. Я.* Относительно вариативности в словообразовании // Языковая норма и вариативность. Днепропетровск, 1981. С. 3—10.
11. *Алексеева Л. М.* Лингвистика термина // Лексикология. Терминоведение. Стилистика: Сб. науч. трудов. Посвящается юбилею В. М. Лейчика. М.; Рязань, 2003. С. 37—42.
12. *Алексеева Л. М.* Проблемы термина и терминообразования. Пермь, 1998.
13. *Алексеева Л. М.* Термин как категория общего языкознания // РФВ. 1998. Т. 83 № 1/2 (в).
14. *Алексенко Т. А.* Лексикографическое представление полисемантичной структуры английского термина // Сб. науч. трудов МГПИИЯ им. М. Тореза. 1985. Вып. 253. С. 55—67.
15. *Алексенко Т. А.* Моделирование семантической структуры многозначного термина // Иностранный язык в сфере научного общения: Лингвометодические проблемы. М., 1986. С. 100—115.
16. *Аллафи Л. М.-Р.* Когнитивный анализ стоматологической терминологии: (На мат-ле терминов ортодонтии в русском и английском языках): Автореф. дис. ... канд. филол. наук. Нальчик, 2004.

17. *Андреев С. Н.* Сочетаемость глагольных основ с суффиксами *-ment* и *-ion* в современном английском языке: Автореф. дис. ... канд. филол. наук. Минск, 1980.
18. Античная культура и современная наука. М., 1985.
19. Античные теории языка и стиля. М.; Л., 1936.
20. *Апресян Ю. Д.* К формальной модели семантики: Правила взаимодействия значений // Представление значений и модели процессов понимания. Новосибирск, 1980. С. 47—78.
21. *Апресян Ю. Д.* Лексическая семантика. М., 1986.
22. *Арутюнова Н. Д.* К проблеме функциональных типов лексического значения // Аспекты семантических исследований. М., 1980. С. 156—249.
23. *Арутюнова Н. Д.* Очерки по словообразованию в современном испанском языке. М., 1961.
24. *Архипов И. К.* Семантика производного слова английского языка. М., 1984.
25. Аффиксоиды, полуаффиксы и аффиксы в научном стиле и литературной норме. Владивосток, 1980.
26. Аффиксы и комбинирующиеся формы в научной терминологии и норме. Владивосток, 1982.
27. *Балли Ш.* Общая лингвистика и вопросы французского языка. М., 1955.
28. *Бартков Б. И.* О возникновении и функционировании суффиксов *-ose*, *-ol*, *-ase*, *-psin* в химической номенклатуре // Лингвистические аспекты терминологии. Воронеж, 1980. С. 41—45.
29. *Безбородько М. И.* Морфосинтаксические особенности латинской терминологии // Вопр. языкознания. 1979. № 2. С. 115—121.
30. *Бекишева Е. В.* Названия болезней как отражение понятийного аппарата медицины // Лексикология. Терминоведение. Стилистика: Сб. науч. трудов. Посвящается юбилею В. М. Лейчика. М.; Рязань, 2003. С. 48—54.
31. *Бекишева Е. В.* Отражение категории пространства в клинической терминологии: (На мат-ле терминов, отражающих деформации) // Новая Россия: новые явления в языке и науке о языке: Мат-лы Всероссийской науч. конф. 14—16 апреля 2005 г., Екатеринбург, Россия. Екатеринбург: Изд-во Урал. ун-та, 2005. С. 325—332.
32. *Бекишева Е. В.* Специфика процессов образования производных терминов (к проблеме национального и интернационального в терминологических подсистемах): Автореф. дис. ... канд. филол. наук. Саратов, 1991.
33. *Бекишева Е. В.* Современное состояние медицинского терминоведения // Известия Самарского научного центра РАН. Спец. вып. «Актуальные проблемы гуманитарных наук». № 1. 2006. С. 11—18.
34. *Бекишева Е. В.* Формы языковой репрезентации гносеологических категорий в клинической терминологии: Автореф. дис. ... док. филол. наук. М., 2007.

35. *Белецкий А. А.* Значение латинских лексических заимствований из греческого для изучения греческой лексики // XIV Междунар. конф. античников социалистических стран: Тез. докл. Ереван, 1976. С. 30.
36. *Беликова И. Ф.* Интерфиксы в заимствованных словах // Проблемы грамматики и семантики. М., 1985. С. 24—32.
37. *Белодед И. К., Акуленко В. В.* Интернациональные элементы в лексике и терминологии. Харьков, 1980.
38. *Бенвенист Э.* Индоевропейское именное словообразование. М., 1955.
39. *Бенвенист Э.* Общая лингвистика. М., 1974.
40. *Березникова Р. Е.* Лингвистический анализ наименований лекарственных средств: Автореф. дис. ... канд. филол. наук. М., 1975.
41. *Болдырев Н. Н.* Категории как форма репрезентации знаний в языке // Концептуальное пространство языка. Тамбов, 2005. С. 16—39.
42. *Болдырев Н. Н.* Когнитивная семантика (курс лекций по английской филологии). Тамбов, 2002.
43. *Большаков И. А., Дурново А. А.* Формальная модель латинской морфологии. М., 1979. Ч. I.; Ч. II.
44. *Боровский Я. М., Болдырев А. В.* Учебник латинского языка. М., 1975. С. 129—136.
45. *Бородина А. В.* Структура современной ботанической терминологии: Автореф. дис. ... канд. филол. наук. Киев, 1981.
46. *Будагов Р. А.* Некоторые вопросы теории словообразования в романских языках // Докл. и сообщ. Ин-та языкознания. 1952. № 1. С. 104—119.
47. *Бурнос О. И.* Лексические и грамматические особенности языка в труде Н. И. Пирогова «Num vinctura aortae abdominalis in aneurysmate inguinali adhibitu facile ac tutum sit remedium»: Автореф. дис. ... канд. филол. наук. М., 1970.
48. *Бурт Э. М.* Научные понятия как системы и их описание в толковых терминологических словарях // Вопр. языкознания. 1984. № 1. С. 36—43.
49. *Варнеке Б. В.* К вопросу об именах действующих лиц Плавта и Теренция // ЖМНП. 1906. Кн. 10. Ч. V. С. 445—459.
50. *Васильева Н. В.* Греко-латинские элементы в лингвистической терминологии: Автореф. дис. ... канд. филол. наук. М., 1983.
51. *Васильева Н. В.* Словари международных терминоэлементов: Параметры типологизации // Всесоюзн. конф. «Подготовка и использование научно-технических словарей в системе информационного обеспечения». М., 1986. С. 70—71.
52. *Вельштейн А. М.* Современная английская биологическая терминология: Особенности строения и семантики: Автореф. дис. ... канд. филол. наук. М., 1970.

53. *Виниченко Т. Г.* Характер функционирования терминологической лексики в системе подъязыков: (Англ. яз.): Автореф. дис. ... канд. филол. наук. Одесса, 1983.

54. *Виноградов В. В.* Словообразование в его отношении к грамматике и лексикологии // Избр. труды: Исследования по русской грамматике. М., 1975. С. 166—220.

55. *Винокур Г. О.* Избранные работы по русскому языку. М., 1959.

56. *Винокур Г. О.* О некоторых явлениях словообразования в русской технической терминологии // Тр. МИФЛИ. 1939. Т. 5. С. 3—54.

57. *Волкова И. Н.* Типовые структуры определений в стандартах на термины и определения // Слово в грамматике и словаре. М., 1984. С. 169—176.

58. *Володина М. Н.* Когнитивно-информационная природа термина: (На мат-ле терминологии средств массовой информации). М.: Изд-во Моск. ун-та, 2000.

59. *Володина М. Н.* Национальное и интернациональное в процессе терминологической номинации. М.: Изд-во Моск. ун-та, 1993.

60. *Володина М. Н.* Термин как средство специальной информации. М.: Изд-во Моск. ун-та, 1996.

61. *Вольф Е. М.* Грамматика и семантика прилагательного: (На мат-ле иберо-романских языков). М., 1978.

62. *Вольф Е. М.* К вопросу о классификаторах признаков // Филол. науки. 1982. № 2. С. 32—38.

63. *Вольф Е. М.* О соотношении квалификативной и дескриптивной структур в семантике слова и высказывания // Изв. АН СССР. Сер. лит. и яз. 1981. Т. 40. № 4. С. 391—397.

64. *Востокова Г. В.* Семантическая мотивация сложного слова // Вопр. языкознания. 1984. № 1. С. 90—100.

65. *Вюстер Е.* Международная стандартизация языка в технике / Пер. с нем. Л.; М., 1935.

66. *Гак В. Г.* Асимметрия лингвистического знака и некоторые общие проблемы терминологии // Семиотические проблемы языков науки, терминологии и информатики: (Матер. симпоз.). М., 1971. Ч. I. С. 68—71.

67. *Гак В. Г.* К проблеме семантической синтагматики // Проблемы структурной лингвистики 1971. М., 1972. С. 367—395.

68. *Гак В. Г.* Семантическая структура слова как компонент семантической структуры высказывания // Семантическая структура слова: Психолингвистические исследования. М., 1971. С. 78—96.

69. *Гак В. Г.* Сопоставительная лексикология. М., 1977.

70. *Гак В. Г.* Теоретическая грамматика французского языка: Морфология. М., 1986.

71. *Гейгер Р. М.* Проблемы анализа словообразовательной структуры и семантики в синхронии и диахронии. Омск, 1986.

72. *Герасимчук С. И.* Морфологические особенности языка комедий Плавта: Автореф. дис. ... канд. филол. наук. Тбилиси, 1984.
73. *Герд А. С.* Терминологическое значение и типы терминологических значений // Проблематика определений терминов в словарях разных типов. Л., 1976. С. 101—107.
74. *Гинзбург Е. Л.* Словообразование и синтаксис. М., 1979.
75. *Глухов Б. А.* Лингвистические характеристики термина и методика его презентации в учебном процессе: Автореф. дис. ... канд. филол. наук. М., 1980.
76. *Голованова Е. И.* Теоретические аспекты интерпретации термина, как языкового знака // Лексикология. Терминоведение. Стилистика: Сб. науч. трудов. Посвящается юбилею В. М. Лейчика. М.; Рязань, 2003. С. 73—78.
77. *Головин Б. Н.* Лингвистические термины и лингвистические идеи // Вопр. языкознания. 1976. № 3. С. 20—34.
78. *Головин Б. Н.* Роль терминологии в научном и учебном общении // Термин и слово. Горький, 1979. С. 14—23.
79. *Головин Б. Н.* Термин и слово // Термин и слово. Горький, 1980. С. 3—12.
80. *Городецкий Б. Ю.* К теории сложного слова // Слово в грамматике и словаре. М., 1984. С. 117—124.
81. *Городецкий Б. Ю.* Типологическое исследование семантики сложных слов // Основосложение и полуаффиксация в научном стиле. Владивосток, 1982. С. 56—72.
82. *Греб В. Я.* Пути формирования специальных терминологических систем в немецком языке: (На мат-ле истории медицинской лексики): Автореф. дис. ... канд. филол. наук. М., 1977.
83. *Григорьев В. П.* О взаимодействии словосложения и аффиксации // Вопр. языкознания. 1961. № 5. С. 71—77.
84. *Григорьев В. П.* Так называемые интернациональные сложные слова в современном русском языке // Вопр. языкознания. 1959. № 1. С. 65—77.
85. *Гринев С. В.* Введение в терминоведение. М.: Моск. лицей, 1993.
86. *Гринев С. В.* Введение в терминологическую лексикографию. М., 1986.
87. *Гринев С. В.* Терминологические заимствования: (Краткий обзор современного состояния вопроса) // *Лотте Д. С.* Вопросы заимствования и упорядочения иноязычных терминов и терминоэлементов. М., 1982. С. 108—135.
88. *Грушка А. А.* Исследования из области латинского словообразования. М., 1900.
89. *Грушка А. А.* Этюды по латинскому именному основообразованию. М., 1906.
90. *Гухман М. М.* Понятийные категории, языковые универсалии и типология // Вопр. языкознания. 1985. № 3. С. 3—12.
91. *Даниленко В. П.* О месте научной терминологии в лексической системе языка // Вопр. языкознания. 1976. № 4. С. 64—71.
92. *Даниленко В. П.* Русская терминология: Опыт лингвистического описания. М., 1977.

93. *Даниленко В. П., Панько Т. Н.* Интернациональные элементы в лексике и терминологии // Вопр. языкознания. 1984. № 1. С. 135—137.
94. *Даниленко В. П., Скворцов Л. И.* Лингвистические проблемы упорядочения научно-технической терминологии // Вопр. языкознания. 1981. № 1. С. 7—16.
95. Дериватология и дериватография литературной нормы и научного стиля. Владивосток, 1984.
96. Дериватология и динамика в романских и германских языках: Романо-германская филология. Кишинев, 1989.
97. *Дерюгин А. А.* Приставочные композиты в латинском литературном языке архаического периода: (На мат-ле фрагментов Кв. Энния) // Вопросы слово- и формообразования в индоевропейских языках. Томск, 1988. С. 33—38.
98. *Десницкая А. В.* К вопросу о соотношении именных и глагольных основ в индоевропейских языках // Учен. зап. ЛГУ. Сер. филол. наук. 1949. Вып. 14. С. 105—139.
99. *Долгопольский А. Б.* Из истории развития типов отглагольных имен деятеля от латыни к романским языкам: (К проблеме развития словообразовательных типов): Автореф. дис. ... канд. филол. наук. М., 1958.
100. *Домбровский Р. О.* Суффиксы субъективной оценки в поздней латыни: Автореф. дис. ... канд. филол. наук. Тбилиси, 1982.
101. *Доровских Л. В.* Семантическое освоение иноязычной лексики в заимствующем языке: (На мат-ле греческих заимствований в латинском языке): Автореф. дис. ... канд. филол. наук. Тбилиси, 1972.
102. *Дорошевский В.* Элементы лексикологии и семиотики. М., 1973. С. 211—267.
103. *Дрезен Э.* Интернационализация научно-технической терминологии. М.; Л., 1936.
104. *Дубровина Л. В.* Медицинская терминология в лексической системе современного английского языка: Автореф. дис. ... канд. филол. наук. М., 1986.
105. *Дубровина Л. В.* Суффиксальные существительные — названия заболеваний в английском языке // Язык и стиль научной литературы. М., 1977. С. 188—197.
106. *Духанина И. В.* Изменения семантики префиксов при переходе слов из литературной сферы в терминологическую: Автореф. дис. ... канд. филол. наук. М., 2001.
107. *Ельцова Л. Ф.* Концепты пространства в медицинской терминологии: Автореф. дис. ... канд. филол. наук. Рязань, 2000.
108. *Ермакова О. П.* Вторичная номинация в семантической структуре многозначных производных слов // Способы номинации в современном русском языке. М., 1982. С. 109—123.
109. Естественный язык, искусственные языки и информационные процессы в современном обществе. М., 1988.

110. *Журавлев В. Ф.* Содержательные и логические отношения понятий и терминов научных областей // Всесоюз. конф. «Подготовка и использование научно-технических словарей в системе информационного обеспечения». М., 1986. С. 45—47.

111. *Заблудовский П. Е.* Медицина в античном мире // История медицины. М., 1981. С. 33—51.

112. *Засорина Л. Н.* Об активизации в русском словообразовании производных некоторых интернационализмов // Новые слова и словари новых слов. М., 1978. С. 126—136.

113. *Земская Е. А.* О парадигматических отношениях в словообразовании // Виноградовские чтения I—VIII: Русский язык. Вопросы его истории и современного состояния. М., 1978. С. 63—77.

114. *Земская Е. А.* Современный русский язык: Словообразование. М., 1973.

115. *Земская Е. А.* Структура именных и глагольных словообразовательных парадигм в русском языке // Актуальные проблемы русского словообразования. Ташкент, 1982. С. 14—17.

116. *Земская Е. А., Кубрякова Е. С.* Проблемы словообразования на современном этапе: (В связи с XII Международным конгрессом лингвистов) // Вопр. языкознания. 1978. № 6. С. 112—123.

117. *Зубченко И. В.* Термин и слово: (Семантический аспект) // Структурно-семантические особенности отраслевой терминологии. Воронеж, 1982. С. 36—39.

118. *Зятковская Р. Г.* Аффиксы и комбинирующиеся формы // Особенности словообразования в научном стиле и литературной норме. Владивосток, 1982. С. 3—16.

119. *Иваницкий М. Ф.* Латинская терминология в анатомии: (Вопросы упорядочения латинской номенклатуры вообще и в практике медвузов в частности) // Высш. школа. 1937. № 1. С. 73—76.

120. *Иванов В. В.* Чет и нечет: Асимметрия мозга и знаковых систем. М., 1978.

121. *Исаченко А. В.* Термин-описание или термин-название? // Славянска лингвистична терминология. I. София, 1962. С. 19—25.

122. *Казанскене В. П.* Древние греческие и латинские образования с суффиксальными *-т-*, *-теп-*, *-п-*: Автореф. дис. ... канд. филол. наук. М., 1980.

123. *Казарина С. Г.* Греко-латинские терминоэлементы в славянских терминосистемах // Изучение славянских языков, литератур и культур в инославянской среде. Белград, 1998.

124. *Камалов Н. К.* Роль внутренних и внешних факторов в процессе заимствования словообразовательных средств: Автореф. дис. ... канд. филол. наук. М., 1981.

125. *Канделаки Т. Л.* Значения терминов и системы значений научно-технической терминологии // Логические, лингвистические и историко-научные аспекты терминологии. М., 1970. С. 3—39.

126. Канделаки Т. Л. Об одном типе словаря международных терминоэлементов // Филол. науки. 1967. № 2. С. 37—49.

127. Канделаки Т. Л. Семантика и мотивированность терминов. М., 1977.

128. Капанадзе Л. А. Взаимодействие терминологической лексики с общелитературной: Автореф. дис. ... канд. филол. наук. М., 1966.

129. Караулов Ю. Н. Лингвистическое конструирование и тезаурус литературного языка. М., 1981.

130. Каращук П. М. Словообразование английского языка. М., 1977.

131. Катеринич В. Н. Вопросы номинации и стиля в медицинских трактатах Чинквеченто: (На мат-ле неолатинской научной прозы): Автореф. дис. ... канд. филол. наук. М., 1979.

132. Катлинская Л. П. К вопросу о категориях описания в синхронном словообразовании // Вопр. языкознания. 1984. № 6. С. 104—113.

133. Кац С. М. Трактат «О медицине» Цельса и его учение о костно-суставной хирургии: (Историко-филологический анализ): Автореф. дис. ... канд. филол. наук. Л., 1964.

134. Кацнельсон С. Д. Порождающая грамматика и принцип деривации // Проблемы языкознания. М., 1967. С. 20—23.

135. Кичигина Г. И. Греко-латинские терминоэлементы в английской микробиологической терминологии: Автореф. дис. ... канд. филол. наук. Киев, 1991.

136. Кобрин Р. Ю. Лингво-статистический анализ терминологических систем // Вычислительная лингвистика. М., 1976. С. 144—158.

137. Кобрин Р. Ю. Опыт лингвистического анализа терминологии: Автореф. дис. ... канд. филол. наук. Горький, 1969.

138. Ковалевский Р. Л. Словообразовательные модели интернациональных терминов с компонентами греко-латинского происхождения: (Немецкий язык): Автореф. дис. ... канд. филол. наук. М., 1969.

139. Колшанский Г. В. Лингво-гносеологические основы языковой номинации // Языковая номинация: Общие вопросы. М., 1977. С. 99—146.

140. Комарова З. И. О сущности термина // Термин и слово. Горький, 1979. С. 3—13.

141. Комарова З. И. Семантическая структура специального слова и ее лексикографическое описание. Свердловск: Изд-во Уральск. ун-та, 1991.

142. Король Е. В. Когнитивный анализ лексико-семантических категорий агентивности и инструментальности (экспериментально-теоретическое исследование словообразовательных полей): Автореф. дис. ... канд. филол. наук. М., 2003.

143. Корыхалова Т. П. Вопросы латинского словообразования в лингвистическом наследии А. А. Грушки // Іноземна філологія. Львів, 1979. Вип. 55. С. 3—12.

144. Косов А. В. Некоторые различия системной организации терминологии по сравнению с организацией общей лексики // Термин и слово. Горький, 1980. С. 13—22.

145. *Котелова Н. Э.* К вопросу о специфике термина // Лингвистические проблемы научно-технической терминологии. М., 1970. С. 122—126.
146. *Крицкая С. Ю.* Многообразие типов основ в латинском языке // Семантика и структура деривационных моделей. Владивосток, 1988. С. 135—142.
147. *Кубрякова Е. С.* Именное словообразование в германских языках // Сравнительная грамматика германских языков. М., 1963. Т. III. С. 39—131.
148. *Кубрякова Е. С.* Именное словообразование в древних германских языках: (К постановке проблемы) // Проблемы морфологического строя германских языков. М., 1963. С. 122—134.
149. *Кубрякова Е. С.* Имя прилагательное // Историко-типологическая морфология германских языков. М., 1977. С. 286—352.
150. *Кубрякова Е. С.* Лексическая и синтаксическая сочетаемость слова и ее отражение в процессах словообразования // Проблемы сочетаемости слов. М., 1979. С. 24—31.
151. *Кубрякова Е. С.* О семантических особенностях производного слова // Семиотика, лингвистика, поэтика: К 100-летию со дня рождения А. А. Реформатского. М.: Языки слав. культуры, 2004. С. 243—249.
152. *Кубрякова Е. С.* О соотношении парадигматических и словообразовательных рядов в германских языках // Историко-типологические исследования морфологического строя германских языков. М., 1972. С. 172—188.
153. *Кубрякова Е. С.* Основы морфологического анализа: На материале германских языков. 2-е изд. М.: ЛКИ, 2008.
154. *Кубрякова Е. С.* Производное слово в лексике и грамматике // Слово в грамматике и словаре. М., 1984. С. 60—69.
155. *Кубрякова Е. С.* Семантика производного слова // Аспекты семантических исследований. М., 1980. С. 81—155.
156. *Кубрякова Е. С.* Семантика синтаксиса и некоторые проблемы теории словообразования // Предмет и методы синтаксической семантики: Сб. науч. тр. МГПИИЯ им. М. Тореза. Вып. 112. М., 1977. С. 123—134.
157. *Кубрякова Е. С.* Словообразование // Общее языкознание: Внутренняя структура языка. М., 1972. С. 344—393.
158. *Кубрякова Е. С.* Теория номинации и словообразование // Языковая номинация: (Виды наименований). М., 1977. С. 222—303.
159. *Кубрякова Е. С.* Типы языковых значений: Семантика производного слова. 2-е изд. М.: ЛКИ, 2008.
160. *Кубрякова Е. С.* Части речи в ономасиологическом освещении. 2-е изд. М.: ЛКИ, 1978.
161. *Кубрякова Е. С.* Части речи с когнитивной точки зрения. М., 1997.
162. *Кубрякова Е. С.* Язык и знание: На пути получения знаний о языке. М.: Языки слав. культуры, 2004.
163. *Кубрякова Е. С., Панкрац Ю. Г.* Морфонология в описании языков. М., 1986.

164. *Кубрякова Е. С., Соболева П. А.* О понятии парадигмы в формообразовании и словообразовании // Лингвистика и поэтика. М., 1979. С. 5—23.
165. *Кубрякова Е. С., Харитончик З. А.* О словообразовательном значении и описании смысловой структуры производных суффиксального типа // Принципы и методы семантических исследований. М., 1976. С. 202—233.
166. *Кудицкая Л. С.* Русская медико-техническая терминология и номенклатура: Автореф. дис. ... канд. филол. наук. Воронеж, 1981.
167. *Кумахов М. А.* О соотношении морфемного строения слова и словообразования: (К вопросу о границах применения методов непосредственно составляющих) // Вопр. языкознания. 1963. № 6. С. 117—120.
168. *Курилович Е.* Деривация лексическая и деривация синтаксическая // *Курилович Е.* Очерки по лингвистике. М., 1962. С. 57—70.
169. *Куркина Т. В.* Когнитивные основы наименований компонентов действующих веществ лекарственных растений: Автореф. дис. ... канд. филол. наук. М., 2003.
170. *Куркина Т. В.* Современные тенденции в развитии фармацевтической лексики // Новая Россия: новые явления в языке и науке о языке: Мат-лы Всерос. науч. конф., 14—16 апреля 2005 г., Екатеринбург, Россия. Екатеринбург: Изд-во Урал. ун-та, 2005. С. 280—284.
171. *Кутина Л. Л.* Формирование терминологии физики в России. М.; Л., 1966.
172. *Кутина Л. Л.* Языковые процессы, возникающие при становлении научных терминологических систем // Лингвистические проблемы научно-технической терминологии. М., 1970. С. 82—94.
173. *Лазарева М. Н.* Семантические отношения терминосистем: (Народные, ботанические и фармацевтические названия растений во французском языке): Автореф. дис. ... канд. филол. наук. М., 1982.
174. *Лайонз Дж.* Введение в теоретическую лингвистику. М., 1978.
175. *Лапина М. С., Калиниченко А. С., Феоктистова О. Д.* Латинизмы в современных языках. Киев, 1985.
176. Латинская грамматика, составленная по Цумпту Д. П. Поповым. СПб., 1838. С. 386—421.
177. Латинский язык / Под общ. ред. В. Н. Ярхо и В. И. Лободы. М., 1983. С. 114—120.
178. *Левковская К. А.* Именное словообразование в современной немецкой общественно-политической терминологии. М., 1960.
179. *Лейчик В. М.* Интеграция наук и унификация научно-технических терминов // Вестн. АН СССР. 1980. № 8. С. 39—45.
180. *Лейчик В. М.* О некоторых современных способах словообразования // Особенности словообразования в терминосистемах и литературной норме. Владивосток, 1983. С. 3—15.

181. *Лейчик В. Л.* О процессе формирования термина: (Особенности периода первоначального наименования специального понятия) // Функционирование терминов в современном русском языке. Горький, 1986. С. 33—39.
182. *Лейчик В. М.* О языковом субстрате термина // Вопр. языкознания. 1986. № 5. С. 87—97.
183. *Лейчик В. М.* Оптимальная длина и оптимальная структура термина // Вопр. языкознания. 1981. № 2. С. 63—73.
184. *Лейчик В. М.* Особенности создания и функционирования количественных терминоэлементов разных типов // Структурно-семантические особенности отраслевой терминологии. Воронеж, 1982. С. 98—107.
185. *Лейчик В. М.* Семантические и формальные признаки терминоэлементов // Полуаффиксация в терминологии и литературной норме. Владивосток, 1986. С. 86—92.
186. *Лейчик В. М.* Термин и его определение // Терминоведение и терминография в индоевропейских языках. Владивосток, 1987. С. 135—145.
187. *Лейчик В. М.* Терминоведение: Предмет, методы, структура. М., 2006.
188. Лексикология. Терминоведение. Стилистика: Сб. науч. трудов. Посвящается юбилею В. М. Лейчика. М.; Рязань, 2003.
189. *Леонтьев А. А.* Генезис семантической теории: Античность и средневековье // Вопр. языкознания. 1988. № 1. С. 5—22.
190. *Леушина Л. Т.* Образования с суффиксальным *и в древнегреческом, латинском и других индоевропейских языках: Автореф. дис. ... канд. филол. наук. Тбилиси, 1978.
191. *Линдсей В. М.* Краткая историческая грамматика латинского языка. М., 1948.
192. *Лопатин В. В.* Русская словообразовательная морфемика. М., 1977.
193. *Лопатин В. В.* Так называемая интерфиксация и проблема структуры слова в русском языке // Вопр. языкознания. 1975. № 4. С. 24—37.
194. *Лопатин В. В., Улуханов И. С.* Мотивированное слово в описательной грамматике и словаре // Слово в грамматике и словаре. М., 1984. С. 69—79.
195. *Лосев А. Ф.* Знак. Символ. Миф: Труды по языкознанию. М., 1982. С. 183—200.
196. *Лосев А. Ф.* Языковая структура. М., 1983. С. 95—191.
197. *Лотте Д. С.* Вопросы заимствования и упорядочения иноязычных терминов и терминоэлементов. М., 1982. С. 7—107.
198. *Лотте Д. С.* Краткие формы научно-технических терминов. М., 1971.
199. *Лотте Д. С.* Образование и правописание трехэлементных научно-технических терминов. М., 1969.
200. *Лотте Д. С.* Основы построения научно-технической терминологии. М., 1961.
201. *Лукин В. А.* Некоторые проблемы и перспективы компонентного анализа // Вопр. языкознания. 1985. № 3. С. 58—66.

202. *Льюис К. И.* Виды значения: Семиотика. М., 1983. С. 211—224.
203. *Макаев Э. А.* Структура слова в индоевропейских и германских языках. М., 1970. С. 182—216.
204. *Манерко Л. А.* Истоки и основания когнитивно-коммуникативного терминоведения // Лексикология. Терминоведение. Стилистика: Сб. науч. трудов. Посвящается юбилею В. М. Лейчика. М.; Рязань, 2003. С. 120—126.
205. *Манерко Л. А.* Некоторые психолингвистические принципы категории nomina instrumentalia // Актуальные проблемы лингвистики в вузе и в школе: Мат-лы 3-й Всерос. школы молодых лингвистов. Пенза, 1999. С. 152—154.
206. *Манерко Л. А.* Терминосистема в традиционной и когнитивно-коммуникативной перспективе // НТТ. М., 2004. № 1. С. 48—52.
207. *Манучарян Р. С.* Словообразовательно-семантическая парадигма // Сб. науч. тр. МГПИИЯ им. М. Тореза. 1980. Вып. 164. С. 54—60.
208. *Манучарян Р. С.* Словообразовательные значения и формы в русском и армянском языках. Ереван, 1981.
209. *Мартине А.* Основы общей лингвистики // Новое в лингвистике. М., 1963. Вып. 3. С. 341—492.
210. *Мах А. С.* Генезис и семантика латинской сельскохозяйственной лексики: (На мат-ле памятников II в. до н. э. — IV в. н. э.): Автореф. дис. ... канд. филол. наук. Тбилиси, 1984.
211. *Мах А. С.* Суффиксальное словообразование в латинской овощеводческой терминологии // Іноземна філологія. Львів, 1979. Вип. 55. С. 63—70.
212. *Махнутина К. С.* Специфика словообразовательных гнезд в терминологии: (На мат-ле английской химической терминологии): Автореф. дис. ... канд. филол. наук. М., 1983.
213. *Медведева Л. М.* Типы словообразовательной мотивации и семантика производного слова // Вопр. языкознания. 1989. № 1. С. 86—97.
214. Медицинская терминология и гуманитарные аспекты образования в медицинском вузе: Тезисы докл. Всерос. науч.-методич. конф. Самара: СамГМУ, 1998.
215. *Медникова Э. М.* Значение слова и методы его описания. М., 1974. С. 5—66.
216. *Мейе А.* Введение в сравнительное изучение индоевропейских языков. М.; Л., 1938.
217. *Мельников Г. П.* Основы терминоведения. М.: Изд-во УДН, 1991.
218. *Мельчук И. А.* К понятию словообразования // Изв. АН СССР. Отд. лит. и яз. 1967. Т. XXVI. Вып. 4. С. 352—362.
219. *Мельчук И. А.* Об определении большей/меньшей смысловой сложности при словообразовательных отношениях // Изв. АН СССР. Отд. лит. и яз. 1969. Т. XXVIII. Вып. 2. С. 126—135.
220. *Мельчук И. А.* Строение языковых знаков и возможные формально-смысловые отношения между ними // Изв. АН СССР. Отд. лит. и яз. 1968. Т. XXVII. Вып. 5. С. 426—438.

221. *Ментруп В.* К проблеме лексикографического описания общенародного языка и профессиональных языков // Новое в зарубежной лингвистике. М., 1983. Вып. XIV. С. 301—334.
222. *Мехович Т. А.* К вопросу о семантике префиксоидов *пол-*, *полу-* // Аффиксы и комбинирующиеся формы в научной терминологии и норме. Владивосток, 1982. С. 141—146.
223. *Мешков О. Д.* О композитном значении: (На мат-ле английских сложных слов N+N) // Слово в грамматике и словаре. М., 1984. С. 124—129.
224. *Мешков О. Д.* Словообразование современного английского языка. М., 1976.
225. *Мешков О. Д.* Словосложение в современном английском языке. М., 1985.
226. *Миллер Д. Г.* Некоторые теоретические и типологические следствия ограничения структуры индоевропейского корня // Новое в зарубежной лингвистике. М., 1988. Вып. XXI. С. 191—201.
227. *Милославский И. Г.* Вопросы словообразовательного синтеза. М., 1980.
228. *Милославский И. Г.* Лексическое, словообразовательное и грамматическое в словоформе // Филол. науки. 1980. № 1. С. 44—51.
229. *Милославский И. Г.* О регулярном приращении значения при словообразовании // Вопр. языкознания. 1975. № 6. С. 65—72.
230. *Милославский И. Г.* Сложение семантических элементов различных типов в структуре русского слова // Вопр. языкознания. 1979. № 6. С. 76—85.
231. *Мирошенкова В. И., Федоров Н. А.* Учебник латинского языка. М., 1985.
232. *Митрофанова О. Д.* Язык научно-технической литературы. М., 1973.
233. *Молина Э. Ф.* Причастие с формантом *-lo/lă* в латинском языке // Тр. Том. ун-та. 1960. Т. 153. С. 104—112.
234. *Молина Э. Ф.* Роль грамматических элементов в словообразовании: (На мат-ле латинского языка) // Тр. Том. ун-та. 1960. Т. 138. С. 98—109.
235. Морфемика и словообразование: (Межвуз. сб.). Л., 1978. Вып. 1.
236. Морфемика и словообразование: (Межвуз. сб.). Л., 1983. Вып. 2.
237. *Мурясов Р. З.* Грамматика производного слова // Вопр. языкознания. 1987. № 5. С. 19—27.
238. *Мурясов Р. З.* К теории парадигматики в лингвистике // Вопр. языкознания. 1980. № 6. С. 109—121.
239. *Мякиш Е. А.* Латинские и греческие синонимические морфемы в лексической системе французского языка: (На мат-ле медицинской литературы): Автореф. дис. ... канд. филол. наук. Минск, 1980.
240. *Нагайчук В. Т.* Основные этапы становления французской хирургической терминологии // Вопросы терминологии и лингвистической статистики. Воронеж, 1976. С. 96—104.
241. *Нагайчук В. Т.* Типы структурно-семантических связей суффиксальных образований в хирургической терминологии: (На мат-ле французского языка): Автореф. дис. ... канд. филол. наук. Киев, 1978.

242. *Найда Ю. А.* Процедуры анализа компонентной структуры референционного значения // Новое в зарубежной лингвистике. М., 1983. Вып. XIV. С. 61—75.
243. Научные и методические проблемы медицинской терминологии. Тезисы докладов Второй всероссийской учебно-научно-методической конференции заведующих кафедрами латинского языка и основ терминологии высших медицинских и фармацевтических учебных заведений. М.: МГМСУ, 2003.
244. *Немченко В. Н.* Современный русский язык: Словообразование. М., 1984.
245. *Нерознак В. П., Суперанская А. В.* Лингвистические проблемы терминологии // Изв. АН СССР. Отд. лит и яз. 1972. Т. XXXI. Вып. 3. С. 272—276.
246. *Никитевич В. М.* Словообразование и деривационная грамматика. Алма-Ата, 1978. Ч. I.
247. *Никитин М. В.* Курс лингвистической семантики. СПб.: Научный центр проблем диалога, 1997.
248. *Никитин М. В.* Основания когнитивной семантики. СПб: Изд-во РГПУ им. А. И. Герцена, 2003.
249. *Никитин М. В.* Основы лингвистической теории значения. М., 1988.
250. *Никитина С. Е.* Информационный тезаурус как средство систематизации терминологии // Проблематика определений терминов в словарях разных типов. Л., 1976. С. 158—167.
251. *Никитина С. Е.* Тезаурус как способ описания и представления языка науки: (На мат-ле лингвистической терминологии): Автореф. дис. ... канд. филол. наук. Л., 1983.
252. *Николаева Г. Н.* Латинские элементы в системе русского словообразования // Словообразование и номинативная деривация в славянских языках. Гродно, 1986. С. 132—134.
253. *Новиков Л. А.* Некоторые вопросы словообразовательной семантики // Актуальные проблемы русского словообразования. Ташкент, 1982. С. 19—21.
254. *Новикова Е. С.* Деривационная продуктивность в различных терминологических системах современного английского языка: Автореф. дис. ... канд. филол. наук. М., 1972.
255. *Новодранова В. Ф.* Взаимодействие когниции и коммуникации в терминообразовании // Научно-техническая терминология. 2003. Вып. 2. С. 45.
256. *Новодранова В. Ф.* Древнегреческое терминологическое наследие в языке науки // Междунар. научн. конф. «Язык и культура». Москва, 14—17 сентября 2001 г. М., 2001. С. 62—63.
257. *Новодранова В. Ф.* К вопросу о скрытых компонентах значения (на матле медицинских производных терминов) // Языковая категоризация (части речи, словообразование, теория номинации): Мат-лы Круглого стола, посвящ. юбилею Е. С. Кубряковой по тематике ее исследований, октябрь 1997 г. М., 1997. С. 63—64.

258. *Новодранова В. Ф.* Категория оценки и ее выражение в системе префиксации латинского языка // Сб. науч. трудов «ΣΤΕΦΑΝΟΣ». М.: РосНОУ, 2005. С. 278—284.

259. *Новодранова В. Ф.* Когнитивные науки и терминология // Традиционные проблемы языкознания в свете новых парадигм знания: (Мат-лы Круглого стола, апрель 2000 г.). М.: Ин-т языкознания РАН, 2000. С. 89—93.

260. *Новодранова В. Ф.* Латинские основы медицинской терминологии (именное словообразование): Автореф. дис. ... д-ра филол. наук. М., 1989.

261. *Новодранова В. Ф.* Новые подходы к определению основных понятий терминоведения // Новая Россия: новые явления в языке и науке о языке: Мат-лы Всерос. науч. конф., 14—16 апреля 2005 г., Екатеринбург, Россия. Екатеринбург: Изд-во Урал. ун-та, 2005. С. 218—223.

262. *Новодранова В. Ф.* Проблемы терминоведения в когнитивно-коммуникативном аспекте // Лексикология. Терминоведение. Стилистика: Сб. науч. трудов. Посвящается юбилею В. М. Лейчика. М.; Рязань, 2003. С. 150—154.

263. *Новодранова В. Ф.* Редукция как способ материализации концептов (на матле медицинской терминологии) // Язык медицины: Всерос. межвуз. сб. науч. трудов. Вып. 1. Самара: СамГМУ, 2004. С. 8—14.

264. *Новодранова В. Ф.* Способы выражения категории пространства в медицинской терминологии // К юбилею ученого: Сб. науч. трудов, посвящ. юбилею Елены Самойловны Кубряковой. М.: МГПУ, 1997. С. 83—86

265. *Новодранова В. Ф.* Фон и фигура в языке для специальных целей // Концептуальное пространство языка. Тамбов, 2005. С. 455—458.

266. *Новодранова В. Ф., Бекишева Е. В.* Этапы развития медицинского терминоведения и их характерные особенности // Изв. Самарского научного центра РАН. Спец. вып. «Актуальные проблемы гуманитарных наук». 2006. № 1. С. 59—63.

267. Обзор работ по современному русскому литературному языку за 1970—1973 гг.: Словообразование. М., 1978.

268. Обзор работ по современному русскому литературному языку за 1974—1977 гг.: Словообразование. М., 1982.

269. *Ольшки Л.* История научной литературы на новых языках. М.; Л., 1933—1934. Т. 1.

270. Основосложение и полуаффиксация в научном стиле. Владивосток, 1982.

271. Особенности аффиксального словообразования в терминосистемах и норме. Владивосток, 1979.

272. Особенности словообразования в терминосистемах и литературной норме. Владивосток, 1983.

273. *Откупщиков Ю. В.* Из истории индоевропейского словообразования. Л., 1967.

274. Отраслевая терминология и ее структурно-типологическое описание. Воронеж, 1988.

275. Отраслевая терминология и ее экстралингвистическая обусловленность. Воронеж, 1986.
276. Отраслевая терминология и лексикография. Воронеж, 1984.
277. *Павлов В. М.* Понятие лексемы и проблема отношений синтаксиса и словообразования. М., 1985. С. 131—275.
278. *Палатов М. И.* Семантическая структура интерлингвизмов греко-латинского происхождения в современных европейских языках: Автореф. дис. ... канд. филол. наук. Алма-Ата, 1970.
279. *Панкрац Ю. Г.* Морфонологические характеристики слова и их представление в грамматике и словаре // Слово в грамматике и словаре. М., 1984. С. 79—85.
280. *Панько С. С.* Системность словообразовательных отношений и суффиксальное образование имен в латинском языке // Проблемы античной истории и культуры: (Докл. XIV Междунар. конф. античников соц. стран «Эйрене»). Ереван, 1979. С. 497—502.
281. *Панько С. С.* Суффиксальное производство имен и некоторые вопросы идентификации словообразовательных значений: (По мат-лам латинского, русского и венгерского языков): Автореф. дис. ... канд. филол. наук. Киев, 1978.
282. *Пауль Г.* Принципы истории языка. М., 1960. С. 385—414.
283. *Перерва В. М.* О принципах и проблемах отбора терминов и составления словника терминологических словарей // Проблематика определений терминов в словарях разных типов. Л., 1976. С. 190—204.
284. *Петришина В. У.* Этимологические основы наиболее употребительных современных медицинских терминов: Автореф. дис. ... канд. филол. наук. Львов, 1973.
285. *Петров В. В.* Семантика научных терминов. Новосибирск, 1982. С. 3—31.
286. *Пиоттух К. В.* Система префиксации в современном английском языке: Автореф. дис. ... канд. филол. наук. М., 1971.
287. *Погорелов В.* Заметки по латинскому словообразованию // Сб. статей, посвящ. ученикам и почитателям акад. Ф. Ф. Фортунатова. Варшава, 1902. С. 429—442.
288. *Позднякова Е. М.* Словообразовательная категория имен деятеля в английском языке (когнитивный аспект исследования). Монография. М.; Тамбов, 1999.
289. *Покровский М. М.* Заметки по латинскому словообразованию // РФВ. 1902. Т. 48. С. 429—441.
290. *Покровский М. М.* Избранные работы по языкознанию. М., 1959. С. 115—292.
291. *Покровский М. М.* [Рецензия на кн.: *Грушка А. А.* Этюды по латинскому именному основообразованию. М., 1900] // ЖМНП. 1907. Ч. X. № 7. С. 139—172; № 8. С. 339—383.
292. *Полухина О. Н.* Терминообразование на базе греко-латинских терминоэлементов в стоматологической терминологии (на мат-ле французского языка): Автореф. дис. ... канд. филол. наук. М., 2001.

293. Попова З. Д., Стернин И. А. Очерки по когнитивной лингвистике. Воронеж, 2001.

294. Порецкий Я. И. Элементы латинского словообразования и современные языки. Минск, 1977.

295. Проблематика определений терминов в словарях разных типов. Л., 1976.

296. Проблемы классической филологии: Темат. сб. № 1 / Под ред. Н. С. Гринбаума. Кишинев, 1972.

297. Проблемы структурной лингвистики 1971. М., 1972.

298. Проблемы языка науки и техники: Логические, лингвистические и историко-научные аспекты терминологии. М., 1970.

299. Продуктивность, частотность и валентность деривационных моделей. Владивосток, 1988.

300. Прохорова В. Н. Семантика термина // Вестн. МГУ. Сер. 9. Филология. 1981. № 3. С. 23—32.

301. Пумпянский А. Л. О принципе языковой многозначности // Вопр. языкознания. 1983. № 1. С. 122—130.

302. Раевская О. В. Аффиксальные производные в современном французском языке // Словообразовательные типы и гнезда в индоевропейских языках. Владивосток, 1986. С. 157—167.

303. Раевская О. В. Проблемы словосложения в свете теории номинации // Вестн. МГУ. Сер. 9. Филология. 1980. № 2. С. 44—51.

304. Раевская О. В. Роль модели в словообразовательном синтезе: (На мат-ле французского языка) // Семантика и структура деривационных моделей. Владивосток, 1988. С. 157—167.

305. Раевская О. В. Словообразовательные характеристики основных частей речи во французском языке: Автореф. дис. ... док. филол. наук. М., 1989.

306. Раевский Н. К вопросу о классификации латинских именных слов // Учен. зап. Ин-та языка и литературы АН Молд. ССР. 1961. Т. 10.

307. Ревзина О. Г. Структура словообразовательных полей в славянских языках. М., 1969.

308. Ревзина О. Г., Ревзин И. И. К построению системы дифференциальных признаков для словообразования существительных славянских языков // To Honor Roman Jakobson. The Hague; Paris, 1965. Vol. II. P. 75—85.

309. Резанова З. И. Словообразующие возможности существительного: (Русский язык): Автореф. дис. ... канд. филол. наук. Томск, 1983.

310. Реформатский А. А. О некоторых вопросах терминологии: Сб. докл. и сообщ. лингв. об-ва Калинин. гос. ун-та. 1974. Вып. 17. С. 142—157.

311. Реформатский А. А. Термин как член лексической системы языка // Проблемы структурной лингвистики 1967. М., 1968. С. 103—125.

312. Реформатский А. А. Что такое термин и терминология? // Вопросы терминологии: Мат-лы Всесоюз. терминол. совещ. М., 1961. С. 46—54.

313. Роль теории в практике развития терминологии и упорядочения литературных языков: Сб. докл. теор.-метод. семинара. Таллин, 1982.
314. Романова Н. П. О мотивированности исконных и заимствованных терминов // Вопросы терминологии и лингвистической статистики. Воронеж, 1976. С. 18—26.
315. Русская грамматика. Т. 1: Словообразование. М., 1980. С. 123—333.
316. Русское словообразование // Тр. Самарк. гос. ун-та. Нов. сер. Вып. 209. Самарканд, 1971.
317. Рыжкина О. А. Системное исследование зооморфизмов в русском языке: (В сопоставлении с английским): Автореф. дис. ... канд. филол. наук. М., 1980.
318. Савельева О. М. О специфике формирования значения составных слов // Вопросы классической филологии. М., 1973. Вып. V. С. 182—195.
319. Садовский В. Н. Основания общей теории систем: Логико-методологический анализ. М., 1974. С. 5—102.
320. Сахарный Л. В. О соотношении лексического и словообразовательного уровней // Уровни языка и их взаимодействие. М., 1967. С. 132—134.
321. Сахарный Л. В. Словообразование как синтаксический процесс // Проблемы структуры слова и предложения. Пермь, 1974. С. 3—29.
322. Семантика и структура деривационных моделей. Владивосток, 1988.
323. Семерикова З. В. Словообразование и лексикография // Сб. науч. тр. МГПИИЯ им. М. Тореза. 1985. Вып. 253. С. 201—208.
324. Семиотические проблемы языка науки, терминологии и информатики: (Мат-лы симпозиума). М., 1971. Ч. 1—2.
325. Семичев В. Н. Вопросы терминологического словообразования: Автореф. дис. ... канд. филол. наук. М., 1968.
326. Семчинский С. В. Заимствования и престиж языков // Национальное и интернациональное в литературе и языке. Кишинев, 1969. С. 80.
327. Сенив М. Г. Семантико-стилистические функции деминутивных образований в латинском языке раннего периода: Автореф. дис. ... канд. филол. наук. Киев, 1972.
328. Сергеева З. А. Структурно-семантический анализ стоматологической терминологии: Автореф. дис. ... канд. филол. наук. М., 1985.
329. Серебренников Б. А. Вероятностные обоснования в компаративистике. М., 1974.
330. Серебренников Б. А. О взаимодействии языков // Вопр. языкознания. 1955. № 1. С. 7—25.
331. Серебренников Б. А. О причинах устойчивости агглютинативного строя // Вопр. языкознания. 1963. № 1. С. 46—56.
332. Синица В. Г. Латинские термины с именным суффиксом -*tio*/-*sio*: (Лексико-семантическое исследование): Автореф. дис. ... канд. филол. наук. Тбилиси, 1985.
333. Система деривационных отношений в языке и подъязыке. Тбилиси, 1986.

334. *Сифоров В. И.* Проблемы научно-технической терминологии // Вести АН СССР. 1975. № 8. С. 16—22.
335. *Слюсарева Н. А.* Терминология лингвистики и метаязыковая функция языка // Вопр. языкознания. 1979. № 4. С. 69—76.
336. *Смирницкий А. И.* Лексикология английского языка. М., 1965.
337. *Смолина К. П.* Компонентный анализ и семантическая реконструкция в истории слов // Вопр. языкознания. 1986. № 4. С. 97—105.
338. *Соболева П. А.* Аппликативная порождающая грамматика и моделирование сложных слов // Проблемы структурной лингвистики. 1981. М., 1983. С. 83—95.
339. *Соболева П. А.* Моделирование словообразования // Проблемы структурной лингвистики. 1971. М., 1972. С. 165—212.
340. *Соболева П. А.* О структуре словообразовательного форманта // Единицы разных уровней грамматического строя языка и их взаимодействие. М., 1969. С. 281—284.
341. *Соболева П. А.* О трансформационном анализе словообразовательных отношений // Трансформационный метод в структурной лингвистике. М., 1964. С. 114—141.
342. *Соболева П. А.* Словообразовательная полисемия и омонимия. М., 1980.
343. Соболевский А. К вопросу о переходе конкретных имен в абстрактные // Филол. обозрение. 1895. Т. VIII. Кн. 2. Отд. 1. С. 159—160.
344. *Соболевский С. И.* Грамматика латинского языка. М., 1948. Ч. I.
345. *Сован А. Ф.* Сопоставительный структурно-семантический анализ отсубстантивного словообразования в русском и венгерском языках: Автореф. дис. ... канд. филол. наук. М., 1988.
346. *Солнцев В. Н.* Язык как системно-структурное образование. М., 1977.
347. Сопоставительное изучение словообразования славянских языков: Тез. междунар. симпозиума. М., 1984.
348. Стандартизация научно-технической терминологии. М., 1970. С. 181—203.
349. *Старостин Б. А.* Системный подход, параметры и сложность биологических объектов // Системные исследования: Ежегодник 1974. М., 1974. С. 120—145.
350. *Старчукова Р. Д.* Словообразовательная структура химических терминов в немецком языке // Функционально-семантическое исследование единиц разных уровней. Хабаровск, 1983. С. 42—55.
351. *Степанов Ю. С.* Имена. Предикаты. Предложения: Семиологическая грамматика. М., 1981.
352. *Степанов Ю. С.* Методы и принципы современной лингвистики. М., 1975.
353. *Степанов Ю. С.* Основы общего языкознания. М., 1975.
354. *Степанов Ю. С.* Семиотика. М., 1971.
355. *Степанов Ю. С.* Язык и метод. К современной философии языка. М.: Языки слав. культуры, 1998.

356. *Степанова М. Д.* Вопросы моделирования в словообразовании и условия реализации моделей // Вопр. языкознания. 1975. № 4. С. 53—63.

357. *Степанова М. Д.* К вопросу о синтаксической природе словосложения // Учен. зап. 1-го МГПИИЯ. 1959. Т. 19. С. 303—324.

358. *Степанова М. Д.* К вопросу семантических корреляций синтаксических и словообразовательных структур // Сб. науч. тр. МГПИИЯ им. М. Тореза. 1977. Вып. 112. С. 134—145.

359. *Степанова М. Д.* О компонентном анализе в словообразовании // Лингвистика и методика в высшей школе: Сб. тр. МГПИИЯ им. М. Тореза. Вып. VI. М., 1974. С. 33—39.

360. *Степанова М. Д.* Словообразование, ориентированное на содержание, и некоторые вопросы анализа лексики // Вопр. языкознания. 1966. № 6. С. 48—59.

361. *Степанова М. Д., Фляйшер В.* Теоретические основы словообразования в немецком языке. М., 1984.

362. *Стернин И. Л.* Проблемы анализа структуры значения слова. Воронеж, 1979.

363. *Ступин В. А.* Элементы теории термина, терминологии и терминологической деятельности: (На мат-ле сопоставления терминологий британского и американского вариантов языкознания): Автореф. дис. ... док. филол. наук. М., 1976.

364. *Суперанская А. В.* Литературный язык и терминологическая лексика // Проблемы разработки и упорядочения терминологии в академиях наук союзных республик. М.: Наука, 1983. С. 6—21.

365. *Суперанская А. В.* Терминология и номенклатура // Проблематика определений терминов в словарях разных типов. Л., 1976. С. 73—83.

366. *Суперанская А. В., Подольская Н. В., Васильева Н. В.* Общая терминология: Вопросы теории. Т. 1. М., 1989.

367. *Суслова Ю. И.* Роль латинизмов в формировании словообразовательных типов на книжной основе во французском языке: Автореф. дис. ... канд. филол. наук. М., 1963.

368. *Тараканова И. В.* Морфонологические явления в словообразовательной основе и их исторические аспекты: (На мат-ле английских суффиксальных производных): Автореф. дис. ... канд. филол. наук. М., 1986.

369. *Татаринов В. А.* История отечественного терминоведения. Т. 1. Классики терминоведения. Очерк и хрестоматия. М.: Моск. лицей, 1994; Т. 2. Направления и методы терминологических исследований: Очерк и хрестоматия. Кн. 1. 1995; Кн. 2. 1999.

370. *Татаринов В. А.* История отечественного терминоведения. Т. 3. Аспекты и отрасли терминологических исследований (1973—1993): Хрестоматия. 2003.

371. *Татаринов В. А.* Теория терминоведения: В 3 т. Т. 1. Теория термина: история и современное состояние. М.: Моск. лицей, 1996.

372. *Татаринов В. А.* Общее терминоведение: Энциклопедический словарь. М.: Моск. лицей, 2006.
373. *Татаринова Л. А.* Структурно-семантический анализ офтальмологической терминологии в английской научной литературе: Автореф. дис. ... канд. филол. наук. Одесса, 1985.
374. *Телия В. Н.* Вторичная номинация и ее виды // Языковая номинация: Виды наименований. М., 1977. С. 129—221.
375. *Телия В. Н.* Типы языковых значений // Связанное значение слова в языке. М., 1981. С. 136—222.
376. Теоретические основы словосложения и вопросы создания сложных лексических единиц. Пятигорск, 1988.
377. Терминоведение и терминография в индоевропейских языках. Владивосток, 1987.
378. *Тимофеев К. А.* О так называемых осложненных корнях // Актуальные проблемы лексикологии и словообразования. Новосибирск, 1972. Вып. I. С. 3—5.
379. *Тихонов А. Н.* Основные понятия русского словообразования // *Тихонов А. Н.* Словообразовательный словарь русского языка. М., 1985. Т. 1. С. 18—52.
380. *Тихонов А. Н.* Формально-семантические отношения слов в словообразовательном гнезде: Автореф. дис. ... док. филол. наук. М., 1974.
381. *Ткачева Л. Б.* Основные закономерности английской терминологии. Томск, 1987.
382. *Трефилов Д. Ф.* Структурно-семантическая характеристика аффиксальных образований в системе французской химической терминологии: Автореф. дис. ... канд. филол. наук. Л., 1978.
383. *Тронский И. М.* Очерки из истории латинского языка. М.; Л., 1953.
384. *Улуханов И. С.* Единицы словообразовательной системы русского языка и их лексическая реализация. М., 1996.
385. *Улуханов И. С.* Словообразовательная семантика в русском языке. М., 1977.
386. *Улуханов И. С.* Словообразовательные отношения между частями речи // Вопр. языкознания. 1979. № 4. С. 101—110.
387. *Ульянова Н. П.* Соотношение стихийных факторов и сознательного регулирования в механизмах языковой номинации: Автореф. дис. ... канд. филол. наук. М., 1983.
388. *Утургаури Н. Ю.* К проблеме семантики сложного слова // Проблемы грамматики и семантики. М., 1985. С. 195—206.
389. *Уфимцева А. А.* К вопросу о так называемом дефиниционном методе описания лексического значения слова // Слово в грамматике и словаре. М., 1984. С. 134—142.
390. *Уфимцева А. А.* Лексика // Общее языкознание: Внутренняя структура языка. М., 1972. С. 394—451.
391. *Уфимцева А. А.* Семантика слова // Аспекты семантических исследований. М., 1980. С. 5—80.

392. *Уфимцева А. А.* Типы словесных знаков. М., 1974.
393. *Фигон Э. Б.* Системная организация терминологии как лексического пласта: Автореф. дис. ... канд. филол. наук. М., 1974.
394. *Филиппова Н. М.* Парадигматические объединения сложных слов и их функционирование: Автореф. дис. ... канд. филол. наук. Киев, 1983.
395. *Филлмор Ч. Дж.* Об организации семантической информации в словаре // Новое в зарубежной лингвистике. М., 1983. Вып. XIV. С. 23—61.
396. *Флоренский П. А.* Термин // Вопр. языкознания. 1989. № 1. С. 121—133; № 3. С. 104—117.
397. *Фомина Н. Д., Сергеева З. А., Кириленко Н. П.* и др. Анализ структурно-грамматических особенностей научно-технических терминов. М., 1983.
398. *Фреге Г.* Смысл и денотат // Семиотика и информатика. М., 1977. Вып. 8. С. 181—210.
399. *Халифман Э. А., Макеева Т. С., Раевская О. В.* Словообразование в современном французском языке. М., 1983.
400. *Харитончик З. А.* Имена прилагательные в лексико-грамматической системе современного английского языка. Минск, 1986.
401. *Харитончик З. А.* О словарной дефиниции суффиксального производного слова // Теоретические проблемы семантики и ее отражения в одноязычных словарях. Кишинев, 1982. С. 165—168.
402. *Харитончик З. А.* Прилагательное: Значение, словообразование, функции: Автореф. дис. ... док. филол. наук. М., 1986.
403. *Харитончик З. А.* Семантика суффиксального производного слова: (На мат-ле прилагательных в современном английском языке): Автореф. дис. ... канд. филол. наук. М., 1971.
404. *Харитончик З. А.* Семантические особенности производных признаковых слов // Вопр. языкознания. 1984. С. 124—130.
405. *Хватов С. А.* Словообразовательная система биологических терминов в современном русском языке: Автореф. дис. ... канд. филол. наук. Л., 1978.
406. *Хидекель С. С.* Система словообразования в английском языке // Лингвистика и методика в высшей школе: Сб. тр. МГПИИЯ им. М. Тореза. Вып. 71. М., 1974. С. 111—116.
407. *Ходорковская Б. Б.* Количественные чередования гласных и их роль в словообразовательной системе латинского языка // Филол. науки. 1970. № 4. С. 85—93.
408. *Чейф У. Л.* Значение и структура языка. М., 1975. С. 113—267.
409. *Черногорова Г. П.* Основные вопросы образования технических терминов при помощи греческих и латинских слов и корней в современном французском языке: Автореф. дис. ... канд. филол. наук. М., 1972.
410. *Чернявский М. Н.* Краткий очерк истории и проблем упорядочения медицинской терминологии // Энциклопедический словарь медицинских терминов. М., 1984. Т. III. С. 410—425.

411. *Чернявский М. Н., Михайлов С. С., Бахрушина Л. А.* Вопросы унификации и стандартизации латинских терминов в связи с 5-м изданием Международной анатомической номенклатуры (Homina anatomica) // Архив анатомии, гистологии и эмбриологии. Т. XCII (1987). Вып. 2. С. 96—98.
412. *Чинчлей Г. С.* Некоторые вопросы теории парасинтеза. Кишинев, 1972.
413. *Шадманов К. Б.* Латинизмы в английском языке эпохи позднего Возрождения: (На мат-ле имен существительных, пополнивших абстрактно-филологическую лексику в XIV в.): Автореф. дис. ... канд. филол. наук. Киев, 1981.
414. *Шамлиди Е. Ю.* Структурно-семантические и словообразовательные особенности двукомпонентных зоосемических наименований: (Опыт теории словообразовательной номинации): Автореф. дис. ... канд. филол. наук. М., 1979.
415. *Шанский Н. М.* Очерки по русскому словообразованию. М., 1968.
416. *Шатров Г. М.* Об отглагольных именах деятеля в латинском языке // Вопросы словообразования в индоевропейских языках. Томск, 1978. С. 128—136.
417. *Шварцман Л. В.* О членимости интерлингвизмов греко-латинского происхождения // Проблемы теории и методики преподавания иностранных языков и литературоведения. Алма-Ата, 1977. Вып. 2. С. 171—178.
418. *Шелов С. Д.* Теория терминоведения и терминологическая лексикография: соотношение в терминологической базе знаний // Проблемы прикладной лингвистики. Вып. 2. М.: Ин-т языкознания, 2004. С. 20—42.
419. *Шелов С. Д.* Термин. Терминологичность. Терминологические определения. СПб.: Филологический фак-т СПбГУ, 2003.
420. *Шелов С. Д.* Терминология, профессиональная лексика и профессионализмы: (К проблеме классификации специальной лексики) // Вопр. языкознания. 1984. № 5. С. 76—87.
421. *Шмелев Д. Н.* Проблемы семантического анализа лексики. М., 1973.
422. *Шрамм А. Н.* Очерки по семантике качественных прилагательных: (На мат-ле современного русского языка). Л., 1979.
423. *Щерба Л. В.* Опыт общей теории лексикографии // *Щерба Л. В.* Избранные работы по языкознанию и фонетике. Л., 1958. Т. 1. С. 54—91.
424. *Щерба Л. В.* Что такое словообразование? // Вопр. языкознания. 1962. № 2. С. 99—101.
425. *Щерба Л. В.* Языковая система и речевая деятельность. Л., 1974. 427 с.
426. *Эйнштейн А.* Общий язык науки // Эйнштейновский сборник. М., 1966. С. 12—14.
427. *Эрну А.* Историческая морфология латинского языка. М., 1950. Ч. I. С. 5—140.
428. *Юсупова Н. Г.* Структура словообразовательных парадигм имен существительных в современном русском языке: Автореф. дис. ... канд. филол. наук. М., 1980.
429. *Юшманов Н. В.* Грамматика иностранных слов // Словарь иностранных слов. М., 1937. С. 59—98.

430. Язык медицины. Всероссийский межвузовский сборник научных трудов. Самара: ООО «Содружество Плюс», «СамГМУ», 2004.
431. *Янко-Триницкая Н. А.* Словообразовательная структура и морфемный состав слова // Актуальные проблемы русского словообразования. Самарканд, 1972. Ч. I. С. 14—19.
432. *Янценецкая М. Н.* Семантические вопросы теории словообразования. Томск, 1979.
433. *Ярцева В. Н.* Международная роль языка науки // Междунар. социологический конгресс: Докл. сов. делегации. М., 1970. С. 3—15.
434. *Ярцева В. Н.* Научно-техническая революция и развитие языка // Научно-техническая революция и функционирование языков мира. М.: Наука, 1977. С. 28—36.
435. *Ярцева В. Н.* О сопоставительном методе изучения языков // Филол. науки. 1960. № 1. С. 3—14.

436. *Alexeeva L., Novodranova V.* A Cognitive Approach to Terminology // Modern Approaches to Terminological Theories and Applications. Bern: Peter Lang AG, International Academic Publishers, 2006. P. 25—34.
437. *André J.* Étude sur les termes de couleur dans la langue latine. Paris, 1949.
438. *André J.* Les mots à redoublement en latin. Paris, 1978.
439. *Bader F.* La formation des composés nominaux du Latin. Paris, 1962.
440. *Baecklund S.* Die lateinischen Bildungen auf *-fex* und *-ficus*: Diss. Uppsala, 1914.
441. *Becher I.* Betonnungsfragen bei griechisch-lateinischen Fachtermini der Medizin // Wiss. Zeitschr. der Humboldt-Univ. Gesellschafts- und Sprachwiss. Reihe. 1980. Bd. 18. № 3. S. 415—418.
442. *Beermann E.* Griechische Wörter in Lateinischen // Sprachwissenschaftliche Abhandlungen. Leipzig, 1874. S. 97—110.
443. *Benveniste É.* Le participe indo-européen en *-mno-* // Bull. Soc. ling. 1933. Vol. 34. P. 5—21.
444. *Benveniste É.* Les adjectifs latins en *-cundus* // Bull. Soc. ling. 1933. Vol. 34. P. 186—190.
445. *Benveniste É.* Noms d'agent et noms d'action en indo-européen. Paris, 1948.
446. *Benveniste É.* Origines de la formation des noms en indoeuropéen. Paris, 1935.
447. *Bierwisch M.* On certain problems of semantic representation // Found. Lang. 1969. Vol. 5. № 2. P. 153—184.
448. *Blümner H.* Technologie und Terminologie der Gewerbe und Künste bei Griechen und Römern. Leipzig, 1875—1887. Bd. 1; Bd. 4.
449. *Boscherini S.* I nomina actionis in *-or* // Stud. Ital. filol. class. 1959. Vol. 31. P. 113—126.
450. *Brekle H. E., Kastovsky D.* Wortbildungsforschung: Entwicklung und Positionen // Perspektiven der Wortbildungsforschung. Bonn, 1977. S. 7—19.

451. *Brugmann K., Delbrück B.* Grundriss der vergleichenden Grammatik der indogermanischen Sprachen. Strassbourg, 1897—1916. Bd. I—V.
452. *Brunner Th. F., Berkowitz L.* The elements of scientific and specialized terminology. Minneapolis, 1967.
453. *Buck C. D.* Comparative grammar of Greek and Latin. Chicago, 1933.
454. *Burgschmidt E.* Strukturierung, Norm und Produktivität in der Wortbildung // Perspectiven der Wortbildungsforschung. Bonn, 1977. S. 39—47.
455. *Butler J. L.* Latin *-inus, -ina, -inum* and *-ineus*: From Proto-Indo-European to the Romance languages. Berkeley, 1971.
456. *Chamrawi A. el.* Lexikographische Studien über die lateinischen Pflanzennamen bei Dioskurides und Pseudo-Apuleius: Inaug.-Diss. München, 1967.
457. *Choulant L.* Bibliotheca medico-historica sive Catalogus librorum historicorum de re medica et scientia naturali systematicus. Lipsiae, 1842.
458. *Choulant L.* Geschichte und Bibliographie de anatomischen Abbildung nach ihrer Beziehung auf anatomische Wissenschaft und bildende Kunst. Leipzig, 1852.
459. *Choulant L.* Geschichte und Literatur der älteren Medizin. München, 1926. Bd. 1.
460. *Cooper F. T.* Word formation in the Roman sermo plebeius: Diss. New York, 1895.
461. Corpus grammaticorum latinorum veterum. Lipsiae, 1831. Vol. 1.
462. *Corssen W.* Kritische Nachträge zur lateinischen Formenlehre. Leipzig, 1866.
463. *Coseriu E.* Estudios de lingüistica románica. Madrid, 1977.
464. *Cuny A.* Notes de linguistique latine et grecque // Mélanges Gustave Glotz. Paris, 1932. Vol. 1. P. 265—275.
465. *Curtius G.* Sprachvergleichende Beiträge zur griechischen und lateinischen Grammatik. Berlin, 1846.
466. *Dardel R. de.* Le genre des substantifs abstraits en *-or* dans les langues romanes et en romam commun // Cah. F. de Saussure. 1960. Vol. 17. P. 29—45.
467. *Devoto G.* Storia della lingua di Roma. Bologna, 1944.
468. *Dokulil M.* Tvořeni slov češtině, 1. Praha, 1962. C. 191—196.
469. *Dressler W.* Morphonology: The dynamics of derivation. Karoma, 1985.
470. *Dressler W.* On a polycentristic theory of word formation: (With special emphasis on aphasiological evidence) // Proc. of the 12th Int. Congr. of Linguist. Innsbruck, 1978. P. 426—429.
471. *Dressler W.* Wortbildung bei Sprachverfall // Perspektiven der Wortbildungsforschung. Bonn, 1977. S. 62—68.
472. *Dubois J.* Étude sur la dérivation suffixale en français moderne et contemporain: Essai d'interpretation des mouvements observés dans le domaine de la morphologie des mots construits. Paris, 1962.
473. *Dubois J., Dubois C.* Introduction à la lexicographie: Le dictionnaire. Paris, 1971.
474. *Düntzer H.* Die Lehre von der lateinischen Wortbildung und Komposition. Köln, 1836.

475. *Ellegard A.* English, Latin and morphemic analysis // Acta univ. gothob. Goth. Stud. Engl. Göteborg, 1963. № 15.

476. *Ernout A.* Des composés latins en -*cen*, -*cinim* et -*cino*(*r*) // Mélanges linguistiques offerts à M. J. Vendryes. Paris, 1925. P. 141—156.

477. *Faria E.* Gramática superior de Língua Latina. Rio de Janeiro, 1958. Cap. XXII: Formaçao de palavras. P. 277—289.

478. *Felber H.* Theory of terminology, terminological work and terminological documentation: Interaction and world-wide development // Fachsprache. 1979. Vol. 1. № 1/2. P. 20—32.

479. *Freidhof G.* Quantifizierungen im medizinischen Fachwortschatz. München, 1980.

480. *Frenay M. A. C.* Understanding medical terminology. St. Sonis (Miss) Cathol. Hosp. assoc., 1966.

481. *Greimas A. J.* Sémantique structurale: Recherche de métode. Paris, 1966.

482. *Grenier A.* Étude sur la formation et l'emploi des composés nominaux dans le latin archaique // Ann. de l'Est publ. par la Fac. des lettres de L'Univ. de Nancy. 1912. 26 année. Fasc. 2.

483. *Guilbert L.* La relation entre l'aspect terminologique et l'aspect linguistique du mot // Textes choisis de terminologie. I. Fondements théoriques de la terminologie. Québec, 1981. P. 185—197.

484. *Hakamies R.* Études sur l'origine et l'évolution du diminutif latin et sa survie dans les langues romanes. Helsinki, 1951.

485. *Hatcher A.* Modern English word-formation and neo-Latin. A study of the origin of English. Baltimore, 1951.

486. *Helander H.* On the function of abstract nouns in Latin: Doct. diss. Uppsala, 1977.

487. *Helmreich G.* Beobachtungen auf dem Gebiete des Mediciner-latein // Archiv für lateinische Lexikographie und Grammatik. Erster Jahrgang. Leipzig, 1884. S. 321—328.

488. *Hempel H.* Arten und Begrenzung des Kompositums // *Hempel H.* Bedeutungslehre und allgemeine Sprachwissenschaft. Tübingen, 1980.

489. *Hiltbrunner O.* Latina graeca: Semasiologische Studien über lateinische Wörter im Hinblick auf ihr Verhältnis zu griechischen Vorbildern. Bern, 1958.

490. *Hirt H.* Indogermanische Grammatik. Heidelberg, 1927. Bd. III.

491. *Hoffmann L.* Texthäufigkeit — Systemhäufigkeit — Produktivität // Linguist. Arbeits Ber. 1980. Vol. 26. S. 45—50.

492. *Jannaccone S.* Recherches sur les éléments grecs du vocabulaire latin de l'empire. Paris, 1950. Vol. 1. XX.

493. *Janson T.* Mechanisms of language change in Latin // Acta Univ. stockholm. Stud. lat. Stockholm, 1979. № 23.

494. *Juret E. A.* Formation des noms et des verbes en latin et en grec. Paris, 1937.

495. *Kastovsky D.* Word-formation, case-grammar and denominal adjectives // Anglia. 1974. Bd. 92. № 1/2. S. 1—55.
496. *Kent R. G.* The forms of Latin. Baltimore, 1946.
497. *Kurschildgen E.* Untersuchungen zu Funktionsveränderungen bei Suffixen im Lateinischen und Romanischen. Bonn, 1983.
498. *Kurylowicz J.* Études indo-européennes. T. I. Kraków, 1935.
499. Latin linguistics and linguistic theory. Proceedings of the I International colloquium on Latin linguistics. Amsterdam, 1981 / Ed. by Harm Pinkster. Studies in Language Companion. Series. Vol. 12. Amsterdam; Philadelphia, 1983.
500. *Leitner C.* Zur Vorhersagbarkeit von Derivation: Teil — vom Nomina als Basen. // Perspektiven der Wortbildungsforschung. Bonn, 1977. S. 140—154.
501. *Leitschuh M., Hofmann J. B.* Lateinische Wortkunde. Bamberg u.a., 1959.
502. *Leumann M.* Die lateinische Adjektiva auf *-lis* // Untersuchungen zur indogermanische Sprach und Kulturwissenschaft. Strassburg, 1917.
503. *Leumann M.* Gruppierung und Funktionen der Wortbildungssuffixe des Lateins // Museum Helveticum I. Basel, 1944. Fasc. 3. P. 129—151.
504. *Lindsay W. M.* The Latin language. An historical account of Latin sounds, stems and flexions. Oxford, 1894.
505. *Löfstedt E.* Coniectanea. Untersuchungen auf dem Gebiete der antiken und mittelalterlichen Latinität. Reihe 1. Amsterdam, 1968.
506. *Lurquin J.* La néonymie scientifique et technique // Infoterm, series 7. 1982. P. 285—298.
507. *Marchand H.* Esquisse d'une description des principales alternances dérivatives dans le française de' aujourd de' aujourd ' hui // Studia linguistica. 1951. Vol. 5. № 2. P. 95.
508. *Marchand H.* On the Analysis of Substantive Compounds and Suffixal Derivatives not Containing a Verbal Element // Indogermanische Forschungen, 70 (1975). P. 117—145.
509. *Marchand H.* Synchronic analysis and word-formation // Cahiers F. de Saussure, 13. Geneve, 1955.
510. *Marouzeau J.* Notes sur la formation du latin classique. IV, la derivation // Mémoires de la Société de Linguistique de Paris. 22. Paris, 1920. P. 174—181.
511. Medical terminology and lexicography. Basel; New York, 1966.
512. *Meillet A.* Esquisse d'une histoire de la Langue Latine. Paris, 1928.
513. *Meillet A., Vendryès J.* Traité de grammaire comparée des langues classiques. Paris, 1948.
514. *Meyer-Lübke W.* Zur Geschichte der lateinischen Abstracta // Archiv für lateinische Lexicographie und Grammatik. 8. Leipzig, 1893. S. 313—338.
515. *Mikkola E.* Die Abstraction im lateinischen. Eine semantisch-morphologische Untersuchung auf begriffsanalytischer und literaturgeschichtlicher Grundlage. T. I. Helsinki, 1964. S. 163—231.

516. *Neuss W.* Lateinische Wortkunde auf etymologischer Grundlage. Münster, Aschendorffsche Verlagsbuchhandlung, 1959.
517. *Novodranova V. F.* Cognitive Sciences and Terminology // Russian Terminology Science (1992—2002). 1 Auflage. Wien: TermNet Publisher, 2004. P. 138—143.
518. *Novodranova V.* Compositional semantics (a study of medical terminology). IITF — Infoterm. Terminology and Technology Transfer in the Multilingual Information Society. Proceedings of the 2-nd International Conference on Terminology. In Commemoration of E. Drezen's 110-th Anniversary. Riga, 21—25 October 2002. Vienna; Riga: TermNet Publisher, 2003. P. 99—103.
519. *Novodranova V.* Die kognitiven Aspekte der Terminologie // Proceedings of the 11-th European Symposium on Language for Special Purposes «LSP Identity and Interface. Research, Knowledge and Society». Copenhagen, August 1997. Vol. 1. Copenhagen, 1998. P. 359—362.
520. *Novodranova V. F.* Die lexikographische Darstellung der internationalen (griechisch — lateinischen) terminologischen Wortelemente // Proceedings of the 10-th European LSP Symposium. Vienna, 29 Aug. — 1 Sept., 1995. Multilingualism in specialist Communication. Vol. 2. Vienna: TermNet, 1996. P. 1061—1067.
521. *Novodranova V.* Linguistic Expression of the Category of Space in Medical Terminology // Neoterm. World Specialized Terminology // Journal of the International Federation of Terminology Banks — IFTB and International Organization for Unification of Terminological Neologisms. № 31/32. Warszawa, 1997. P. 66—68.
522. *Novodranova V. F.* The System of Nominal Word — Building in Latin as Compared with the System of Word — Building in Medical Terminology // International Conference on Terminology Science and Terminology Planning in Commemoration of E. Drezen (1892—1992). Riga, 17—19 August 1992. IITF — Series 4. Vienna: TermNet, 1994. P. 189—194.
523. *Nybakken O. E.* Greek and Latin in scientific terminology. Ames (Iowa), 1959.
524. *Olcott G. N.* Studies in the word formation of the Latin inscriptions. Substantives and adjectives. Diss. Rome, 1898.
525. *Osthoff H.* Die mit dem suffixe -*clo*-, -*culo*-, *cro*- gebildeten Nomina Instrumenti des Lateinischen // Forschungen im Gebiete der nominalen Stammforschung. Iéna, 1875. S. 1—156.
526. *Palmer L. R.* The Latin Language. London, 1954.
527. *Paucker K.* Beiträge Zur Lateinischen Lexicographie und Wortbildungsgeschichte // Mélanges gréco-romains de l'Acad. imp. des sciences de St. Pétersbourg. T. 3. Dorpat, 1874.
528. *Perrot J.* Les dérivés latins en -*men* et -*mentum*. Paris, 1961.
529. *Petersson H.* Griechische und lateinische Wortstudien. Lund, 1922.
530. *Picht H.* The Concept in Terminology — a Unit of Thought, Knowledge or Cognition ? // Научно-техническая терминология. М., 2003. Вып. 1. С. 4—9.
531. *Picht H.* The Object – a Unit of Knowledge? // Лексикология. Терминоведение. Стилистика: Сб. науч. трудов. М.; Рязань, 2003. С. 154—159.

532. Picht H., Draskau J. Terminology: an Introduction. Guildford (Surrey), 1985.
533. Pisani V. Grammatica latina storica e comparativa. Turin, 1962.
534. Pisani V. Miscellanea etimologica // Rendiconti della R. Accademia Nazionale dei Lincei. Roma, 1931. Vol. VII. P. 65—85.
535. Pottier B. La définition sémantique dans les dictionnaires // Travaux de linguistique et de littérature. V. III. 1—2. Strasbourg, 1965.
536. Proceedings of the International Symposium on Theoretical and Methodological Problems of Terminology. München, 1981.
537. Progress in medical terminology / Ed. A. Manuila-Basel etc. 1981.
538. Quellet H. Les dérivés latins en *-or*. Etude lexicographique, statistique, morphologique et semantique. Paris, 1969.
539. Richter W. Der Anteil des Griechischen an den vorklinischen Nomenklaturen und die didaktischen Konsequenzen für die fachsprachliche Ausbildung von Medizinstudenten // Wissenschaftliche Zeitschrift der Wilhelm-Pieck-Universität. Gesellschafts- und Sprachwissenschaften Reihe. Rostock, 1979, Jg. 28. H. 3. S. 145—150.
540. Roberts F. Medical terms. Their origin and construction. London, 1971.
541. Rondeau G. Problèmes et méthodes de la néologie terminologique (néonymie) // Infoterm, series 6. München, 1981. P. 160—175.
542. Saussure F. de. Sur les composés latins du type agricola // Recueil des publications scientifiques de Ferdinand de Saussure. Heidelberg, 1922. P. 585—599.
543. Savory Th. H. The language of science. London, 1953.
544. Schmidt W. Character und gesellschaftliche Bedeutung der Fachsprachen // Sprachpflege. Berlin, 1969. № 1. S. 10—21.
545. Schnorr von Carolsfeld H. Das lateinische Suffix *-anus* // Archiv für lateinische Lexikographie und Grammatik. Leipzig, 1884. S. 177—194.
546. Schnorr von Carolsfeld H. Das lateinische Suffix *-aster, -astra, -astrum* // Archiv für lateinische Lexikographie und Grammatik. Leipzig, 1884. S. 390—407.
547. Schotten F. Zur Bedeutungsentwicklung des Adjektivs // Inaug. Diss. Köln, 1966.
548. Seppänen L. Auffassungen über die Motivation der nominalen Komposita // Logos Semantikos. IV. Grammatik. Berlin; New York; Madrid, 1981. S. 67—77.
549. Serbat G. Les dérivés nominaux latins a suffixe médiatif // Service de reproduction des theses universite de Lille III. 1976.
550. Sommer F. Handbuch der lateinischen Laut- und Formenlehre. Heidelberg, 1914.
551. Stearn W. T. Botanical latin. History, grammar, syntax, terminology and vocabulary. New York, 1966.
552. Steinthal H. Geschichte der Sprachwissenschaft bei den Griechen und Römern. Bd. I—II. Berlin, 1890.
553. Stewart M. A. A study in Latin abstract substantives // University of Michigan studies, Humanistic. New York, London, 1910. Series 3. P. 113—178.
554. Stolz F., Schmalz J. Lateinische Grammatik / Laut- und Formenlehre. 5-te Aufl. bearb. von M. Leumann und J. B. Hofmann. München, 1928. S. 190—254.

555. *Strodach G. K.* Latin diminutives in -*ello/s* and -*illo/s*. Philadelphia, 1933.
556. *Struck E.* Bedeutungslehre. Grundzüge eine lateinischen und griechischen Semasiologie mit deutschen, französischen und englischen Parallelen. Stuttgart, 1954.
557. *Thibau R.* Les rapports entre le latin et le grec. Leiden, 1964.
558. *Thomas F.* Le suffixe latin -*aster*, -*astrum* // Revue des études latines (Revue des études anciennes). 1940. Vol. 62. P. 520—528.
559. *Thurneysen R.* Zu latein -*etum* und -*aster* // Antidoron. Festschrift Jakob Wackernagel… Göttingen, 1923. S. 117—123.
560. *Vendryes J.* Le suffixe latin -*mo*, -*monis* // Comptes rendus des séances de l'Académie des inscriptions et belleslettres. Paris, 1946. P. 97—109.
561. *Weise O.* Die griechischen Wörter im Latein. Leipzig, 1882.
562. *Wilbertz G.* De adjectivis poëtarum latinorum usque ad Catullum compositis. Diss. inaug. Marburgi, 1884.
563. *Wolff F.* Lebendiges Latein. Fachausdrücke, Lehn- und Fremdwörter lateinischer Herkunft. Berlin, 1966.
564. *Wölfflin B.* Ab ante- // Archiv für lateinische Lexikographie und Grammatik. Leipzig, 1884. Bd. 1. S. 434—439.
565. *Wroble E. M.* Terminology for the health professions. Philadelphia; Toronto, 1982.
566. *Wüster E.* Einführung in die allgemeine Terminologielehre und terminologische Lexikographie. T. 1—2. Wien; New York, 1979. T. 1.
567. *Zellmer E.* Die lateinischen Wörter auf -*ura*. Frankfurt a. M., 1976.
568. *Zimmermann A.* Zur Herkunft der lateinischen Abstracta auf -*tura* // Zeitschrift für vergleichende Sprachforschung. 42. Göttingen, 1908. S. 303—310.

МАТЕРИАЛЫ МЕЖДУНАРОДНОЙ КОМИССИИ ПО СЛОВООБРАЗОВАНИЮ ПРИ МЕЖДУНАРОДНОМ КОМИТЕТЕ СЛАВИСТОВ

569. Komparacja systemów i funkcjonowania wspótczesnych jezyków słowiánskich. Słowotwórstwo / Nominacja, Redaktor naukowy Ingeborg Ohnheiser. Opole, 2003.
570. Neue Wege der slavistischen Wortbildungsforschung: Magdeburg, 9—11.10.97 / Renate Belentschikow (Hrsg.). Frankfurt am Main; Berlin; Bern; New York; Paris; Wien; Lang, 1999.
571. Slavische Wortbildung: Semantik und Kombinatorik. SVH. Bd. 7. LiT. (Materialen der 5 Internationalen Konferenz der Kommission für slavische Wortbildung beim internationalen slavisten Komitee, Lutherstadt Wittenberg, 20—25 September 2001) / Hrsg. Swetlana Mengel. Münster: LiT, 2002.

572. Słowotwórstwo a inne sposoby nominacji. Materialy z 4 konferencji Komisji Słowotwórstwa przy Międzynarodowym Komitecie Slawistów. Katowice 27—29 września 2000 r. Katowice, 2000.
573. Wortbildung: interaktiv im sprachensystem — interdisziplinär als Forschungsgegenstand. (Materialen der Konferenz der Kommission für slawische Wortbildung beim internationalen slawisten Komitee; 3) / Hrsg. f. J. Ohnheiser. Innsbruck, 2000.

СПИСОК СЛОВАРЕЙ

574. *Арнаудов Г. Д.* Медицинская терминология на пяти языках. София: Медицина и физкультура, 1969.
575. *Бахрушина Л. А.* Словообразовательный гнездовой латинско-русский словарь анатомических терминов / Под ред. проф. В. Ф. Новодрановой. М.: ММСИ, 1998.
576. *Бахрушина Л. А.* Латинско-русский и русско-латинский словарь наиболее употребительных анатомических терминов / Под ред. проф. В. Ф. Новодрановой. М.: ГЭОТАР-Медиа, 2007.
577. Биологический энциклопедический словарь. М., 1986.
578. *Бородулин В. И., Бруенок А. В., Венгеров Ю. Я.* и др. Полный современный медицинский справочник. М.: Рипол классик, 2002.
579. *Дворецкий И. Х.* Девнегреческо-русский словарь. М., 1958. Т. I; Т. II.
580. *Дворецкий И. Х.* Латинско-русский словарь. М., 1976.
581. *Дубровина Л. В.* Методика составления терминологических словарей: Англо-русский медицинский терминологический ключ. М., 1982.
582. *Духанина И. В.* Словарь греко-латинских терминоэлементов в медицинской терминологии / Под ред. проф. В. Ф. Новодрановой. Белгород: Изд-во БелГУ, 2004.
583. *Дьяченко А. П.* Словарь авторских терминов, понятий и названий в медицине. М.: Триада-Х, 2002.
584. *Еремина Н. В., Бекишева Е. В., Рылкина О. М.* Терминология отоларингологии. Самара: Офорт; СамГМУ, 2005.
585. *Забинкова Н. Н., Кирпичников М. Э.* Латинско-русский словарь для ботаников. М.; Л., 1957.
586. *Забинкова Н. Н., Кирпичников М. Э.* Русско-латинский словарь для ботаников. Л., 1977.
587. *Карузин П. И.* Словарь анатомических терминов. М.; Л., 1928.
588. *Котельников Г. П., Павелихин А. К., Бекишева Е. В.* и др. Международная терминология травматологии и ортодонтии. Самара: Содружество; СамГМУ, 2006.
589. *Кочкарева А. Г., Новодранова В. Ф., Рыжкина З. А.* Толковый латинско-русский словарь терминов терапевтической стоматологии / Под ред. проф. Л. Н. Максимовской. М.: ГЭОТАР-Медиа, 2006.

590. Кочкарева А. Г., Новодранова В. Ф. Толковый латинско-русский словарь кардиологических терминов. М.: ГЭОТАР-Медиа, 2007.

591. Кочкарева А. Г., Рыжкина З. А. Фармацевтический этимологический словарь (латинско-русский и русско-латинский). М.: ММСИ, 1991.

592. Красильников А. Э., Романовская Т. Р. Микробиологический словарь-справочник. Минск: Асар, 1999

593. Кубрякова Е. С., Демьянков В. З., Панкрац Ю. Г., Лузина Л. Г. Краткий словарь когнитивных терминов. М., 1996.

594. Кузнецова А. И., Ефремова Т. Ф. Словарь морфем русского языка. М., 1986.

595. Куркин В. А., Новодранова В. Ф., Куркина Т. В. Иллюстрированный словарь терминов и понятий в фармакогнозии. М.; Самара: Перспектива, СамГМУ, 2002.

596. Международная анатомическая терминология: Terminologia anatomica. М.: Медицина, 2003.

597. Международная гистологическая номенклатура: Nomina histologica. М., 1973.

598. Международная классификация болезней. Женева: ВОЗ, 1974. Т. II.

599. Международная классификация стоматологических болезней на основе МКБ-10. 3-е изд. Международная организация здравоохранения. Женева: Изд-во Медицина, 1997.

600. Новодранова В. Ф., Лисуренко А. В., Ульянова Т. В. Англо-русский иллюстрированный стоматологический словарь. М.: МГМСУ, 2000.

601. Новодранова В. Ф., Дудецкая С. Г., Никольский В. Ю. Толковый словарь метафорических терминов черепно-челюстно-лицевой хирургии и стоматологии (англо-русский и русско-английский). М.: МИА, 2007.

602. Попов Н. В., Новодранова В. Ф. Словарь терминов радиологии / Под ред. проф. Ю. И. Воробьева. М.: МГМСУ, 2001.

603. Полухина О. Н. Словарь греко-латинских терминоэлементов стоматологической терминологии / Под общей ред. проф. В. Ф. Новодрановой и проф. Т. В. Кочетковой. Саратов, 2000.

604. Радзевич А. Э., Куликов Ю. А., Гостева Е. В. Краткий толковый словарь медицинских терминов. М.: МЕД-пресс-информ, 2004.

605. Рудзитис К. Terminologia medica: Латинско-русско-латышский словарь медицинских терминов. Рига, 1973. Т. I; Т. II.

606. Рудинская Л. С., Новодранова В. Ф., Воробьев П. А., Некрасова Н. И. Толковый англо-русский словарь терминов, используемых в гематологии и иммунологии. М.: Ньюдиамед, 2006.

607. Словарь словообразовательных элементов немецкого языка / Под рук. М. Д. Степановой. М., 1979.

608. Словарь-справочник синдромов и симптомов заболеваний / Под ред. М. Фейгина. Варшава, 1965.

609. Тихонов А. Н. Словообразовательный словарь русского языка. М., 1985. Т. I; Т. II.

610. Целкович Л. С., Бекишева Е. В., Бунина А. Г., Сулейманова Т. Г. Профессиональная лексика акушерства и гинекологии / Под ред. проф. Р. А. Родкиной и проф. В. Ф. Новодрановой. Самара: Содружество; СамГМУ, 2004.
611. Шубов Я. И. Словарь-справочник по медицинской терминологии. М., 1973.
612. Щукин Ю. В., Бекишева Е. В., Князькина Л. Е. Греко-латинская терминология внутренних болезней (пропедевтика). Самара: Содружество; СамГМУ, 2006.
613. Энциклопедический словарь медицинских терминов. М., 1982—1984. Т. I—III.
614. Юшманов Н. В. Элементы международной терминологии: Словарь-справочник. М., 1968.
615. André J. Lexique des termes de botanique en latin. Paris, 1956.
616. Astrauskas V., Biziulevičius S., Pavilonis S., Vaitilavičius A., Vileišis A. Medicinos terminų žodynas. Vilnius: Mokslas, 1980.
617. Auers D. M. Bioscientific terminology: Words from Latin and Greek stems. Univ. of Arizona press, 1977.
618. Becher I. et al. Lateinisch-griechischer Wortschatz in der Medizin. Berlin, 1986.
619. Benveniste É. Le vocabulaire des institutions indo-européennes. Paris, 1969. Vol. 1; Vol. 2.
620. Brown R. W. Composition of scientific words. Baltimore, 1954.
621. Corpus Glossariorum Latinorum. Vol. II. Glossae Latinograecae et Graecolatinae / Ed. G. Goetz et G. Gundermann. Amsterdam, 1965.
622. Cottez H. Dictionnaire des structures du vocabulaire savant: Éléments et modèles de formation. Paris, 1980.
623. Courtois J. Lexique des termes de pathologie dentaire. Paris, 1972.
624. Current clinical dental terminology. Saint-Louis, 1963.
625. Dictionnaire français de médecine et de biologie. Paris, 1970—1972. Vol. 1—4.
626. Dorland's Illustrated Medical 30th Edition Dictionary. Philadelphia: Saunders, 2003.
627. Edmondson F. W. Medical terminology. New York, 1965.
628. Ernout A., Meillet A. Dictionnaire étymologique de la langue latine: Histoire des mots. Vol. 1—2. Paris, 1951.
629. Flood W. E. Scientific words: Their structure and meaning. New York, 1960.
630. Forcellini A. Totius Latinitatis lexicon. Vol. 1—10. Prato, 1858—1867.
631. Garnier-Delamare: Dictionnaire des termes techniques de médecine. Paris, 1964.
632. Georges K. E. Auffürliches lateinisch-deutsches Handwörterbuch. Bd. 1—2. Leipzig, 1879.
633. Gradenwitz O. Laterculi vocum Latinarum: Voces Latinas et a fronte et a tergo ordinandas curavit. Leipzig, 1904.
634. Heller J. L., Swanson D. C. Elements of technical terminology: A grammar and thesaurus of Greek and Latin elements as used in technical English. Champaign, 1962.
635. Holzapfel A. Dental lexicon. Mainz, 1939. Teil II. S. 178—329.

636. *Latham R. E.* Dictionary of Medieval Latin from British sources. Fasc. 1—3. London, 1975—1986.
637. *Lee L.* The Latin elements in English words: A handbook of derivation with a section on Greek and Latin in technical terms. New York, [cop. 1959].
638. Lexicon medicum: Anglicum. Russicum. Gallicum. Germanicum. Latinum. Polonum / Ed. by B. Złotnicki. Warszawa: Polish medical publishers, 1971.
639. Lexicon of English dental terms with their equivalents in Español-Deutsch-Français-Italiano. London, 1961.
640. *Liddell G., Scott R.* A Greek-English lexicon. Vol. 1—2. Oxford, 1968.
641. *Lorenzini J. A.* Medical Phrase Index: A one-step reference to the terminology of medicine. Oradell, 1978.
642. *Mathy M.* Vocabulaire de base du latin. Pref. de I. Marouzeau. Paris, 1952.
643. Oxford Concise Medical Dictionary. Oxford; New York; Oxford University Press, 2002.
644. Oxford Latin dictionary. Fasc. 1—8. Oxford, 1968—1982.
645. *Pschyrembel W.* Klinische Wörterbuch. Berlin, 1968.
646. *Rust W.* Lateinisch-griechische Fachwörter des Buch- und Schriftwesens. Wiesbaden, 1977.
647. *Schmidt J. E.* Structural units of medical and biological terms. Springfield, [cop. 1969].
648. *Schulz K. H.* Fachlatein: Lateinische Formenlehre-Rezepturlesen-Nomenklatur von A bis Z. Leipzig, 1968.
649. *Skinner H. A.* The origin of medical terms. Baltimore, 1961.
650. Stedman' concise medical dictionary for the health professions: illustrated. 4th ed. / Ed. John H. Direkx. 2001.
651. Thesaurus linguae Latinae. Lipsiae, 1900—1955. Vol. 1—8. Fasc. 58.
652. *Wahlgren B.* Latinskt morfemlexikon: Under medverkan av Anders Ollfors. Stockholm, 1976.
653. *Walde A.* Lateinisches etymologisches Wörterbuch. Heidelberg, 1910.
654. *Werner F. Cl.* Die Benennung der Organismen und Organe: nach Größe, Form, Farbe und anderen Merkmalen. Terminologie der Naturwissenschaften und Medizin und ihre Probleme. Halle (Saale), 1970. Bd. 3.
655. *Werner F. Cl.* Wortelemente lateinisch-griechischer Fachausdrücke in der Biologie, Zoologie und vergleichenden Anatomie. Leipzig, 1956.
656. *Young C. G., Barger J. D.* Medical speciality terminology. Saint-Louis, 1971. Vol. I.

Валентина Федоровна Новодранова

ИМЕННОЕ СЛОВООБРАЗОВАНИЕ В ЛАТИНСКОМ ЯЗЫКЕ
И ЕГО ОТРАЖЕНИЕ В ТЕРМИНОЛОГИИ

Laterculi vocum

Latinarum et terminorum

Издатель А. Кошелев

Зав. редакцией М. Тимофеева

Корректоры: А. Полякова, Н. Полякова
Оператор Е. Зуева
Оригинал-макет подготовлен А. Мигуновым
Художественное оформление переплета С. Жигалкина

Подписано в печать 07.11.2008. Формат 70×100 $^1/_{16}$.
Бумага офсетная № 1, печать офсетная. Гарнитура Times.
Усл. печ. л. 26,445 Тираж 800. Заказ №

Издательство «Языки славянских культур».
№ госрегистрации 1037789030641.
Phone: **607-86-93**
E-mail: **Lrc@comtv.ru** Site: **http://www.lrc-press.ru**

Оптовая и розничная реализация — магазин «Гнозис».
Тел./факс: 8 (499) 255-77-57, тел.: 246-05-48, e-mail: **gnosis@pochta.ru**
Костюшин Павел Юрьевич (с 10 до 18 ч.).
Адрес: Зубовский проезд, 2, стр. 1 (Метро «Парк Культуры»)

Foreign customers may order this publication
by E-mail: koshelev.ad@mtu-net.ru